JN432553

李舜臣의 日記

改訂增補版

李舜臣의 日記

- 국보 "난중일기"의 내력, 해제와 초역주해 -

朴 惠 一 · 집필책임
崔 熙 東
裵 永 德
金 明 燮

시와진실

閑山島歌

閑山섬 달밝은 밤에 戍樓에 혼자 앉아
큰 칼 옆에 차고 깊은 시름 하는 차에
어디서 一聲胡笳는 남의 애를 끊나니.

閑山島月明夜上戍樓 撫大刀深愁時
何處一聲羌笛更添愁

— 위의 詩를 英譯한 것으로, 한국 시조에 조예가 깊은 R. 러트의 번역시를 아래에 옮긴다(Richard Rutt, 《The Bamboo Grove》, University of California Press, 1971).

By moonlight I sit all alone
in the lookout on Hansan isle.
My sword is on my thigh,
I am submerged in deep despair.
From somewhere the shrill note of a pipe ···
will it sever my heartstrings?

李舜臣 영정, 이상범 제작(1932)

이 영정은 왜정하의 1932년 6월, 온 겨레의 성금으로 아산 현충사의 중건, 낙성을 이루었을 때 봉안된 것으로, 靑田 李象範 화백이 제작한 유서있는 영정이다. ―그러나 해방 후 영정은 조복모대(朝服帽帶) 차림의 매우 어울리지 않는 새 영정으로 바뀌었고, 또 1707년 숙종(肅宗)의 친필로 하사된 원래의 '顯忠祠' 편액(扁額)은 박정희가 한글로 쓴 새 현판으로 바뀌었다.

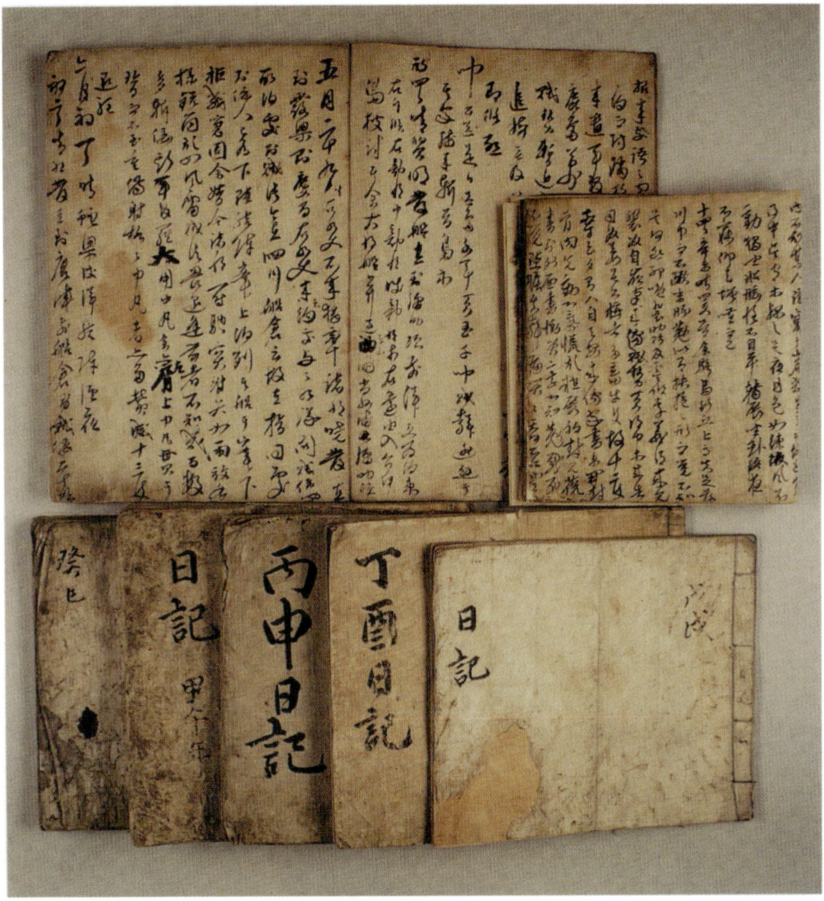

《난중일기》 친필초본 (아산 현충사 유물관 소장)

위 왼쪽은 壬辰日記(5월 3,4,29일 및 6월 1일조),
위 오른쪽은 丁酉日記Ⅱ(10월 13,14일조).

'첫 출전을 결행하는 이순신 (임진일기 5월 초4일조)'
1992년 蕊苴展 출품작품, 也欣 朴榮愛 작

목 차

도판 목차

(1998년 초판) 서 언

이순신(李舜臣, 1545~1598)은 나라가 임진왜란(1592~1598)이라는 민족 존망의 위기에 처하였을 때, 바다를 제패함으로써 전세를 결정적으로 만회한 구국충정의 영웅이다. 그러나 마침내는 모함의 대상이 되어 파직과 투옥과 백의종군 등 동족의 박해를 겪게 되나, 또다시 기용됨으로써 마지막까지 사명을 다한 끝에 노량해전(露梁海戰)에서 전사하였다. 스스로 선택한 죽음이라는 설도 있다.

백전백승, 그가 세운 그 외외(巍巍)한 승전기록도 눈부시거니와, 한편 그의 400년 전의 내면생활에 다가가 그 역사속에서의 그의 삶과 그의 인간적인 삶의 모습을 직접 접할 수 있는 것 또한 사뭇 감개가 새로운 일이다. — 이순신의 일기, 즉 《난중일기 亂中日記》는 당일의 간지(干支)와 날씨로 시작하여, 막하 장수들과의 대화 내용, 조·명·일간의 정치 및 군사적 동향, … 그리고 어머님 그리는 회포와 달밤의 감상(感傷), 꿈자리의 음미, 병을 얻어 인사불성으로 신음하는 등, 또 애끓는 정의감과 울분을, … 그리고 나중에는 박해와 수난으로 점철된 7년 전란의 진중에서 기록한 것으로서, 그 기록내용이 지니는 사료적(史料的) 가치는 물론이려니와, 그 시대와 더불어 살며 그 역사에 순직한 하나의 내적 생명의 세계와 역사를 기록한 일기 문학의 극치이다. 그러나 이순신은 자신이 쓴 일기가 후세에 전해지리라는 것은 전혀 예상치 못했을 것이다. 따라서 그의 일기는 문학가나 군인 또는 정치가들이 쓴 여타의 일기와는 본질적으로 그 동기를 달리하고 있는 것이다. 그는 조정에 대한 불만과 관직자들의 부정비리에 대한 분노에서 개인적인 대인감정에 이르기까지 아무 거리낌없이 토로하고 있다. 그가 정유년 초에 파직, 구금되어 국문을 당할 당시, 그의 일기장들이 압수되지 않았던 것만 해도 천만다행한 일이라 아니 할 수 없다.

그는 본시 시(詩)를 읊고, 글을 쓰지 않고는 견딜 수 없는 천부의 문인(文人)이었다. 조경남(趙慶男)의 《난중잡록 亂中雜錄》에는 한산도에서 지은 시가 20수나 된다고 한다. 많이 유실된 것 같다. 국문학자 조윤제(趙潤濟)는 1937년에 간행된 《조선시가사강 朝鮮詩歌史綱》에서 조선 중기의 시조문학 발휘시대에 속하는 대표적 인물 중의 한 사람으로 이순신을 꼽고 있다. 시인 이병기(李秉岐)는 이순신의 시와 서간문, 그리고 《난중일기》에서 몇몇 구절을 국문으로 옮겨 인용하며, "··· 그 간곡한 충정이 珠玉같이 그려 있다. ···", 또는 "··· 舞文弄墨이나 하는 여간 문필가 따위로는 도저히 비양도 낼 수 없을 것이다"고 하여 이순신의 인품과 더불어 그의 고고한 문학에 깊이 감복하고 있다(李秉岐, <忠武公의 文學>, 震檀學會編 《李忠武公》, 1950). 고시가의 석학 양주동(梁柱東)은 여대생들이 역대 시조 근 천수중의 최고작을 묻기에 洪娘의 '묏버들' 한수를 그것이라 이르고 수다스러운 명강을 펼쳤으나 반응이 저조하여, 洪의 시를 '探花作'으로 격하하고 "저 忠武公의 '閑山섬' 한수 — 그 깊디 깊은 인간적 悲傷, 그 위대한 인간성의 표현인 그한수를 '壯元'의 최고작으로 받들어 여대생 전원의 박수를 얻었다"는 해학적인 수필을 남기고 있다(서울신문, '교단잡기', 1962년 11월 7일자). ···

독자들께서는 '난중일기 해제. 초역주해 및 거북선 해설'이라는 다소 포괄적인 부제를 단 이 책의 내용에 대하여 그리 큰 기대를 갖지 않으시기 바라는 마음 간절하다. 깜짝 놀랄 만한 사실을 새삼 발견한 것도 없거니와, 오히려 기존의 기록 자료를 재확인하는 일조차 역부족이었기 때문이다. — 지난날 서울대학교 공대 원자핵공학과의 VDG 실험실에서 동고동락하던 崔熙東 교수, 裵永德 박사, 金明燮 박사 등 동학(同學)들과 함께 짬짬이 읽으며 지냈던 《난중일기 亂中日記》와 그에 관련된 편편의 지식을 우선 한번 정리해 보고져 하는 뜻에서 시작한 것이 이 책을 쓰게 된 첫번째 동기이며, 이 작은 해제가 특히 학생층 독자들의 체계적인 학문적 탐구 의욕에 더욱 부응될 수 있는 참고자료가 되리라는 기대가 그 두 번째 동기인 것이다. 이 책을 꾸밈에 있어서 역점을 둔 내용을 간략하게 요약하면 다음과 같다 :

□ 400년 전 이순신이 손수 기록한 진중일기가 지금의 《난중일기》 국역본으로 옮겨지기까지의 내력에 관련하여, 이순신 친필의 일기초본을 활자화(活字化)한 《이충무공전서 李忠武公全書》 수록의 《난중일기 亂中日記》와 조선사편수회 편찬의 《난중일기초 亂中日記草》의 내용을 재차 살펴보았다. 특히 전서(全書)에 수록된 《난중일기》의 활자화 과정에서 친필원본의 내용이 여하히 심하게 훼손되었는가를 직접 예시하였다.

□ 해방 이후 가장 많이 출판된 노산 이은상(李殷相)의 국역본을 살펴본 결과, 번역에 사용한 원본(text) 확정에 대한 해설이 명확하지 않은 점을 비롯하여, 주로 전서(全書) 수록의 활자판에서 초래되었을 착오와 번역 내용에 다수의 의문점이 있음을 확인하고, 재판 당시 재교정에 무관심하였음을 지적하였다.

□ 1,657일분(단, 정유년 일기 중 64일분은 중복됨)에 이르는 《난중일기》에서 287일(단, 정유년 일기 중 10일분은 중복됨)의 일기 본문을 초역하여, 주요 항목에 관한 주석과, 특히 함대의 출동으로 일기를 쓸 겨를이 없었을 시기에 대하여 장계(狀啓)와 일본측 기록을 인용하여 주해를 추가하였다. 이와 같이 첨가한 주석 및 주해는 관련 도판과 함께 본문 형식의 해설문으로 각 해당 날짜의 일기 본문 밑에 실음으로써 독자들의 관심과 편의에 부응토록 하였다.

□ 초역 부분에 이어 《난중일기》의 내용을 주제별로 나누어 모아봄으로써 7년 일기에 묘사된 총괄적인 분위기를 개관할 수 있도록 하였으며, 금일의 행정구역의 변동사항을 감안하여 작성한 지명 비정(比定)과 해당 지역의 지도, 그리고 일기에 나오는 1,050여 명에 달하는 인물에 관하여 작성한 날짜별 인명 색인을 참고로 첨가하였다.

□ 일기 속에도 거북선[龜船]에 대한 기사가 있을 뿐 아니라, 실제로 임진왜란 전반의 잇따른 해전에서 혁혁한 활약상을 보여 준 거북선은 국내외로 자못 큰 관심의 대상이 되어 왔다. 따라서 거북선과 관련된 국내외의 현존 사료들을 종합, 정리한 '거북선 해설'을 부록으로 실었으며,

거북선의 기원, 이순신의 창제귀선(創制龜船) 및 임진왜란 후의 거북선 변천상 등에 대해 설명하였다.

《난중일기》에 처음 접하는 학생들은 초역 부분과 주제별 내용(III장의 1, 2절)을 먼저 읽는 것도 좋을 것 같다. 필자가 왜정시대의 소학생 시절, 갓 쓴 학자풍의 영감님들이 이순신을 이야기하며 "··· 순신(舜臣)은 신(臣)이 아니라 나막신(臣)이나 같았다. 비가 올 때나 꺼내 신는 ···." 하며 탄식하던 소리가 기억난다. 이순신의 경우를 달관된 해학으로 토로하던 그분들의 넋두리가 지금 생각해 보아도 매우 인상적이다. 필자들의 공부가 부족한 탓으로 이 책의 전체를 통하여 부족하고 틀린 데가 적지 않으리라고 생각된다. 독자들께서 격의없는 논의와 충고를 보내주시기 바란다.

400년 전 이순신은 "우리나라 역사를 읽는데 개탄(慨嘆)할 기록이 많았다."(병신 5월 25일), "··· 안팎이 모두 바치는 뇌물의 다소(多少)로 죄의 경중을 결정한다니, 이러다가는 결말이 어찌될지 모르겠다. 이야말로 한줄기 돈만 있으면 죽은 사람의 넋도 곧 되찾아온다는 것인가."(정유 I 5월 21일), 또는 "··· 이러고야 조정(朝廷)에 사람이 있다고 할 수 있는가."(정유II 9월 8일)라고 개탄하고 있다. 또 그는 유성룡(柳成龍)에게 쓴 편지에서 "··· 다만 이 곳 민심이 징병한다는 소문만 들어도 모두들 도망쳐 달아날 꾀만 생각하고, ···"와 같은 모병의 딱한 사정을 호소하고 있다. — 그러면, 지금의 우리가 겪고 있는 역사적 현실, 즉 끝없는 비리부정, 병역기피, 부정부패 그리고 400년 전의 동서분당(東西分黨)을 방불케 하는 파리아(Paria)적 당파싸움 등, 이 모두가 오래오래 고질화된 망국적(亡國的) 전통속에 그 뿌리를 같이하고 있는 것이 아닐까. 그것도 '우국충정의 충무공 정신'을 받든다 하여 드높이 세워놓은 고인의 동상이 지켜보는 속에서 자행되고 있는 것이다. 세기말 빈(Wien)의 비평가 K. 크라우스의 "불멸(不滅)의 사람은 모든 시대의 고뇌를 경험한다."라고 한 애퍼리즘의 의미를 되새기게 된다. 난해하기로 이름난 한 문헌학자가 아주 쉬운 말로 표현한 한 구절을 여기에 옮기며 서문을 줄이고자 한다. 즉, "한 민족의 특

유성은, 그 민족이 여하한 위인(偉人)을 낳았는가 하는 것뿐만이 아니라, 그 위인(偉人)을 여하히 인식하고 또 여하히 존경하고 있는가 하는 그 양식(樣式)에 의하여 결정되는 것이다라고 한 말은 지당한 것이다.”(F. 니이체, 《희랍의 비극적 시대의 철학》).

평소에 이순신에 관하여, 또 《난중일기》에 대하여 많은 것을 깨우쳐 주시며 흥겹게 질문에 응답해 주시던 미술평론가 昔度輪 교수님께 이 자리를 빌려 깊이 감사드립니다. 또, 92년 蕓苴展에 출품한 그림 也欣 朴榮愛 작 ‘첫 출전을 결행하는 이순신’을 이 책에 실음에 흔쾌히 승락해 주신 작가의 우의에 감사드립니다. 또한 중국문학의 劉世鍾 교수의 인도로 자리를 같이함으로써 뵙게 된 이후 한문 해석에 관한 귀중한 하교를 주신 以文學會의 老村 李九榮 선생님께 심심한 사의를 표합니다. 그리고 이미 오래전부터 일기 내용과 관련 문헌의 번역에 관하여 수시로 여러 가지 논의와 의견을 보태 주신 동학 李憲周 교수의 도움에 늘 고마워하고 있습니다.

서울대학교 출판부장으로 계시는 동양사학과 金容德 교수께서 拙稿 ‘李舜臣의 日記’에 깊은 관심을 가지시고 목차의 조정 등 여러 가지 유익한 조언을 주신 데 대해 감사를 드리며, 權秉政 편집국장을 비롯하여 한결같이 친절히 협조해 주신 출판부 여러분께도 감사의 말씀을 드립니다. 특히 편집과의 郭眞姬 님께서 원고를 면밀히 검독하시고 여러 가지 부족한 부분을 깨우쳐 주셔 큰 도움이 되었습니다.

1998년 정월
統制使 李舜臣의 400주기를 맞으며

朴 惠 一 識

개정증보판을 펴며

1998년 초판을 발간한지 어언 18여년이 흘렀다. 그동안 별다른 개정없이 거듭 증판을 발행한 것은 독자들의 지대한 관심에 의한 것이되 저자들의 능력과 노력이 따르지 못하였음을 감출 수 없다. 다만 돌이켜 보면 긴 시간이 흐르고서야 한 두 가지의 작은 결실로써 본 개정증보판을 발간할 수 있게 되어 다행인 것 같다.

2000년 경, 이순신 친필의 일기초본과 더불어 별책부록으로서 현충사에 보관되어 오던 표제《재조번방지초 再造藩邦志抄》내에서 친필일기의 필사본인 〈일기초 日記抄〉를 재발굴하였다. 이 자료는 그동안 세간에 친필일기의 일부로 오도되어 왔던 것이었으니 비로소 이를 바로잡게 되었고, 이 필사자료를 활용하여 오랜 세월의 전승에서 훼손되거나 유실된 친필일기 기사의 복원 및 보충을 이룰 수 있었다. 이에 관해서는 2000년 졸고 〈'이순신의 일기' 「일기초」의 내용 평가와 친필초본 결손 부분에 대한 복원〉, 정신문화연구 23권 1호, 95-117쪽에서 상세히 다룬 바 있으며 본 책의 제 I 장 2절에서 그 내력을 간략히 소개하였다.

아울러 초판의 간행을 통해《친필일기초》의 활자화 원문으로서 조선 정조대의 문헌인《이충무공전서》수록의 〈난중일기〉와 일제 강점기 조선사편수회 편《난중일기초》모두가 적절치 못함을 지적하였고, 이에 따라 친필일기의 재판독과 기존 판독과의 비교 검독을 통해 원문을 확정하는 작업을 수행하였다. 이 작업의 결과로서 2007년 단행본《이순신의 일기초》를 간행한 바 있으나 일반 독자에게는 유용치 못한 한정판이었으므로 본 개정증보판의 별책부록으로 수록하였다. 이로부터 기존의 활자판본으로서 비교적 충실한《난중일기초》의 판독과 편집상의 오류를 140여 군데 찾아내어 바로잡고 보다 정확한 친필원문 텍스트를 갖추게 되었다.

현존《친필일기초》의 〈임진일기〉 책 맨 끝에는 편지를 초한 글이 한 장 있는데 이 글의 내용과 형식을 추적한 결과 이는 영의정 유성룡에게 보내기 위해 갑오년(1594)에 작성된 편지글의 초고였음을 밝혀 '갑오서간초'로 명명하였다. 그런데 이 서간초의 형태를 면밀히 살펴본 결과 이는 원래 친필일기의 〈갑오일기〉 책에 제본되어 있던 것이었으나 긴 전승 기간의 어느 때에 원래 위치에서 떨어져 나와 보수하는 과정에서 현재의 〈임진일기〉 책 맨 끝에 잘못 붙여진 것임을 밝혀냈다. 보다 상세한 사항은 제 I 장 5절과 2006년에 발표된 졸고를 참조하기 바란다.

그 밖에도 이 개정증보판에서는 여러 세세한 사항의 교정이 이루어졌으나 여전히 완벽치 못하므로 독자 여러분의 관심과 지적을 바라고 있다.

본 개정증보판의 발간에 관련하여 관심과 격려로써 이끌어 주신 서울대학교 철학과 이남인 교수님께 감사를 드리며, 개정증보판 '李舜臣의 日記'의 출판을 위하여 여러 가지 유익한 제언과 인도로 이끌어 주신 도서출판 〈시와진실〉의 최두환 명예교수님과 긴 노고를 감당해 주신 편집장 전영랑 님께 심심한 사의를 표합니다. 초판 이래 몇 차례의 간행을 담당해 주신 서울대학교 출판부 관계자 여러분에게도 이 자리를 빌어 감사의 말씀을 드립니다. 끝으로 친필원문의 확정 작업과 더불어 본 개정증보판의 발간에 이르기까지 근 20여년 간의 힘든 작업 도중 미리 타계하신 고 박혜일 교수님과 배영덕 박사님의 탁월한 혜안과 근근한 노력에 보답하여 본 작업의 결실을 바칩니다.

2016년 7월

著者 識

이순신의 세보(世譜), 약력 그리고 그의 전사(戰死)

【출생과 가족관계】 이순신(李舜臣, 자는 여해 汝諧)은 1545년(인종 1) 3월 8일(양력 4월 28일)* 자시(子時, 밤 11시~새벽 1시)에 당시의 한성부 건천동(乾川洞)에서 출생하였다. — 건천동은 지금의 서울특별시 중구 초동 동쪽의 '마른내길' 근방이며, 그가 탄생한 집터는 현재의 인현동 1가 40번지 근처로 추정되고 있다. 그의 아버지는, 고려 때 중랑장(中郎將)을 지낸 덕수이씨(德水李氏)의 1대조 이돈수(李敦守)로부터 내려오는 11대손 정(貞)이며 평민생활을 하는 양반이었고, 어머니는 초계변씨(草溪卞氏)였다. 어머니 변씨는 아들에 대한 사랑이 극진하면서도 가정교육에 엄격하였다.

조선왕조로 넘어오자 7대손 변(邊)은 영중추부사(領中樞府事)와 홍문관 대제학(弘文舘大提學)을 지내는 등, 그의 가계는 주로 문관 벼슬을 이어온 양반계급의 집안이었으나, 그의 할아버지인 10대손 백록(百祿)은 정치적 혼란기에 벼슬을 사양하고 조광조(趙光祖) 등 소장파 사림들과 뜻을 같이하여 기묘사화(己卯士禍)의 참변을 겪게 된다. 그 후 아버지 정(貞)도 관직의 뜻을 버리고 평민으로 지냈으니 가세 또한 기울어 있었다.

이순신은 희신(羲臣), 요신(堯臣)을 두 형으로 두고 셋째 아들로 태어났으며, 밑으로는 아우 우신(禹臣)이 있었다. 큰형 희신에는 네 조카 뇌(蕾), 분(芬), 번(蕃) 그리고 완(莞)이 있었고, 작은형 요신에게는 두 조카 봉(菶)과 해(荄)가 있었으나, 두 형이 모두 먼저 사망하였기 때문에 이순신은 이들 여섯 조카를 돌보아야 했다. 그는 조카들에게 친자식과 같이 극진하였다고 한다. 이순신과 부인 상주방씨(尙州方氏)는 세 형제 회(薈), 열(莅), 면(葂)과 한 딸을 두었고, 서자(庶子)로는 두 형제 훈(薰)과 신(藎) 그리고 두 딸이 있었다. 노량해전에 참전했던 회(薈)는 현감, 열(莅)은 정랑(正郎)을 지냈으며, 면(葂)은 난중에 왜적과 싸우다 전사하였고, 훈(薰)과 신(藎)은 무과에 올랐다. 부인 방씨(方氏)는 보성군수 진(震)의 딸인데, 이순신의 전몰 후 정경부인(貞敬夫人)의 품계에 올랐고,

11대	12대	13대
정(貞)	희신(羲臣)	뇌(蕾)
		분(芬)
		번(蕃)
		완(莞)
	요신(堯臣)	봉(菶)
		해(荄)
	순신(舜臣)	회(薈)
		열(䓲)
		면(葂)
		훈(薰: 서자)
		신(藎: 서자)
	우신(禹臣)	

덕수이씨(德水李氏) 11 ~ 13대 세보(世譜).

80이 넘도록 살았다.

【무과급제 이후의 관직 생활】 22세에 비로소 무예를 배우기 시작하여, 28세 되던 1572년(선조 5) 훈련원별과(訓鍊院別科)에 응시하였으나 말을 달리다 말이 넘어지며 낙마하여 왼쪽 다리가 부러지는 부상을 입어 등과에 실패하였다. 32세 되던 1576년(선조 9) 봄에 식년무과(式年武科)에 출장하여 병과(丙科) 제4인으로 급제하였다. 등과하고도 그 해 12월에야 귀양지로 여기던 함경도 동구비보(童仇非堡)의 권관(權管)으로 부임, 35세 되던 1579년 2월 귀경하여 훈련원봉사(訓鍊院奉事)가 되었고, 같은 해 10월에는 충청병사의 막하 군관으로 전임되었다. 이듬해 36세가 되던 1580년(선조 13) 7월에 발포(鉢浦) 수군만호(水軍萬戶)가 되었다. 이 무렵에 좌수사 성박(成鎛)이 객사 뜰의 오동나무를 베어다가 거문고를 만들려 하자, 관청 물건을 함부로 베어 갈 수 없다 하여 사람을 돌려 보내니 수사가 크게 노하였다는 일화가 남아 있다.

38세, 1582년(선조 15) 1월 군기경차관(軍器敬差官) 서익(徐益)이 발포에 와서 군기를 보수하지 않았다고 무고하였기 때문에 파직(罷職)되었다. —이것이 이순신이 당하는 첫번째 파직이었다. 같은 해 5월 다시 임명되어 훈련원봉사가 되었다.

39세, 1583년(선조 16) 7월 함경남도 병사 이용(李戩)의 막하 군관으로 전근, 10월에는 함경북도 건원보(乾原堡) 권관으로 오랑캐 토벌에 공을 세워 11월에 훈련원참군(訓鍊院參軍)이 되었다. 그러나 같은 달 15일 아산에서 부친이 별세하여 천리길을 밤낮으로 달려 귀향, 성복하고 탈상까지 휴관(休官)하였다.

42세, 1586년(선조 19) 1월 사복시주부(司僕寺主簿)에 임명되었으나 북방오랑캐들의 침입이 있자 16일만에 다시 함경도 조산보(造山堡) 병마만호(兵馬萬戶)로 천거되었다. 또, 이듬해 8월에는 녹둔도(鹿屯島) 둔전관(屯田官)을 겸직하니, 섬이 외롭고 방비가 부실하여 누누이 증병을 청하였으나 병사 이일(李鎰)은 듣지 않았다. 오랑캐의 습격을 당하자 패군의 죄로 하옥, 무고된 이순신은 파직되고 백의종군(白衣從軍)하였다. —이것이 이순신이 당하는 두 번째 파직이었다. …

45세, 1589년(선조 22) 2월 전라순찰사 이광(李洸)의 군관이 되었고, 또 순찰사의 주청으로 조방장(助防將)을, 이어 11월에는 선전관도 겸직하게 되었으며, 12월에는 정읍(井邑) 현감이 되었다. 46세 되는 이듬해에는 고사리진(高沙里鎭) 병마첨절제사(兵馬僉節制使), 또 만포진(滿浦鎭) 수군첨절제사(水軍僉節制使)에 임명되기도 하였으나, 모두 대간(臺諫)들의 반대로 취소되었다.

47세, 임진왜란의 발발 1년 전인 1591년(선조 24) 2월, 진도(珍島)군수에 임명되었으나 부임 전에 다시 가리포진(加里浦鎭) 수군첨절제사에 임명, 또 부임하기도 전에 다시 전라좌도(全羅左道) 수군절도사(水軍節度使)로 임명되어, 2월 13일 정읍을 떠나 전라좌수영(全羅左水營 : 지금의 여수)에 부임하였다. 수사의 임명은 관철되었고, 추천자는 유성룡(柳成龍)이었다. 유성룡은 이미 이율곡(李栗谷)이 이조판서로 있을 당시 이순신의 이름을 소개한 바 있었으나, 이순신은 율곡이 자기와 성씨가 같은 문중이라 하여 그의 재직시에 찾아가기를 굳게 사양했다 한다.

이순신은 왜적의 내침을 염려하여 취임 후 바로 영내 각 진의 군비를 점검하는 한편, 후일 철갑선(鐵甲船)의 세계적 선구(先驅)로 평가될 거북선[龜船]의 건조에 착수하였다.

【임진왜란 때의 행적】 이순신(李舜臣)은 전라좌수사(全羅左水使)의 취임 이듬해인 임진(壬辰)년, 즉 그가 48세 되던 1592년(선조 25년) 3,4월경에는 새로 건조된 거북선[龜船]에서 지자포(地字砲)와 현자포(玄字砲)를 쏘는 것을 시험하고 있었다. 이와 거의 때를 같이하여, 4월 13일 드디어 임진왜란이 발발하였다. ―직접 파병된 일본군 병력이 도합 20만 명에 달하는 대규모의 침략전쟁이었다.

이순신은 '왜선 90여 척이 부산 앞 절영도에 대었다'는 경상우수사 원균(元均)의 통첩과 '왜적 350여 척이 벌써 부산포 건너편에 와 대었다'는 경상좌수사 박홍(朴泓)의 공문을 받은 즉시로 장계를 올리고, 순찰사와 병사 그리고 전라우수사 이억기(李億祺)에게 공문을 보냈다(임진 4월 15

일). 경상좌우도 수군은 왜군의 부산 상륙을 보면서도 전혀 싸우지 않았다. 심지어는 전의를 상실한 원균은 배와 화포와 군기를 미리 바다에 침몰시켜 버렸다고 한다(유성룡, 《징비록》). 원균은 비장 이영남(李英男)의 책망으로 전라좌도 수군의 구원을 청하였으나, 이순신은 맡은 바 경계가 있음을 이유로 영역을 넘어 경상도로 출동하기를 주저하였다. 그러나 사태가 위급하였다. 이순신은 광양현감 어영담(魚泳潭), 녹도만호 정운(鄭運) 등 막하 장령들의 격렬한 찬반논의와 그들의 소신을 확인한 끝에 출전의 결단을 내리게 된다. 그는 4월 27일에 올린 〈경상도로 구원 나가는 장계 赴援慶尙道狀〉에서 '같이 출전하라는 명령[往偕之命]'을 내릴 것을 주청하고 있다. 그로부터 전라좌도의 수군, 즉 이순신 함대는 경상도 해역에 전후 4차의 출동을 감행하여, 10여 회의 잇따른 해전에서 연전연승하였다.

제1차 출전으로, 이순신은 5월 4일 새벽 전선(戰船 : 판옥선) 24척과 협선(挾船) 15척 등 모두 85척의 함대를 이끌고 출동, 5월 7일 옥포(玉浦)에 이르러 3회의 접전에서 왜선 40여 척을 섬멸하는 큰 승리를 거둠으로써 가선대부(嘉善大夫)에 승서되었고, 제2차 출전으로, 5월 29일의 사천해전(泗川海戰)에서 적탄에 맞아 왼쪽 어깨에 중상을 입었으나 그대로 독전(督戰), 6월 5일 당항포해전(唐項浦海戰) 및 6월 7일의 율포해전(栗浦海戰) 등에서 모두 72척의 적선을 무찔러 자헌대부(資憲大夫)로 승진되었다. 제3차 출전으로, 7월 8일의 한산해전(閑山島前洋海戰의 약칭)에서는 와키자카 야스하루(脇坂安治)의 일본함대를 견내량(見乃梁 : 거제군 사등면)에서 한산도 앞바다로 유인, 학익진(鶴翼陣)의 함대기동으로 급선회하여 일제히 포위, 공격함으로써 적선 73척 중 12척을 나포하고 47척을 불태워 버리니, 이른바 '한산대첩(閑山大捷)'의 공으로 정헌대부(正憲大夫)에 올랐으며, 이어 7월 10일의 안골포해전(安骨浦海戰)에서는 적선 42척을 분파하였다.

이미 일본수군은 전의를 상실하여 바다에서는 아예 싸우러 들지 않았다. 제4차 출전으로, 9월 1일 부산포(釜山浦)를 습격하여 적선 100여 척을 격파함으로써 왜수군에 치명상을 입혔다.

49세, 1593년(선조 26) 7월 14일 본영을 여수에서 한산도로 옮겼으며, 8월 15일에는 수사의 직에 더하여 삼도수군통제사(三道水軍統制使)로 임명되었다. 한편 호남(湖南)으로 들어오는 피란민들을 돌산도(突山島)에 입주케 하는 등, 민생문제의 해결과 장기전에 대비한 둔전(屯田)을 조직적으로 추진하였다. 50세, 1594년(선조 27) 3월 4일의 두 번째 당항포해전에서 적선 8척을 분파, 9월 29일의 장문포해전(長門浦海戰)에서는 적선 2척을 격파, 10월 1일의 영등포해전에서는 곽재우(郭再祐), 김덕령(金德齡)과 약속하여 장문포의 왜군을 수륙으로 협공하였다.

51세, 1595년(선조 28) 2월 27일 조정에서는 이순신과 원균 사이의 불화를 염려하여 원균을 충청병사로 전직시켰으나, 52세 되던 이듬해에는 원균의 중상과 모함이 조정내의 분당적(分黨的) 시론에 심상치 않게 파급되고 있었다. 시기를 같이하여 11월에 코니시 유끼나가(小西行長)의 막하 간첩 요시라(要時羅)는 경상우병사 김응서(金應瑞)를 통하여 도원수 권율(權慄)에게 '카또오 키요마사(加藤清正)가 오래지 않아 다시 바다를 건너올 것이니, 그 날 조선 수군의 백승의 위력으로 이를 잡지 못할 바 없을 것인즉 …' 하며 간곡히 권유하였다. 이 요시라의 헌책(獻策)이 조정에 보고되자, 조정 또한 그의 계책에 따를 것을 명하였다. 53세, 1597년(선조 30) 1월 21일 도원수 권율이 직접 한산도에 이르러 요시라의 헌책대로 출동 대기하라고 명을 전하였으나, 이순신은, 그것이 필경 왜군의 간계(奸計)일 것임이 분명하여 함대의 출동을 자제하였다. 도원수가 육지로 돌아간 지 하루만에 웅천(熊川)에서 알려오기를 '지난 정월 15일에 왜장 카또오(加藤清正)가 장문포에 와 닿았다' 하였다. 일본측 기록에는 정월 14일(일본력 13일) 서생포(西生浦 : 울산 남쪽)에 상륙한 것으로 되어 있다. 즉, 왜장은 도원수가 독전차 한산도에 내려오기 7일이나 이전에 이미 상륙했던 것이다. '왜장을 놓아주어 나라를 저버렸다'는 치열한 모함으로 파직된 이순신은 군량미 9,914석, 화약 4,000근, 재고의 총통(銃筒) 300자루 등 진중의 비품을 신임 통제사 원균에게 인계한 후, 2월 26일 함거

(檻車)에 실려 서울로 압송되어 3월 초4일에 투옥(投獄)되었다. — 이것이 이순신이 당한 세 번째 파직이었다. 가혹한 문초 끝에 죽이자는 주장이 분분하였으나, 판중추부사 정탁(鄭琢)이 올린 신구차(伸救箚, 구명탄원서)에 크게 힘입어 도원수 권율 막하의 백의종군(白衣從軍) 하명으로 특사되었다. 4월 1일, 28일간의 옥고(獄苦) 끝에 석방된 이순신은 권율의 진영이 있는 초계(草溪)로 백의종군의 길을 떠났으며, 아산(牙山)에 이르렀을 때 어머니의 부고를 받았으나 죄인의 몸으로 잠시 성복하고 바로 길을 떠나야만 했다. …

한편 원균이 이끄는 조선함대는 7월 16일 야반 칠천량(漆川梁)에서 일본 수군의 기습을 받아 참패하였다. 배를 버리고 육지로 피신한 원균은 왜병의 추격을 받아 살해되었다 한다. 이번에도 김응서 및 권율을 경유한 요시라(要時羅)의 같은 계략이 적중한 것이었다. 정유재침(丁酉再侵)의 다급한 사태에 엄청난 파탄이 초래되었으나, 조정은 속수무책이었다.

자청하여 수군 수습에 나선 이순신은 8월 3일에 삼도수군통제사(三道水軍統制使)로 재임명되었고, 칠천량에서 패해 온 전선들을 거두어 재정비함으로써 출전태세를 갖추었다. 전선은 모두 12척이 되었으나, 명량해전(鳴梁海戰) 당일에는 13척이 참전한 것으로 보인다(자세히는 III장 1절의 주해 참조).

명량대첩으로 선조는 이순신에게 숭정대부(崇政大夫)로 서훈하려 하였으나 중신들의 반대로 중지되었다. 10월 14일 셋째 아들 면(葂)이 아산에서 왜적과 싸우다 전사하였다는 부고가 이르렀다. 이 때부터 이순신은 심신의 진췌가 더해지며 더욱 자주 병을 앓게 되었다.

54세, 1598년(선조 31) 2월 18일 고금도(古今島)를 본거지로 선정하여 진영을 건설, 피란민들의 생업을 진작시켰다. 7월 16일에는 명(明)나라 수군도독 진린(陳璘)이 수군 5,000명을 거느리고 도착, 조선수군과 합세하였다.

8월 19일(일본력 18일) 도요토미 히데요시(豊臣秀吉)가 일본 후시미(伏見)성에서 사망하자, 왜군은 일제히 철군을 시작하였다. 순천(順天)에 있던 코니시 유끼나가(小西行長)는 진린과 이순신에게 뇌물을 보내며 퇴각로의 보장을 애걸하였으나, 이순신은 '조각배도 돌려 보내지 않겠다[片帆不返]'는 결연한 태도로 이를 반각(返却)하였다. 진(陳)도독과는 의견의 대립이 있었으나, 이순신의 설복으로 합세하게 되었다. 드디어 조명(朝, 明) 연합함대는 11월 18일 밤 10시쯤 노량(露梁)으로 진격, 다음 날 새벽 2시경, 여러 왜장들이 이끄는 500여 척의 적선과 혼전난투의 접근전을 벌이게 되었다. 이 마지막 결전이 고비에 이른 11월 19일(양력 12월 16일)* 새벽, 이순신은 독전중 왼쪽 가슴에 적의 탄환을 맞고 전사하였다. '싸움이 바야흐로 급하니, 내가 죽은 것을 알리지 말라'고 당부하며 세상을 떠났다고 한다. — 이순신의 전사에는 자살설(自殺說)이 남게 되었다. 즉, 그것은 '투구를 벗고 선봉에 나섰다[免胄先登]'는 전설과 더불어 7년 전란에 위태로운 전투를 몇십 회나 치르면서도 그 뛰어난 전략과 전술로 한 번도 패함이 없었던 그가 자기 몸을 보전하려 했다면 얼마든지 가능했을 것이 아닌가 하는 의문에서 발단된 것이다.…

이순신의 상여는 마지막 진지였던 고금도(古今島)를 떠나 12월 11일경에 아산(牙山)에 도착, 이듬해인 1599년 2월 11일에 아산 금성산(錦城山) 밑에 안장되었으나, 전사 16년 후인 1614년(광해군 6) 지금의 아산시 음봉면(陰峰面) 어라산(於羅山) 아래로 천장(遷葬)하였다.

이순신의 전사 후 12월 초4일에 우의정(右議政)이 증직되었고, 1604년(선조 37) 10월 조정의 논공(論功)으로 선무공신(宣武功臣) 1등에 녹훈되고, 풍덕부원군(豊德府院君)에 추봉되었으며 좌의정(左議政)에 추증되었다. 몰후 45년인 1643년(인조 21) 충무(忠武)의 시호가 추증되었고, 1704년(숙종 30) 유생(儒生)들이 발의, 상소하여 1706년(숙종 32) 아산에 현충사(顯忠祠)가 세워졌다. 몰후 거의 200년이 지난 1793년(정조 17) 7월 1일, 정조대왕(正祖大王)의 뜻으로 영의정(領議政)으로 추증, 1795년(정조 19)에는 역시 정조대왕의 명에 따라 《이충무공전서 李忠武公全書》가 규장각 문신 윤행임(尹行恁)에 의하여 편찬, 간행되었다.

명나라 수군도독 진린(陳璘)은 수개월간 진(陣)을 같이함으로써 이순신을 가장 깊이 알았던 유일한 타국인이자 그의 죽음을 가장 슬퍼했던 한 사람이었다. 진린은 명나라 현황제(顯皇帝)에게 이순신의 공적을 자세히 아뢰어 명나라 조정에서는 명나라 도독인(都督印)을 비롯한 팔사품(八賜品)을 내리게 된 것이다.

*) 충무공탄신일(忠武公誕辰日)은 양력으로 환산하여 4월 28일로 공시되어 있다. 이와 관련하여 李殷晟 교수가 엮은《일교음양력 日較陰陽曆》(1983) 자료에 의하면, 이순신의 탄신일인 음력 3월 8일(1545)은 양력(그레고리오력) 4월 28일로, 또 이순신의 전사 날짜인 음력 11월 19일(1598)은 양력 12월 16일로 정해진다. 또한 서울대학교 천문학과 李相珏 교수의 설명에 따르면, 음력을 24절기와 부합시키기 위해 도입된 윤달 등을 근거로 개발된 천문대의 역서(曆書) 프로그램을 사용하더라도 동일한 날짜로 환산된다고 한다.

Ⅰ.《난중일기 亂中日記》의 친필초본(親筆草本)과 후대의 초본(抄本) 및 활자판본(活字版本)에 대하여

1. 국보 제76호 '이순신(李舜臣)의 일기 원본'

1959년 1월 '이순신의 일기 원본', 즉 '이순신 친필(親筆)의 일기초본(日記草本)'은 임진장초(壬辰狀草) 및 서간첩(書簡帖)과 함께 국보로 지정되고, 1962년 12월에는 국보 제76호로 지정되었다(ix면《난중일기》의 원본사진 참조). 이순신은 함경도 북방의 출사 당시에도 일기를 쓴 적이 있는 것 같으나, 여하간 임진년 이전의 일기로서 수집, 정리된 것은 아직 없다. 잘 알려져 있는 바와 같이 국보로 지정된 이순신의 일기는 그 자신이 임진년(1592)에서 무술년(1598)에 이르는 7년 전란의 진중에서 기록한 것이다. 무술년(1598) 11월 17일자로 절필된 이순신의 일기초본은 그의 전몰 이후 아산(牙山)의 종가(宗家) 문중에 대를 이어 소장되어 오다가 현재는 아산 현충사의 유물관에 7책이 보존되어 있다. 당초의 일기초본에서 유실된 부분이 있기는 하나, 원래 유물(遺物)의 보존이 지극히 소홀한 우리나라 풍토에서 그의 친필 일기가 아직까지 400년 동안 보존, 전승된 것만 하더라도 기적에 가까운 일이라 아니할 수 없다. 이 친필 일기초본은 모두 7책 205장으로 되어 있다.

일기는 날짜, 간지(干支) 및 날씨로 시작하여 당일에 겪은 공적, 사적인 사건, 그리고 감회와 울분과 한탄 등 자신의 심정을 거리낌없이 그대로 기록하고 있다(**도판 1** 참조). 또한 그의 일기장에는 일기외에도, 조정에 올릴 장계(狀啓)와 서간문의 내용을 초(草)하거나, 시(詩)와 문장을 써 넣은 부분도 간간이 보인다. 또 장수들의 명단과 전선(戰船)의 현황, 그리고 물품명세 같은 것도 있다. 낙서(落書)도 있다. 즉, 그의 일기첩은 그 자신의 비망록이기도 하였다. 진중 생활에서 일기장을 젖히는 것은 밤이 깊어 그가 홀로 되었을 때의 마지막 일과였으며, 또 그는 쓰지 않고는 못 견디었을 것이다. 그와 같은 그의 내적 생활도 출전중일 때는 물론, 여의치 않았을 때가 많았다. 백의종군으로 길을 떠나자 모친상을 당하여,

당일에 일기 쓸 여유가 없었을 때는 후일 추가로 기록하고 있다. 즉, "··· 뒷날 대강 적었다[追錄草草]"(정유 4월 13일). 그는 시(詩)를 읊고 글을 쓰지 않고는 있을 수 없는 천부의 문인(文人)이었다. 그러나 그의 진중의 일기 기록은 그의 내면 생활을 채워주는 하나의 사적인 중요한 일과일 따름, 자신이 쓴 일기가 후일 원고(原稿)가 되어 후세에 공개되리라는 것은 짐작조차 못했을 것이다. 따라서 그의 일기 원본을 초고(草稿), 초고본(草稿本) 등으로 부르는 것 또한 그리 적합한 표현은 아닐 것이다.

또 임진장초(壬辰狀草)는 이순신이 전라좌수사(全羅左水使)로서 첫 출전 당시의 경위 및 전과보고를 위시하여 조정에 올린 여러 가지 내용의 장계(狀啓)와 동궁 광해군(光海君)의 영지(令旨)에 답하는 장달(狀達) 등 73편을 필사, 보존한 등본(謄本)이며, 서간첩은 그의 친필 서간을 수록한 문서철이다. 이순신의 일기 초본을 비롯하여 국보 제76호로 지정된 이 세 가지 자료는 400년 전에 겪은 전란의 역사와 이순신 연구를 위하여 없어서는 아니될 귀중한 1차 사료(史料)로서 그 문헌적 가치가 지대한 것이다.

정조(正祖)대에 편찬된 《이충무공전서 李忠武公全書》에 이순신의 일기가 소위 '난중일기(亂中日記)'란 이름으로 활자화되어 수록된 이후, 그 명칭이 그대로 고유명사화되기에 이르렀다. 현존하는 《친필초본 親筆草本》과 후대의 〈일기초 日記抄〉 및 《이충무공전서 난중일기》를 상호 비교해 보면 《이충무공전서》의 간행(1795) 이후에 많은 분량의 친필일기가 유실되었음을 알 수 있으며, 유실된 부분을 정리하면 아래와 같다:

- □ 갑오년 2월 22일~27일 엿새분(1장 분량)은 《친필초본 親筆草本》에 22일조 기사의 전반부가 존재하나 〈일기초 日記抄〉, 《이충무공전서 난중일기》 어디에도 보이지 않으므로 적어도 《이충무공전서》 편찬 이전에 이미 유실된 것이다.
- □ 무술년 7월 24일 기사는 〈일기초 日記抄〉에만 유일하게 현존하는 것으로서 이를 포함하는 1쪽(혹은 여러 쪽)이 〈일기초 日記抄〉 작성 이후로부터 《이충무공전서》 편찬 이전의 기간에 유실되었다.

□ 임진년 정월 1일~4월 22일의 일기 1권 분량은《이충무공전서 난중일기》에만 보이고 있고, 을미년 정월 1일~12월 20일의 일기 1권 분량, 무술년 10월 7일~12일 엿새분 일기(1장 분량), 11월 8일~17일 열흘분 일기(1장 분량)은 〈일기초 日記抄〉에는 일부 혹은 전부 수록되어 있고,《이충무공전서 난중일기》에는 전부 수록되어 있으나 친필초는 전하지 않으므로《이충무공전서》 편찬 이후 유실된 것이다. 이중 무술년 10월 7일 기사는 친필초본에 존재하나 같은 날짜이되 전혀 다른 내용의 기사가 〈일기초 日記抄〉와《이충무공전서 난중일기》에 동일하게 보이므로 두 번 작성된 것에 해당되며, 이어서 10월 12일까지의 엿새분이 존재했던 것임을 알 수 있다.

이순신의 일기 원본, 즉 친필초본(親筆草本)에 관하여는 다음의 세 절에서 더 상세히 언급하게 될 것이다.

2. '이순신(李舜臣)의 일기' 발췌 필사본 〈日記抄〉

1998년 졸저《李舜臣의 日記》 초판을 간행한 후, 집필상의 불확실한 사항을 지속적으로 추적하던 중, 유실된 친필일기 원문을 보충하는 새로운 자료를 발굴하고 또한 무술년 11월 17일 절필에 이르는 일기 원문 10일분에 관련하여 세간에 오도되어온 사실을 바로잡는 성과를 거두게 되었다. 그 자료는 다름 아닌 친필일기의 발췌 필사본인 〈일기초 日記抄〉로서 이는 친필초본 7책과 더불어 소위 '별책 부록'으로 일컬어져 왔었고, 그 표지에는《再造藩邦志抄》라는 사대주의적인 표제가 비문화적인 정치가의 휘호로써 붙어 있던 책의 일부였으나, 이 자료의 유래는 알려진 바 없이 이충무공 종가(덕수 이씨)에 전승되어 내려와 현충사에 보관되어 오던 것이다. 이 귀중한 자료에 관한 상세한 사항은 2000년에 拙稿 〈'李舜臣의 日記' 「日記抄」의 내용 평가와 親筆草本 결손 부분에 대한 복원〉, 정신문화연구 제23권 제1호, 95-117쪽에서 최초로 다룬 바 있다.

이 별책은 앞뒤 표지를 포함하여 모두 78쪽이며, 앞표지 뒷면으로 보이는 2쪽에서 낙서 속에 크게 쓴 '忠武公遺事'라는 글자를 읽을 수 있다. 이 책의 23쪽~60쪽에는 이순신의 친필 일기를 필사(筆寫) 초록한 〈日記抄〉를 수록하고 있다. 이 책의 첫머리에 나오는 〈재조번방지초 再造藩邦志抄〉는 소위 신경(申炅)의 《재조번방지 再造藩邦志》의 내용을 산발적으로 옮겨 놓은 것으로서, 38쪽 분량의 〈日記抄〉를 담은 이 별책의 작성 연대는 대략 《재조번방지》가 간행된 1693년(숙종 19) 전후가 되지 않을까 한다. 또한 녹도만호 정운의 현손(玄孫)에 관한 기록도 동일한 연대 추정을 가능케 한다. 즉, 〈日記抄〉는 이순신의 순국 약 100년 후에 작성된 것으로서, 다음 절에서 상술하는 활자판본 《李忠武公全書》(1795)의 《난중일기 亂中日記》 편집·간행보다 약 100년 전에 작성된 것으로 추정되나 그 필사자는 확인되지 않는다.

〈日記抄〉는 불과 325일분의 일기를 담고 있으나, 이순신의 친필초본에 대한 해독(解讀), 유실된 친필초의 보완과 후대의 활자본(活字本)의 부분적인 보완 및 확정을 위하여 많은 참고가 된다. 특히 《이충무공전서》 편찬 후 임진(壬辰, 1592)일기의 1~4월분을 위시하여 적지 않은 부분의 친필초가 유실되었는데, 친필초 1년분 전부가 유실된 을미(乙未, 1595)일기나 친필초 글자가 부분적으로 파손 또는 마모된 정유(丁酉, 1597) 8월 4일~26일의 일부 및 이순신이 전사한 해인 무술년(戊戌, 1598)의 일기와 그 유실 부분에 대한 보완 및 복원이 가능해진 점은 각별히 평가되어야 하며, 아래에 〈日記抄〉를 이용한 친필초본 보완 및 복원 작업의 일부를 제시하였다.

《이충무공전서》에 수록된 을미년(1595) 일기는 모두 345일분이며, 〈日記抄〉의 을미년 기사는 모두 69일분이다. 이 중, 절반 정도의 〈日記抄〉 기사들은 《이충무공전서》의 해당 날짜 기사보다 더 상세히 옮겨져 있는 경우, 또는 《이충무공전서》의 기사에는 전혀 보이지 않는 기사를 포함하여 아주 새로운 내용을 보여주는 경우가 있다. 한 예로, 11월 4일조의 '李直長 汝沃 형 집에서 소식이 왔는데, 비통함을 이길 수 없다.…' 등과 같은 기사는 《이충무공전서》에서는 볼 수 없는 내용이다. 또한 이 날짜 기사에 "또 아들의 편지를 보니 요동(遼東) 왕울덕이 왕(王)씨 후예로서 군사를 일으키려 한다고 하니 극히 놀라운 일이다(且見豚簡則遼東王鬱德以王氏後裔欲爲擧兵云極可愕也)."라는 내용이 있는데 이와 똑같은 내용의 기사가《이충무공전서》의 같은 해 5월 4일조에도 포함되어 있다. 왕울덕(王鬱德)의 '울(鬱)'자가《이충무공전서》에서 '작(爵)'자로 된 것은 친필초에 대한 판독(判讀)상의 차이라 하더라도, 동일한 기사 내용이 6개월 전에 기록되었을 리는 없을 것이다. 두 일기의 앞부분의 기사 내용으로 미루어 보아 〈日記抄〉의 날짜에 해당하는 것으로 보는 쪽이 옳을 것 같다. 이는 〈日記抄〉와《이충무공전서》 모두 그 필사자 또는 편찬자의 작업을 통해 친필초의 기사 내용이 상당수 취사선택 또는 편집되었음을 나타내는 것이나, 〈日記抄〉의 기사 내용으로써 친필초의 을미년 일기 원본에 대한 보완적 접근이 가능해진 점은 평가되어야 할 것이다.

친필 일기 중 정유년 부분은 4월 1일부터 시작하는 첫째 권(편의상 '丁酉Ⅰ'로 칭함) 및 8월 4일부터 시작하는 두 번째 권(편의상 '丁酉Ⅱ'로 칭함)이 존재하며, 일부분이 중복되어 있는데, 두 번째 일기 첫 부분 몇 쪽은 부분적으로 파손, 마모되어 상당 부분 판독이 불가능하다. 〈日記抄〉의 정유년 일기는 丁酉Ⅱ 일기를 주로 옮기고 있는데, 8월 4~26일 일기는 친필초의 훼손된 기사 내용을 담고 있어 일부이나마 친필초 복원을 가능하게 해준다. 〈日記抄〉의 정유년 일기와 친필초를 비교하여 친필초 훼손 부분을 복원한 한 예를 제시하면 다음과 같다. 복원한 자구는 밑점으로 표시하였다.

□ 丁酉Ⅱ 8월 5일의 '□□□亥···到谷城縣則一境▭馬草料亦艱···'에서 앞의 훼손 부분에 대해 1935년 발간된 조선사편수회 활자본《亂中日記草·壬辰狀草》에서는 추리하여 '五日癸'를 방주로 붙여 놓고 있는데, 〈日記抄〉의 정유 8월 5일 기사와 비교, 검토해 보면 '五日'의 기사임이 분명하다. 또한 '境'자 뒤의 판독 불가 부분은 세 글자 정도의 공백을 두었으나 '已空'으로 확인되었다. 따라서 丁酉Ⅱ 8월 5일

기사를 복원하면 다음과 같다.

'五日癸亥···到谷城縣則一境已空馬草料亦艱···'
(5일. 계해.··· 곡성현에 이르니 온 고을이 이미 비었고 말먹일 풀조차 구하기 어려웠다.···)

〈日記抄〉의 무술년 일기로서 처음으로 눈에 띄는 기사는 7월 24일의 녹도만호(鹿島萬戶) 송여종(宋汝悰)의 전과에 관한 내용이며, 이 날짜의 일기는 〈日記抄〉에서만 볼 수 있는 자료로서, 필사할 당시에는, 이 일기에 해당하는 친필초가 어떠한 형태로든 남아 있었다고 보아야 할 것이다. 일기의 내용은 다음과 같다.

'七月二十四日伏兵將鹿島萬戶宋汝悰領戰船八隻遇賊船十一隻于折爾島全捕六隻斬首六十九級賈勇還陣'
'7월 24일. 복병장 鹿島萬戶 宋汝悰이 전선 8척을 이끌고 나갔다가 折爾島에서 적선 11척을 만나, 6척을 온통으로 잡고 참수한 머리 69급을 과시하며 용맹스럽게 진으로 돌아왔다.'

이 내용은 《선조실록 宣祖實錄》을 비롯한 여러 기록에서 재차 확인할 수 있는 바, 〈日記抄〉의 뒷부분에 수록된 '장령들의 인적사항 기록'(61~74쪽)의 무술년 부분에 친필초본이나 《이충무공전서》의 무술년 일기에는 보이지 않는 '송여종(宋汝悰)'을 비롯한 다수의 인명들이 기록되어 있는 것으로 보아 이들 인물들에 관련된 친필초가 더 있었을 것으로 보인다. 즉, 무술년의 여러 가지 정황을 감안해 보면, 일일이 일기장에 적을 겨를이 없었던 이순신이 7월 24일조와 같이 별개의 쪽에 따로 기록한 일기가 더 있을 가능성도 없지 않다.

유실된 친필초에서 큰 관심을 끄는 부분의 하나는 무술년 11월 초8일부터 절필(絶筆)된 17일까지의 일기이다. 1953년 설의식(薛義植)은 그의 편역(編譯) 《亂中日記·抄》에서 **도판 2**에 제시된 〈日記抄〉를 이순신의 초고(草稿)로 오해하여 제시하고 있으며, 또한 《난중일기》 국역본을 거듭 중판한 저자 이은상(李殷相)도 무술 11월 8~17일의 친필 초고가 '별책 부록' 속에 있는 것으로 해설하고 있고, 앞의 설의식의 저서에 게재한 것과 동일한 도판을 게재하고 있다. 그런데 이들 두 저자가 친필초라 하여 제시한 사진 도판은 다름 아닌 바로 〈日記抄〉의 무술 11월 8~17일 일기인 것이다!

비록 친필 일기는 유실되었다 하더라도《이충무공전서》의 활자화된 무술년 11월 일기와 〈日記抄〉에 수록된 일기 내용을 비교해 보면 〈日記抄〉의 일기가 친필초에 보다 충실하게 필사된 것으로 생각된다. 즉, 〈日記抄〉가 비록 2차 사료(史料)이기는 하나, 보조 사료로서 큰 의의가 있으며, 〈日記抄〉의 무술년 일기를 이용하여 '무술(1598) 7·10·11월 친필 일기'의 유실 부분에 대한 복원이 가능함을 알 수 있다.

〈日記抄〉가 2차 사료로서 지니는 취약한 사례도 있는 바, 정유년 명량해전(鳴梁海戰) 개전 당시의 상황에 대해 친필일기에서 '則賊船一百三十三隻'(丁酉Ⅰ) 및 '則賊船百三十餘隻'(丁酉Ⅱ)로 기록된 반면 〈日記抄〉에서는 '則賊船三百三十餘隻回擁我諸船'과 같이 되어 있어, '우리 배들을 에워싼 적선의 수효'를 필사자가 자의적으로 200척이나 늘려 '330여척'으로 바꿔 놓았다. 이러한 취약점에도 불구하고 이 필사본이 갖는 보조 사료로서의 가치에는 변함이 없을 것이다. 〈日記抄〉를 담은 별책(표제 : 再造藩邦志抄)은 친필초본과 함께 1968년, 당시의 문화재관리국에서 50책을 영인본으로 간행하여 각 도서관과 연구기관에 배포하였다 하나 이를 접하기는 쉽지 않았을 것이다.

졸고 〈'李舜臣의 日記' 「日記抄」의 내용 평가와 親筆草本 결손 부분에 대한 복원〉이 발표되고 8여년이 지난 2008년 7월에 이르러서야 당시 순천향대학교 노승석 교수의 주도로써 〈일기초〉의 원문판독, 국역 및 영인판이 합본되어 간행이 이루어졌으며,《재조번방지초》라는 사대적 표제는《충무공유사》로 개정되었다. 이 무렵 문화재청(청장 이건무)에서는 보도 해명 자료(2008.4.2.)를 통해서 "현충사 유물관에 소장되어 온 충무공유사(재조번방지초)를 번역한 결과 기존의 난중일기에 없는 32일치의 새로운 내용이 밝혀졌다"고 알리고 있다. 세간의 대중적 미디어에서도 이를 받아 "난중일기서 빠진 32일치 확인"(동아일보, 2008.4.3.)이라고 쓰면서 '충무공유사에 을미년일기가 있다는 사실은 학계에 알려져 왔으나 지금까지 번역되지 않아 구체적 내용이 드러나지 않았다' 라고 소개하고 있다. 기사를 작성한 기자는 졸고 〈'李舜臣의 日記' 「日記抄」의 내용 평가와 親筆草本 결손 부분에 대한 복원〉을 무시한 것이거나 혹은 알지 못한 듯 에둘러 작성하고 있으니, 이야말로 "다된 밥상에 마지막으로 숟가락만을 얹고서 완성을 소리쳐 외치는 격"이라 할 것이다. 그럼에도 불구하고 이 토픽을 적확하게 검토하고 기사를 작성하는 전문적 필자도 항간에는 반드시 있는 법이다. 군사관련 고문헌 〈번동아제〉에서는 2008년 4월 3일 기사 '새로 확인됐다는 난중일기 누락분의 자료적 가치 문제'(1yuen.egloos.com/m/4267936)에서 졸고 〈'李舜臣의 日記' 「日記抄」의 내용 평가와 親筆草本 결손 부분에 대한 복원〉의 내용을 충실하고 정확하게 파악하여 결론적으로 3가지 논점 - 1) 이제야 확인된 점, 2) 자료의 중요성 인지 문제, 3) 사료적 가치의 문제 -를 요약하여 제시하면서, 졸고에서 다룬 내용과 자료적 의미를 정확하게 재평가하여 전달하고 있다. 2008년 4월 2일 《재조번방지초》에 관련한 문화재청의 보도해명자료는 이에 앞선 숭례문의 화재 사건(2008.2.10~11)으로 인한 부정적인 사회여론을 의식했음직도 하나, 본 사료를 최초로 발굴 규명한 저자들로서는 왜곡된 형상으로서 그것도 8여년이나 지나서 새삼 다루어지는 한국적 문화 풍토를 재발견할 뿐이다!!

3. 《이충무공전서 李忠武公全書》 편집에서 크게 훼손된 《난중일기 亂中日記》의 활자화(活字化)

이순신의 전몰 이후 그를 추앙하는 사람들이 그의 문중에 출입하며 고인의 일기장을 직접 열람할 수 있었을 것이다. 그러나 그 전부를 많은 시간을 두고 정독하기란 그리 쉽지는 않았을 것 같다. 그의 친필초본이 처음으로 활자화된 것은 그의 별세 후 약 200년이 지난, 즉 지금으로부터 약 200년 전, 정조(正祖) 19년(을묘 乙卯, 1795)의 일이었다. 즉, 정조대왕의 하명으로 편찬, 출판된 《이충무공전서》에 소위 '亂中日記'라는 표제로 이순신의 일기가 활자판으로 수록된 것이다.

《이충무공전서》는 규장각(奎章閣) 문신 윤행임(尹行恁, 당시 34세)의 편찬과 검서(檢書) 유득공(柳得恭, 당시 47세)의 감독하에 편집, 인쇄된 것으로, 맨 앞에는 정조의 윤음(綸音), 사제문(賜祭文) 및 도설(圖說) 등을 싣고, 이순신의 일기, 시문(詩文), 장계(狀啓) 등을 비롯하여, 그에 관한 행적과 그를 칭송 예찬하는 시문, 비명(碑銘) 및 여러 문헌에서 수집한 관련 기록들을 총괄적으로 집대성한 책이다(**도판 3** 참조). 전문 14권 8책으로 총 30여 만 자에 이르며, 정유동주자(丁酉銅鑄字)로 인쇄한 것이다. 정조대왕은 편찬에 대해서도 깊은 관심을 보였거니와 인쇄할 때에도 관의 비용 500민(緡)에 더하여, 특별히 내탕전(內帑錢, 임금의 사사로운 돈) 500민(緡)을 내려 출판비용을 보조하였다(《정조실록》, 정조 19년 9월 14일조). 현재 서울대학교 규장각에는 《이충무공전서》 10여 질이 소장되어 있으나, 당초에 총 몇 질이 발간되어 어디에 어떻게 배포되었는지에 대해서는 확인할 길이 없다. 여하간 늦은 감이 있었다 하더라도 전서(이충무공전서)의 발간을 통하여 각계 각층의 한문 독자들이 활자화된 이순신의 일기, 즉 《난중일기》를 편하게 읽게 되었던 것은 매우 다행한 일이라 아니할 수 없다.

그런데 이 《이충무공전서》의 권5~권8에 수록된 활자판(活字版) 《난중일기》에는 단순한 오자(誤字) 외에도 누락된 구절과 추가된 부분이, 그것도 주요한 대목에서 적지 않게 눈에 띈다. 이와 같은 활자화의 불충실성은 소위 '옥의 티'라 할 정도가 아니라 심지어는 의도적으로 삭제한 것이 아닌가 하는 의문을 낳기에 충분한 부분마저 적지 않게 나타나 있다. 따라서 전서에 수록된 《난중일기》가 친필초본의 활자화 과정에서 어느 정도로 심하게 훼손되었는가를 날짜별로 살펴보기로 한다. 그러기 위하여 편의상 이순신 친필의 원문(친필일기초)을 먼저 옮겨 싣고,

■ 원문에서 누락된 부분은 닫힌 칸막이 ☐ ,

■ 원문에 더하여 추가된 부분은 괄호 ( ),

■ 원문에서 괄호 [ ]로 묶은 문구가 전서의 활자판에서 이동된 위치를 [×],

■ 판독(判讀)상의 착오나 전서에서 다른 자로 바뀐 글자는 밑점(點, ·)

등으로 각각 표시하였다. 특히 전서에 수록된 임진일기 5월의 첫 부분을 본보기로 **도판 4**에 보이고, 계사 9월 14일자 및 갑오 7월 21일자 내용에 대한 검독 소견은 각각 주석으로 첨가하였다. 정유(丁酉, 1597)일기는 기록이 중복되는 부분이 있으므로, 4월 1일부터 10월 8일까지의 일기를 '정유Ⅰ', 8월 4일부터 12월 30일까지를 '정유Ⅱ'로 구분하여 표기하였다.

위에서 정한 범례에 따라, 전서에 수록된 《난중일기》의 활자화 과정에서 야기된 착오와 누락투성이의 부분을 추려 열거해 보면 대체로 다음과 같다:

임진(壬辰) 선조 25년(1592)

5 월

初一日(庚午)*舟師諸**會前洋是日陰而不雨南風大吹坐鎭海樓招防踏僉使興陽倅鹿島萬戶則皆憤激忘身可謂義士也

*) 친필초에는 간지(干支)의 기입이 없다(**도판 1** 참조).

) 전서의 활자판은 '諸(제)' 자 대신에 '齊(제)' 자를 쓰고 있다(도판 4** 참조).

初二日(辛未)晴 兼三道巡邊使關及右水使關到 宋漢連自南海還言 曰 南海倅彌助項僉使尙州浦曲浦平山浦等一聞(賊倭)聲息輒已逃潰*使其軍器等物盡散無餘云可愕〃午時乘船下海結陣與諸將約束則皆有樂赴之志而樂安則似有避意可嘆然(而)自有軍法雖欲退避其可得乎夕防踏疊入船三隻回泊前洋 備邊司三丈到付昌平縣令到任公狀來呈夕 軍號龍虎伏兵則水山**

*) 친필초의 '潰' 자를 전서의 활자판은 '散' 자로 바꾸어 쓰고 있다(**도판 1** 및 **도판 4** 참조).

) 친필초본에는 '水山' 으로 쓰여 있고, 글자 순서 이동부호가 붙어있다(초본상의 부호에 대해서는 Ⅲ장 해설 참조). 전서에는 '山水' 로 바꾸어 쓰고 있다(도판 1** 및 **도판 4**, 5월 초2일자의 마지막 두 문자 참조).

初三日(壬申)細雨終朝 慶尙右水使答簡曉還午後光陽興陽招來與語之間皆發憤以本道右水使率舟師來共之約而防踏板屋載疊入

軍來喜見右水使來遣軍官扣焉則防踏船也不勝愕然有頃鹿島萬戶請謁招前問之則右水使不來賊勢暫近畿甸不勝痛惋〃若失期會則追悔無及以是卽 招中衛將約之明曉發行卽修啓聞出送是日呂島水軍黃玉千聞賊聲逃避于其家捕來斬首梟示

初四日(癸酉)晴質明發船直到彌助項前洋更爲約束右斥候右部將中部將後部將等右邊由入介伊島搜討其餘大將船幷過平山曲浦尙州浦彌助項

8 월

二十八日(干支缺)晴 曉坐記夢則初似兇而反吉到加德

계사(癸巳) 선조 26년(1593)

2 월

初三日戊子晴諸將准會而寶城未及(可歎)東上房出坐與順天樂安光陽論約有時是日嶺南移來向化金浩乞羅將金水男等置簿格軍八十餘名告以逃去多受賂物不捉來故潛遣軍官李鳳壽鄭思立等搜捉七十餘名分各船浩乞金水男等卽日行刑自戌時風雨大作諸船艱難救護

二十四日己酉晴曉牙溫簡及家書幷修送朝發行到永登前洋雨勢大作勢不能直抵回棹而還漆川梁雨止與右水伯李令公順天加里浦成珍島蕩花穩話初更造船器俱入送事牌字及與陽鬮字成送粮九十升貿雌鵞而送

3 월

初二日丁巳雨〃終日縮坐篷下百念攻中懷思煩亂招李應華與語移時因送順天船審病勢云李英男李汝恬來因聞元令公非理深加嘆恨(歎恨歎恨)而已李英男置倭小刀而去因李英男聞康津二人生還爲固城所捉納招而去云

十一日丙寅晴朝食後元水使與李水使亦來共談且酒元水使極醉而還于東軒營探候船來猪三口捉來

十二日丁卯晴朝各官公事題送營兵房李應春斜付磨勘而去苒及羅大

用德敏金仁問亦歸營食後手談于右令公下處房光陽辦酒來三更雨作

十六日辛未晩晴諸將等又射帿我諸將所(亦)勝三十餘分元令公亦來大醉而歸樂安朝來捧古阜簡而送

十七日[晴]壬申[×]狂風終日與右水伯射帿不成模樣可笑申景潢來傳宥旨宣傳官來營云卽還送

十八日癸酉晴狂風竟(終)日人不敢出入與所非浦朝飯同右水伯爭奕而勝奇南海亦來夕猪一口捉來夜二更雨作

5 월

初四日丁巳晴是辰乃天只生辰而以此討截未能往獻壽杯平生之恨也與右水伯及軍官等射帿于鎭海樓順天會約

初五日戊午晴宣傳官李純一還自嶺南朝飯對之傳有天朝賜爵銀清金資光祿大夫加云然是似誤傳矣日晩與右水相順天光陽樂安都令公同坐酒談且令軍官等分邊射帿

初七日[×]陰而不雨[庚申]與右水相同朝飯移坐鎭海樓公事後登船臨發鉢浦逃水軍行法順天吏房以奔赴不爲之整付欲爲行法而姑止行到(向)彌助項則東風大作波濤如山難艱到宿

初十日癸亥陰而不雨朝發船到見乃梁晩上坐小頂上點閱與陽軍決落後諸將罪右水伯加里浦亦會共話俄有宣傳官高世忠持宥旨來傳則(大槩)往討釜山歸賊也(事)副察使軍官閔宗義持公事來夕嶺南虞候李義得李英男來見坐話夜深而罷歸尹奉事齊賢到營云簡來到卽答送姑留營事簡之

十一日甲子晴宣傳官還歸日晩往右水伯結陣則李弘明加里浦僉使亦

到或手談順天又到光陽繼至加里浦呈酒肉俄頃永登探賊人等還告曰加德外洋賊船無慮二百餘艘留泊出没熊川亦如前日云宣傳官之還俱由書狀都元帥體察使處三道成公事一丈論禀定三道人同送是日南海亦來見

十二日乙丑晴本營探候船入來則巡察使關及宋侍郎牌文持來司僕馬五匹進獻次牽送事關亦到故兵房鎭撫起送晩[嶺南來宣傳官成文漑來見]細傳行朝事不勝痛哭〃〃也新造正鐵銃筒送于備邊司[×]黑角弓帿矢給送右(之)成也李鎰婿郎云(女壻之)故也夕李英男尹東耉來見固城縣令趙應道亦來見是日曉左右道體探人定送于永登等地

十九日壬申晴朝飯與尹奉事同食爲諸將力勸氣且不平强先食味尤極悲慟也巡使關內(依)天將劉員外牌文據釜山海口已爲往截云即到付成送又成公事報送使則寶城人持去順天挑林七種送來防踏及李弘明來見奇叔欽亦來見永登望(軍)來告別無他變

二十日癸酉晴曉大金山望來告亦與永登望同晩順天來所非浦權管亦來午後望軍來告曰倭船無形云故簡于本營軍官等倭物載來事敎送與陽人持去

二十一日甲戌曉行船到巨濟柚子島中洋大金山望軍進告賊之出入如前云與右水終夕談話李弘明亦來未時雨作少蘇農望李英男來見元水使虛辭移文致大軍動搖軍中欺誣如是其爲兇悖不可言竟夜狂風且雨曉頭行到巨濟船滄乃二十二日也

二十二日乙亥雨〃大洽人望晩朝羅大用至自本營則持有宋侍郎牌文(而)及差員與本道都事行上護軍宣傳官一員先文來則宋侍郎差員以戰船探察事(入)來云即定虞候(出送延候)迎來次發送午後移泊漆川梁羅大用以問禮事出送夕防踏來說唐人接待

事嶺南右水伯軍官金遵繼來傳其將之意雨勢終日不止聞興陽軍官李珖之死

二十九日壬午雨〃防踏僉使及永登萬戶禹致績來見成公事送于接伴使都元帥巡邊巡察使兵使防禦使等處二更卞有憲李銖等來

三十日癸未終日雨〃申時暫晴還雨朝與尹奉事卞有憲問賊事李弘明來見元水使以其宋經略所送火箭專用之計而因兵使關分送云則甚不肯移文之辭多有無理之言可笑天朝陪臣所送火攻之俱火箭一千五百三十介不爲分送專欲合用其計極無謂〃〃[夕趙鵬來話]南海奇孝謹船泊我船(之)傍而以其船載小娥恐有人知可笑當此國家危急之時至載美女其爲用心無狀〃〃然其大將元水使亦如是奈何〃尹奉事以事還營軍糧米十四石載來[×]

6 월

初一日甲申朝探候船入來(見)天只簡亦來則平安云多幸〃豚簡及葂簡幷至則唐差官楊甫見倭物不勝喜躍云倭鞍子一持去云○順天光陽來見探候船倭物持來忠淸水使丁令公來羅大用金仁問方應元及葂姪亦來因審天只平安多幸〃與(之)忠淸水使從容談話夕飯待食因聞黃廷彧李瑛出到江邊同話云不勝慨〃也是日晴

初二日乙酉晴朝本營公事題送溫陽姜龍壽到陣通刺而(來見)先往慶尙本營板屋及軍官宋斗男李景祚鄭思立等歸營朝後巡使軍官持關字來到探賊勢而還與右水伯相議答送姜龍壽亦來粮五斗給送元埴同來云丁令公亦來船同話加里浦具虞卿共(來)話移時夕推犢而分

初三日丙戌曉晴晩大雨以上船烟熏事移乘左別船方欲射帿之際雨勢

大作一船之上雨無不漏坐無乾處可嘆平山浦萬戶所非浦權管防踏僉使幷來見暮巡使(巡)邊使兵使防使答關來則多有難事各道軍馬多不過五千云而粮亦幾絶云賊徒肆毒日增事〃如此奈何〃〃初更還上舡就寢房雨則終夜

(初)七日庚寅陰而不雨順天光陽來右水相忠淸水相亦來李弘明亦到終日相話[×]本道右水虞候[夕]來見備傳京中之事不勝憎嘆之至

十一日甲午乍雨乍晴朝成討賊公事送于嶺南水伯則以醉不省托之不答午時往忠淸水相船則忠淸水相來坐我船暫話而罷因往右水伯船則加里浦珍島海南等與水伯共設盃盤我亦飮數盃而還探候人來呈告目而去

十二日乙未乍雨乍晴朝拔白十餘莖然白者何厭但上有老堂故也終日獨坐蛇梁來見而歸夜二更卞存緖及金良幹入來見行宮奇別則(聞)東宮未寧憂悶無極〃柳相簡及尹知事簡亦來聞奴퀻同奴哲每等病死可怜也僧海棠亦來夜唐兵五名入來事元水使軍官來傳而去

十四日丁酉乍雨乍晴朝食後樂安來見加里浦請來同朝飯順天光陽來光陽進獐轉運使朴忠侃關及書簡來慶尙左水使關及同道右水使關來暮風雨大作須臾止

十八日辛丑或雨或晴朝探候船入來而第五日到此極爲非矣故杖送午後往慶尙右水伯船同坐談兵連進一盃〃〃醉甚還來扶安龍仁來傳其母之被囚而還放云

二十二日乙巳晴戰船始坐塊耳匠二百十四名運役內營七十二名防踏三十五名蛇渡二十五名鹿島十五名鉢浦十二名呂島十五名順天十名樂安五名興陽寶城各十名防踏則初送十五名軍官色吏

論罪其爲情狀極譎矣聞二上船無上孫乞送還本營多行氾濫之事囚禁云故推捉則已爲入來現身推論自意出入之罪兼罰虞候軍官柳景男午後加里浦來赤梁高汝友及李孝可亦來夕所非浦李英男來見初更永登望軍進告內別無他奇但賊(船)二隻入于溫川巡探而還歸云

二十九日壬子晴西風乍起霽色光明順天光陽來見於蘭萬戶所非浦等亦來奴奉孫等往牙山洪李兩生前及尹先覺明聞處修簡而送晋陽陷沒黃明甫崔慶會徐禮元金千鎰李宗仁金俊民戰死之云

7 월

初二日甲寅晴日晩右水伯到船上同對(來見)宣傳官點後罷還(歸)日暮金得龍來傳晋陽不利云(陷沒黃明甫崔慶會徐禮元金千鎰李宗仁金俊民戰死之云)不勝驚慮然萬無如是〃(之理)必狂人誤傳之語也初昏元埏及埴等(來)到此極言軍中之事可笑〃

二十二日甲戌晴吳水被虜逃來載來事出去蔚入來細陳天只平安(多幸)苒向差

8 월

初三日甲申晴李景福梁應元及營吏姜起敬等入來傳苒針破事則不勝驚愕若過數日則未及救矣云

十九日庚子晴朝食後往元水使處請移乘我船右水伯丁水使亦來元埏又同話言論間元水使多有兇悖之事其爲誣罔不可言元公兄弟移去後徐櫓到陣右水使丁水使同坐細話

二十八日己酉晴元水使來(見)多發兇譎之言極可駭矣

9 월

初七日戊午晴朝材木捧納 朝 防踏來見巡使處陳弊公事及改分軍公事成送終日獨坐懷思不平 到夕 苦待探候船而不來 昏心氣煩熱窓不閉宿多觸風頭似重痛可慮也

十四日乙丑(晴) 終日雨且大風獨坐蓬窓下懷思萬端也順天還來 (正鐵銃筒最關於戰用而我國之人未詳其造作妙法今者百爾思得造出鳥筒則最妙於倭筒唐人到陣試放無不稱善焉已得其妙道內一樣優造事見樣輸送巡察使兵使處移牒知委)*

*) 이 부분은 친필초본의 9월 15일자 일기 뒷부분에 장계 또는 공문서를 초(草)한 것으로 보이는 구절을 옮겨 놓은 것이다.

十五日(丙寅晴)

갑오(甲午) 선조 27년(1594)

정 월

(初)四日癸未晴出東軒公事題送夕與愼司果裴僉知話南鴻漸到營因問其家屬之奔竄

十一日庚寅陰而不雨朝以覲乘舟從風直抵古音川南宜吉尹士行芬姪同往謁天只前則天只猶睡不覺勵聲則驚覺而起氣息奄〃日薄西山只下隱淚言語則不錯討賊事急不能久留是夕聞孫守約妻訃

十四日癸巳陰而大風朝蕾姪簡見之則牙山墳山正旦祭時嘯聚之徒無慮二百餘圍山乞食登退云可愕〃晚出東軒啓聞成貼宜能免賤公文并封上

十五日甲午晴早朝南宜吉及諸姪同對後出東軒南宜吉欲歸靈光奴辰推出成公事東宮有令內督率師討賊事

十八日丁酉晴曉發行逆風大起到昌信則風便順吹擧帆到蛇梁風旋逆雨大作萬戶及水使軍官田允來見田曰水軍捉來于居昌因聞元帥欲中害之云可笑自古忌功如是何恨焉因宿

二十四日癸卯晴且暖朝山役事耳匠四十一名宋德馹領去嶺南元水(使)送軍官來報左道之賊三百餘斬殺云多喜〃平義智時在熊川云未詳也招柳滉問暗行所捉則文書極濫云可愕〃又聞格軍之事則縣吏奸頑不可言發傳令召募軍一百四十四名推捉又促縣監

傳令出送

二十六日乙巳晴朝上射亭論順天後期之罪因題公事射帿十巡午後被擄逃還晋州女人一名固城女人一名京二人乃鄭昌衍金命元奴子云又有倭奴自來投降者一名事來告

二十七日丙午晴曉船材曳來事虞候出去曉報卞有憲李景福入來云朝忠淸水使答簡來天只簡及汝弼簡來則天只平安云多幸但東門外海雲臺傍明火作賊而(及)未坪亦明火入(作)賊云可愕〃晩彌助項僉使順天同到朝所志及雜公事題送擒倭自降來故捧招元水軍官梁蜜持濟判官簡與馬粧及海産柑橘及柑子卽送天只前夕鹿島伏兵處倭賊五名橫行放炮之際射斬一倭其餘逢箭逃去暮所非浦來虞候船材木領來

2 월

初二日辛亥晴朝決逃軍載出人等罪蛇渡僉使來傳樂安罷免云晩上射亭東宮達本回下來到各官浦公事題送射帿十巡風亂不穩蛇渡僉使以未及限推考(論勘)

初四日癸丑晴大風朝食後順天右助防將招來話晩營戰船龜船入來莘姪及李渫李彦良李尙祿等領來姜乭千持東宮達下持來鄭二相簡亦來各官浦公事題送自順天來告撫軍司關據巡察使關陣中設試取稟狀達甚非矣推考云可笑〃因莘姪(來)聞天只平安喜幸〃

初七日丙辰晴西風大吹朝右助防將來見且言次船欲騎云天只前及洪君遇李叔道姜仁仲等處書安問狀而(問安書)付芬姪之行莘與芬出去莘則因往羅州芬則往溫陽懷思不平各船所志二百餘丈題分固城縣令馳報內賊船五十餘隻到春院浦云三千權管及

加背梁權管諸萬春來言京奇李景福以干格軍捉來事出送是日改分軍格軍移載各船防踏僉使推捉傳令樂安郡守書簡來則新郡守金遵繼下來云故傳令捉之寶城戰船二隻入來所非浦來見

(初)八日丁巳晴東風大吹日氣甚冷多慮華芬等行舟終夜耿〃朝順天來言固城召所(非)浦賊船五十餘隻出入(云)卽招諸萬春問地形便否晩上射亭公事題送慶尙右兵使軍官持簡來言其帥房人免賤事晋州避亂前佐郎李惟誠來話夕還海月淸爽寢不能寐順天及右助防將來話二更罷卞存緖往唐浦獵雉七首而來

十一日庚申晴朝彌助項僉使來見勸三盃而送從事官公事三度題送食後上射亭則慶尙水使來見酒十盃醉辭多狂可笑右助防將亦到同醉暮射帿三巡

十六日乙丑晴朝興陽順天來興陽持暗行蜜(暗行御史柳夢寅)啓草則任實李夢祥茂長李忠吉靈岩金聲憲樂安申浩罷黜而順天則貪汚首論其他潭陽李景老珍原趙公瑾羅州牧李用淳長城李貴昌平白惟恒等守令則掩惡褒啓欺罔天聽至於此極國事如是萬無平定之理仰屋而已又論水軍一族及四丁內二丁赴戰事甚言非之暗行柳夢寅不念國家之急亂徒務目前之姑息偏聽南中辨誣誤國巧邪之言無異秦檜之於武穆也爲國之痛愈甚晩上射亭與順天興陽右助防(將)右虞候蛇渡鉢浦呂島鹿島康津光陽等(官)射帿十二巡順天監牧官到陣還歸右水使到唐浦云

3 월

十三日辛卯晴朝啓本封送氣(病)似向差而氣力甚困薈及宋斗南出送午後元水使來言其誤妄之事故啓本還持來元士震李應元等假倭斬納事改送

二十七日乙巳陰而不雨右水伯來見[氣似少平初更雨作]荃[姪]夕不平云

二十九日丁未晴探船入來則天只平安熊川河東[×]所非浦等(官)來見[長興防踏][亦來見夕汝弼與荃同還荃則重痛還歸達夜憂慮〃〃昏方忠恕及趙西房婿郞金瑊來]

5 월

初一日戊寅[晴朝食後上射亭房則極淸亮]終日汗流如注氣似快平朝豚葂[及家女奴四官女奴四口以病中使喚事]入來[德則留之而其餘明日還送敎之]

(初)九日丙戌雨〃終日獨坐空亭百念攻中懷思煩亂[如何可言〃〃昏〃醉夢如癡如狂〃〃]

十九日丙申[晴]霖雨乍收[氣甚快歛]薈葂[及婢子]等歸送[時風不順是日宋希立與薈同往鰲梁獲獐之際風雨大至雲霧四塞初更還來而未利霽]

廿二日己亥雨且大風[以二十九日妻母忌豚薈與葂出送女奴等亦出送巡使[處裁簡]及巡邊使處[亦致出](裁簡出)送[黃得中朴注河吳水等格軍推捉事出送]

廿四日辛丑暫晴夕雨[作熊川所非浦來爭政圖海南亦到午後]右水伯與忠淸水使來終日談話[具思稷啓本鎭撫入來]荄姪入來

6 월

(初)九日丙辰晴忠淸水使右虞候來射右水使來共話[夜深笛聲之海彈琴之永壽穩話而罷]

十一日戊午晴署如鑠金朝蔚往營別懷悠〃獨坐虛軒情不自勝也晚風甚惡爲慮益重〃忠水使來射因以同夕飯月下共談玉笛寥亮坐久而罷

十五日壬戌晴午後洒雨申景潢(持領台簡)入來領台簡持來憂國無踰於此聞尹(知事)又新喪懷悼不已順天寶城(馳)報內唐摠兵官張鴻儒乘虎船領百餘名由海路已到珍島碧波亭云以日計之則今明當到而風逆不能任意者連五日是夜驟雨洽意豈天恤民也豚書到則好還云又因諺書則葂重痛暑證云剪悶〃

十七日甲子晴晚右水使忠淸水使來話從容探船入來則天只平安云而葂痛重云悶極〃

十八日乙丑晴朝元帥軍官趙秋年持傳令(入)來則元帥到豆恥(峙)聞光陽倅移水定伏之時因私用情云故致(送)軍官問由事可愕〃元帥聽其妻孼男曹大恒之言行私此極痛莫大焉是日慶尙水使請之而不往

廿日丁卯晴忠淸水使來見射帿朴致恭來言上京馬梁僉使亦來夕永登萬戶以退在本浦決罪探船李仁元入來

二十五日壬申晴[×]與忠淸水使射帿十巡李汝恬亦來射從事官陪吏持簡入來則調度之言極愕〃[扇子封進]

7 월

初一日丁丑晴[×]裵應祿自元帥處入來元帥悔言而送可笑是日仁廟[國忌獨(不)坐]終日夕忠淸水使到此相話

初二日戊寅晴老暑如蒸是日順天都廳及色吏光陽色吏等決罪左道射夫等試射賊贓分給晚與順天忠淸水使(伯)射帿裵僉知受由歸

盧潤發以興陽軍官李深及兵船色括軍色等捉來事給傳令出送

(初)六日壬午終日陰雨氣似不平不坐大倘三名崔貴石捉來又送朴春陽等捕其魁首左耳割者而來朝鄭元溟等以格軍不整事囚之夕寶城入來云聞天只平安夜二更末驟雨大作雨脚如麻無處不漏明燭獨坐百憂攻中也李英男來見

(初)八日甲申陰而不雨終日大風氣困不見諸將[×]各官浦公事[題送]午後往見忠淸水使夕固城被擄逃還人親問光陽宋銓持其將兵使簡來此樂安與忠淸虞候來云

(初)十日丙戌(朝)晴夕小雨朝樂安樣租舂正光陽租一百石斗量(聞豚葂病重悶慮)申弘憲[×]入來晩[宋荃]與軍官射帿十五巡朝聞葂病再重又得吐血證云故蔚與審藥申景潢鄭思立裵應并出送

十一日丁亥陰雨大風終日不止多慮蔚行之艱苦又念葂病之如何啓聞草親修慶尙巡撫關到此曰元水使多有不足辭午後令(與)軍官等射帿奉鶴亦同射尹彦忱以逢點次到此饋點還送暮風雨大至永夜忠淸水(伯)來見

十二日戊子晴朝所斤僉使來見帿矢五十四介造納公事題分忠淸與順天蛇渡鉢浦忠虞候幷來(後)射帿夕探船入來則審天只平安又有葂病之重悶極如何柳相之卒音亦到巡邊使處云是嫉之者(必)作言毁之不勝痛憤〃是昏心緖極亂獨坐空軒懷不自勝念慮尤煩夜闌不寐柳相若不稱則於國事奈何〃

十三日己丑雨〃(中)獨坐念葂兒病勢何如擲字占之則卜得如見君王卦極吉再擲如夜得燈兩卦皆吉(卦)少舒〃又占柳相卜得如海得船之卦再占得如疑得喜之卦極吉〃雨下終夕獨坐之情不自勝晩宋荃還歸海雪一斛給送午後馬梁僉使及順天來見乘昏還

歸雨晴與否(又)占之則卜得如蛇吐毒之卦將作大雨爲農事可慮〃〃夜雨如注〃初更鉢浦探船捧簡而歸

十四日庚寅雨〃自昨夕雨脚如痲屋漏無乾艱難度夜卜得果然極妙〃〃忠淸水使及順天請來使之爭博觀以消日然憂慮在肚其能小安乎同點心夕步出樓上徘徊數巡而還探船不來未知厥緣也夜三更雨又作

十九日乙未晴朝進表禮單則不勝(感)謝〃云所呈者極盛忠淸水使亦呈晩右水使則幾余禮同進點後慶尙元水獨呈一酌而盤甚煩亂難可一物之下筋可笑〃問(其)字與別號則書給曰表字仲文軒號秀川云明燭更論而罷多有雨勢故下船宿

二十一日丁酉晴朝元帥處唐將問答成公事出送晩(報于元帥處)馬梁所斤浦僉使來見[×](聞豚薈杖房子拿豚入庭責敎而不杖)*(晩)鉢浦以伏兵出去事來告而去夕上樓順天來話[午後與陽軍粮船入來]故色吏船主足掌重杖夕所非浦來見因曰以未及期限受杖卅于元水處云極駭〃右水使軍粮二十石貸去

*) 이 부분과 그 내용이 거의 같은 대목이 친필초본의 병신년(1596) 일기 중 같은 날짜인 7월 21일 기사에 "… 豚薈杖房子壽云故捉豚下庭論敎 …"와 같이 포함되어 있다. 따라서 이 부분은 병신년 일기에 포함되어야 할 것을 잘못 편집한 것으로 보인다.

廿七日癸卯陰而風夜夢披髮呼哭是兆大吉云是日與忠淸水使順天樓上射帿忠淸過夏酒持來余以氣不平少飮亦未之平

廿八日甲辰晴決興陽色吏等罪申霽雲受(除)主簿朝謝而去晩上樓監塗沙壁上義能來役暮還下房

8 월

初一日丙午雨〃大風氣甚不平移坐樓房卽還軒房夕樂安帶率姜緝軍粮督促事捧軍律供招而出送雨勢日終而夜竟

初二日丁未雨下如注初一日子中夢扶安人生男以月計之則生月非月故夢亦黜送之氣似平日晩移坐樓上與忠淸水使順天及馬梁共談飮新酒數盃而撥雨下終日宋希立(入)來告興陽訓導亦乘小船逃去云

十一日丙辰大雨終日是夜狂風暴雨大至捲屋三重雨漏如麻達夜坐曉兩窓皆爲風破濕

廿八日癸酉自丑時小雨大風雨則卯時晴而風則終日大吹永夜不止未知薈之安到否極慮〃珍島倅來見因元帥狀啓下推考之文而多有馳啓之誤意也

晦日乙亥晴且無風朝海南倅玄楫來見晩右水使及長興來見暮忠淸虞候熊川巨濟所非浦幷來見許廷誾亦來是朝探船入來則(聞)夫人病勢極重云未知已決生死也(然)國事至此不可念及他事然三子一女何以爲生痛悶〃金良幹自京至此持(來)領台簡及沈忠謙簡多有憤意也元水使事極可駭也以我(爲)逗留不前云是千載之發嘆也昆陽以病歸還未見而送尤極恨也自二更心亂不寐

9 월

初一日丙子晴坐臥不寐明燭展轉早朝洗手靜坐以夫人病勢卜得則如僧還俗再得如疑得喜之卦極吉〃又以病勢減否來告與否則卜得如謫見親之卦是亦今日內得聞好音之兆(巡)撫使徐渻公事及啓草入來

十五日庚寅晴早(曉)與忠淸水使及諸將行望闕禮右水使期而稱病可嘆新及第紅牌分給南原都兵房鄕所等囚禁忠淸虞候出去本道奴京入來

廿三日戊戌晴而風惡早(朝)出射亭公事題分元水使來議軍機而去樂安軍士營五十一名防踏水軍四十五名點考固城人民等狀晋州姜雲決罪寶城領來召官黃千錫窮推光州囚昌平縣色吏金義同行刑事傳令出送夕忠淸水使及馬梁僉使來見入深夜而還初更後復春來話私鷄鳴後還歸

10 월

十一日乙卯晴[×]朝氣不平朝忠淸水使來見[公事題之]早入宿房

十七日辛酉晴朝送人于御史處則食後當到云晩右水使來御史亦來從容談話多言元水使欺罔之事極可駭也元也亦來其爲兇悖之狀不可盡言朝從事官入來

廿六日庚午晴以氷忌不出因申僉知聞之金尙容爲吏郞上京之時入宿南原府內而不見體察而歸時事如是極可駭也體察夜往巡察宿房夜深還到其寢房云體貌如是乎不勝驚愕之至也奴漢京往營酉時雨作終夜不止

11 월

初八日壬午曉暫(灑)雨洒晩晴船材運來曉夢首台似有變形我則脫冠共到閔宗慤家同話而覺未知是何詳也

十二日丙戌晴早出大廳決順天色吏鄭承緖及驛子南原作弊者餞申僉知浩盃又杖見乃梁冒越捉魚人二十四名

十三日丁亥晴 風日殘溫申僉知及豚薈與李喜男金叔賢往營奴漢京亦命往恩津金廷輝家啓本亦出送 元帥使防禦使軍官領降倭十四名而來 夕尹連來持其妹簡則多有妄言可笑欲棄未能者有之乃遺兒三息終無依歸故也以十五日大忌不出夜月如晝不能成寐轉展終夜

병신(丙申) 선조 29년(1596)

정 월

(初)四日辛未晴四更初吹質明開船李汝恬來見問陣中事則皆依前云申時細雨霏洒到巨(乞)望浦則慶尙水使領諸將出候虞候則先到船上泥醉不省卽還其船(云)宋漢連宋漢等云碧魚千餘級捉掛大槩行次後所捉一千八百餘級云雨勢大作終夜不收諸將暮發多有泥路顚仆云奇孝謹金軸受由歸

十二日己卯晴而西風大吹寒凍倍嚴四更夢到一處與領台同話移時幷脫中裳坐臥相開懷憂國之念終罷顚胸有頃風雨暴至亦不捲散從容論話間西賊若急而南賊亦發則君父何往反覆慮憂不知所言曾聞領台重患痰喘云而未知痊平也擲字而占之則如風起浪又卜今日聞何吉凶之兆則如貧得寶此卦甚吉〃〃昨夕金奴出送本營而風甚惡爲慮〃晩出坐各公事題送樂安入來熊川縣監(馳)報內倭船十四隻來泊巨濟金伊浦云故慶尙水使領三道諸將往見

廿七日甲午晴而和朝食後出坐則長興推考後興陽同會話晩右巡察使入來故申時往見于右水使陣三更還來蛇渡鎭撫偸火藥見捉

2 월

初六日癸卯陰曉耳匠十名送于巨濟造船事敎之是日寢房中多有落塊

處故修改 蛇渡僉使金浣以調度之啓罷 又到來 出送本浦 順天別監兪及軍官張應軫等決罪卽還入樓〃宋漢連捉秀魚而來招呂島樂安興陽同共破赤梁高汝友臂大鷹來然右足指盡凍枯奈何〃初更後暫汗

二十六日癸亥 朝 晴 暮雨晚出大廳呂島興陽來言營吏等侵捧之弊極可駭愕梁廷彦及營吏姜起敬李得宗朴就等決重罪卽發傳令慶尙全右道水使處營吏推捉 慶尙水使來見有頃見乃梁伏兵馳報倭船一隻自梁由入將到海坪場之際禁止使不得留云 屯租二百三十石改正一百九十八石縮數卅二石云樂安別盃而送

二十八日乙丑晴早受針 晚出坐則 長興與體察使軍官到此 則(而)長興以從事官報傳令捉去事來云且有全羅舟師內右道舟師往來左右道聲援 濟珍 事云 可笑朝廷畫策如是乎體察出策如是其無濟乎國事如是奈何〃 夕巨濟招來問事後卽還送

3 월

初二日己巳晴朝修啓草寶城入來氣甚不平不坐 氣困汗沾是病根也

(初)五日壬申晴 而雲 五更初發船平明到見乃梁右水使伏兵處 的(適)朝時故食後相見 再言妄處則右水使莫不謝〃云因以酒作極醉還來 仍入李廷忠花下從容論話 不覺醉倒 雨勢大作先下船 右水則醉臥不省故不得辭來可笑到船 則薈荄葹與蔚及壽元幷到乘雨還陣寨中則金 渾(洋)亦到與之話三更宿 女奴德今漢代孝代恩津婢至

十二日己卯晴朝食氣困少睡 初罷 慶尙水使來到同話呂島金甲島羅州判官亦到 軍官等進酒 夕蘇國奏還自體察處則回答 內 右道舟師合送本道 事 非本意云 可笑因聞元兇受杖四十長興則廿云

十八日乙酉晴而東風終日吹日氣甚冷晩出坐所志題分防踏金甲會寧浦玉浦等(官)來見射帿十巡是夜海月徵照夜氣甚冷寢不能寐坐臥不便再不平

二十五日壬辰曉雨作終日如注一刻未絶〃〃倚樓終夕懷思轉惡梳頭移時晝汗(流)沾衣夜則兩衣沾濕而布堗

4 월

初四日庚子陰朝吳轍出去奴金伊亦同往朝體察使公事成貼付壁諸將改標[忠淸道軍柵設]晩往見右水使醉話而還[×]初更後始夕食心熱汗沾二更暫雨而止

(初)十日丙午晴朝聞御史入來云故水使以下出浦口待之趙鵬來見〃其形則久患唐虐肌貌極瘦可嘆〃〃晩御史入來下坐同話明燭而罷

十九日乙卯晴以濕熱受鍼二十餘庫(處)氣似煩熱終日入房不出昏永登來見而歸奴木年及今花風振等來現是日朝因南汝文聞秀吉之死忭躍不已但(而)未可信也此言曾播而尙未的奇之來

5 월

(初)四日庚午晴是日天只辰(日)不(未)能進獻一盃懷[×]不[自]平不出午後右水使接供公間失火盡焚是夕文於公來自富饒持趙琮簡則趙玎四月初一日棄世云可痛悼〃〃虞候祭厲神于前峯

(初)七日癸酉雨〃晩晴霽是日慮在蔚行未知好到否也坐夜慮念之際人有扣門聲折而問之則乃李英男到來也召入而從容話舊

(初)九日乙亥晴氣甚不平不出與李英男話西關事初昏雨洒至曉扶安

戰船出火不至重燒幸也

十八日甲申雨勢乍擧(霽)而海霧不收體察使公事入來晩慶水使來見出坐射帿夕探候船入來天只平安云而進食減前云悶泣〃春節持衲襲來

廿四日庚寅朝陰多有雨態以國忌不坐夕出射帿十巡釜山許內隱萬告目入來左道各陣倭已盡撤去只留釜山云上天使出來新定出來之奇廿二日到副使云許內隱萬處酒米十斗鹽一斛送之盡心探報云昏雨作終夜如注朴玉〃只武才等箭竹一百五十介始造

6 월

(初)五日辛丑陰朝朴玉武才玉只等造帿箭一百五十介納出坐射帿十巡慶右監司軍官書簡持來則方伯以婚事上去

(初)九日乙巳晴早出與忠淸虞候唐津(浦)萬戶呂島鹿島等(官)射帿之際慶尙水使來共射帿廿巡慶水善中是早奴金伊往營玉只亦往是昏極熱汗流無常

7 월

(初)九日甲戌晴朝體察前各項公事成貼李田受去晩慶尙水使到此多言通信所騎船風席難備(云)欲爲貸用之意見於言語朴自邦以引水竹及赴京求請扇子竹借伐事送于南海午後射帿十巡

十三日戊寅晴跟隨陪臣所騎船三隻整齊巳時發送晩射帿十三巡昏降倭等多張優戲爲將者不可坐視而歸附之倭懇欲庭戲故不禁也

廿一日丙戌晴晩出坐巨濟及羅州洪州判官與玉浦熊川唐津浦亦來玉浦無造船粮云故體相軍粮二斛熊川唐津浦則幷給造船鐵十五

斤是日豚薈杖房子壽云故捉豚下庭論敎二更汗〃以通信使(所)請豹皮持來(次)送船本營

二十八日癸巳晴奴武鶴武花朴壽每于老音金等二十六日到此今日還歸晩與忠淸虞候同射三貫鐵三十六分片六十分帿二十六分合一百二十三分京奴重痛云多慮〃〃牙鄕秋夕祭物出送時簡于洪尹李四處二更夢中流汗

8 월

初二日丁酉朝雨勢大作使智伊等新弓張弛晩狂風大起雨脚如痲大廳樓掛風遮飛觸房樓風遮一時兩風遮碎破片〃可嘆

初三日戊戌晴或洒(灑)雨使智伊張新弓助防將(虞候)忠淸虞候來見因而(爲)射貫豚輩射六兩弓是晩令宋希立豚等錄名黃得中金應謙許通公帖成給初更雨作四更止

初四日己亥晴而東風大吹薈與葂莞等以夫人辰日獻盃事出去鄭愃亦出去鄭思立受由而去坐樓目送兒等不覺觸傷晩出大廳射帿數巡甚不平停射入內則身如凍龜卽厚衣發汗暮慶水到來問病而去夜痛倍晝呻吟過夜

윤 8 월

(初)七日辛未晴朝牙山奴子白(向)是入來則秋牟所出四十三石春牟三十五石魚米全十二石四斗又七石十斗又四石是晩出坐所志題分

(初)十日甲戌晴是曉開場晩葂所射俱五十五步蓁所射俱三十五步荄所射俱三十步薈所射俱三十五步莞所射二十五步云陳武晟所

射俱五十五步入格昏右水使慶(尙)水使裴助防同來二更罷歸

廿三日丁亥晴(仍留兵營)

9 월

(初)四日丁酉晴留羅州昏牧使佩酒而勸一秋亦持盃是朝與體相謁聖

二十七日庚申晴早發到(寓所)覲(天只)

10 월

(初)五日戊辰陰南陽叔主大祭早招故往來與南海話多有雨徵順天宿石保倉

(初)九日壬申晴公事題送終日侍天只明日入陣事天只多有不平色

정유(丁酉) I 선조 30년(1597)

4 월

(初)五日乙丑晴日出時登途直到墳山樹木再經野火樵瘁不忍見也拜哭墓下移時不起乘夕下來外家拜于祀堂因到蕾家哭拜先廟又聞南陽叔永世暮到本家拜聘父母神位前卽上季兄及汝弼嫂神祀就寢心懷不平

(初)八日戊辰晴朝設位哭南陽叔服晩往于興伯家話姜稧長永世余往弔因見洪石堅家晩到興伯家接都事

(初)九日己巳晴洞中各佩酒壺慰遠行情不能拒極醉而罷洪君遇唱李別坐亦唱余則聞不樂而已都事則善飮不至亂

十一日辛未晴曉夢甚煩不能悉道招德略言又說豚蔚心懷極惡如醉如狂不能定情是乃何兆思戀病親不覺淚下送奴探聽消息都事歸溫陽

十二日壬申晴奴太文自安興梁入來傳簡(而)則[天只]氣息奄〃初九日[×](與)上下無事到泊安興云而行到法聖浦泊宿時碇曳浮流兩船六日相離而得逢無事云豚蔚先送于海汀

二十四日甲申晴早發到南原十五里許得逢丁哲等到南原府五里內別送吾行直到十里外東面李喜慶奴家懷痛如何〃〃

二十六日丙戌陰雨不霽早食登程到求禮縣則金吾郎已先至矣下處于孫仁弼家主倅急出來見待之甚慇金吾亦來見余使主倅勸飮于

金吾則主倅盡心云夜坐悲慟如何可言

5 월

初一日辛卯雨〃愼司果留話巡使兵使同會于元帥下處鄭思竣家留飮極歡云

(初)六日丙申晴夢見兩亡兄相扶哭痛且言襄事未營千里從軍誰其主之痛哭奈何云此兩兄精靈千里追蹤憂悶至此悲慟不已又念南原監獲是則未知也連日夢煩是亡靈默念深痛之至也晨昏戀慟淚凝成血天胡漠〃不我燭兮何不速死也晩綾城倅李繼命亦起復之人來見而歸興陽奴禹老音金朴守每趙澤與順花妻來現李奇胤及夢生來到宋廷立宋得運亦來卽歸夕鄭元溟還自閑山多言兇人所爲又聞副察使出來左營以病留調(云)右水伯送簡而弔之

(初)八日戊戌晴朝僧將守仁率飯僧杜宇來奴漢京以事送于寶城興陽奴世忠自鹿島牽兒馬而來弓匠李智歸去是日曉夢搏殺猛虎去皮揮之未知是兆趙琮改名瑛來見趙德秀亦來午兒馬加鞍鄭詳溟騎行元兇(令)送簡致弔是乃元帥之令也李敬信來自閑山多言元兇之事又言其率來書吏以貿穀爲名送于陸地欲私其妻而其者揚惡不從出外高聲云元也百計陷吾此亦數也駄載相續于京道而構毁日深自恨不遭而已

十一日辛丑晴金孝誠自樂安來卽歸前光陽金惺以領體相軍官求得箭竹事到順天因來見多傳所聞〃〃者皆兇人之事副使先文到張渭送簡鄭元溟作麥飯而進盲人任春景來言推數副使到府鄭思立梁廷彦來傳副使欲來見云余以氣不平逆之

二十日庚戌晴晩金僉知來見且言茂朱長朴只里農土好品云沃川居權

致中乃金僉知孼娚而沃川梁山倉近處云 體相聞我之留先送 貢生又送 軍官李知覺俄頃又送 人 [×]曾未聞丁憂今始聞(之)驚悼〃 送 [軍官致弔(云)]因問夕可相見 耶 余答以昏當進拜當昏入拜體相素服以待從容論事 體相不勝慨嘆向夜言論間有云曾有〃旨多有未安之辭心跡可疑未知意思也又言兇人之事誣罔極矣而天不察奈國事何 出來時南從事送人問安 余答夜深未能進拜爲言

二十一日辛亥晴柳博川海自京下來[立功] 于 (往)閑山[×]云 又曰行到恩津縣〃倅言船行之事云柳又曰王獄囚李德龍告訴者被囚受刑三次將爲殞命云可愕〃〃且果川座首安弘濟等納馬及廿歲女奴于李尙公見放而去云安也本非死罪受刑累次將至殞命納物然後得釋內外皆以見物之多少罪有輕重未知結末之如何也此所謂一脈金錢便返魂者也

廿八日戊午陰而不雨晚發到河東 縣則 主倅喜 於 (其)相見邀接于城內別舍極致慇情 且言元事多狂日暮而話邊翼星亦到

6 월

(初)三日壬戌雨〃 朝欲發行則雨勢至此縮坐費慮之際都元帥柳泓自興陽來與之言道路 不能發程因宿焉 朝聞食縣飯云故答奴子還給飯米

(初)九日戊辰陰 而不霽 (雨)晚送鄭翔溟于元帥處問安 次問從事官始受奴馬料採礪石來則好勝於延日石云尹鑑文益新文玢等來見是日汝弼辰日獨坐戍地懷思如何

7 월

初一日庚寅曉雨晚晴[×] 唐人三名到來往釜山云宋大立與宋得運偕到安珏亦來見夕徐徹及方德壽與其子來宿是夜秋氣甚涼悲戀如何因宋得運往來元帥陣則(黃)從事聞笛于大川邊云可愕〃〃[今日乃仁廟國忌也(而)]

(初)二日辛巳(卯)晴 朝卞德壽歸晚申霽雲與平海居鄭仁恕以從事官問安來此今日乃先君辰日而遠來千里之外冒服戎門人事如何〃〃

(初)七日丙戌(申)晴 今日七日悲戀何已夢與元公同會余坐於元公之上進飯之時元公似有喜色未詳厥兆也朴永男自閑山來以其主將失誤將受罪次被捉於元師云草溪備節物送來朝安珏兄弟來見暮與陽朴應泗來見沈俊等來見 宜寧倅金銓來自高靈多言兵使處事倒顚

(初)十日己丑(亥)晴 曉 以送莌與存緖事坐以待曉 早朝飯 情不能自抑痛哭而送 吾何造罪至於此極耶求禮來馬騎往尤用慮〃莌等新出 黃從事 亦 來 談論(話)移時 晚徐徹來見鄭翔溟馬革以紙造畢 夕獨坐空堂懷思甚惡向夜不寐 轉展終夜

十一日庚寅(子)晴 念在莌行何以爲堪暑炎極嚴爲慮無已晚 卞弘達申霽雲 林仲亨 等 來見 獨坐空堂懷戀如何悲慟〃〃奴太文與終伊往順天

十七日丙申(午)或雨 朝 送李喜男于黃從事處傳世男之言 晚草溪倅自碧堅山城來見而歸宋大立柳滉柳弘張得弘等來見日暮還歸卞大獻鄭雲龍得龍仇從等皆草溪鄕吏以其族姓同派之人來見大雨終日以空名告身申汝吉鬪失洋中事奉推考而去慶尙巡使捧去

8 월

初二日庚戌(申)乍晴獨坐戍軒懷戀如何悲慟不已是夜夢有受命之兆

十七日乙丑(亥)晴早(朝)食後直到長興地白沙汀點心後(秣馬)到軍營仇未(龜尾)則一境已作無人之地水使裵楔不送所騎船長興軍粮監色盡偸官分去之際適至捕捉重杖因宿焉

十九日丁卯晴諸將等敎書肅拜而裵楔則不爲敎書祗迎而拜其侮慢之態不可言其營吏決杖會寧萬戶閔廷鵬以其戰船受物私與避亂人魏德毅等罪狀決杖二十

9 월

(初)三日辛巳(卯)雨洒縮首篷下懷思如何

정유(丁酉)Ⅱ 선조 30년(1597)

8 월

十二日庚午晴朝啓(本出)草(因留)修正晩巨濟鉢浦入來聽令因聞裴楔恇㤼之狀不勝憎嘆媢悅權門濫陞非堪大誤國事朝無省察奈何〃〃寶倖來

三十日戊子晴因留(仍陣)碧波津分送偵探晩裴楔慮賊大至欲爲逃去而其管下諸欲招率余會其情而時未見明先發非將計隱忍之際裴楔使其奴呈所志曰病勢極重欲爲調理云余下陸調理事題送則楔下陸于右水營

9 월

初一日己丑晴余下坐碧波亭上占世自耽羅出來牛五隻持載而納

(初)八日丙申晴(賊船不來)招諸將論策右水使金億秋粗合一萬戶不可授以閫任而左台金應南以其厚情冒除以送可(歎)謂朝廷有人乎只恨時之不遭也

十一日己亥陰而有雨徵獨坐船上懷戀淚下天地間安有如吾者乎豚薈知吾情甚不平

十二日庚子雨(雨)洒終日篷下懷不能自裁

二十日戊申晴曉開船直到猬島避亂船多泊送黃得中奴金伊等覓捉奴允金則果在於猬島外面故縛載船中李光軸光輔來見李至和父

子又來(見)因日暮宿

10 월

初一日戊午晴欲送豚薈使覲其母及諸門生死探來懷思極惡書簡不能 兵曹驛子持公事下來傳牙鄕一家已爲(賊)焚蕩灰燼無餘云

十四日辛未晴四更夢余騎馬行丘上馬失足落川中而不蹶末豚葂似有扶抱之形而覺不知是何兆耶晩裵助防及虞候李義得來見裵奴自嶺南來傳賊勢黃得中等來告司奴姜莫只稱者多畜牛隻故十二隻牽云夕有人自天安來傳家書未開封骨肉先動心氣慌亂粗展初封見葂書則外面書慟哭二字心知葂戰死不覺墮膽失聲痛哭〃〃天何不仁(之)如是耶肝膽焚裂〃〃我死汝生理之常也汝死我生何理之乖也天地昏黑白日變色哀我小子棄我何歸英氣脫凡天不留世耶余之造罪祆及汝身耶今我在世竟將何依欲死從汝地下同勢同哭汝兄汝妹汝母亦無所依姑忍延命心死形存號慟而已〃〃〃〃度夜如年〃〃〃〃是二更雨作

十七日甲戌晴而大風終日曉焚香哭著白帶(子服)悲慟何堪〃〃右水使來見

十九日丙子晴曉夢鄕家奴辰下來余思亡子而慟哭晩助防將及慶虞候來見白進士來見林季亨來謁金信雄妻李仁世鄭億夫捉來巨濟安骨鹿島熊川薺浦助羅浦唐浦右虞候來見捕賊公事來呈尹健等兄弟捉附賊人二名而來昏鼻血流出升餘夜坐思淚如何可言今世英靈豈知終爲不孝之至此云悲慟摧裂難抑〃〃

廿三日庚辰晴晩金宗麗鄭遂來見裵助防及虞候右水虞候亦來赤梁永登萬戶追來夕還是午尹海金彦京行刑治匠許莫同往于羅州初更末使奴招之則腹痛云戰馬等落蹄加鐵(白進士振男來見)

廿五日壬午晴氣甚不平 尹連自扶安來奴順化自牙山乘船來得見家書懷不自平轉展獨坐 初更宣傳官朴希茂持宥旨入來則乃天朝水兵泊船可合處商量馳啓(事) 云梁希雨持啓上京亦還來忠淸虞候送狀且致紅柹一貼

廿六日癸未 曉洒 雨(灑) 助防將等來見金宗麗白振南鄭遂等來見是夜二更逃汗沾身堗過溫故也

廿八日乙酉晴朝各項啓本監封授皮銀世而送 晩自姜莫只家移乘上船夕鹽場都書員巨叱山捉納大鹿故給軍官等使之分食是夜微風不起

11 월

初一日戊子雨〃 朝毛鹿皮二令浮水而來故欲爲唐將之贈可怪未時雨則霽而北風大吹舟人寒苦余縮坐船房心思極惡度日如年悲慟可言〃〃 夕北風大吹達夜搖舟人不 敢 自定 汗發沾身

初二日己丑陰 而不雨早聞右水使戰船爲風所漂掛碶折破云極爲痛憤兵船軍官唐彦良決八十杖 下坐船滄監造橋因上新家 立(造)處乘昏下船

(初)七日甲午晴且暖 朝 海南義兵倭頭一級環刀一柄來納 李宗浩唐彦國捉來故囚于巨濟船晩 前鴻山(倅)尹英賢生員崔潗來見且 持(納)軍粮租四十石米八石 而付之可助數日之粮 本營朴注生斬倭 頭 二級而來前縣 令(監)金應仁來見 李大振子順生隨尹英賢來夕新家抹樓畢造各水使來見是夜三更夢見葂死呼慟而哭珍島郡守歸

十一日戊戌晴 而風殘食後 上新家(造處)平山新萬戶[×]到任狀

進[呈]乃河東(倅)兄申萱也傳言崇政賞加已出云長興與裵助防來見夕虞候李廷忠來到初更還歸

十二日己亥晴是晩靈岩羅州之人禁打作云而結縛來故摘其中首謀者行刑其餘四名囚于各船

十四日辛丑晴海南倅柳珩來多傳尹端中無理之事又言衙屬避亂于法聖浦還來時逢風傾覆之際中洋相逢不爲救拯徒掠船物云故囚于中軍船金仁守囚于慶尙營船明日大忌不爲出入

廿二日己酉陰晴相雜夕金愛自牙山還有旨陪持人月初十日來自牙山皆持簡至夜雨雪大風長興之賊廿日奔出之報至

廿三日庚戌大風大雪是日書勝捷啓狀夕氷凍云書簡于牙家淚不自收念子難情

12 월

(初)四日庚申晴極寒晩金允明決杖四十度長興校生基業以軍粮偸載之罪決杖三□巨濟及金甲島天城自打作還務安及田希光等還歸

十八日甲戌雪下曉荄昨醉未醒是曉發船懷思不平

廿四日庚辰或雪或晴朝李宗浩送于巡使問安是夜羅德明來話不知厭留可恨二更書家書

廿九日乙酉晴金仁秀放送尹□□決三十度而放靈岩座首捧□而放夕杜宇紙地白常幷五十□來初更五人到船頭云故送鄕奴□未知是何意也巨濟之妄可知矣化□蘯水所傷臂脂云

무술(戊戌) 선조 31년(1598)

9 월

二十三日乙巳晴 都督發怒舒川萬戶及洪州代將韓山代將等各決梱杖七度金甲蓁浦會寧浦幷受十五介杖

二十五日丁未晴陳大綱還來劉提督 送 簡來傳 是日陸雖攻陷機俱未完金鼎鉉來見

10 월

初七日己未晴 朝宋漢連納軍粮四粟一油五升淸蜜三升金太丁納大米二石一斗 (劉提督差官來告督府曰陸兵暫退順天更理進戰云)

이상은, 《影印·李忠武公全書》(成文閣, 1989), 《亂中日記草·壬辰狀草》(朝鮮史編修會, 1935) 및 《亂中日記·親筆草本》(李忠武公文獻編纂委員會 影印, 1977) 등을 사용하여 비교 검토한 결과, 문구의 빠뜨림이 극심한 사례(190일분)를 추려 본보기로 예시한 것이다. 계사(癸巳)년 일기의 경우 글자수로 하여 약 30% 정도가 누락되어 있다. 또 날짜 및 간지(干支)와 날씨만 있고 기사 전부가 빠진 예도 있다.

또한 앞서 언급한 바와 같이, 의도적으로 삭제한 것이 아니었을까 하는 억측을 낳게 하는 부분도 있다. 즉, 사회의 부정비리나 조정 체제에 대한 비판적인 내용, 원균(元均)에 대한 원망과 권율(權慄)의 부당한 처사에 대하여 언급한 내용, 그리고 자기 자신의 처절한 심경을 토로한 구절 등이 그것이다. 여기서 그러한 내용들을 간략하게 추려 보면 다음과 같은 것이다 :

□ "··· 암행어사가 붙잡아 간 사건에 대하여 물어본 즉, 문서들이 제멋대로 꾸며졌다고 한다. 놀라운 일이다. ···"(갑오 정월 24일).

□ "암행어사 유몽인은 ··· 남쪽 지방의 종작없는 거짓말만 믿으니, 나라를 그르치는 교활하고 간사한 말이 무목(武穆, 악비 岳飛)에 대한 진회(秦檜)와 다를 것이 없다."(갑오 2월 16일).

□ "··· 체찰사는 개탄해 마지 않았다. ··· 또 말하되, '음흉한 자(원균 元均)의 무고하는 소행이 극심하건만 임금이 굽어 살피지 못하니 나랏일을 어찌 하리' 하는 것이었다."(정유 I 5월 20일).

□ "··· 안팎이 모두 바치는 뇌물의 다소(多少)로 죄의 경중을 결정한다니, 이러다가는 결말이 어찌될지 모르겠다. 이야말로 한줄기 돈만 있다면 죽은 사람의 넋도 되찾아온다는 것인가."(정유 I 5월 21일).

□ "··· 이러고야 조정(朝廷)에 사람이 있다고 할 수 있겠는가. 다만 때를 못 만난 것이 한스러울 따름이다."(정유II 9월 8일).

······

□ "(원수사가 와서) 흉악하고 거짓된 말을 많이 했다. 심히 해괴하다."(계사 8월 28일).

☐ "… 전(田)이 말하기를, 수군을 거창으로 붙들어 갔다고 하며, 원수(元帥, 도원수 권율)가 방해하려 한다고 들었다 했다. 가소롭다. 예로부터 남의 공을 시기함이 이와 같은 것이니 무엇을 한탄하랴."(갑오 정월 18일).

☐ "오후에 원수사(元水使)가 와서 자기의 잘못되고 망령된 일을 말하므로 장계를 도로 가져다가 원사진(元士震)과 이응원(李應元) 등이 가왜(假倭)를 목잘라 바친 일은 고쳐 보냈다."(갑오 3월 13일).

☐ "원수가 그 서처남[妻孼男] 조대항(曹大恒)의 말을 듣고 이토록 사사로이 행하니, 통탄스럽기 그지없다."(갑오 6월 18일).

☐ "… 순사(巡使, 순찰사 박홍로), 병사(兵使, 이복남)가 원수(元帥)가 내려와 있는 정사준(鄭思竣)의 집에 같이 모여 술을 마시며 아주 즐겁게 논다고 한다."(정유Ⅰ 5월 1일).

☐ "… 원(元均)이 온갖 계략을 다 써서 나를 모함하려 하니 이 역시 운수인가. 뇌물 짐이 서울로 가는 길을 연잇고 있으며, 그러면서 날이 갈수록 나를 헐뜯으니, 그저 때를 못만난 것이 한스러울 따름이다."(정유Ⅰ 5월 8일).

·······

☐ "… 홍군우(洪君遇)가 노래부르고, 이별좌(李別坐) 역시 노래하는데 나는 노래를 들어도 조금도 즐겁지가 않았다."(정유Ⅰ 4월 9일).

☐ "… 새벽부터 저녁까지 사무치고 슬픈 마음에, 눈물은 엉기어 피가 되건마는 아득한 저 하늘은 어찌 내 사정을 살펴주지 못하는고, 왜 빨리 죽지 않는가."(정유Ⅰ 5월 6일).

☐ "… 간담이 타고 찢어지고, 타고 찢어지는 것 같다. … 너를 따라 죽어 지하에서 같이 힘쓰고 같이 울고 싶건마는 … 마음은 죽고 형상만 남아 있어 울부짖을 따름이다, … [心死形存 號慟而已]."(정유Ⅱ 10월 14일).

☐ "어둘 무렵에 코피[鼻血]를 되 남짓이나 흘렸다. 밤에 앉아 생각하며 눈물지었다. 어찌 말할 수 있으랴. 이제는 영령(英靈)이시니, 불효가

마침내 여기까지 이를 줄을 어찌 알았으랴. 비통한 마음 가슴이 찢어지는 듯하여 누를 길이 없구나, 누를 길이 없구나."(정유II 10월 19일).

·······

이 같은 의미심장한 대목들이 삭제되었을 뿐만 아니라, 이순신 개인의 신상이나 그의 다정다감한 생활 기록 중에서도 빠진 부분이 적지 않다. 이처럼 일기 고유의 생명이 크게 훼손되고 있으나, 그것이 단순히 편집자들의 무관심이나 태만에서 야기되었으리라고 할 수만은 없을 것 같다. 즉, 혹시나 왕의 비위에 거슬리지나 않을까 하는 편집자들의 과잉된 충성심과, 관련있는 각 문중의 입김이 작용했을 가능성 또한 전적으로 배제할 수는 없을 것이다. 여하간 《이충무공전서》의 편집에서 '이순신의 일기'야말로 가장 중요한 수록대상이 아니었겠는가. 정조대왕의 높은 뜻과 지극한 관심에도 불구하고 전서의 《난중일기》 부분이 지극히 불충실한 활자판(活字版)으로 남게 된 것은 참으로 유감스러운 일이라 아니할 수 없다.

4. 《난중일기초 亂中日記草·임진장초 壬辰狀草》(朝鮮史編修會編)에 수록된 《난중일기 亂中日記》의 활자판(活字版)

이순신의 일기초본(日記草本)이 두 번째로 활자화된 것은 왜정(倭政)시대의 일이었다. 즉, 1795년(정조 19)에 《이충무공전서》가 간행된 후 140년이 지난 1935년(일본 연호 昭和 10년), 당시의 조선총독부(朝鮮總督府)에서 《亂中日記草·壬辰狀草》를 편찬, 간행한 것이다. 《이충무공전서》에서 사용한 '난중일기'라는 명칭을 그대로 쓰고 있다. 그리고 이 책은 '조선사편수회 편(朝鮮史編修會編) 조선사료총간 제6(朝鮮史料叢刊, 第六)'으로 되어 있으며, 《난중일기초》와 《임진장초》를 한 책으로 묶어 1935년 12월 서울(近澤印刷部)에서 인쇄, 발행한 활자본이다(이 책은 1978년, 일본 동경의 第一書房이 복각하여 다시 발행하고 있다).

그러면 이 '난중일기초본'의 활자화 작업, 즉 편찬 및 편집 그리고 특히 초본의 판독(判讀) 작업에 직접 종사한 사람은 누구였을까. 왜정 때 소위 '조선총독부'의 이름으로 발간된 일련의 '조선사료총간(1932년 발행의 第一《高麗史節要》에서 1944년 발행의 第二十一《通文館志》까지)'을 열람해 보았으나, 직접 편찬을 맡은 사람들의 성명은 밝히고 있지 않다. 총독부 조선사편수회의 일본인 관료 학자들의 주관하에 동원된 한말(韓末)의 우리나라 학자들이 실제로 편찬 업무에 종사했으리라는 것은 의심할 여지가 없는 것이다. 한일합방 후 중추원 촉탁으로 조선사 편찬에 참여한 정병조(鄭丙朝, 1863~1945)와 1921년 조선총독부 조선사 편찬위원을 지낸 이능화(李能和, 1868~1945) 등 한말의 학자들은 이미 잘 알려져 있으나, 지금으로서는 '조선사료총간 제6'의 편찬에 직접 참여한 우리나라 학자들을 확인하기는 어려울 것 같다. 필경 직접, 간접으로 많은 우리나라 학자들이 동원되었을 것이다.

이 조선사편수회 편찬의《난중일기초·임진장초》의 권말의 해설에는 편집과정에 관한 상세한 설명이 첨가되어 있다. 예컨대, "… 난중일기초는 조선 선조(宣祖) 때 임진·정유의 전란에서, 수군의 명장으로 칭송받은 이순신이 전란 속에서 스스로 필록(筆錄)한 일기이며, 임진장초는 이순신이 전황을 문서로 기록한 장계(狀啓)와 장달(狀達)을 옮겨 쓴 등록(謄錄)이다. 이 모두가 그 원본은 李舜臣宗孫家 忠淸南道 牙山郡 鹽峙面 白巖里 이종옥(李種玉)씨의 소장으로 유래된 것이다. 본 회에서는 수차에 걸친 조사 결과, 지난 1928년(일본연호 昭和 3년) 2월에 이르러 이순신에 관한 문서, 기록 및 유물 일체를 촬영하여 조선사 편수의 사료(史料)로 삼았던 바인데, 지금 그것이 두 가지 책을 활자본으로 발간함에 그 근거 자료로서 하나의 큰 몫을 하게 된 것이 사실이다. …"라고 언급하고 있는 것으로 보아 활자본이 나오기까지 근 8년이 소요된 것이다.

또《난중일기초》활자본의 편집내용을 살펴보면, 일기의 본문뿐만이 아니라 여백을 이용하여 시(詩)와 장계나 비망(備忘) 기사를 초(草)한 부분에 이르기까지 그대로 수록함으로써 친필초본의 분위기와 원체(原體)를 재현하는 데 진력한 흔적이 역력히 나타나 있다. 또한 일기 본문을 살펴보면 두주(頭註)와 인명 및 지명 등에 첨가한 방주(旁註)를 비롯하여, 판독(判讀)이 불가능한 글자에는 일일이 글자의 자릿수만큼 □표로 비워 놓는 등, 그 면밀함이 거의 완벽에 가까운 편집 체재라 아니할 수 없다. 판독상의 착오와 의문나는 곳이 있었으나, 비교적 최근에 이르기까지 그 이상의 활자본을 기대하기란 쉽지 않았던 것이다(**도판 5** 참조).

이 활자본의 권말의 해설 속에는 일기초본의 체재에 관한 소상한 설명이 들어 있으므로, 각 일기장의 크기 및 매수, 그리고 일기장의 연도별 내용들을 여기에 옮겨 보면 다음과 같다:

	표 제	크 기	매수	내 용
[1]	壬辰日記	세로 25.7cm* 가로 34.5cm*	27매	임진 5월 1일 ~ 4일 5월 29일 ~ 6월 10일 8월 24일 ~ 28일 계사 2월 1일 ~ 3월 22일

*) 임진일기의 표지 크기에서 세로와 가로의 숫자가 뒤바뀌어 있다.

	표 제	크 기	매수	내 용
[2]	癸巳	세로 24.7cm 가로 27.5cm	30매	계사 5월 1일 ~ 9월 15일
[3]	日記 甲午年	세로 26.5cm 가로 29.0cm	52매	갑오 정월 1일 ~ 11월 28일
[4]	丙申日記	세로 25.5cm 가로 30.0cm	41매	병신 정월 1일 ~ 10월 11일
[5]	丁酉日記	세로 25.0cm 가로 28.0cm	27매	정유 4월 1일 ~ 10월 8일
[6]	(표지 다음 장에 '丁酉'로 표기)	세로 23.5cm 가로 24.2cm	20매	정유 8월 4일 ~ 무술 정월 4일
[7]	日記 戊戌	세로 23.0cm 가로 27.0cm	8매	무술 9월 15일 ~ 10월 7일

그리고 임진(壬辰) 정월 1일부터 4월 22일까지, 을미(乙未) 정월 1일부터 12월 20일까지, 또 무술(戊戌) 11월 8일부터 17일까지의 기사가 《이충무공전서》 수록의 《난중일기》에는 보이고 있으나 그 원본은 남아 있지 않다고 부언하고 있다. 그러나 조선사편수회 활자본의 권말 해설은 무술 10

월 8일부터 12일까지의 닷새분 일기 기사가《이충무공전서》수록의《난중일기》에는 보이고 있으나 그 친필 원본은 남아 있지 않는 사실을 빠뜨리고 있다. 이 유실된 친필일기 부분에 대해서 조선사편수회 활자본은《이충무공전서》수록의《난중일기》에서 원문을 그대로 옮기되, '보 補'의 명칭으로 친필초본과 구분하여 수록하고 있다.

5. 拙編著《李舜臣의 日記草》, 문화재청 '이순신 난중일기'의 원문 텍스트,《교감완역 난중일기》(노승석)에 수록된 '교감본 난중일기'

2007년 발간된 졸편저《李舜臣의 日記草》(조광출판인쇄)는 아산 현충사 소장의 국보 제76호 이순신의 친필일기초(親筆日記草)를 활자화·편집한 것이다. 앞 장에서 살펴본 바와 같이 기간(旣刊)의 활자화된 전례가 있음에도 불구하고 이 책을 발간하게 된 동기로는《이충무공전서 난중일기》의 경우 편찬과정에서 친필일기의 내용을 심히 감가(減加)하여 오히려 원문에서 멀어진 바 적지 않으므로 오늘날에 와서는 더욱이 납득할 수 없이 안타까우며, 다만 지금까지 전승되지 못하고 유실된 친필초 부분에 대한 보충자료 또는 상호 비교 상의 참고자료로나 유용하다고 할 것이다. 일제시대에 발간된《난중일기초·임진장초》에 수록된 일기는 매우 충실한 편집이라 할 수 있으나 (출판 당시의 교정상 오류를 포함하여) 판독상의 틀린 부분과 해설, 주석에 있어서의 오류가 상당히 있고, 발간된 지 이미 상당 시간이 경과하였으므로 1978년 일본 동경에서 복각 발행된 바 있음에도 불구하고 구해 보기조차 용이하지 않다. 이 책은 당대의 조선 한학자(漢學者)들이 동원되어서 편찬되었으나 작업에 참여한 분들의 이름도 명시되어 있지 않으려니와 일본인의 손에 의해 발간된 사실은 숨길 수 없다. 아울러 근래에 이르기까지 출간된 여러《난중일기》국역본들이 이순신의 친필일기를 번역의 원본(text)으로 하였다고 하나 실상 그 활자판(活字版) 원본의 상세한 출판정보에 대해서는 대부분 명확한 언급을 피하고 있는 점은 시사하는 바 있다.

졸저《李舜臣의 日記草》의 편집에서는《이충무공전서》와《난중일기초·

임진장초》를 참조하되, 친필일기초와의 비교와 검독을 통하여 기간(旣刊)의 잘못된 판독을 바로 잡았다. 또한 필시 이순신의 손길로 보이되 기간(旣刊)에서 고려하지 않았던 친필일기초의 문장 교정 기호 등을 포함하여 편집 가능한 범위 내에서 최대한 친필일기초의 내용과 형식을 일치시킴으로써 향후의 독자, 국역자(國譯者) 또는 연구자에게 원문(原文)과 그 분위기를 그대로 전달할 수 있는 활자화된 원본 제시를 목표로 하였다. 이에 따라, 친필일기초에 포함된 장계 초고(狀啓草稿), 서간 초고(書簡草稿), 비망록, 시(詩) 등은 일기 기사와 동등하게 취급하여 그대로 옮겼으며, 원문의 종류 등 관련 정보를 조사하여 두주(頭註)로 제시하였다. 낙서·습서(習書)에 해당되는 부분은 판독과 편집상의 이유로 제외하되 친필일기 곳곳의 빈 면은 따로 해당 지면을 두어 친필일기와 정확히 면(面)대면(面)으로 일치되게 편집하였다. 검독·편집작업에는 이충무공문헌편찬위원회(대표 李載勳) 편찬의 영인본《亂中日記·親筆草本》(1977)과 조선사편수회 편찬의《난중일기초·임진장초》(1935) 및 문화재청 홈페이지에 등재된《이순신 난중일기》원문이미지를 겸하여 사용하였다. 작업의 성과로서 기간(旣刊)의《난중일기초·임진장초》에서 판독이 잘못된 140여 곳을 바로 잡았으며, 다만 20여 곳은 2005년 노승석이 발간한《이순신의 난중일기 완역본》권말 〈난중일기 필사본 판독대조표〉를 참조하여 확정한 것이다.

《李舜臣의 日記草》의 편저 과정을 통하여 밝혀진 또 하나의 중요한 사실이 있다.《친필일기》「임진일기」책자의 맨 끝에 붙어있는 〈서간초〉는《이충무공전서》에서도 이 문건의 성격이나 상세 사항에 대해서는 아무런 검토없이 단지 '상모인서 2 上某人書 二'라는 제명으로 편집에 포함된 바 있는 것이다(**도판 6** 참조). 이에 관해 그 형식과 내용을 추적하여, 이는 영의정 유성룡에게 보내는 서간초로서 갑오년(1595) 7월 하순에 작성된 것이며, 이 무렵 이순신의 종사관으로 근무하던 '정경달(丁景達)의 함양군수 임명에 따른 교체를 추수 때까지 만이라도 늦추어 달라'는 청원임을 밝혔다. 또한 이 서간 내용을 장계로 만든 초록이「갑오일기」책의 일기 본문 다음에 기록되어 존재한다. 따라서《이충무공전서》에서 '상모인서 2 上某人書 二'라는 제명으로 편집된 이 서간문을 <갑오서간초>로 명확하게 개칭하였다. 서간문 용지의 크기(가로 약 25.1 ㎝, 세로 약 24.9 ㎝)는 임진일기의 용지 크기(가로 25.7 ㎝, 세로 34.5 ㎝)보다 확연히 구분되게 작고 바랜 정도가 심하나, 훨씬 덜 바랜 백지의 밑받침 종이(背紙)에 붙여져 임진일기의 용지와 비슷한 크기로 만들어져 임진일기 맨 끝에 제본되어 있다. 이는 기나긴 세월 전승되는 동안 제본과 보존 상태가 나빠진「갑오일기」에서 떨어져 나와 그 원위치를 상실한 상태에서 착오로 인하여 임진일기 크기에 맞추어 보수 작업을 하고,「임진일기」의 맨 끝에 잘못 붙여진 것이다!!《난중일기초·임진장초》(1935)를 참조하더라도 현재와 동일한 제본 위치였음이 확인되므로, 잘못 제본된 시기는 그 이전으로 소급된다. 참고로 현존의「갑오일기」맨 끝에 있는 한 장의 비망록 또한 원래 지면 크기의 일부만이 남아 밑받침 용지에 붙여져 있는데, 그 내용을 살피면 갑오일기 7월 19일 일기 기록과 일치하는 '명나라 장수 장홍유'에 관한 것이다. 따라서 이 쪽도 원 위치에서 떨어져 나왔으나 배지 작업을 거쳐 제 위치인「갑오일기」에 되붙여져 있는 것으로서 그 보수의 흔적이 밝혀졌다. 이에 관한 상세한 사항은 2006년에 졸고 <이순신의「임진일기」에 첨부된 서간문초에 관한 추론적 소고>, 순천향대학교 이순신연구논총 제7호, 63-77쪽에서 최초로 다룬 바 있다. 문화재청은 국보이자 세계적 문화유산에서 발견된 이러한 결함 - 전승 과정상의 오류 -을 지속적으로 방치할 것인지의 논의와 보수 절차를 확립하여야 할 것이다.

한편 2005년 무렵 문화재청에서는 국가기록유산을 웹에 수록하는 전산화 작업을 수행하여 국보 제76호 '이순신 난중일기 및 서간첩, 임진장초'에 대해 '서지', '해제', '원문이미지', '원문텍스트'의 네 항목을 제공함으로써 대중화에 크게 기여하기 시작했다 (2014.12.30. 현재, http://www.memorykorea.go.kr). 그러나 문화재청 홈페이지의《이순신 난중일기》는 원문 확정의 경위, 작업에 참여한 인명, 원문의 지운 글자 처리,

개정 및 교정 일자와 버전 등의 상세 배경 정보를 포함도, 공개도 않고 있는 점과 친필원문의 열(列)을 일대일(一對一) 대응시키는 활자화 편집 원칙을 고수(固守)함으로써 오히려 일기 본연의 형태로부터는 멀어지게 된 점을 지적하지 않을 수 없다. 다만 한학자 노승석이 그의 저서《이순신의 난중일기 완역본》(동아일보사, 2005)에서 '난중일기, 임진장초, 서간첩'을 탈초하여 국가기록유산웹에 게시하였다고 적고 있으므로 문화재청 홈페이지의《이순신 난중일기》는 그의 작업으로 확인되고 있다. 노승석은 친필원문의 검토를 거쳐 일기 본문 만이 아니라 본문과는 별도로 기록되어 있는 속칭 '잡문 雜文'들까지 일기의 일부로서 취급하고 일기와 함께 완역하여《이순신의 난중일기 완역본》으로 발행하였고, 여기서는 난중일기의 원문교감 후 100여 곳을 수정하였다고 하고 있다. 그러나 권말에 수록된「난중일기 필사본 판독대조표」를 국가기록유산 웹 수록의 '난중일기 원문텍스트'와 비교해 보면 서로 일치되지 않는 곳이 다수 발견되고 있고,「난중일기 필사본 판독대조표」또한 판독 수정과 교감 수정을 구분없이 포함하되 그 대부분이 교감 수정 사항이어서 친필원문의 확정에는 적합한 내용이 아니다. 따라서 문화재청은 여하한 경위로 원문텍스트를 확정한 것인지 의문스러우며, 실상 필자들이 확인해 본 바로는 조선사편수회 편찬의《난중일기초·임진장초》(1935)를 따른 것이 아닌가 한다. 난중일기는 유네스코 세계기록유산에도 등재된 바 있고 국보 중에서도 일반국민과 대중의 관심이 지극한 거의 유일무이의 기록유산 자료이므로 그 관련 작업이 성실하고 투명하게 공개되어야 마땅할 것이며, 따라서 문화재청의 재고와 실천이 요청된다.

한학자 노승석은 이후 지속적인 작업을 통하여《교감완역 난중일기》(민음사, 2010년)를 출간하였는데, 서문에서 초고본과 이본(異本)에 대한 정밀한 교감(校勘)작업을 시도하여 교감원문, 교감기를 만들고 아울러 이에 기초한 국문번역을 작성하였다고 밝히고 있다. 이어, 친필초고를 비롯하여, 발췌 필사본〈일기초 日記抄〉, 조선사편수회 편《난중일기초·임진장초》및 여러 이본, 번역본에 대한 해제를 덧붙이고 있다. 이 책에 수록된 '교감본 난중일기'는《친필일기초》를 기본으로 하되,《이충무공전서》 수록의《난중일기》와 필사본 〈일기초 日記抄〉로써 상호 보완하여 교감 및 합본한 형태로 편집되어 있다. 권말에는 '교감기'를 통해 여러 자료를 이용해 교감된 부분에 대한 상세한 주해를 붙여 독자들의 이해를 돕고 있다. 문화재청 및 노승석 박사의 일련의 작업은 이순신의 일기에 대한 대중의 접근성을 크게 향상시켰으며, 특히《교감완역 난중일기》는 이순신 일기의 분위기를 그대로 전달하는 부분에서 아쉬움이 있기는 하나, 교감 원문 확정 과정에 대한 상세한 설명이 추가된 일기원문과 일기 번역본이 함께 편집된 근래의 책자로서 이순신 연구의 한 진전으로 평가된다. 그러나 앞서 지적한 바와 같이 친필원문의 확정 및 정정에 불투명한 상황이 여전히 지속되는 한편으로 교감원문이 작성되고 제시되는 점은 크게 혼동스럽다. 있는 그대로의 친필원문을 판독하여 활자화 작성되는 '친필원문'과 여러 종류의 교정을 거치는 소위 '교감원문'은 그 성격상 다른 것이나 일반 대중들로서는 그 의미를 이해하기조차 쉽지 않을 것이다. 최근 노승석 박사의 교감원문, 교감기, 국문 번역과 번역 주석의 작성에 이르기까지의 다대한 노고와 업적은 높이 평가되어 마땅하나, 지극히 사적인 기록인 이순신의 일기를 외교문서, 고전 혹은 한문 교재와도 같은 교감 관점에서 취급하여 전거(典據)에 근거한 교감 혹은 엄밀한 한문 용례에 따른 원문 수정을 수행하다 보니 무리한 판단이 나오기도 함을 지적하지 않을 수 없다. 가령 노승석의《교감완역 난중일기》(민음사, 2010년)와《증보교감완역 난중일기》(도서출판 여해, 2014년)의 권두에는 공통적으로 '원문오독을 바로 잡은 예'로서 친필초의 사진도판과 함께 '정유일기' 5월 21일조의 기사와 해설을 제시하고 있다. 이 기사는 졸저《이순신의 일기》 초판(1998, 서울대학교출판부)에서부터 다룬 바 있는 것으로서, "··· 이야말로 한줄기 돈만 있다면 죽은 사람의 넋도 되찾아 온다는 것인가(此所謂一脈金錢便返魂者也)!"라는 부분인데, 노승석 박사는 이것이 구우(瞿祐)의 전등신화에서 유래한 것임을 밝히고 그 원문 "一陌金錢便返魂"을 들어 기존 판독의 '脈'은 '陌'의 글자 오독(誤讀)에 기인한 것이며, 그 해석 또한 '일백 백(百)'으로 되어야 한다고 거듭 단언하고 있다. 그러나 필자들이 재확인해 본 바로는 친필초에 '脉(맥)'으로 쓰여 있으되 이는 '脈(맥)'의 속자(俗字)이므로 기존 판독 상의 오류가 아니다. 또한 이순신의 기록은 고전의 표현에서 단지 약간 변형된 형태로 주어진 것뿐이며 문맥상의 변화가 있는 것이 아니어서, 필자들로서는 교감되어야 할 필요성도 공감되지 않는다. 동일한 글자(脉)가 친필초 임진일기에 수록된 장계초고에도 쓰여 있고, 병신일기 7월 24일조 '泉脉深入(샘줄기가 깊이 들어가고…)'에도 나오므로 이 판독은 확실하게 입증된다. 〈일기초 日記抄〉에는 이 날짜의 일기문이 없으나 《이충무공전서》 수록의 《난중일기》에는 '泉脉深入'으로 판독·조판되어 있고, 조선사편수회 편 《난중일기초·임진장초》에서는 정자 '脈'으로 조판되어 있다. 따라서 이는 친필일기의 원문 확정 문제가 얼마나 중요하면서도 한편 지속적인 노력으로써 개선되어야 하는지를 가리키는 일례일 뿐인 것이다. 이순신 일기의 원문은 그 성격상 틀린 글자, 틀린 지명·인명을 위시해서 음에 따라 편리한 형태인 이두(吏讀)로 작성된 경우도 포함하며, 암호처럼 난해한 비망기록 또는 부호도 보이고 있다. 이로 인해서 의당 친필초의 탈초 작업자들이나 후대의 국문 번역자들은 해독과 번역상 난감한 경우에 접하게 되는 것이니, 이는 결국 일단 주어진 그대로의 원문을 받아들이되 원문 상에서 불확실한 부분과 관련 부분을 파악해 지속적인 연구 조사 영역으로 남겨둘 수밖에 없을 것이다. 따라서 친필초 일기문의 체계적 재검토와 활자화 확정의 작업에는 반드시 상세한 전문 의견과 참조 기록을 주석하는 원칙에 따라야 할 것이나 현실적으로는 여전히 아무 필요성조차 느끼지 않고 있는 점이 아쉽다. 실상 일기원문의 확정에 관해서는 별로 체계적 개선이 없는 가운데 끊임없이 국문 번역만이 무성하게 간행되고 있고 영문 번역본 또한 그 필요성이 다대할 것이나 구하기는 불가능에 가까운 실정이다!

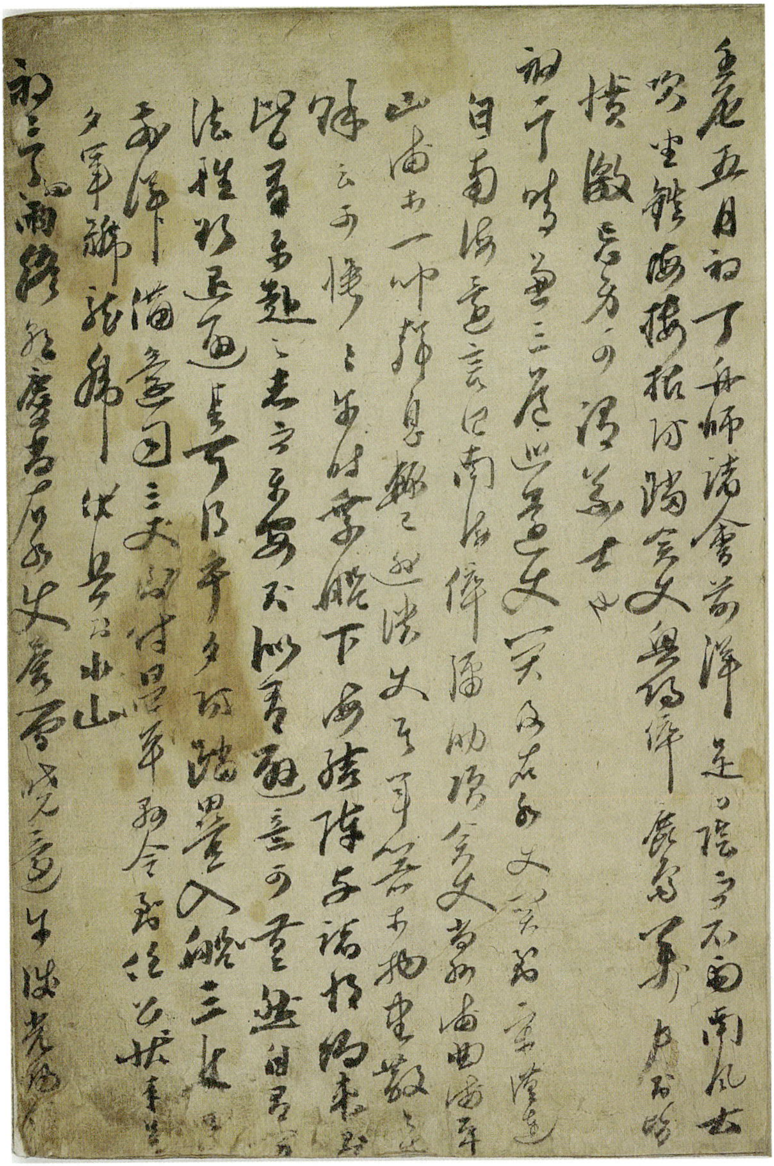

도판 1. 이순신의 임진일기(壬辰日記) ; 5월 초1일, 초2일 및 초3일자 일기의 친필초(親筆草).

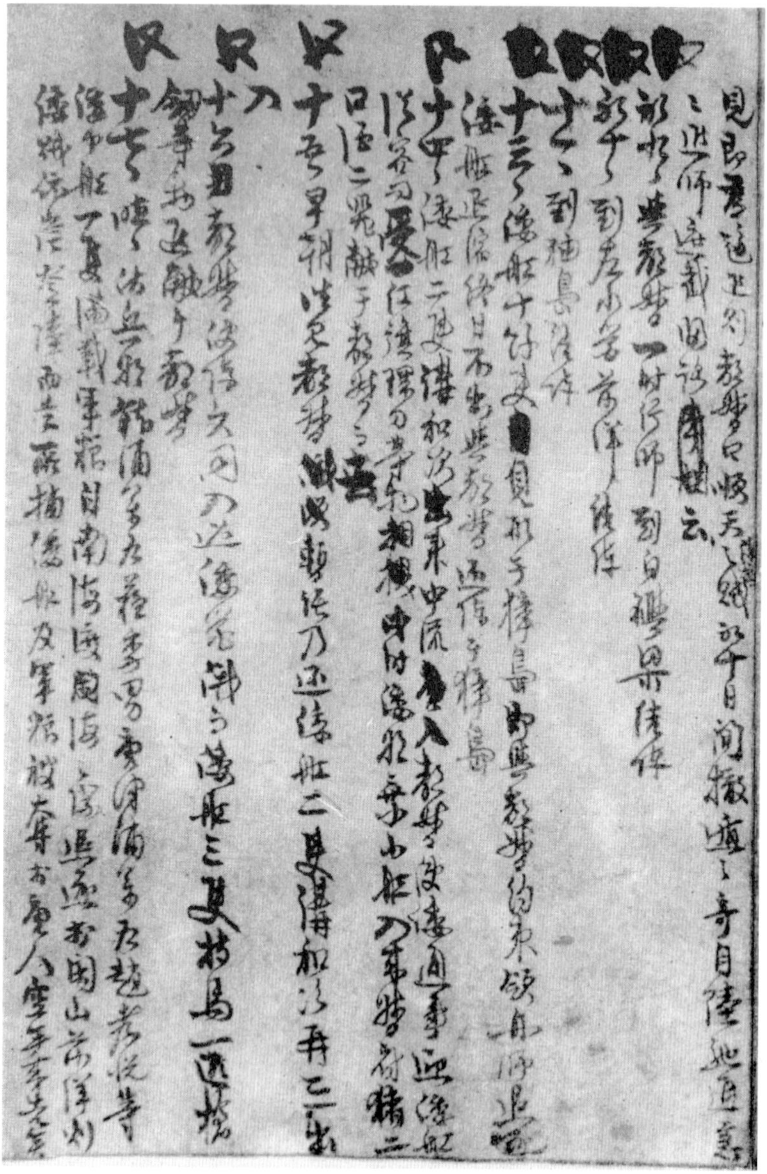

도판 2. 7년 일기의 마지막 부분인 무술 11월 초8일부터 17일까지의 일기 필사본 〈日記抄〉(아산 현충사 소장).

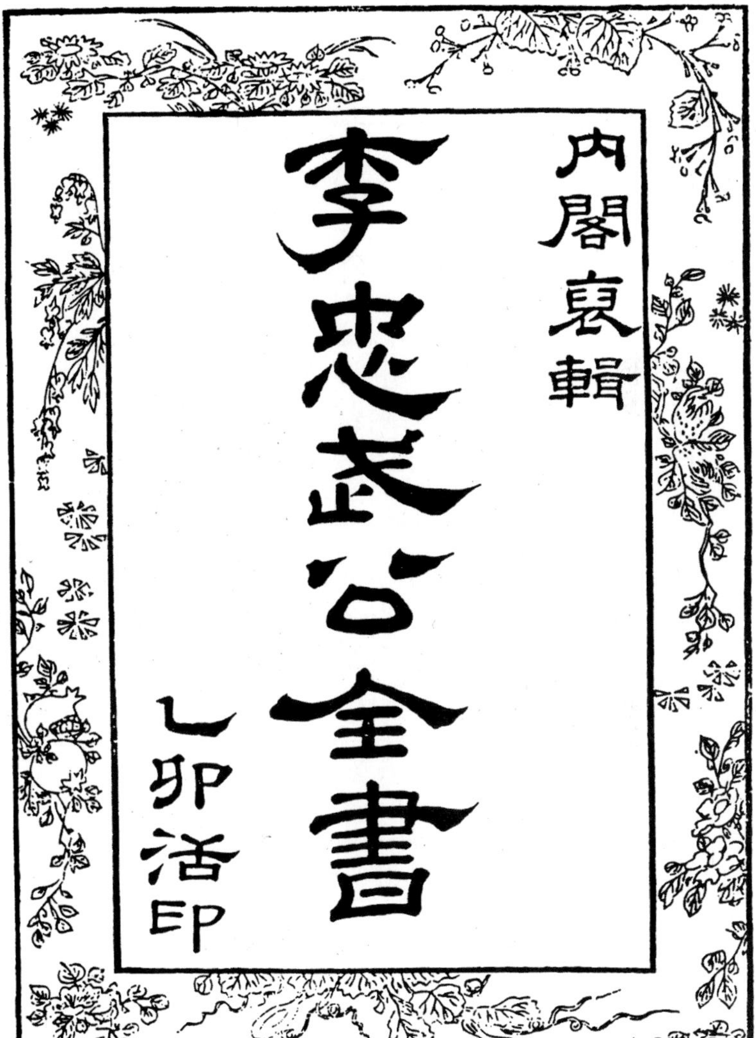

도판 3. 《이충무공전서》의 속 표지. 책의 크기는
가로 22.4cm, 세로 35.0cm.

三十日缺

五月初一日庚午舟師齊會前洋是日陰而不雨南風大吹坐鎮海樓招防踏僉使與陽倅鹿島萬户則皆憤激忘身可謂義士也

初二日辛未晴宋漢連自南海還言南海倅彌

助項僉使尚州浦曲浦平山浦等一聞賊倭聲息輒已逃散使其軍器等物盡散無餘云可愕可愕午時乘船下海結陣與諸將約束則皆有樂赴之志而樂安則似有避意可歎然而自有軍法雖欲退避其可得乎夕防踏疊入船三隻回泊前洋軍號龍虎伏兵則山水

初三日壬申細雨終朝招中衛將約明曉發行即修啓 聞是日呂島水軍黃玉千逃避其家捕斬梟示

도판 4. 《이충무공전서》에 수록된 활자판 《난중일기》; 임진(壬辰) 5월 초1일, 초2일 및 초3일자 일기.

舟師ヲ本營(麗水)前洋ニ會ス
三道巡邊使及ビ右水使ノ關到ル
南海倅等逃潰ス
諸將ト約束ス
慶尚右水使答簡

壬辰五月初一日　舟師諸會前洋、是日、陰而不雨、南風大吹、坐鎭海樓、招防
踏僉使(李純信)・興陽倅(裴興立)・鹿島萬戶(鄭運)、則皆憤激忘身、可謂義士也、
初二日　晴、兼三道巡邊使(李鎰)關及右水使(元均)關到、宋漢連自南海還、言曰、南海倅(奇孝謹)・
彌助項僉使(金勝龍)・尙州浦・曲浦・平山浦(金軸)等、一聞聲息、輒已逃潰、使其軍器等物、盡
散無餘云、可愕〻、午時乘船、下海結陣、與諸將約束、則皆有樂赴之志、而樂(申浩)
安則似有避意、可嘆、然自有軍法、雖欲退避、其可得乎、夕防踏疊入船三隻、
回泊前洋、備邊司三丈到付、昌平縣令到任公狀來呈、夕軍號龍虎、伏兵則
山水、
初三日　細雨終朝、慶尙右水使(元均)答簡曉還、午後光陽(魚泳潭)・興陽招來、與語之間、皆
發憤、以本道右水使(李億祺)率舟師來、共之約、而防踏板屋、載疊入軍來、喜見右水
使來、遣軍官扣焉、則防踏船也、不勝愕然、有頃鹿島萬戶請謁、招前問之、則

亂中日記草（壬辰五月）　一

도판 5. 조선사편수회 편찬의《난중일기초》활자판의 보기 ; 임진(壬辰) 5월 초1일, 초2일 및 초3일자 일기.

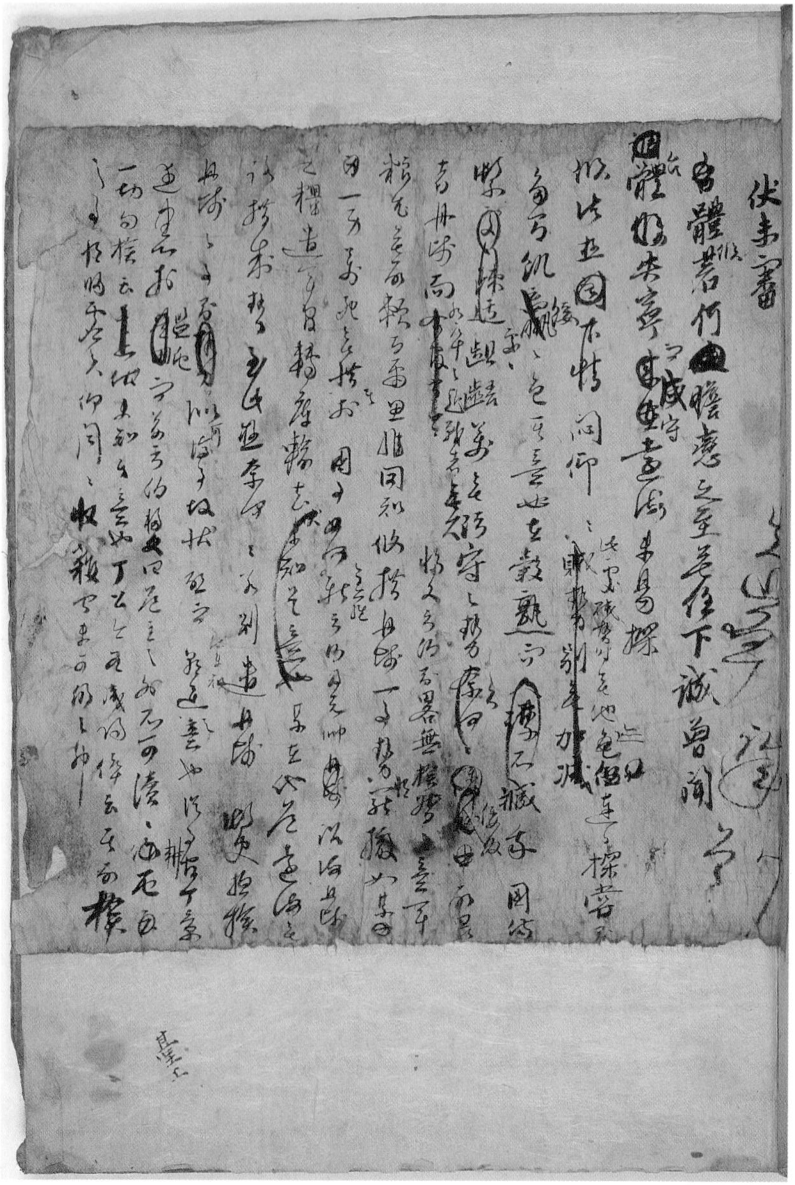

도판 6. 친필일기 「壬辰日記」 끝에 붙어있는 書簡文草(甲午書簡草).

Ⅱ. 《亂中日記》의 국역본(國譯本)에 대한 재검토

1. 《亂中日記》 국역본에 관한 열람

왜정시대에 《李忠武公全書》가 유지들에 의하여 보완, 복간된 일은 있으나, 《친필일기》의 국역본이 출간된 일은 (확실치는 않으나) 없는 것 같다. 한편, 일제 강점기에 이순신에의 관심은 대단하였을 것으로 쉽게 짐작되는 바로서 《이충무공전서》는 일본어로도 간행되었고, 우리말로도 옮겨졌다. 1916년(일본연호 大正 5년) 전한국내각(前韓國內閣) 편집(권말에는 아오야기 고우타로(青柳綱太郎) 편집, 성문사 인쇄로 기록됨), 조선연구회(朝鮮研究會) 발행의 《原文和譯對照 李舜臣全集》 상, 하권이 그것인데, 《이충무공전서》의 내용을 발췌하여 일본어로 번역하거나 혹은 원문대로 수록하고 있다. 주목되는 점은 전서의 《난중일기》 부분 중 임진 1월 1일~을미 5월 29일에 이르는 부분의 일역(日譯)이 상, 하권에 걸쳐 각각 〈난중일기 1 亂中日記 一〉, 〈난중일기 2 亂中日記 二〉의 명칭으로 나뉘어 수록되어 있는 것이다. 이어서 이듬해인 1917년(일본연호 大正 6년)에는 《이순신전집·전 李舜臣全集·全》이 위와 동일한 편집인, 인쇄소 및 발행소로써 간행되었는데, 이는 《原文和譯對照 李舜臣全集》 상, 하권을 단행본으로 압축한 편집이되, 국한문 혼용으로 번역하여 출판한 것이며, 179쪽에서 269쪽에 걸쳐 〈난중일기장 亂中日記狀〉(임진 1월 1일~을미 5월 29일)을 수록하고 있다. 따라서 조선연구회(朝鮮研究會) 발행의 《이순신전집·全》에 수록된 〈난중일기장〉은 초역이기는 하나 최초의 국한문 혼용 번역으로 파악된다. 이듬해인 1918년에는 최남선 편수, 신문관(新文館) 중간(重刊)의 《이충무공전서》 상, 하권이 활판인쇄로 발행된 바 있으므로 이 일련의 출간은 당시 이순신에의 높은 관심을 반영하는 것임에 분명하나 작업 상호 간의 연관성이나 독립적 작업 여부 등의 상세사항은 추가적인 연구 조사가 필요할 것이다. 이러한 일련의 발간을 통하여 이순신의 친필일기초본에까지 관심이 이르게 되고 앞장에서 서술한 친필일기초의 활자화 작업에 착수하게 된 것으로 추정되나 상세한 사항을 이제 와서 밝히기는 쉽지 않을 것이다.

이외에 최찬식(崔瓚植)이 저작 발행한 《李舜臣實記》(박문서관, 1925), 장도빈(張道斌)의 《李舜臣傳》(고려관, 1925) 및 해방 이듬해에 나온 이윤재(李允宰)의 《성웅 李舜臣》(통문관, 1946) 등의 작은 책자들이 있으나, 《난중일기》를 직접 옮긴 부분은 들어 있지 않다.

해방(1945) 이후, 또는 6·25동란(1950) 이후 두서너 가지의 《난중일기》 국역본이 나온 것 같으나, 그 중에서 기억되는 것으로 1953년에 발간된 소오(小梧) 설의식(薛義植, 1900~1954) 편역의 《亂中日記·抄》가 있다. 이 역자는 권두의 해제에서 번역에 사용한 원본(text)에 관하여 솔직하고 명확하게 그 경위를 밝히고 있다. 즉, "《이충무공전서》 수록의 《난중일기》에는 생략된 부분이 많은데 일제시대의 조선사편수회 간행본은 완전하나 역자로서는 그 간행본을 입수치 못하였고, 또 원본(친필초본)도 보지 못하였던 관계로 초역은 전서(全書)만에 의거케 되었다."고 언급함으로써 원본 확정의 고충을 피력하고 있다. 그리고 역자는 "초역을 조판한 뒤에서야 원본도 보았고 조선사편수회 간본도 입수하게 되었으나 큰 차가 없으므로 그대로 인쇄하였고, 그 대신 임진일기만은 편수회 간본대로 전역하였다."라고 추기하고 있다. 또 "조선사편수회 간행본에는 무술년 11월 8일부터 17일까지의 초고는 없다고 단언하였으나 편자가 본 바에는 확실히 있다"고 밝히고, 그 친필초를 권두에 도판으로 제시하고 있으나, 이 부분은 필사본 〈日記抄〉의 일부분이다(**도판 2** 참조).

그 후 1960년 노산(鷺山) 이은상(李殷相, 1903~1982)의 국역본 《李忠武公全書》와 따로 단행본을 낸 같은 역자의 《난중일기》를 비롯하여 적지 않은 국역본이 출간되었다. 1965년 현암사(玄岩社)에서 초판이 발간된 이은상의 《난중일기》 국역본은 같은 출판사에서 상당히 많은 증판이 거듭되었을 뿐만 아니라, 같은 시기에 여타의 여러 출판사에서도 같은 책이 출판되었으므로 《난중일기》 국역본의 주류를 이루게 되었던 것이 사실이다. 그리고 이은상 이후에 나온 일련의 국역본을 개관하건대, 적지 않은 국역본이 이은상의 국역본에서 몇몇 틀린 부분들까지 그대로 답습하고 있는 것이 아쉽다. 그러나, 각 저자마다 특유한 접근방식을 보여 주어 독자들에게 큰 도움이 될 것으로 사려된다. 가령, 송찬섭 교수의 번역본(2004)에는 일기 본문과 관련된 장계도 수록하고 숱한 고증적인 그림과 사진도판을 삽입하여 독자들의 이해를 돕고 일기 분위기를 재현하고 있다.

근래에 발행된《난중일기》국역본 중 크게 주목받는 것은 한학자 노승석의 일련의 작업들로서, 그는 2005년《이순신의 난중일기 완역본》(동아일보사)을 시작으로,《교감완역 난중일기》(민음사, 2010년) 및 2014년에는《증보교감완역 난중일기》(도서출판 여해)를 출간하였다. 앞 절에서 이미 살펴본 바와 같이 이러한 노승석의 작업은 원문확정에 대한 상세한 설명이 추가된 번역본이라는 점에서《난중일기》국역본의 큰 진전으로 평가된다. 그러나 번역을 위한 원문확정작업에서 저자가 적용하였다고 밝힌 원문교감이라는 방식이《난중일기》의 번역에 타당한가에 대해서는 앞 절에서 밝혔듯이 공감되지 않는다. 2014년에 발행된《증보교감완역 난중일기》에서는 벽초 홍명희의 아들인 홍기문에 의해 한글 번역되고 1955년 평양에서 발간된 난중일기를 새로이 소개하고, 이를 이은상의 국문번역에 앞서는 것으로 평가하고 있는 점이 괄목되나 저자들로서는 이 입수하기도 난해한 저서를 살펴볼 기회가 없었으므로 그 상세한 평은 추후로 미룰 수 밖에 없다.

참고로 근간에 이르기까지 출판된《난중일기》국역본에 대한 그 열람 목록을 연도별로 정리해 보면 대략 다음과 같다:

아오야기 고우타로 편집,《이순신전집·전 李舜臣全集·全》, 〈亂中日記狀〉(조선연구회, 1917).

설의식,《亂中日記·抄》(수도문화사, 1953).

이은상,《李忠武公全書》상권 (충무공기념사업회, 1960).

이은상,《난중일기》초판 (현암사, 1965).

이석호,《이충무공의 난중일기》(지문각, 1968).

조성도, 《충무공의 난중일기》(해군본부 정훈감실, 1968).
이찬도, 《난중일기》(금자각, 1969).
이응렬, 《난중일기》(금자각, 1972).
한상수, 《이순신일기》(한국자유교육협회, 1973).
이민수, 《난중일기》(범우사, 1976).
이은상, 《난중일기》(대학서림, 1977).
이은상, 《난중일기》(동화출판사, 1977).
이은상, 《난중일기》(동서문화사, 1977).
이응렬, 《난중일기》(경문출판사, 1977).
신동호, 《난중일기》(일신서적공사, 1987).
한상수, 《난중일기》(명문당, 1989).
이은상, 《난중일기》(세명문화사, 1989).
이은상, 《完譯·李忠武公全書》 상권 (성문각, 1989).
장흥래, 《난중일기》(혜원사, 1989).
김영일, 《난중일기》(한진출판사, 1990).
이은상, 《난중일기》(현암사, 1993).
정희선, 《난중일기》(여수문화원, 1993).
신동호, 《이순신 난중일기》(일신서적출판사, 1995).
이석호, 《이충무공의 난중일기》(집문당, 1996).
최두환, 《새번역·난중일기》(학민사, 1996).
허경진, 《난중일기》(한양출판, 1997).
이재원, 《새 난중일기》(영지사, 1998).
최두환, 《완역 초서체 진중일기》(우석, 1999).
김종일·윤광원, 《난중일기》(혜원출판사, 1999).
송찬섭, 《난중일기》(서해문집, 2004).
김경수, 《평역 난중일기》(행복한 책읽기, 2004).
구인환, 《난중일기》(신원문화사, 2004).
노승석, 《이순신의 난중일기 완역본》(동아일보사, 2005).

정욱, 《신 난중일기》(진한엠앤비, 2010).
노승석, 《증보교감완역 난중일기》(여해, 2014).

국역본 중 몇 가지는 초역을 한 것이며, 이충무공전서의 난중일기를 국역한 것도 있다. 근래의 어느 국역본의 경우, 현재 아산 현충사에 보관중인 친필초본의 친필 여부를 의심하여 이충무공전서의 난중일기를 표준으로 삼아 번역했다 하는 황당무계한 역자도 있어 불편한 마음 견디기 어렵다. 여타의 국역본에 대한 자세한 검토 내용은 생략하여 독자들의 관심에 맡기고자 한다. ‥‥

유일한 영역본(英譯本)으로는 하태흥의 《NANJUNG ILGI(War Diary of Admiral Yi Sun-sin)》(연세대학교 출판부, 1977)가 있으며, 역자는 한국 고전의 영역으로 이미 잘 알려진 바 있거니와, 《난중일기》 본문의 영역문은 우리가 읽어 보아도 구절마다 새로운 감동을 안겨 주는 명역이다. 조선 수군의 편제상의 명칭이나 관직명에 대한 영역 부분 또한 앞으로 귀중한 참고자료가 될 것이다. 단지 권두의 해설에 다소 미흡한 데가 없지 않으나, 소위 옥의 티라 하여 마땅할 것이다. 출판에 앞서 이 영역본을 검독한 바 있는 원일한 박사(Horace G. Underwood)는 후일 사담에서 "‥‥ 《난중일기》를 읽어 보고 이순신 선생이 그 당시 얼마나 고통스러웠는지를 알게 되었다"고 말한 일이 있다.

2. 이은상(李殷相)의 국역본 《난중일기》에 대한 재검토

1960년 노산 이은상은 국역주해(國譯註解) 《李忠武公全書》 상, 하권을 '충무공기념사업회' 및 '충무회'를 발행처로 하여 각각 발행하였다. 전절에서 열람한 바와 같이 《난중일기》의 번역은 상권의 권5~권8에 들어 있다. 저자는 서문의 사사문에서 권상로(權相老), 성순영(成純永), 성낙훈(成樂薰), 신호열(辛鎬烈), 김용국(金龍國) 등 여러 학자의 도움에 감사의 뜻을 전하고, 또 국역본의 발행에 전적인 책임을 지고 협력한 충무공 후손 이재훈(李載勳) 동지에게도 아울러 감사의 뜻을 표한다고 맺고 있다. 그러나 저자는 '충무공 정신'의 앙양과 '충무공전서'의 의의 역설에 집중한 반면, 《전서》의 국역 작업에 위의 한문학자들이 각각 어떠한 방식으로 기여했는지에 대한 언급이 없는 것이 아쉽다.

《전서》의 국역에서 가장 큰 고통은, 필경 《전서》 수록의 《난중일기》를 어떻게 마무리할 것인가의 문제였을 것이다(I 장 3절 참조). 《난중일기》가 시작되는 《전서》 권5의 해설에서 "… 여기서는 전서 번역을 위주하기는 하는 것이나 난중일기 초고 가운데서 귀중하다고 볼 만한 자료만을 참고란에 옮겨 실어 그 날의 기사를 읽는 데 참고가 되게 하였다"고 하므로써, 《전서》에서 누락된 귀중한 부분(?)을 참고란을 통해 보완하는 방법을 택하고 있다. 독자는 참고란 읽기에 바쁘나, 그 설명 내용 또한 모호한 데가 적지 않아 연구 자료로서의 가치는 오히려 상실된 감이 없지 않다. 그러나 초기에 《이충무공전서》의 국역에 심혈을 기울인 이은상의 공로와 후학에 미친 영향은 높이 평가되어 마땅할 것이다. 또한 여담이나, 같은 시기에 이은상 시인은 수많은 강연회를 통해 이른바 '충무공 정신'의 선양에도 크게 헌신하였다. 한편 박정희의 제3공화국 시절에는 소위 '충무공의 우국정신'이나 '백의종군'의 정신을 염치없이 구가하는 정치가들도 생기게 되었다. 청렴하지 못한 사람일수록 더욱 그러했던 것 같다.

앞 절에서 열람한 바와 같이, 노산 이은상은《전서》의 국역에 이어 《난중일기》의 국역본을 여러 출판사를 통하여 출판하였다. 1965년 9월 현암사(玄岩社)에서 '충무공 친필초고 완역, 노산 이은상 역·주·해'로 된 《난중일기》의 국역본 초판이 발간되었다. 이어 1968년에는 제3판, 1972년에는 제4판 등이 같은 출판사에서 판을 거듭하여 출판됨으로써 《난중일기》 국역본이 널리 보급되었던 것이다. 그 후 근년에 이르기까지 몇 판이 발행되었는지는 알 수 없으나, 책의 내용에는 전혀 변한 것이 없다. 중판이 거듭되어도 역자 자신이나 출판사의 편집자들이 재교정이나 보완에는 전적으로 무관심했던 것이 사실이다. 역자의 생존시에도 마찬가지였다.

우선 권두의 해설에서는 "그러므로 이제 와서는 … 불행히도 초고를 잃어버리고 《전서》에만 수록되어 있는 부분은, 부득이 그것으로써 보충할 수밖에 없는 것이다"라고 하면서도, 표지에는 '충무공 친필초고본 완역'이라는 어울리지 않는 표현을 쓰고 있다. 또 권말에 수록한 '亂中日記原文'은 과연 어떠한 경위로 확정된 것인가에 대하여 해설이 없는 것이 매우 아쉽다. 내용을 살펴보면, 조선사편수회 편찬의 《亂中日記草·壬辰狀草》(1935)에서 옮긴 것으로 보인다. 기실, 식자(植字)상의 착오로 인한 차이 말고는 차이가 없는 것 같다. 우연의 일치일 가능성도 있겠으나, 거기에서 틀린 판독(判讀)이 여기에서도 같이 틀리고 있는 것이 더욱 아쉬울 따름이다. 여하간, 원문(text)으로 채택하였음에도 불구하고 일기 본문의 번역에는 전서에서 추가된 부분이 그대로 남아 있는 경우도 있다.

노산 이은상의 《난중일기》 국역본을 읽어 보며, 의문스러운 번역, 번역에 누락된 부분, 그리고 정정이 필요한 사항 등 여러 검토 항목들은 기간(旣刊)의 졸저 《李舜臣의 日記》(서울대학교출판부, 1998 초판, 2002, 2005, 2014 개정판)를 참조하기 바란다.

Ⅲ. 《난중일기》 내용에 대한 해제(解題)

1. 《난중일기》의 초역(抄譯) 및 주해(註解)

다음에는 《난중일기》 전체 중에서 287일분을 초역(抄譯)하였다. 제1장에서 언급한 바와 같이 정유년(1597) 일기장은 두 권이 있는데, 8월 초4일부터 10월 초8일까지의 64일분 일기는 중복되어 있다. 두 권의 기사가 서로 보완하는 내용으로 되어 있으나, 정유II의 기사가 정유I에 비해 보다 많은 것을 담고 있다. 따라서 초역에서 발병(發病)으로 인해 고통받는 내용과 명량해전을 치뤄내는 과정에 관련된 10일분의 기사는 중복하여 번역하였다.

정유I의 7월 초2일부터 10월 초3일까지 일기의 간지는 그 12지(支)가 틀려 있으나, 번역함에 있어 친필초본에 있는 그대로 옮겨 실었다. 또, 임진년(1592) 5, 6, 8월, 무술년(1598) 11월 등의 일기에는 아예 간지가 기입되어 있지 않으므로 없는 그대로 두었다(이충무공전서 활자본에는, 임진일기 등 일부분에 대해 초본에는 없는 간지를 추가로 삽입하고 있음). ── 한편, 난중일기와 선조실록 원문의 간지를 매월 초1일(朔日)을 기준으로 비교해 본 결과, 정유년(1597) 8, 9월에 대해 大月(30일), 小月(29일)이 서로 바뀌어 있어 9월의 간지가 하루씩 어긋나게 기록되어 있다. 즉, 정유일기II의 '(8월)三十日戊子'가 선조실록에는 '九月朔戊子'로, '九月初一日己丑'은 '(9월 2일)己丑'으로, … '(9월)二十九日丁巳'는 '(9월 30일)丁巳'로 되어 있으나, '十月初一日戊午'는 '十月朔戊午'로 날짜와 간지가 일치되어 있다. 날마다 빈틈없는 작전을 수행한 통제사 이순신이 일일이 간지를 붙여가며 기록한 난중일기의 날짜가 틀렸을 리는 만무하며, 선조수정실록에는 이순신의 일기와 동일한 간지로 기록되어 있는 것으로 보아 나중에 선조실록의 오류를 바로잡은 것 같다.

이순신은 날짜를 기입함에 있어 초1일부터 초10일까지의 날짜에 대해서는 숫자 앞에 '初'자를 넣기도 하고 빼기도 하였는데, 일기 원체(原體)의 분위기를 남기기 위해 친필초의 기록을 그대로 따랐다. 또한, '二十□日'을 '廿□日'과, '三十日'을 '卅日' 또는 '晦日(그믐날)'과 겸용하고 있음도 흥미롭다.

번역에는 한문 원문(原文)의 표현과 용어를 가급적 직역에 가깝도록 충실히 옮기고자 노력하였으며, 보다 의미심장한 표현의 경우와 그 음이 한글음과 다른 한자 단어의 경우에는 한자 원문을 [ ]괄호 속에 넣어 번역에 붙여 놓았다. 특히, 독자들에게 참고가 되도록 일기의 배경에 해당하는 설명이나 일기 내용에 대한 주해(註解)에 비중을 두어, 해당 부분에 * 또는 ** 부호를 부기하고 각주(脚註) 대신 본문(本文) 서술의 형식을 취하여, 그 날짜의 번역 본문에 연이어 배치하였다. 한편 임진왜란의 가장 큰 해전으로 기록되는 한산해전, 명량해전, 노량해전에 대한 수군의 이동상황 및 해전지를 지도에 표시하여 해당 주해문에 실었으며, 1597년(정유)의 백의종군으로부터 이듬해(무술) 고금도에 진영을 설치하기까지의 행적도를 작성하여 덧붙였다. 또한 일기 원문에 나오는 지명(地名)과 직책명으로 표기된 인물들에 대해 각각 현재의 지명과 해당 인명을 조사하여 그 위치에 주석의 형태로 ( )괄호 속에 첨가하였으며, 그밖에도 이해에 도움이 될 만한 한자 단어들은 ( )괄호로써 한자들을 첨가하고 필요에 따라 짧은 설명을 부가하였다.

본 초역에는 I장 2절에서와 마찬가지로 이충무공문헌편찬위원회(대표 李載勳) 편찬의 영인본《亂中日記·親筆草本》(1977)과 조선사편수회 편찬의《亂中日記草》(1935)를 겸하여 사용하였고, 노산 이은상을 비롯한 여러 역자들의 국역본에 크게 힘입었음을 밝혀 둔다. 한편 친필일기의 재검독 작업을 통하여《이순신의 일기초》(박혜일 외, 조광출판인쇄, 2007 및 이 책의 별책부록, 시와진실, 2016)를 발간함에 따라 다시 여러 군데의 수정을 추가하였음을 알린다.

임진(壬辰) 선조 25년(1592), 48세

정 월

初1일 임술. 맑음. 새벽에 아우 여필(汝弼, 禹臣의 字)과 조카 봉(菶), 아들 회(薈)가 와서 이야기했다. 다만 어머님[天只]*을 떠나 두 번이나 남도에서 설을 쇠니 서운한 마음을 이길 길이 없다. 병사(兵使)의 군관 이경신(李敬信)이 와서 병사의 편지와 설선물[歲物]과 장편전(長片箭) 등 여러 가지 물건을 바쳤다.

*) 《난중일기》의 첫 날로부터 일기 전체를 통하여 100여 회 반복되는 어머님에 관한 기사에서, '늙으신 어머님[老堂]', '병드신 어머님[病親]', '어머님···[覲]', '어머님[親]' 등으로 쓴 7차례를 제외하면, 이순신은 어머님을 한결같이 높여 '천지(天只)'로 부르고 있다. 여기서, 어머님[母]을 일컫는 '천지(天只)'의 어원(語源)은, 중국 고전 사서삼경(四書三經)의 하나인 《시경 詩經》에서 비롯된 것으로 짐작된다. 《시경》의 권 1 <국풍 國風>에서, 네 번째 장 <용풍 鄘風>의 첫번째 시(詩) '백주(柏舟, 잣나무배)'를 보면 "汎彼柏舟 在彼中河 ··· 母也天只 不諒人只 ···"라고 하였으며, 이는 "둥실 둥실 저 잣나무 배는 저기 저 하수(河水) 가운데 떠있고나. ··· 어머님은 진실로 하늘이어니 어찌타 내 마음 모르시는가. ···"로 옮겨진다(양주동, 《시경초 詩經抄》, 을유문화사, 1954).

初2일 계해. 맑음. 나라의 제삿날이라 공무를 보지 않았다. 김인보(金仁甫)와 함께 이야기했다.

초3일 갑자. 맑음. **동헌(東軒)에 나가 별방군(別防軍)을 점고하고, 각 고을과 포구*에 공문을 써 보냈다.**

*) 이순신이 관할하던 전라좌수영에는 소속 행정구역으로서 다섯 고을[五官]과 다섯 포구[五浦]가 가장 주요한 위치를 차지하고 있었으며 이 밖에 여타 고을과 포구가 있었다. 이 다섯 고을[五官]과 다섯 포구[五浦]는 《난중일기》를 통하여 끊임없이 나타나고 있는데, 다섯 고을[五官]은 순천(順天), 보성(寶城), 광양(光陽), 낙안(樂安, 전남 순천시 낙안면 남내리), 흥양(興陽, 전남 고흥군 고흥읍)이며, 다섯 포구[五浦]는 방답(防踏, 전남 여천군 돌산읍), 사도(蛇渡, 전남 고흥군 영남면 금사리), 발포(鉢浦, 전남 고흥군 도화면 내발리), 여도(呂島, 전남 고흥군 점암면 여호리), 녹도(鹿島, 전남 고흥군 도양읍 봉암리)이다. 이 밖의 고을과 포구로서는 장흥(長興, 전남 장흥군 장흥읍 예양리), 회령포(會寧浦, 전남 장흥군 회진면 회진리), 고돌산(古突山) 등이 있었다.

초4일 을축. 맑음. **동헌에 나가 공무(公務)를 보았다**[坐東軒公事].

초6일 정묘. 맑음. **동헌에 나가 공무를 보았다.**

16일 정축. 맑음. **동헌(東軒)에 나가 공무를 보았다. 각 고을 품관(品官)과 색리(色吏)들이 와서 인사했다. 방답(防踏)의 병선(兵船) 군관과 색리들이 병선을 수선하지 않았기에 곤장을 때렸다. 우후(虞候)와 가수(假守)들도 점검을 하지 않아 이렇게까지 되었으니 해괴하기 이를 데 없었다. 헛된 일로 제 몸 살찌우기만 하고, 살펴보지 않음이 이와 같으니 앞날의 일도 역시 알 수 있다. 성 밑에 사는 토병(土兵) 박몽세(朴夢世)가 석수(石手)를 부려서 선생원(先生院, 전남 여천군 율촌면 신풍리)의 채석장에 가서 사방 이웃집 개에게까지 피해를 끼치기로 곤장 80대를 때렸다.**

2 월

초4일 을미. 맑음. 동헌에 나가 공무를 본 후에, 북봉(北峯)의 연대(煙臺, 신호대)를 쌓는 데로 올라가 보니, 쌓는 위치가 매우 좋아 무너질 리 만무했다. 이봉수(李鳳壽)가 노력한 것을 알 수 있었다. 종일토록 바라보다가 해질 무렵에 내려 와서 해자 구덩이를 돌아보았다.

초8일 기해. 맑으나 바람이 세게 불었다. 동헌에 나가 공무를 보았다. 이 날, 거북선[龜船]에 쓸 돛베 29필을 받았다. 정오에 활을 쏘았는데, 조이립(趙而立)과 변존서(卞存緖)가 자웅을 겨루었으나 조(趙)가 이기지 못했다. 우후(이몽구 李夢龜)가 방답(防踏)으로부터 돌아와 방답첨사(이순신 李純信)가 방비에 진력하고 있다고 극찬하였다. 동헌 뜰에 화대(火臺) 돌기둥을 세웠다.

초10일 신축. 안개비가 오면서 개다 흐리다 했다. 동헌에 나가 공무를 보았다. 김인문(金仁問)이 순영(巡營, 순찰사영)에서 돌아왔다. 순찰사의 편지를 보니, 통사(通事, 통역관)들이 뇌물을 많이 받고 명나라에 무고하여 군사를 청하는 일이 있게 했을 뿐 아니라, 중국에서도 우리가 일본과 함께 딴 뜻이 있는가 의심하게까지 했으니, 그 흉악스러움은 참으로 이를 길이 없었다. 통사들이 이미 잡아 갇혔다고는 하나, 해괴하고 통분함을 이길 길이 없었다.

20일 신해. 맑음. 아침에 여러 가지 방비와 전선(戰船)을 점검해 보니, 모두 새로 만들었고, 무기도 어느 정도 완비되어 있었다. 늦게 떠나서 영주(瀛洲, 전남 고흥군 고흥읍)에 이르니, 좌우의 산에 핀 꽃과 들가의 향기로운 풀들이 그림 같았다. 옛날에 있었다는 영주(瀛洲)도 역시 이 같은 경치이던가.

25일 병진. 흐림. 갖가지 전쟁 방비에 결함이 많으므로 군관과 색리(色吏)들에게 벌을 주고, 첨사(僉使)를 잡아들이고, 교수(敎授)는 내보냈다. 이 곳의 방비가 다섯 포구 중에서 최하이건만 순찰사가 표창하는 장계를 올렸기 때문에 죄상을 조사하지 못하니 가소롭다. 역풍이 크게 불어 배가 떠날 수 없으므로 그대로 머물렀다.

3 월

초5일 을축. 맑음. 동헌에 나가 공무를 보았다. 군관들은 활을 쏘았다. 저물녘에 서울 갔던 진무(鎭撫)가 들어왔는데, 좌의정(유성룡 柳成龍)이 편지와 《증손전수방략 增損戰守方略》이란 책을 보내왔다. 그것을 본즉, 수전(水戰, 해전)·육전(陸戰)·화공(火攻) 등에 대한 내용이 일일이 논의되어 있으니, 참으로 만고에 특이한 저술이었다.

27일 정해. 맑고 바람도 불지 않았다. 일찍 조반을 먹은 뒤 배를 타고 소포(召浦, 전남 여수시 종화동 종포)에 이르렀다. 쇠사슬 가로 건너 매는 것을 감독하며 종일 기둥나무 세우는 것을 보았다. 또한 거북선에서 대포 쏘는 것도 시험하였다.

28일 무자. 맑음. 동헌에서 공무를 보았다. 활 10순을 쏘았는데, 5순은 모조리 맞고, 2순은 네 번 맞고, 3순은 세 번 맞았다.*

*) 1순(巡)이라 함은 다섯 살씩을 쏘는 것이므로, 50살 중 42살이 명중한 것이다.

4 월

11일 경자. 아침에 흐리더니 늦게는 맑음. 공무를 끝내고 활을 쏘았다. 순찰사(巡察使, 이광 李洸)의 편지와 별록(別錄)을 군관 남한(南僩)이 가져왔다. 비로소 베돛[布帆]*을 만들었다.

*) 새로 건조된 거북선에 사용할 돛인 듯하다.

12일 신축. 맑음. 식후에 배를 타고 거북선[龜船]에서 지자(地字)·현자(玄字)포를 쏘아 보았다. 순찰사 군관 남공(南公, 남한 南僩)이 살펴보고 갔다. 정오에 동헌으로 옮겨 앉아 활 10순을 쏘았다. 관아로 올라 가면서 노대석(路臺石)을 보았다.

15일 갑진. 맑음. 나라 제삿날[國忌日]이라 공무를 보지 않았다. 순찰사에게 보내는 답장과 별록(別錄)을 작성하여 즉시 역졸(驛卒)을 시켜 달려 보냈다. 해질 무렵, 영남우수사(원균 元均)의 전통(傳通)에, 왜선 90여 척이 나타나 부산 앞 절영도에 대었다고 하였다. 같은 시각에 수사(水使, 경상좌수사 박홍 朴泓)의 공문도 또한 왔는데, 왜적 350여 척이 이미 부산포 건너편에 와 대었다고 하였기로, 즉각 장계를 띄우고 순찰사(전라순찰사, 이광 李洸), 병사(전라병사, 최원 崔遠), 우수사(전라우수사, 이억기 李億祺)에게도 공문을 보냈다. 영남관찰사(김수 金睟)의 공문도 왔는데 역시 같은 내용이었다.

18일 정미. 아침엔 흐렸다. 이른 아침 동헌에 나가 공무를 보았다. 순찰사(이광 李洸)의 공문이 왔는데, 발포권관(鉢浦權管)은 이미 파직되어 갔으니, 가장(假將, 임시로 대리할 장수)을 정해 보내라 했기에 나대용(羅大用)을 그 날로 정해 보냈다. 오후 2시쯤에 영남우수사(원균 元均)의 공문이 왔는데, 동래(東萊)

도 함락되었고 양산(梁山, 조영규 趙英珪), 울산(蔚山, 이언함 李彦諴)의 두 원도 조방장(助防將, 홍윤관 洪允寬)을 앞세워 입성했다가 모두 패했다고 한다. 분하고 원통함을 이루 다 말할 수 없었다. 병사(경상좌병사, 이각 李珏)와 수사(경상좌수사, 박홍 朴泓)가 군사를 이끌고 동래 뒤쪽까지 이르렀다가 겁내어 즉시 회군했다고 하니 더욱 원통했다. 저녁에 순천 군사를 거느린 병방(兵房, 각 지방에서 군사 관계의 업무를 맡은 아전)이 석보창(石堡倉, 전남 여천시 봉계동 석창)에 머물고 있으면서 군사를 거느리고 오지 않으므로 잡아다 가두었다.

20일 **기유. 맑음. 동헌에 나가 공무를 보았다. 영남관찰사(김수 金睟)의 공문이 왔는데, 강한 왜적들이 거세게 몰아치므로 당적해 낼 도리가 없고 승승장구(乘勝長驅)하기를 마치 무인지경에 들어온 것 같으니, 전함(戰艦)을 정리하여 지원하러 와주기를 요청한다는 내용이다.***

*) 1592년(임진) 4월 13일 왜군의 부산 침입으로 임진왜란은 발발되었다(너무나도 충분히 예상되었던 전란이다!). — 동래(東萊) 수영에 본영을 둔 경상좌수사 박홍(朴泓)은 단 한번도 싸워보지 않은 채 황급히 상륙하여 몸을 피했고, 거제(巨濟) 가배량(加背梁)에 본영을 둔 경상우수사 원균(元均)은 취임 후 몇 개월밖에 되지 않아 수군의 정비 편성을 못한 채 지리멸렬한 후퇴를 시도하였으나, 많은 군선과 병기와 군사를 잃어, 그를 따르는 전선(戰船)은 겨우 4,5척에 불과하였다 한다(당시의 원균에 대하여 여러 가지 말이 남아 있으나, 여기서는 생략한다).

이순신은 4월 15일에 왜군 침입에 관한 원균의 통첩을 받았다. 거듭 지원 요청을 받게 된 이순신은 각기 지키는 경계가 있어 심사숙고하게 되나, 막하 장령들의 결의를 재삼 확인하고, 출전 준비를 서두르는 한편 조정의 하명을 앙청하는 장계를 속속 올리고 있었다. 즉, 3회에 걸친 〈경상도로 구원 나가는 장계 赴援慶尙道狀〉에서, "… 같이 나가 싸우라는 조정의 명령을 엎드려 기다리면서 소속 수군과 각 고을과 포구에 전선을 정비하고 주장(主將)의 명령을 기다리도록 급히 공문을 돌리고, 본도의 각 감(監)과 병사(兵使)에게도 그 뜻을 통보하였습니다. …"(임진 4월 27일), 또, "… 지난 4월 29일 상오 12시, 경상수사(원균)의 회답 내용에 '… 연해안 각 고을과 포구의 우리 병영과 수영은 거의 다 함락되어 봉홧불이 끊어진 것이 지극히 통분합니다. 그래서 본도의 수군을 뽑아 추격하여 적선 10척을 불살라 없앴으나, … 적은 많고 우리는 적기 때문에 대적할 수가 없어, 본영도 또한 이미 함락되었으니, … 귀도의 군선을 남김없이 이끌고 당포(唐浦) 앞바다로 달려옴이 좋겠습니다.'고 하였기에 …"(임진 4월 30일)와 같이 아뢰고 있다. — 위의 장계 내용에서, 이순신은 원균 자신이 '적선 10척을 불살라 없앴다'고 전하는 내용을 그대로 인용하고 있으나, 그 사실 여부를 입증할 만한 사료(史料)가 전혀 없음을 유의해야 할 것이다.

5 월

초1일 **수군들이 모두 앞 바다에 모였다. 오늘은 흐리되 비는 오지 않았으며 남풍이 크게 불었다. 진해루(鎭海樓)에 앉아서 방답첨사(이순신 李純信), 흥양원(배흥립 裵興立), 녹도만호(정운 鄭運)를 불러 들였다. 모두 분격하며 제 한몸을 잊어버리는 것이 과연 의사(義士)라 할 만하다.**

초2일 **맑음. 삼도순변사(三道巡邊使, 이일 李鎰)와 우수사(원균 元均)의 공문이 왔다. 송한련(宋漢連)이 남해로부터 돌아와서 말하되, 남해원(기효근 奇孝謹)과 미조항첨사(김승룡 金勝龍)와 상주포(尙州浦, 경남 남해군 상주면 상주리)만호, 곡포(曲浦, 경남 남해군 이동면 화계리)만호, 평산포(平山浦, 경남 남해군 남**

면 평산리)만호(김축 金軸) 등이 왜적의 소문을 한번 듣고는 벌써 도망쳐 흩어졌고, 무기 등 물자도 흩어버려 남은 것이 없다고 했다. 가히 놀랍고 또 놀라웠다. 오정 때 배를 타고 바다로 나가 진을 치고 여러 장수들과 함께 약속하니, 모두 즐거이 나갈 뜻이 있었으나, 낙안군수(신호 申浩)는 피하려는 뜻을 가진 듯하여 탄식스러웠다. 그러나 군법이 있는데 설사 물러나 피하고자 한들 될 일인가. 저녁에 방답의 첩입선(疊入船) 3척이 돌아와 앞바다에 닿았다. 비변사(備邊司)의 명령이 내려왔다. 창평현령(昌平縣令)이 공식 부임장을 가져 와서 바쳤다. 이 날 밤 군호(軍號)는 용호(龍虎)라 하고, 복병(伏兵)은 산수(山水)*라 했다.

*) 친필초본(親筆草本)에는 '水山'으로 쓰고 순서 교정 부호가 붙어있다. 즉, **도판 1**의 임진일기 5월 2일조 끝을 보면 '水山'으로 쓰고 글자 우측에 희미하게 보이는 순서 교정부호를 붙여서 '山水'로 교정하고 있는 것이다. 졸저의 초판본 및 이후 몇몇 개정판에서는 친필일기초의 이 부분에 관해 '山' 우측의 교정부호(▲)를 미처 식별하지 못하여《이충무공전서》와《난중일기초·임진장초》의 기존 판독이 잘못된 것으로 판단하였으나, 판독-활자화 재작성 작업인《李舜臣의 日記草》편집을 통하여 이는 착오였음을 밝혀둔다. 이순신의 親筆日記草를 상세히 들여다보면, 수많은 곳에서 교정부호가 보인다. 즉, 한번 작성하고 만 것이 아니고 거듭 살펴서 단순한 글자 착오를 교정하거나 표현을 수정한 곳이 여러 군데에 나타나고 있으며, 이는 이순신의 일기가 세심한 기록으로서 작성되었음을 가리키는 동시에 단순 비망록을 넘어서 사실성에 충실한 최우선의 사료로 인지되어야 함을 나타낸다. 아울러《이충무공전서》와《난중일기초·임진장초》의 친필일기 탈초 판독자들을 위시해서 근래의 대부분의 국역자들이 주로 본문에만 관심을 두고 이 교정부호에 관해서는 아무런 언급없이 지나치고 있음을 환기코자 한다. 이러한 교정부호는 초고를 간편히 수정

하는데 통용되던 보편적인 것으로 보이며, 가령 후대의 필사본 〈日記抄〉의 필사자도 이와 같은 방식으로 글자 순서를 교정하고 있음이 확인된다.

親筆日記草의 교정부호로는 글자 또는 문장의 순서를 바꾸는 순서 교정부호와 삽입 또는 첨가부호가 있다. 순서 교정부호로 사용되고 있는 것은 '▲' 또는 '▼'로서 두 글자 또는 여러 글자 간의 전후 순서 교정을 하고 있는 곳이 현존의 친필일기 전체를 통하여 12곳 정도로 조사된다. 순서 교정부호로서는 '▲▼', '|下' 및 '|上'와 같이 두 개의 부호로 된 것도 보이며, 현존 친필일기 전체를 통하여 46군데 정도로 조사된다. 글자 삽입부호도 보이는데, 삽입 위치에 ►, 줄(—), 또는 동그라미로써 위치를 정하거나 경우에 따라서는 기호 없이 삽입 또는 덧붙여 기록하였다. 삽입한 글자, 지운 글자, 지운 후 다시 작성한 글자 등으로 교정 또는 첨가된 부분은 무수히 많다.

교정부호외에도 일기 기사의 확인, 식별 또는 비망(備忘)의 용도로 추정될 뿐인 부호인 방점, 긴 줄, 동그라미도 20여 곳 이상에서 보인다. 몇 군데에서는 행간에 '幺(작을 요, 사소할 요)'자가 금문(金文), 전문(篆文)의 형태로 쓰이고 있고, 두 번 이상 중복된 곳도 있는데, 인명 옆에 부기되어 체형의 왜소함을 기록한 것으로 짐작되기도 하나, 비망(備忘)의 용도로 사용되었음직한 곳도 많으므로 원 의미는 알 수 없다.

아래 표는 친필일기(1592-1598)의 순서 교정부호 용례와 〈日記抄〉(1693년경 추정), 《이충무공전서》(1795) 및 《난중일기초·임진장초》(1935)에서 이를 어떻게 반영하였는지를 정리한 것이다. 친필초에는 종서로 작성되어 있으나 여기서는 편집 체계상 횡서로 옮기며, 부호의 방향도 회전된 형태로 작성하였다. 상세한 사항은 일기원문에 최대한 가깝게 편집한 졸편저 《李舜臣의 日記草》(별책부록)을 참조하기 바란다.

친필일기초에서 새삼 교정부호를 발견하고서 이에 관련하여 저자들 사이에서 제기된 우려의 하나는 이 부호가 후대에 이순신의 친필초를 접하게 된 누군가가 가필한 것은 아닐까 하는 것이었다. 그런데, 교정부호는 임진일기로부터 무술일기에 걸쳐 일관되게 나타나므로, 이를 작성할 수

이순신 친필일기초의 순서 교정 부호의 용례 및 문헌별 편집

년도/일자 \ 문헌	친필초	日記抄	이충무공전서	난중일기초
임진 5월 2일조	水山	山水	山水	山水
계사 2월 17일조	來見	(기사 누락)	來見	來見
6월 10일조	元使水	(기사 누락)	元水使	元水使
6월 11일조	南海	(기사 누락)	(기사 누락)	海南
갑오 1월 28일조	弘文理校	弘文校理	弘文校理	弘文校理
4월 16일조	施行回啓	回啓施行	回啓施行	回啓施行
4월 17일조	來見	(기사 누락)	來見	來見
5월 13일조	在隱	隱在	隱在	隱在
6월 2일조	晩往	(기사 누락)	晩往	晩往
6월 21일조	梁馬僉使	(기사 누락)	(기사 누락)	馬梁僉使
7월 27일조	吉大	(기사 누락)	(기사 누락)	大吉
11월 13일조	月夜如晝	(기사 누락)	(기사 누락)	夜月如晝
병신 1월 17일조	奴京	(기사 누락)	京奴	京奴
3월 6일조	出去事敎之 또는 出去事敎之	(기사 누락)	(기사 누락)	出去事敎之
	戶萬	(기사 누락)	萬戶	萬戶
5월 8일조	吐嘔再度	(기사 누락)	再度嘔吐	嘔吐再度
8월 27일조	話論	(기사 누락)	論話	論話
정유 9월 7일조	包放	(기사 누락)	放砲	放[炮]
10월 19일조	家鄕奴	(기사 누락)	(기사 누락)	鄕家奴
10월 30일조	造家處	(기사 누락)	造家處	造家處
12월 20일조	去上	(기사 누락)	上去	上去
무술 9월 21일조	水潮	潮水	水潮	潮水

있는 사람은 일기를 오랜 기간 가까이 접할 수있는 사람이어야 하며, 따라서 그 가능성은 이순신 자신, 혹은 〈日記抄〉, 《이충무공전서》의 편찬자만이 가능했을 것이다. 그러나 〈日記抄〉와 《이충무공전서》의 편찬에서는 교정부호에 관련된 기사의 상당수가 편집에 누락되어 있으며, 교정부호와 무관한 기사도 또한 편집에서 상당히 탈락되었으므로, 교정부호와 두 책자의 편찬에 연관성을 부여하기는 어렵다. 교정의 내용상으로도 어떤 경우는 이순신 자신만이 교정을 판단할 수 있는 성격의 것에 해당되므로, 이는 치밀하고 세심한 기록을 할 수 있었던 기록자 본인만이 가능한 작업이었을 것이다. 전란 도중 일기를 기록하는 것만도 힘든 작업이었을 것인 바, 상세한 교정까지 해 둔 것을 보면 이순신의 기록 정신에 새삼 놀라울 뿐이다.

초3일 **가랑비가 아침내내 왔다. 새벽에 경상우수사(원균 元均)의 답장이 왔다. 오후에 광양(光陽, 어영담 魚泳潭)과 흥양(興陽, 배흥립 裵興立)을 불러서 함께 이야기하는 가운데 모두가 분발하였다. 본도(전라도 全羅道) 우수사(이억기 李億祺)가 수군을 이끌고 오기로 함께 약속하였는데, 방답의 판옥선(板屋船)이 첩입군(疊入軍)을 싣고 오는 것을 보고 우수사가 온다고 좋아하였으나, 군관을 보내어 알아보니 방답 배였다. 아연함을 이길 수 없었다. 조금 뒤에 녹도만호(정운 鄭運)가 보고져 하기에 불러들여 물은 즉, 우수사는 오지 않고 적의 세력은 점점 경기도에 이르니 통분한 마음 이길 길 없거니와 만약 기회를 놓치면 후회해도 소용없다는 것이었다. 이 때문에 곧 중위장(이순신 李純信)을 불러 내일 새벽 떠날 것을 약속하고, 장계를 써서 내보냈다.* 이 날 여도(呂島) 수군 황옥천(黃玉千)이 적이 온다는 소리를 듣고 집으로 도망간 것을 잡아와 참수(斬首)하여 효시(梟示)했다.**

✽) 드디어 "··· 오늘 5월 초4일 첫 닭이 울 때 출발하여 바로 경상도로 향하오며, 한편으로 전라우수사 이억기(李億祺)에게 속히 달려오라는 일로 급히 공문을 띄웠습니다."(임진 5월 초4일)고 하는 출전계획을 아뢰고(〈赴援慶尙道狀〉), 5월 초4일 새벽 첫 출전을 결행한다. 마침내 이순신 함대의 제1차 출동은 1592년(임진) 5월 7일의 옥포해전(玉浦海戰)에서의 큰 승리로 그 서전을 장식하였다. 옥포해전에 참전한 이순신 휘하의 군선은 전선(戰船, 일명 판옥선 板屋船) 24척, 협선(挾船) 15척, 포작선(鮑作船)이 46척 등이다(〈玉浦破倭兵狀〉, 임진 5월 10일).

□ 5월 초5일부터 28일까지는 빠졌음.

29일* **맑음. 우수사(이억기 李億祺)가 오지 않으므로 혼자 여러 장수들을 거느리고 새벽에 떠나 곧장 노량(露梁, 경남 남해군 설천면 노량리)에 이른 즉, 경상우수사(원균 元均)가 만나기로 약속한 곳에 이르렀다. 더불어 상의하고 왜적이 머물고 있는 곳을 물으니 적의 무리는 지금 사천선창(泗川船倉, 경남 사천시 용현면 선진리)에 있다는 것이다. 그래서 곧 거기로 다가갔으나, 왜인들은 이미 육지로 내려가 산 위에 진을 치고, 배는 그 산 밑에 나란히 매어 놓고는 완강히 항전하였다. 나는 여러 장수들에게 영을 내려 일시에 달려들어 화살을 빗발치듯 퍼붓고 각종 총통(銃筒)을 바람과 우뢰같이 어지러이 쏘아 대니 적의 무리는 겁내어 물러났는데, 화살을 맞은 자가 몇 백인지 알 수 없으며, 왜적의 머리도 많이 베었다. 군관 나대용(羅大用)이 탄환에 맞았고, 나도 왼쪽 어깨 위에 탄환을 맞아 등으로 관통되었으나 중상에는 이르지 않았다.** 또 사부(射夫)와 격군(格軍)으로 탄환에 맞은 자가 많았다. 적선 13척을 불살라 버리고 물러나 주둔하였다.**

*) 5월 29일은 이순신 함대의 제2차 출동에서 사천선창(泗川船倉)의 해전이 있은 날이며, 거북선[龜船]이 처음으로 참전한 날이기도 하다. 이순신은 임진년 6월 14일 써올린 〈당포파왜병장 唐浦破倭兵狀〉에서 자기 자신이 창제한 귀선의 구조와 기능에 대하여 간략하게 설명하고, 귀선의 실전상황을 역력히 기술하고 있다. 즉, 사천선창의 전황을 보고하는 대목에서 "신이 일찍부터 섬 오랑캐가 침노할 것을 염려하고 특별히 귀선을 만들었사옵니다[別制龜船]. 앞에 용두를 설치하여[前設龍頭] 아가리로 대포를 쏘게 하고[口放大炮], 등에는 쇠꼬챙이를 심었으며, 안에서는 밖을 내다볼 수 있으나 밖에서는 안을 엿볼 수 없게 되어, 비록 적선 수백 척이 있다 하더라도 그 속으로 돌입하여 대포를 쏠 수 있게 된 것입니다. 이번 싸움에 돌격장(突擊將)으로 하여금 이 귀선을 타고 적선 속으로 먼저 달려들어가 천자포(天字砲)·지자포(地字砲)·현자포(玄字砲)·황자포(黃字砲) 등의 각종 총통(銃筒)을 쏘게 한 즉, 산 위와 언덕 아래와 배를 지키는 세 군데의 왜적도 또한 비오듯이 철환을 함부로 쏘아 …" 하고, 또 당포선창의 해전실황에서는 "왜선은 판옥선(板屋船)만큼 큰 배 9척과 아울러 중소선 12척이 선창에 나누어 묶고 있는데, 그 가운데 한 큰 배 위에는 층루가 우뚝 솟고 높이는 서너너덧 길이나 되며 밖에는 붉은 비단휘장을 쳤고, 사면에 '黃'자를 크게 썼으며 그 속에는 왜장이 있는데 앞에는 붉은 일산(日傘)을 세우고 조금도 겁내지 아니하였습니다. 먼저 거북선으로 곧장 층루선(層樓船) 밑으로 치고 들어가 용아가리로 현자철환을 치쏘고[仰放], 또 천자·지자철환과 대장군전(大將軍箭)을 쏘아 그 배를 쳐 깨뜨리고[撞破其船] …"라고 쓰고 있다.

**) 이순신은 사천선창 싸움에서 입은 관통상으로 많은 고통을 겪고 있었다. 그는 유성룡(柳成龍)에게 다음과 같이 쓰고 있다. "접전할 때에 스스로 막지 못하고 적의 철환(鐵丸)에 맞아 비록 사경(死境)에는 이르지 않았으나 깊이 어깨뼈를 상하였습니다. 그런데다 연일 갑옷을 입고 있으므로[連日着甲] 상처구멍이 헐어서 궂은 물이 늘 흐르고 있어, 밤낮 뽕나

무 잿물과 바닷물로 씻으나 아직 낫지를 않아 민망스럽습니다. …"(《이충무공전서》).

6 월

초2일 맑음. 아침에 떠나 바로 당포(唐浦, 경남 통영시 산양읍 삼덕리) 앞 선창에 이르니 적선 20여 척이 벌여 정박했으므로 둘러싸고 서로 싸움을 시작했다. 그 중의 큰 배 1척은 크기가 우리나라 판옥선(板屋船)만한데, 배 위에는 누각을 꾸며서 높이가 두 길이나 됨직했다. 그 누각 위에는 왜장이 우뚝 앉아서 움직이지 아니했다. 편전(片箭)과 크고 작은 승자총통(勝字銃筒)을 비 퍼붓듯 마구 쏘아 왜장이 화살에 맞아 떨어지자, 모든 왜적들이 일시에 놀라 흩어졌다. 모든 장졸(將卒)들이 일제히 모여 쏘아 대니 화살에 맞아 꺼꾸러지는 자, 그 수를 알 수 없었으며, 남기지 않고 섬멸하였다. 조금 뒤에 큰 왜선 20여 척이 부산으로부터 바다에 열지어 들어오다가 우리 수군을 바라보고는 도망쳐서 개도(介島, 경남 통영시 산양읍 추도)로 들어갔다.

초4일 맑음. 우수사(이억기 李億祺)가 오기만을 고대하면서 이리저리 배회하며 바라보고 있었는데, 정오에 우수사가 여러 장수들을 거느리고 돛을 달고 나타났다. 진중 장병들이 기뻐 뛰지 않는 이가 없었다. 군사를 합치고 약속을 명확히 한 뒤에 착포량(鑿浦梁, 경남 통영시 당동)에서 잤다.

초5일 아침에 떠나서 고성 당항포(唐項浦, 경남 고성군 회화면 당항리)에 이르니, 왜선 1척이 크기는 판옥선만한데, 배 위에는 누각이 우뚝하고 이른바 적장이 그 위에 앉아 있었다. 중간 배가

12척이며 작은 배가 20척이었다. 한꺼번에 무찔러 깨뜨리면서 비오듯 화살을 쏘아대니, 화살에 맞는 자가 얼마인지 그 수를 알 수 없었다. 왜장 머리는 7급(級)을 베었고, 남은 왜적들은 육지로 내려가 달아나서 그 나머지 수는 매우 적었다. 우리 군사의 기세가 크게 떨쳤다.

초7일 맑음. 아침에 출발하여 영등(永登, 경남 거제시 장목면 구영리) 앞바다에 이르러 적선이 율포(栗浦, 경남 거제시 장목면 율천리 구율포)에 있다는 말을 듣고 복병선(伏兵船)을 시켜 가보게 했더니, 적선 5척이 우리 수군을 먼저 알아채고 남쪽 넓은 바다로 바삐 달아났다. 여러 배들이 일제히 뒤를 추격하여 사도첨사(蛇渡僉使) 김완(金浣)이 1척을 통째로 잡고, 우후(虞候, 이몽구 李夢龜)도 1척을 통째로 잡았으며, 녹도만호 정운(鄭運)도 1척을 통째로 잡았다. 왜적의 머리는 합하여 모두 36급이었다.

□ 6월 11일부터 8월 23일까지의 일기는 빠져 있다. 제2차 출동인 당포해전(唐浦海戰)에서 이기고 돌아와 함대의 재정비에 이어, 제3차 출동(**도판 7** 참조)이 있은 시기에 해당되어 일기를 쓸 겨를조차 없었을 것이다. 참고로 '한산대첩'으로 기록되는 7월 8일의 한산도전양해전(閑山島前洋海戰)*과 7월 10일의 안골포해전(安骨浦海戰)**의 전황을 간략하게 살펴본다.

*) 7월 8일, 이순신은 이른 아침에 미리 약속한 전라우수사(이억기 李億祺)와 깨어진 전선(戰船) 7척을 수리하여 이끌고 온 경상우수사(원균 元均)와 함께 고성(固城) 땅 견내량(見乃梁)에서 대, 중, 소 70여 척의 왜수군과 대치하게 되며, 이어 한산도 앞바다로 유인한다(**도판 8** 참조).

이순신의 승전보고는 대략 다음과 같다. 즉, "… 견내량의 지형이 협착하고 암초가 많아서, 판옥선(板屋船)은 배끼리 부닥치게 될 것이므로 싸움하기가 어려울 뿐만 아니라, 적이 만일 전세가 궁하게 되면 기슭을 타고 육지로 올라 갈 것이라 …. 먼저 판옥선 5, 6척으로 하여금 적의 선봉을 쫓아가 습격할 기세를 보인 즉, 여러 배의 왜적들이 일시에 돛을 달고 쫓아 오므로 우리 배가 거짓으로 물러나 돌아오매[佯退而還], 적선들도 줄곧 쫓아오는데, 바다 한 가운데 이르자 여러 장수에게 명령하여 학의 날개와 같이 진을 치며[鶴翼列陣] 각각 지자(地字), 현자(玄字), 승자(勝字) 등 각종 총통을 쏘아서 먼저 2, 3척을 깨뜨린 즉, …. 한편, 왜적의 큰 배 20척 중간 배 17척과 작은 배 5척 등을 좌우도(左右道)의 여러 장수가 힘을 합하여 불태워 깨뜨렸으며, …"(〈見乃梁破倭兵狀〉, 임진 7월 15일). 한편, 왜측의 기록에 따르면 한산도해전에서 왜장 와키자카 야스하루(脇坂安治)는 갑옷에 화살을 맞아 십사일생(十死一生)에 이르러 간신히 김해로 피신하였고, 막하 선장 마나베 사마노죠(眞鍋左馬允)는 자결하였다 한다(〈脇坂記〉).

H. B. Hulbert는 '한산대첩'의 의의를 평가하여 "이 해전은 실로 조선의 살라미스해전이라 할 수 있다. 이 해전이야말로 히데요시(秀吉)의 조선 침략에 사형선고를 내린 것이며, 중국정벌의 야욕을 분쇄시켰던 것이다. 그후 비록 수년 동안 전쟁이 지속되었지만, 그것은 오직 히데요시의 실망을 누그러뜨리기 위한 것이었다."라고 쓰고 있다(C. N. Weems, 《Hulbert's History of Korea(Vol.1)》, 1962).

**) 7월 10일, "… 안골포(安骨浦)에 이르러 선창을 바라본 즉, 왜수군의 큰 배 21척, 중간 배 15척, 작은 배 6척이 와서 대어 있는데, 그 중에 3층 방이 있는 큰 배 1척과 2층으로 된 큰 배 2척이 포구에서 밖을 향하고 떠 있으며 그 나머지 배들은 차례로 줄지어 정박했는데, 그 포구의 지세가 좁고 얕아서 조수가 나가면 육지가 되므로, 판옥선(아군의 전선) 같은 큰 배는 쉽게 출입할 수가 없으므로 몇 번이나 적을 꾀어 내었지만, … 전세가 궁해지면 육지로 올라갈 계획으로 … 배를 매고 무서워 나오지 않았습니다. 부득이 여러 장수에게 명하여 번갈아 나들면서 천자(天

字), 지자(地字), 현자(玄字) 등의 각종 총통(銃筒)과 장편전(長片箭) 등을 빗발치듯 쏘아댔는데 … 이렇게 하기를 종일토록 하여 거의 다 쳐 깨뜨려서 살아남은 왜적들은 모두 상륙하여, … 숨어 지내는 우리 백성들이 살육을 면치 못할 것이므로 잠깐 1리쯤 물러나와 밤을 지냈습니다. …" (〈見乃梁破倭兵狀〉, 임진 7월 15일).

왜측 기록에 따르면 안골포해전에서 참패한 왜적은 구키 요시다카(九鬼嘉隆)와 카또오 요시아키(加藤嘉明) 두 왜장이 한산도해전의 패장 와키자카 야스하루(脇坂安治)를 염려하여 부산포로부터 이끌고 온 왜함대였던 것이다. 이 왜함대에 종군한 소토오카 진자에몬(外岡甚左衛門, 69세)이 이 날의 해전을 지척에서 목격하고 기록한 《고려선전기 高麗船戰記》(**도판 9** 참조)에서 거북선[龜船]의 활약이 여하히 맹렬했던가를 알아보기로 한다. 즉, "… 9일(조선력 10일) 오전 8시경부터 적의 큰 배 58척과 작은 배 50척 가량이 공격해 왔다. 큰 배 중의 3척은 맹선(盲船 : 장님배, 거북선에 대한 왜측의 별명)인데, 철(鐵)로 덮여져 있으며, 석화시(石火矢), 봉화시(棒火矢), 오가리마따(大狩俣) 등을 쏘며 오후 6시경까지 번갈아 달려들어 공격을 걸어와 망루로부터 복도, 테두리 밑의 방패에 이르기까지 모조리 격파되고 말았다. 석화시라고 하는 것은 길이가 5척 6촌의 견목(堅木)이며(玄字砲가 쏜 次大箭 정도의 것에 해당된다.), … 또 봉화시의 끝은 철로 둥글게 든든히 붙인 것이다. 이와 같은 화살[大箭]로 다섯 칸(間), 또는 세 칸 이내까지 접근하여 쏘아대는 것이다. …"(《高麗船戰記》, 임진 7월 28일).

□ 정월 1일 ~ 4월 22일의 원본은 충무공전서에 수록된 후 유실됨.

계사(癸巳) 선조 26년(1593), 49세

2 월*

*) 친필초본에는 간지(干支)의 옛 명칭을 써서 '昭陽大荒落令月'로 적고 있다. 즉, '계사(癸巳)년 2월'의 뜻.

초8일 계사. 맑음. 아침에 영남우수사(원균 元均)가 내 배로 와서, 전라우수사(이억기 李億祺)가 기일에 늦어지는 잘못을 몹시 말하며, 지금 곧 먼저 떠나겠노라고 하였다. 내가 애써 말려 기다리게 하고, 오늘 해 안으로는 당도할 것이라고 다짐하였더니, 과연 정오에 돛을 펼치고 들어왔다. 모여 바라보면서 기뻐 뛰지 않는 이가 없었다. 도착하고서 보니, 거느리고 온 것이 40척 미만이었다. 이 날 오후 4시쯤에 출발하여 저녁 8시쯤에 온천도(溫川島, 경남 거제시 하청면 칠천도)에 이르렀다. 본영(本營, 전라좌수영, 전남 여수)으로 써 보냈다.

초10일 을미. 아침에 흐렸으나 늦게 갬. 오전 6시쯤에 배를 띄워 바로 웅천 웅포(熊川熊浦, 경남 진해시 남문동)에 이르니 적선들이 예와 같이 줄지어 정박하고 있었다. 두 번이나 싸우도록 유인해 보았으나, 우리 수군을 겁내어, 나올 듯 하다가 도로 들어가 버렸다. 끝내 잡아 무찌르지 못하니 통분, 통분하다. 밤 10시경에 도로 영등포(永登浦) 뒤 소진포(蘇秦浦, 경남 거제시 장목면 송진포리)에 이르러 배를 매고 밤을 지냈다. 병신일(丙

申日) 아침에 순천 탐후선이 돌아가므로 본영에 보내는 편지를 썼다.

11일 병신. 흐림. 병사들을 쉬게 하고 그대로 머물렀다.

12일 정유. 아침엔 흐리다가 늦게 맑아졌다. 삼도 수군이 일제히 새벽에 떠나 바로 웅천 웅포에 닿았다. 적의 무리들은 어제와 같이 나왔다 물러났다 하며, 유인하였으나 끝내 바다로 나오지 아니 했다. 두 번이나 추격했으나, 두 번 다 섬멸하지 못하였으니 어찌 하랴, 어찌 하랴. 참으로 통분, 통분하다. 이 날 저녁에 도사(都事)가 우후(虞候)에게 통지를 보냈는데, 명나라 장수에게 줄 군수 물품을 배정한 것이라고 한다. 저녁 8시쯤에 칠천도(漆川島)에 이르자 비가 크게 쏟아지기 시작해서 밤새 그치지 아니했다.

14일 기해. 증조부의 제삿날이다. 맑음. 이른 아침에 본영 탐후선(探候船)이 왔다. 아침 식사 후에 삼도 군사가 모여 약속할 적에 영남수사(원균 元均)는 병으로 참석하지 못하고, 전라좌우도의 여러 장수들만 모여서 약속했다. 다만 우후(虞候, 이몽구 李夢龜)가 술주정으로 망언(妄言)을 하였다. 그 꼴이 이를데 없으니, 어찌 다 말할 수 있으랴. 어란포만호 정담수(鄭聃壽)와 남도포만호(南挑浦萬戶) 강응표(姜應彪)도 역시 마찬가지였다. 이같이 큰 적을 맞아 무찌르는 일로 약속하는 마당에, 어지럽게 술을 마시고 이 지경에 이르렀으니, 그들 사람됨을 더욱 형언할 수가 없다. 통분, 통분함을 이길 수 없었다. 저녁에 헤어지고 결진(結陣)한 곳으로 왔다. 가덕첨사(加德僉使) 전응린(田應獜)이 보러 왔다.

18일 계묘. 맑음. 이른 아침에 행군하여 웅천(熊川, 경남 진해시 성내동)에 이르니 적의 세력은 여전했다. 사도첨사(김완 金浣)를 복병장(伏兵將)으로 정하여, 여도만호(呂島萬戶, 김인영 金仁英), 녹도가장(鹿島假將), 좌우별도장(左右別都將), 좌우돌격장(左右突擊將), 광양 2호선, 흥양대장(興陽代將), 방답 2호선 등을 거느리고 송도(松島, 경남 진해시 안골동 송도)에 복병하게 하였다. 여러 배들을 시켜서 적을 유인하니 적선 10여 척이 뒤를 따라 나왔다. 경상도 복병선 5척이 날쌔게 나가 쫓을 때에 다른 복병선이 돌입하여 둘러싸고 수없이 쏘아대니, 부지기수의 많은 왜적이 죽었으며, 1급을 참수하였다. 적의 무리는 기세가 크게 꺾이어 끝내 쫓아 나오지 못하였다. 날이 저물기 전에 모든 배를 거느리고 원포(院浦, 경남 진해시 원포동)에 이르러 물을 길었다. 어두운 틈을 타서 영등포 뒷바다로 돌아왔다. 사화랑(沙火郎)에 진을 치고 밤을 지냈다.

20일 을사. 맑음. 새벽에 배를 띄우자 동풍이 잠깐 불더니, 적과 교전할 때에는 바람이 갑자기 세게 불기 시작해서 여러 배들이 서로 맞부딪쳐 깨지고, 거의 다들 배를 제어할 수 없었다. 즉시 호각을 불도록 명령하고, 초요기(招搖旗)를 세워 전투를 중지시켰다. 여러 배들이 다행히도 크게 상하는 데까지 이르지는 않았으나, 흥양의 1척, 방답의 1척, 순천의 1척, 본영의 1척이 서로 부딪쳐 깨졌다. 날이 저물기 전에 소진포(蘇秦浦)에 다달아 물을 긷고 밤을 지냈다. 이 날 사슴 떼가 동서로 달아나는데, 순천(권준 權俊)이 1마리를 잡아 보내 왔다.

22일 정미. 새벽에 구름이 끼어 어둡고 동풍이 세게 불었다. 그러나 적을 토벌하는 일이 급하므로, 출발하여 사화랑에 이르러 바람 멎기를 기다렸다. 바람이 조금 자는 듯하므로 나아가기를 재촉하여 웅천(熊川)에 이르렀다. 두 승장(僧將, 삼혜 三惠, 의능

義能)과 성의병(義兵, 성응지 成應祉)을 제포(薺浦, 경남 진해시 제덕동)로 보내어, 곧 뭍에 내리려는 것처럼 하고, 우도(右道) 여러 장수의 배 중에서 부실한 것을 택하여 동쪽 해안으로 보내어 역시 뭍에 내릴 것처럼 꾸미자 왜적들은 허둥지둥 달아나는 것이었다. 이 때를 틈타서 전선(戰船)을 합하여 바로 공격하니, 적의 세력은 갈라지고 약해져서 거의 섬멸되었다. 그러나 발포(鉢浦) 2호선과 가리포(加里浦) 2호선이 명령도 없었는데 돌입하다가 그만 얕고 좁은 곳에 걸려서 적들이 배에 오르게 되었다. 통분, 통분하여 간담이 찢어지는 듯하였다. 얼마 후에는 진도 지휘선이 적에게 포위되어 하마터면 구할 수 없게 되었으나, 우후(虞候)가 바로 들어가 구출했다. 경상좌위장(慶尙左衛將)과 우부장(右部將)은 보고도 못 본 체하며 끝내 구하러 돌아서지 않았으니 그 괘씸함은 말할 수 없다. 참으로 통분, 통분했다. 이 때문에 경상수사(원균 元均)에게 따져 물었거니와 가히 한탄스럽다. 오늘의 분한 것을 어찌 말로 다 할 수 있으랴. 모두가 경상수사의 탓이다. 돛을 펴고 소진포(蘇秦浦)로 돌아와 잤다. 아산에서 뇌(蕾)와 분(芬)의 편지가 웅천의 싸움터로 왔다. 어머님[天只]의 편지도 왔다.

28일 계축. 맑고 바람도 없었다. 새벽에 떠나 가덕(加德, 부산 강서구 가덕도)에 이르니, 웅천의 적은 웅크리고 있으면서 나와 항전할 생각도 내지 못했다. 우리 배가 바로 김해강(金海江) 아래쪽 끝의 독사리목(禿沙伊項, 부산 강서구 녹산동)으로 향했는데 우부장(右部將, 김득광 金得光)이 변고를 알렸다. 즉시 여러 배들이 돛을 달고 바로 가서 작은 섬을 에워싸고 보니, 경상수사의 군관과 가덕첨사(전응린 田應獜)의 사후선(伺候船) 2척이 아울러 섬에 들락날락하면서 그 태도조차 수상하므로 묶

어서 영남수사(원균 元均)에게 보냈더니, 수사가 크게 노했다. 그의 본뜻이 다 군관을 내보내 어부들을 찾아내어 그 머리를 베어 오자는 데 있었기 때문이다. 저녁 8시쯤에 아들 염(苒)이 왔다. 사화랑(沙火郎)에서 잤다.

3 월*

*) 친필초본에는 '三月'을 '二月'로 틀리게 적고 있다.

초2일 정사. 종일 비, 비. **뜸[篷] 밑에 쭈그리고 앉았노라니 온갖 생각이 떠올라 회포가 어지러웠다. 이응화(李應華)를 불러다가 같이 한참 이야기하고, 순천(순천부사, 권준 權俊)의 배로 보내서 병세를 알아보게 했다. 이영남(李英男)과 이여념(李汝恬)이 왔다. 그들에게서 원영공(원균 元均)의 비리(非理)를 들으니 깊이 탄식할 따름이다. 이영남이 왜놈의 작은 칼을 놓고 갔다. 이영남에게 들은 즉, 강진 사람 둘이 살아 왔는데, 고성(固城)으로 붙들려 가서 문초를 받고 왔다고 한다.**

□ 3월 23일부터 4월 그믐까지는 빠졌음.

5 월

초4일 정사. 맑음. **이 날은 어머님[天只] 생신이건만, 적을 토벌하는 일 때문에 헌수(獻壽)의 술잔을 드리러 가지 못하니 평생의 한이다. 우수사(이억기 李億祺)와 군관 등과 더불어 진해루(鎭海樓)에서 활을 쏘았다. 순천(권준 權俊)도 모여 약속했다.**

13일 병인. 맑음. **식후에 작은 산봉우리 꼭대기에 소포[帿, 베로 만**

든 과녁]를 치고 순천(권준 權俊), 광양(어영담 魚泳潭), 방답(이순신 李純信), 사도(김완 金浣), 우후(이몽구 李夢龜), 발포(황정록 黃廷祿)들과 더불어 편을 갈라 활쏘기 시합을 했다. 날이 저물어 배로 내려 왔다. 밤에 들으니, 영남우수사(원균 元均)의 처소로 선전관 도언량(都彦良)이 왔다고 했다. 이 날 밤, 바다의 달빛은 배 위에 가득한데, 혼자 앉아서 이 생각 저 생각하니 온갖 근심이 가슴을 치밀어, 누웠으나 잠들지 못하다가, 닭이 울어서야 어렴풋이 잠이 들었다.

14일 정묘. 맑음. 선전관(宣傳官) 박진종(朴振宗)이 왔다. 또한 선전관 영산령(寧山令) 예윤(禮胤)이 임금의 분부를 가지고 같이 왔는데, 그들에게 피란중인 임금의 사정과 명나라 군사들의 하는 짓을 물어보니 참으로 통탄스러웠다. 나도 또한 우수사의 배로 옮겨 타고 선전관과 이야기하며 수차례 술을 나누자, 경상수사 원평중(平仲, 원균의 字)이 와서 술주정을 부리는 것이 말할 수 없을 정도였다. 한 배 안의 장병들이 분개하지 않는 이가 없었다. 그 속이고 망령됨은 말할 수가 없었다. 영산령이 취해 넘어져 정신을 못차리니 우스웠다. 이 날 저녁 두 선전관은 돌아갔다.

16일 기사. 맑음. 아침에 적량만호(赤梁萬戶) 고여우(高汝友), 감목관(監牧官) 이효가(李孝可), 이응화(李應華), 강응표(姜應彪) 등이 보러 왔다. 각 고을 공문과 소지(所志, 소장)를 처결해 주었다. 해(荄)와 회(薈)가 돌아갔다. 몸이 몹시 불편하여 베개를 베고 누워 신음했다. 명나라 장수가 중도에서 늦추며 머뭇거리는 데는 무슨 딴 꾀가 없지 않다는 말을 들었다. 나라를 위해서 걱정은 많은데 일들이 모두 이와 같으니 극히 한탄스러워 눈물을 지었다. 점심 때, 윤봉사(奉事, 윤제현 尹齊賢)에게서 관동(館洞, 서울 종로구 연건동) 숙모(叔母)가 양주천천(楊州泉川, 경기 양주군 회천읍)으로 피란갔다가 거기서 세상을 떠났다는 말을 전해 듣고 거듭 통곡이 터져 나옴을 이기지 못하였다. 어찌 세상 일이 이렇게도 혹독한가. 상례와 장사는 누가 맡아 치를 것인가. 대진(大進)은 이미 먼저 세상을 떠났다 하니 더욱더 마음이 쓰리고 쓰렸다.

17일 경오. 맑음. 새벽에 바람이 미칠듯이 심하게 불었다. 아침에 순천(권준 權俊), 광양(어영담 魚泳潭), 보성(김득광 金得光), 발포(황정록 黃廷祿)와 이응화(李應華)가 보러 왔다. 변존서(卞存緖)는 병 때문에 돌아갔다. 영남우수사(원균 元均)가 군관을 보냈는데, 들고온 진양(晋陽, 진주)의 긴급 보고를 보니, 이제독(李提督, 이여송 李如松)은 지금 충주에 있다고 한다. 그러나 적의 무리들은 사방으로 흩어져 분탕질을 하고 있으니 통분, 통분하다. 종일토록 바람이 크게 불었으며, 마음도 번란하고 어지러웠다. 고성원(固城倅, 조응도 趙凝道)이 군관을 보내어 문안하며, 또 추로(秋露, 또는 추로수. 가을 이슬이 엉긴 물로 달여서 약으로 씀)와 쇠고기 한 꼬치와 꿀통을 보내왔으나, 상(喪)을 당한 중이라 받기가 미안했다. 하지만 간절한 정으로 보낸 것이라 돌려 보낼 수 없어서 군관들에게 주었다. 몸이 몹시 불편하여 일찍 선실로 들어갔다.

18일 신미. 맑음. 이른 아침에 몸이 몹시 불편하여 온백원(溫白元)* 4알을 먹었다. 아침식사 후에 우수사(이억기 李億祺)와 가리포(加里浦, 구사직 具思稷)가 보러 왔다. 얼마 있다가 설사를 하고 나니 몸이 좀 편안해진 듯했다. 종 목년(木年)이 해포(蟹浦, 충남 아산시 인주면 해암리)로부터 왔는데 어머님[天只]이 편안하시다는 소식을 듣고, 곧 답신을 써서 돌려보내며 미역

5동을 집으로 보냈다. 이 날 접반사(接伴使)에게 적 형세의 난이함에 관하여 3건의 공문을 한 서류로 만들어 보냈다. 전주부윤(全州府尹)이 보내 온 공문에 지금 순찰사(권율 權慄)가 절제사(節制使)까지 겸임하게 되었다 하면서도 도장은 찍지 않았으니 그 까닭을 알 수 없는 일이다. 방답첨사(이순신 李純信)가 보러왔다. 대금산(大金山, 경남 거제시 장목면)과 영등(永登)의 탐망군들이 와서 보고하기를, 왜적이 출몰하기는 하나 별로 대단한 흉모는 없다고 한다. 협선(挾船) 2척을 새로 만드는데 못이 없다고 한다.

*) 온백원(溫白元)이라는 약은, 선조(宣祖) 때의 명의 허준(許浚)이 저술한《동의보감 東醫寶鑑》등 관련 문헌에서 그 성분과 약효를 확인할 수 있다. 온백원은 10여 종의 약미의 분말을 개어 만든 녹두알만한 환약(丸藥)이며, 만성위염, 소화불량, 황달, 신장염, 풍증 등에 더하여 일종의 정신안정제로도 널리 이용된 약이나, 천오(川烏)와 파두상(巴豆霜) 같은 극약성 성분이 들어 있는 약으로, 환자에 따라 하루에 식후 3번, 매회 3~7알 정도로 복용케 하는 약이다. 이순신 장군이 이른 아침 식사 전에 온백원(溫白元) 4알을 먹었다고 쓴 것으로 미루어, 필경 극도의 정신적 압박(스트레스)으로 위염 증상이 악화되어 고통을 견디지 못했던 것으로 추정된다(경희대 한의학과 교수 최용태 박사의 주석 및 소견).

24일 정축. 비가 오다 개다 하였다. 아침에 진(陣)을 거제(巨濟) 앞 칠천량(漆川梁) 바다 어귀로 옮겼다. 나대용(羅大用)이 명나라 관원(양보 楊甫)을 사량(蛇梁, 경남 통영시 사량면 양지리) 뒷바다에서 발견하고 먼저 와서 전하기를, 명나라 관원과 통역 표헌(表憲)이 선전관 목광흠(睦光欽)과 함께 온다 하였다. 오후 2시쯤에 명나라 관원 양보(楊甫)가 진문(陣門)에 당도하므로 우별도장 이설(李渫)을 시켜 나가 맞아 배로 인도해 오도록

하니, 무척 기뻐하는 모양이었다. 내 배에 오를 것을 권하고, 황제의 은혜를 재삼 사례하며 함께 마주 앉기를 권하였으나 굳이 사양하여 앉지 않고 선 채로 한시간이 지나도록 이야기하며, 우리 수군이 장하다고 많이 칭찬하는 것이었다. 예물단자를 주자, 처음에는 굳이 사양하는 듯하였으나 마침내 받고는 무척 기뻐하며 두 번 세 번 거듭 감사하였다. 선전관의 표신(票信, 영문 출입증표)을 상 위에 놓은 후 또 조용히 이야기했다. 아들 회(薈)가 밤에 본영으로 돌아갔다.

26일 비, 비. 기묘. 아침에 명나라 사람을 만나 보니 절강(浙江)의 포수(炮手) 왕경득(王敬得)인데 문자는 좀 아나, 한참 동안 서로 이야기하여도 알아듣지 못하여 한심스러웠다. 순천(順天, 권준 權俊)이 노루고기를 차려, 광양(光陽, 어영담 魚泳潭)도 오고 우수사 영공(이억기 李億祺)도 와서 함께 이야기했다. 가리포(加里浦, 구사직 具思稷)는 청했으나 오지 않았다. 비가 저녁내내 그치지 않고, 밤새도록 퍼붓듯 내렸다. 밤 10시쯤부터는 바람이 미칠듯이 세게 불어 여러 배들이 가만 있지 못했다. 처음에는 우수사의 배와 맞부딪치는 것을 간신히 구해 냈더니, 또 발포(鉢浦)만호(황정록 黃廷祿)가 탄 배와 부딪쳐 부서질 뻔하다가 겨우 면했다. 송한련(宋漢連)이 탄 협선(挾船)은 발포의 배와 부딪쳐서 많이 상했다고 한다. 아침 늦게 영남수사(원균 元均)가 보러 왔다 돌아갔다. 순변사(巡邊使) 이빈(李濱)의 공문이 왔는데, 지나친 말이 많아 가소로웠다.

27일 경진. 비바람으로 배가 부딪치기 때문에 유자도(柚子島, 경남 거제시 신현읍 교도, 죽도)로 진을 옮겼다. 협선(挾船) 3척이 간 곳이 없더니 늦게야 들어왔다. 순천(順天, 권준 權俊)과 광양(光陽, 어영담 魚泳潭)이 와서 노루고기를 차렸다. 영남우병사(최경회 崔慶會)의 답장이 왔는데, 원수사(元均)가 송경략(經略, 송응창 宋應昌)이 보낸 화전(火箭)을 혼자 쓰려고 계책하고 있다 하니 매우 가소롭다. 전라병사(선거이 宣居怡)의 편지도 왔는데, 창원(昌原)의 적을 오늘 토벌키로 예정했으나 흐리고 비가 개지 않아 출동하지 못했다 한다.

30일 계미. 종일 비, 비. 오후 4시쯤에 잠깐 개었다가 다시 비가 왔다. 아침 나절 윤봉사(奉事, 윤제현 尹齊賢), 변유헌(卞有憲)에게 적의 사정을 물었다. 이홍명(李弘明)이 보러 왔었다. 원수사가 송경략(經略, 송응창)이 보낸 화전(火箭)을 혼자 쓰려고 꾀하였으나, 병사(兵使)의 공문에 따라서 나눠 보내라고 한즉, 공문을 인정하지 않는 심한 언사로 무리한 말만 많이 하니 우습다. 명나라 고관이 보낸, 화공(火攻) 무기인 화전(火箭) 1,530개를 나눠 보내지 않고 독차지해서 쓰려고 하다니, 그것은 말로써 도저히 할 수 없었다. 저녁 때 조붕(趙鵬)이 와서 이야기하였다. 남해(南海) 기효근(奇孝謹)이 배를 내 배 곁에 대었는데, 그 배 속에 어린 색시를 싣고선 남이 알까봐 두려워하니 가소롭다. 이같이 나라가 위급한 때를 당하고도 예쁜 색시를 태우기까지 하니 그 마음씀이야말로 이를 길이, 이를 길이 없다. 그러나 그 대장인 원수사(元水使, 원균)가 역시 그러하니 어찌 하랴, 어찌 하랴. 윤봉사는 일이 있어서 본영으로 돌아갔다. 군량미(軍糧米) 14섬을 실어 왔다.

6 월

초3일 병술. 새벽에 맑다가 늦게 큰 비. 지휘선을 연기로 그을리는 일[烟燻, 배의 수명 연장을 위한 것] 때문에 좌별선(左別船)으로 옮겨 탔다. 막 활을 쏘려 하자 큰 비가 내리기 시작했다. 온 배에 비가 새지 않는 곳이 없으니 마른 데를 찾아 앉을 수가 없어 한심스러웠다. 평산포(平山浦)만호(김축 金軸), 소비포(所非浦)권관(權管, 이영남 李英男), 방답(防踏)첨사(이순신 李純信)가 함께 보러 왔다. 저물 무렵 순찰사(권율 權慄), 순변사(이빈 李薲), 병사(선거이 宣居怡), 방어사(이복남 李福男) 등의 답장이 왔는데, 딱한 사정이 많았다. 각 도의 군마(軍馬)가 많아야 5천을 넘지 못하는데다, 양식 또한 거의 떨어졌다고 했다. 적도들의 발악이 날로 더해가는데, 사정이 모두 이러하니 어찌 하랴, 어찌 하랴. 저녁 8시쯤에 지휘선으로 돌아와 침방으로 들어갔다. 비가 밤새도록 내렸다.

11일 갑오. 비가 오다 개다 하였다. 아침에 왜적을 토벌할 공문을 작성하여 영남수사(원균 元均)에게 보냈더니, 술이 취하여 인사불성이므로 회답을 받지 못했다. 정오에 충청수사(정걸 丁傑)의 배로 갔으나, 충청수사는 바로 내 배로 와서 앉아 있어 잠깐 이야기하고 헤어졌다. 그 길로 우수사(이억기 李億祺)의 배로 가니, 가리포(첨사, 구사직 具思稷), 진도(현감, 김만수 金萬壽), 해남(현감, 위대기 魏大器) 등이 수사(우수사)와 함께 술자리를 차려 놓고 있었다. 나도 몇 잔 마시고 돌아왔다. 탐후인(探候人)이 와서 고목(告目)을 바치고 갔다.

12일 을미. 비가 오다 개다 했다. 아침에 흰 머리털 십여 오라기를 뽑았다. 흰 머리털인들 어떠랴마는 다만 위로 늙으신 어머님[老堂]이 계시기 때문이다. 종일 혼자 앉아 있었다. 사량(蛇梁, 이여념 李汝恬)이 다녀 갔다. 밤 10시쯤 변존서(卞存緖)와 김양간(金良幹)이 들어왔다. 행궁(行宮)의 기별을 들은 즉, 동궁(東宮, 광해군)께서 편찮으시다고 하니 걱정스럽기 짝이 없다. 유정승(유성룡 柳成龍)의 편지와 윤지사(知事, 윤우신 尹又新)의 편지도 왔다. 종 갓동(乫同)과 종 철매(哲每)가 병으로 죽었다는 말을 들으니 참으로 가여웠다. 해당(海棠)이란 중도 왔다. 밤에 원수사의 군관이 와서 명나라 군인 5명이 들어온 것을 전하고 갔다.

25일 무신. 큰 비가 종일 내렸다. 아침식사 후 우수사(이억기 李億祺)와 함께 앉아 적을 능히 토벌할 일을 의논하고 있노라니, 가리포(구사직 具思稷)도 오고 영남수사(원균 元均)도 와서 의논했다. 듣자니 진주(晋州)성이 포위당했으나 아무도 감히 나가 싸우지 못한다고 한다. 연일 비가 내려 적이 물에 막히어 해를 끼치지 못하는 것을 보면 하늘이 호남(湖南)을 크게 돕는 것이다. 다행, 다행이다. 낙안(樂安, 신호 申浩)에게 군량 1백 30섬 9말을 나누어 주었고, 또 순천(順天, 권준 權俊)이 가져와 바친 군량 2백섬은 찧는다고 했다.

29일 임자. 맑음. 서풍이 잠시 불더니 청명하게 개었다. 순천(順天)과 광양(光陽)이 보러 왔고, 어란(於蘭)만호(정담수 鄭聃壽)와 소비포(所非浦, 권관 이영남 李英男) 등도 왔다. 종 봉손(奉孫) 등이 아산(牙山)으로 가는 편에, 홍(洪), 이(李) 두 선비와 윤선각명문(尹先覺明聞)에게 편지를 써서 보냈다. [진주가 함락되었다. 황명보(明甫, 黃進의 字), 최경회(崔慶會), 서예원(徐禮元), 김천일(金千鎰), 이종인(李宗仁), 김준민(金俊民)이 전사하였다 한다.]*

*) 후일 보고를 받고 추기한 기사.

7 월

초1일 계축. 맑음. 인종(仁宗)의 제삿날이다. 밤 기운이 몹시 서늘하여, 누웠어도 잠이 들지 못했다. 나라를 근심하는 생각이 조금도 놓이지 않아, 홀로 배 뜸 밑에 앉아 있으니 떠오르는 생각이 만갈래였다[獨坐篷下 懷思萬端]. 선전관(유형 柳珩)이 내려온다고 하더니 저녁 8시쯤에 임금의 분부를 가지고 왔다.

9일 신유. 맑음. 남해(南海, 현령 기효근 奇孝謹)가 또 와서 전하되, 광양(光陽)과 순천(順天)이 이미 불난리가 났다고 하므로 광양(현감, 어영담 魚泳潭), 순천(부사, 권준 權俊)과 송희립(宋希立), 김득룡(金得龍), 정사립(鄭思立) 등을 내어 보냈고, 이설(李渫)을 어제 먼저 떠나 보냈다. 소식을 듣자 하니, 비통함이 골수에 사무쳐 말이 나오지 않는다. 우수사와 경상수사와 함께 일을 공론하였다. 이 날 밤, 바닷달은 청명하고, 티끌 하나 일지 않아 물과 하늘이 한 빛을 이루고, 서늘한 바람도 불어 오곤 하는데, 홀로 뱃전에 앉아 있노라니, 온갖 근심이 가슴을 치민다[是夜 海月淸明 一塵不起 水天一色 涼風乍至 獨坐船舷 百憂攻中]. 한밤중 상오 1시쯤에 본영 탐후선(探候船)이 들어와서 적에 관한 소식을 전하는데, 그것이 실은 왜적들이 아니라 영남의 피란민들이 왜적처럼 가장하고 광양으로 돌입하여 여염집을 분탕했다는 것이다. 우선 다행한 마음을 이길 수 없었다. 진주(晋州)의 함락도 역시 거짓말이라고 하나, 진주 일은 그럴 리가 만무하다. 닭이 벌써 운다.

10일 임술. 맑음. 늦게 김붕만(金鵬萬)이 두치(豆恥, 경남 하동군 하동읍 두곡리)로부터 와서 말하기를, 광양(光陽)의 일은 사실이나 다만 왜적 100여 명이 도탄(陶灘)으로부터 건너와 이미 광양을 침범했으나 가서 보니 총통(銃筒) 한 방도 쏜 일이 없었다고 한다. 그러나 왜적이라면 어찌 총을 쏘지 않았을 리가 있겠는가. 영남 우수사와 본도 우수사가 왔다. 원연(元埏, 원균의 아우)도 왔다. 저녁에 오수(吳水)가 거제(巨濟) 가참도(加參島, 경남 거제시 사등면 가조도)로부터 와서 보고하기를, 적선은 안팎에 모두 보이지 않는다 하며, 또 사로잡혔다가 도망쳐 온 자들이 말하기를 무수한 왜적들이 창원 등지로 돌아가더라고 했다 한다. 그러나 사람의 말이란 믿을 것이 못된다. 저녁 8시쯤에 진(陣)을 한산도 끝에 있는 세포(細浦)로 옮겼다.

13일 을축. 맑음. 늦게 본영 탐후선(探候船)이 들어왔는데, 광양과 두치 등지에는 적의 꼴을 볼 수 없다고 한다. 흥양(興陽)현감(배흥립 裵興立)이 들어왔다. 우수사도 왔다. 순천(順天) 거북선 격군(格軍)이며 경상도 사람인 종 태수(太守)가 도망가다가 잡혀 왔기로 처형했다. 늦게 가리포가 보러 왔다. 흥양 원이 들어와서 두치(豆恥)의 거짓 소문과 장흥(長興)부사 유희선(柳希先)이 겁내던 일을 전했다. 또 말하기를, 자기 고을 산성(山城, 전남 고흥군 남양면 대곡리?) 창고의 곡식은 남김없이 나누어 주었고, 해포(蟹浦, 충남 아산시 인주면 해암리)에 백중(白中, 百中인 듯함)콩 40(섬)을 보냈다고 한다. 또, 행주(幸州)의 승첩*을 말했다. 저녁 8시쯤에 우수사 영공(令公, 이억기 李億祺)이 청하므로 나서서 그의 배로 가 본 즉, 가리포 영공(구사직 具思稷)이 몇 가지 먹음직한 것을 차렸다. 날이 샐 녘에 헤어졌다.

*) 1593년(계사) 2월 12일, 전라순찰사 권율(權慄)이 거둔 행주대첩(幸州大捷)은 육군으로서는 희귀하고 매우 고무적인 성과였다. 이 전투에서 왜군의 총대장 우키다 히데이에(宇喜多秀家, 22세)와 그의 막하 장수 이시다 미쯔나리(石田三成) 등이 부상을 입고 퇴진하였다. 한편 아군은, '행주치마'의 전설을 낳은 부녀자들의 도움도 컸으려니와, 무엇보다도 화차(火車)의 위력을 발휘할 수 있었다는 사실을 특기하지 않을 수 없다.

전남 장성(長城)의 변이중(邊以中, 召募使, 호는 望庵)은 사재를 써서 화차 3백대를 만들어 권율에게도 40대를 나누어 보내 행주산성의 전투를 도왔다(《月沙集》, 卷之四十六). 그 후 변이중은 화차의 제작에 관련, 성경현전(聖經賢傳)에도 없는 기교와 재주를 부려 고약한 짓을 하였다 하여 조정으로부터 벌을 받게 되었다 한다. 그러나 그를 도울 사람은 없었다. 그는 같은 해 6월 권율 장군에게 "··· 영감님의 마음과 힘으로도 면할 길이 없으니 인정의 남을 헐뜯고 비방함이 이렇듯 심합니다그려 ···"라는 편지를 보내어 자신의 원통함을 호소하고 있다(**조선일보**, 1978년 10월 14일자, 논설위원 송지영의 '변이중 선생' 기사).

14일 병인. 맑더니 늦게 조금 비가 내렸다. 한산도(閑山島) 두을포(豆乙浦, 경남 통영시 한산면 의항)로 진을 옮겼다. 비는 먼지를 적실 정도로 내렸다. 몸이 몹시 불편하여 종일 신음하였다. 순천(順天)부사(권준 權俊)가 들어와서 전하기를, 장흥(長興)부사(유희선 柳希先)가 본부(本府)의 일을 망령되게 말한 것은 무어라 형언할 수가 없다고 했다. 함께 점심을 먹고 그대로 머물렀다. 한산도(閑山島) 두을포(豆乙浦)로 진을 옮겼다.*

*) 4일 전인 7월 10일자 일기에 이미 진(陣)을 한산도 끝에 있는 세포(細浦)로 옮겼다고 적고 있으나, 이순신의 전라좌도 본영(麗水)의 한산도 이진(閑山島移陣)은 오늘 날짜인 1593년(계사) 7월 14일로 기록되며, 한 달 후인 8월 15일에는 전라좌수사(全羅左水使)의 직에 더하여 삼도수군통제사(三道水軍統制使)에 임명되었다. 이순신은 향후 3년 반이 넘도록, 정유년 2월에 파면될 때까지, 한산도를 본거지로 하여 수군의 증강에 진력함으로써 왜군의 서진북상(西進北上)의 전략적 해상요로를 빈틈없이 차단하였다. 한편, 둔전(屯田)을 조직적으로 취진하여 민생문제의 해결과 전란의 장기화에 대비하기도 하였다. — '한산섬 달밝은 밤'의 시(詩)를 읊은 것도 이 무렵이 아닌가 한다.

참고로, 한산도 본영의 수군 전력을 2년 후인 을미(乙未)년의 외교 문서에서 알아보면 대략 다음과 같다. 즉, "··· 수군통제사 이순신(李順臣, 李舜臣임)은 경상우도 수군절도사 배설(裵楔)과 전라우도 수군절도사 이억기(李億祺) 등을 도맡아 다스리고, 궁포수(弓砲手), 소수(梢水, 배를 부리는 수병) 등 모두 6,838명과, 전선(戰船) 60척, 거북선[龜船] 5척, 초탐선(哨探船) 65척 등을 거제현(巨濟縣) 서쪽 바다 한산도(閑山島)에 거느리고 있다."(《事大文軌》, 卷之十二).

15일 정묘. **쾌청(快晴). 늦게 사량(蛇梁)의 수색선, 여도(呂島)의 김인영(金仁英)과 순천(順天)의 지휘선을 타는 김대복(金大福)이 들어왔다. 가을 기운이 바다에 들어오니, 나그네 회포가 어지럽다. 홀로 뱃뜸 밑에 앉으니, 마음이 몹시 번거롭다. 달빛이 뱃전에 드니 정신이 맑아져 잠을 이루지 못하는데, 어느덧 닭이 울었다.**

(이 날의 일기 뒷부분은 아래와 같이 4언 절구 형식으로 되어 있어 그대로 옮겨 본다.)

秋氣入海　客懷撩亂
獨坐篷下　心緒極煩
月入船舷　神氣淸冷
寢不能寐　鷄已鳴矣

21일 맑음. 계유. **경상수사(원균 元均)와 우수사(이억기 李億祺) 그리고 정수사(정걸 丁傑)가 한꺼번에 와서, 같이 적을 토벌할 일을 의논하는데, 원수사(원균 元均)가 하는 말은 극히 흉측하여 무어라 형용할 수가 없다. 이런 이와 일을 같이 하니, 뒷걱정이 없을까. 그 아우 연(埏)이 뒤이어 와서 군량을 얻어 가지고 갔다. 저녁에 흥양(興陽, 배흥립 裵興立)도 왔다가 어두울 녘에 돌아갔다. 초저녁에 오수(吳水) 등이 거제(巨濟) 망보는**

곳으로부터 돌아와 고하기를, 영등(永登, 경남 거제시 장목면 구영리)의 적선이 아직도 머물러 있어 멋대로 횡행한다고 하였다.

8 월

초1일 임오. 맑음. 새벽 꿈에 커다란 대궐에 이르렀는데, 모양이 서울인 것 같았으며, 기이한 일이 많았다. 영의정(유성룡 柳成龍)이 와서 절을 하기에 나도 답례절을 하였다. 임금이 피란 가신 일에 대하여 이야기가 미치자 눈물을 흘리며 탄식하였다. 적의 세력은 이미 종식되었다고 말하였다. 서로 정세를 의논할 즈음 좌우의 사람들이 구름같이 무수히 모여들었다. 아침에 우후(이몽구 李夢龜)가 보러 왔다가 돌아갔다.

초2일 계미. 맑음. 조반을 들고 난 후에 마음이 답답하여 닻을 올리고 포구로 나가니, 정수사(정걸 丁傑)가 따라 나오고, 순천(권준 權俊), 광양(어영담 魚泳潭)이 보러 왔다. 소비포(이영남 李英男)도 왔다. 저녁에 진(陣)친 곳으로 돌아왔다. 이홍명(李弘明)이 와서 저녁밥을 함께 먹었다. 어둘녘에 우수사(이억기 李億祺)가 내 배로 와서, 방답(이순신 李純信)이 부모를 뵈러 갈 일을 간절히 원한다고 하기에, 아직은 모든 장수들을 내보낼 수 없다고 대답했다. 또 원수사가 나에 대해 도리에 어긋난 처사가 많다는 망언(妄言)을 하더라고 했다. 그러나 모두 망령된 짓이라 무슨 상관이 있으랴. 아침부터 염(苒)의 병이 어떤지도 모르고, 적(賊)을 토벌하는 일도 더디기만 하여, 근심스럽고 마음이 무거워 밖으로 나와 심기를 달랬다. 탐선(探船)이 들어왔는데, 염의 아픈 데가 부어서 침으로 쨌더니 악즙이 흘러나

왔으며, 며칠만 늦었더라면 구하기 어려웠을 것이라고 했다. 놀라 탄식하지 않을 수 없었다. 지금은 조금 생기가 있다고 하니, 기쁘고 다행스러움을 어찌 말로 할 수 있으랴. 의사 정종(鄭宗)의 은혜가 참으로 크다.

9 월

14일 을축. 종일 비가 내리고 또한 큰 바람이 불었다. **홀로 뜸 창문 아래 앉아 있노라니 생각이 만갈래였다.** 순천(順天, 권준 權俊)**이 돌아왔다.**

15일 (날짜만 쓰고 기록은 없음).

□ 9월 16일부터 12월 그믐까지는 빠졌음.

갑오(甲午) 선조 27년(1594), 50세

정 월

초1일 경진. 비가 퍼붓듯이 내렸다. 어머님[天只]을 모시고 함께 한 살을 더하게 되니 이는 난리중에서도 다행한 일이다. 늦게 군사 훈련과 전열 정비 때문에 본영으로 돌아왔다. 비는 그치지 않았다. 신사과(愼司果, 司果는 五衛의 정6품의 관직)에게 문안하였다.

11일 경인. 흐리되 비는 오지 않았다. 아침에 어머님을 뵙기[覲] 위해 배를 타고 바람을 따라 바로 고음천(古音川, 전남 여천시 시전동 웅천)에 대었다. 남의길(南宜吉), 윤사행(尹士行), 조카 분(芬)이 함께 갔다. 어머님[天只]께 가니 아직 주무시고 깨시지 않으셨다. 웅성대는 바람에 놀라 깨시어 일어나셨는데, 숨이 아주 가물가물해 앞이 얼마 남지 않으신 듯하여, 다만 남몰래 눈물을 흘렸다. 그러나 말씀하시는 데는 착오가 없으셨다. 적을 토벌할 일이 급하여 오래 머무를 수 없었다. 이 날 저녁 손수약(孫守約)의 처의 부고를 들었다.

12일 신묘. 맑음. 조반 후 어머님[天只]께 하직을 고하니, '잘 가거라, 나라의 치욕을 크게 씻어라' 하고 재삼 타이르시며, 이별하는 데 조금도 서운한 기색을 보이지 않으셨다. 선창에 돌아와서는 몸이 불편한 것 같아 바로 뒷방으로 들어갔다.

14일 계사. 흐리면서 바람이 세게 불었다. 아침에 조카 뇌(蕾)의 편지를 보니, 설날 아산(牙山) 산소에서 제사를 지내는데, 떠돌아다니는 무리들이 무려 200여 명이나 산을 둘러싸고 음식을 구걸하러 올라왔다가 물러갔다고 한다. 놀랍고도 놀라운 일이다. 늦게 동헌에 나가 장계 올릴 것을 봉함하고, 또 의능(宜能)을 면천(免賤)시켜 준다는 공문도 봉해 올렸다.

18일 정유. 맑음. 새벽에 출발할 때에는 역풍이 크게 일더니 창신도(昌信島, 경남 남해군 창선면 창선도)에 이르자 바람이 순풍으로 순하게 불었다. 그래서 돛을 달고 사량(蛇梁, 경남 통영시 사량면 양지리)에 이르니 도로 역풍이 불고 비가 크게 쏟아졌다. 만호(사량만호, 이여념 李汝恬)와 수사(원균 元均)의 군관 전윤(田允)이 보러 왔다. 전(田)이 말하기를, 수군을 거창으로 붙들어 갔다고 하며, 원수(元帥, 도원수 권율)가 방해하려 한다고 들었다 했다. 가소롭다. 예로부터 남의 공을 시기함이 이와 같은 것이니 무엇을 한탄하랴. 그대로 눌러 묵었다.

19일 무술. 흐리다가 늦게 맑아졌다. 바람이 크게 불다가, 날이 저물자 더 거세졌다. 아침에 떠나 당포(唐浦, 경남 통영시 산양읍 삼덕리) 바깥 바다에 이르러 바람을 따라 반(半) 돛을 달고 순식간에 한산도에 이르렀다. 사정(射亭)에 올라 앉아 여러 장수들과 이야기했다. 저녁에 원수사도 왔다. 소비포(所非浦, 이영남 李英男)에게 들으니, 영남 여러 배의 사부(射夫)와 격군(格軍)들이 거의 다 굶어 죽게 되었다고 하는데 참혹하여 차마 들을 수가 없었다. 원수사와 공연수(孔連水)와 이극함(李克諴)이 서로 함께 곁눈질하던 여자들을 모두 다 관계하였다고 한다.

2 월

4일 계축. 맑으나 바람이 크게 불었다. 아침식사 후에 순천(권준 權俊)과 우조방장(어영담 魚泳潭)을 불러다가 이야기했다. 늦게 본영의 전선(戰船)과 거북선[龜船]이 들어왔다. 조카 봉(菶)과 이설(李渫), 이언량(李彦良), 이상록(李尙祿) 등이 강돌천(姜乭千)을 거느리고 왔다. 동궁(東宮, 광해군)의 명령을 지니고 왔고, 정찬성(정탁 鄭琢)의 편지도 왔다. 각 고을과 포구의 서류를 처결해 보냈다. 순천서 와 보고하기를, 무군사(撫軍司)의 공문에 의거한 순찰사(이정암 李廷馣)의 공문에는, 진중에서 과거 치르는 것을 아뢴 장달(狀達)이 아주 옳지 않으니 문책해야 한다고 하였다는 것이다. 매우 가소로운 일이다. 조카 봉(菶)이 오는 편에 어머님[天只]이 평안하시다는 소식을 들으니 기쁘고 다행, 다행한 일이다.

초5일 갑인. 맑음. 새벽 꿈에 좋은 말을 타고 바위가 첩첩한 큰 산마루에 곧바로 올라가니, 아름다운 산봉우리들이 동서로 뻗어 있고, 또 산봉우리 위에 평평한 곳이 있어서 거기다 자리를 잡으려다 깨었는데 무슨 징조인지 모르겠다. 한 미인이 혼자 앉아 손짓을 하는데, 나는 소매를 뿌리치고 응하지 않았으니 우습다. 아침에 군기시(軍器寺)에서 받아 온 흑각(黑角, 물소의 뿔로서 활 만드는 데 쓰임) 100장(張)을 세어서 수결했고, 화피(樺皮, 벚나무 껍질. 활 만드는 데 또는 약재로 이용됨) 89장도 수결했다. 발포(鉢浦)만호(황정록 黃廷祿)와 우우후(右虞候, 이정충 李廷忠)가 보러 왔기에 같이 식사를 했다. 늦게 사정(射亭)에 올라가 순창(淳昌), 광주(光州)의 색리들의 죄를 다스렸다. 우조방장(어영담 魚泳潭)과 우우후, 여도(呂島, 김인영 金仁英) 등이 활을 쏘았다. 원수(권율 權慄)의 회답이 왔는데, 심유격(遊擊, 심유경 沈惟敬)이 이미 화친을 결정하였다고 했다. 그러나 간사한 꾀와 교묘한 계책[奸謀巧計]을 헤아릴 수 없으니, 이전에도 그 술수에 빠졌으나 또다시 이렇게 빠져드니 한탄스럽다. 저녁에 날씨가 찌는 듯하여 마치 초여름이나 된 것 같았다. 밤 10시경 비가 내리기 시작했다.

9일 무오. 맑음. 새벽에 우후(이몽구, 李夢龜)가 2호선, 3호선을 거느리고 소비포(所非浦, 경남 고성군 하일면 춘암리) 뒷쪽으로 띠풀을 베러 나갔다. 아침에 고성(固城, 조응도 趙凝道)이 돼지를 가지고 왔다. 그래서 당항포(唐項浦, 경남 고성군 회화면 당항리)에 적선이 내왕하는가를 묻고, 또 백성들이 굶어서 서로 잡아먹는다 하니 장차 어떻게 살게 하겠는가를 물었다. 늦게 사정에 올라 활 10여 순을 쏘았다. 또한 이유함(李惟諴)이 와서 작별 인사를 하므로 그의 자(字)를 물으니 여실(汝實)이라 했다. 순천(권준 權俊)과 우조방장(어영담 魚泳潭), 그리고 우우후(右虞候, 이정충 李廷忠), 사도(蛇渡, 김완 金浣), 여도(呂島, 김인영 金仁英), 녹도(鹿島, 송여종 宋汝悰), 강진(康津, 유해 柳瀣), 사천(泗川, 기직남 奇直男), 하동(河東, 성천유 成天裕), 소비포(所非浦, 이영남 李英男) 등이 또한 왔다. 저물녘에 보성(寶城, 김의검 金義儉)이 들어왔다. 무군사(撫軍司)의 공문을 가져왔는데, 시위(侍衛) 군사가 쓸 장창(長槍) 수십 자루를 만들어 보내라는 것이다. 이 날 동궁(東宮, 광해군)의 문책에 대해서 답장을 보냈다.

13일 임술. 맑고 따뜻했다. 아침에 영의정(유성룡 柳成龍)에게 편지를 썼다. 식후에는 선전관(송경령 宋慶苓)을 불러 다시 이야기하고 늦게 작별했다. 종일토록 배에 있었다. 오후 4시쯤에 소비포(이영남 李英男), 사량(이여념 李汝恬), 영등만호(우치적 禹致績)가 왔다. 오후 5시께 나팔을 불어 배를 띄워 한산도로 돌아올 때에 경상(원균) 군관 제(諸, 제홍록 諸弘祿)가 삼봉(三峯, 경남 고성군 삼산면 삼봉리)으로부터 와서 말하기를, 적선 8척이 춘원포(春元浦, 경남 통영시 광도면 안정리 예포)에 들어와 대었으니, 들이칠 만하다고 했다. 따라서 곧 나대용(羅大用)을 원수사에게 보내어 상의케 하면서, 작은 이익을 보고 들이친다면 큰 이득을 이루지 못하므로[見小利入勦 大利不成], 잠시 머물러 있으면서 적선이 많이 나오는 것을 보고 있다가 때를 타서 무찌르는 것으로 서로 정하자고 전하였다. 미조항(彌助項, 김승룡 金勝龍)과 순천(順天, 권준 權俊), 조방장(助防將, 우조방장 어영담?)이 왔다가 밤이 깊어서 돌아갔다. 박영남(朴永男)과 송덕일(宋德馹)이 돌아갔다.

15일 갑자. 맑음. 새벽에 거북선[龜船] 2척과 보성(寶城) 배 1척 등을 멍에[駕木]로 쓸 재목 치는 곳으로 보내어 저녁 8시쯤에 실어 왔다. 조식 후에 사정(射亭)에 올라가 좌조방장(左助防將, 흥양 배흥립 裴興立)이 늦게 온 죄를 물었다. 흥양 배를 검열하자, 허술한 일이 많았다. 또한 순천(권준 權俊), 우조방장(어영담 魚泳潭)과 우우후(右虞候, 이정충 李廷忠), 발포만호(황정록 黃廷祿), 여도만호(김인영 金仁英), 강진현감(유해 柳瀣)이 함께 와서 활을 쏘았다. 날이 저물어 순찰사(이정암 李廷馣)가 공문을 보냈는데, 조도어사(調度御史) 박홍로(朴弘老)가 순천, 광양, 두치(豆恥)에 복병 파수하는 일로 장계하였던 바, 수군과 수령(守令)을 함께 이동하는 것이 합당하지 않다는 회답이 내려 왔다는 것이었다. 서류도 같이 도착했다.

16일 을축. 맑음. 아침에 흥양(배흥립 裴興立)과 순천(권준 權俊)이 왔다. 흥양이 암행어사(유몽인 柳夢寅)의 비밀 장계 초안을 가지고 와서 보이는 바, 임실(任實) 이몽상(李夢祥), 무장(茂長)

이충길(李忠吉), 영암(靈岩) 김성헌(金聲憲), 낙안(樂安) 신호(申浩)는 파면하고 순천은 탐관오리로 논란하며, 기타 담양(潭陽) 이경로(李景老), 진원(珍原) 조공근(趙公瑾), 나주목(羅州牧) 이용순(李用淳), 장성(長城) 이귀(李貴), 창평(昌平) 백유항(白惟恒) 등의 수령들은 악행을 덮어 주고 칭양하여 장계하였다. 임금을 속임이 여기까지 이르니 나랏일이 이러하고야 평정될 리가 만무하다. 천장만 쳐다볼 뿐이다[欺罔天聽 至於此極 國事如是 萬無平定之理 仰屋而已]. 또 수군 일족(一族)을 징발하는 일과 장정 넷 중에 둘은 전쟁에 나가야 한다는 일을 심히 그르다고 말했으니, 암행어사 유몽인은 국가의 위급한 난(亂)은 생각지 않고, 당장 눈앞의 평안만을 위해 힘쓰며, 남쪽 지방의 종작없는 거짓말만 믿으니, 나라를 그르치는 교활하고 간사한 말이 무목(武穆, 악비 岳飛)에 대한 진회(秦檜)*와 다를 것이 없다. 나라를 위하여 심히 마음 아픈 일이다. 늦게 사정(射亭)에 올라 순천, 흥양, 우조방장(어영담 魚泳潭), 우우후(이정충 李廷忠), 사도(김완 金浣), 발포(황정록 黃廷祿), 여도(김인영 金仁英), 녹도(송여종 宋汝悰), 강진(유해 柳瀣), 광양(송전 宋詮) 등과 더불어 활 12순을 쏘았다. 순천 감목관(監牧官)이 진에 왔다가 돌아갔다. 우수사(이억기 李億祺)가 당포(唐浦)에 도착했다고 한다.

*) 악비(岳飛, 1103~1141)와 진회(秦檜, 1090~1155)는 중국 남송(南宋) 초기의 인물로서, 진회(秦檜)는 금(金)이 침입했을 때 굴욕적인 화의(和議)를 성립시켰으며, 금의 침입을 막아 내던 무장(武將) 악비는 진회의 간계에 의해 무고한 누명을 쓰고 투옥되어 끝내 옥사하였다. 악비는 학문이 높고 글씨도 능하였으며, 1914년 이후에는 관우(關羽)와 함께 무묘(武廟)에 배향(配享)되어 오늘날에도 민족의 영웅으로 존경받고 있다.

17일 병인. 맑음. 따뜻하기가 초여름 같았다. 아침에 지휘선을 연기로 그을리기 위해 활터 정자로 올라가서 각처의 서류를 처결해 보냈다. 오전 10시쯤 우수사(이억기 李億祺)가 들어왔다. 행수(行首) 군관 정홍수(鄭弘壽)와 도훈도(都訓導)는 군령으로 곤장 90대를 때렸다. 이홍명(李弘明)과 임희진(任希璡)의 손자도 왔다. 대(竹)로써 총통(銃筒)을 만들어 왔기에 시험해 놓아 본즉, 소리가 나는 듯하나 별로 소용이 없으니 가소로웠다. 우수사가 거느리고 온 전선(戰船)이 겨우 20척이니 한심스러웠다. 순천(권준 權俊)과 우조방장(어영담 魚泳潭)이 와서 활 5순을 쏘았다.

3 월

초4일 임오. 맑음. 새벽 2시께 배를 띄워 진해(鎭海) 앞바다에 이르러 왜선 6척을 뒤쫓아 잡아 불태워 없애고, 저도(猪島, 경남 창원시 귀산동 저도)에서 2척을 불태워 버렸다. 소소강(召所江, 경남 고성군 마암면 두호리)에 14척이 들어가 정박해 있다 하므로, 조방장(어영담 魚泳潭)과 원수사(원균 元均)가 함께 나가 토벌하도록 전령하고 고성땅 아자음포(阿自音浦, 경남 고성군 동해면)에서 진을 치고 밤을 지냈다.

초5일 계미. 맑음. 새벽에 겸사복(兼司僕, 윤붕 尹鵬)을 당항포(唐項浦)로 보내어 적선을 깨뜨렸는지를 탐문하였더니, 우조방장 어영담(魚泳潭)이 급히 보고하되, 적의 무리들이 우리 군사들의 위엄을 겁내어 밤을 타서 도망쳤으므로 빈 배 17척을 남김없이 불태워 버렸다고 하였다. 경상수사(원균 元均)의 보고도 같은 내용이었다. 우수사(이억기 李億祺)가 보러왔을 때 비가 크게 퍼붓고 바람도 미친듯이 심하게 불어 바로 자기 배로 돌아갔다. 이 날 아침 순변사(巡邊使)에게서도 토벌을 독려하는 공문이 왔다. 우조방장과 순천(권준 權俊), 방답(이순신 李純信), 배첨사(배경남 裵慶男)도 와서 서로 이야기하는 동안 원(元)수사가 배에 이르자 여러 장수들은 각각 돌아갔다. 이 날 저녁 광양의 새 배가 들어왔다.

초6일 갑신. 맑음. 새벽에 탐망군이 본 즉, 적선 40여 척이 청슬(靑膝, 경남 거제시 사등면 지석리)로 건너 오더라는 것이었다. 당항포(唐項浦)의 왜선 21척은 모조리 불태워 버렸다는 긴급 보고가 왔다. 늦게 거제(巨濟)로 향할 때에 역풍이 불어 간신히 흉도(胷島)에 이르자, 남해현령(기효근 奇孝謹)이 보낸 급보에, 명나라 군사 두 명과 왜놈 여덟이 패문(牌文)을 가지고 들어왔기에 그 패문과 명나라 군사를 올려 보낸다고 하였다. 그것을 받아 유심히 살펴보니, 명나라 도사부(都司府) 담(譚, 담종인 譚宗仁)의 '적을 치지 말라는 패문[禁討牌文]'*이었다. 나는 몸이 몹시 좋지 않아, 앉았다 누웠다 하는 것조차 불편했다. 저물녘에 우수사와 함께 명나라 병정을 면접하고서 보냈다.

*) 이순신은 3월 초3일부터 지도(紙島), 진해(鎭海) 앞바다, 소소강(召所江), 고성(固城) 땅 아자음포(阿自音浦), 당항포(唐項浦) 등지에서 적을 토벌하고 3월 초6일 흉도(胷島)에 이르렀다. 이 때 웅천(熊川)에 머무르며 왜적과 강화를 의논하던 명나라 도사(都司) 담종인(譚宗仁)은 명나라 조정으로부터 화친을 허락하는 명령을 기다리고 있었는데, 왜장 묵감(墨甘)이 조선 수군의 공격을 겁내어 갖가지로 애걸하니 왜군을 치지 말라는 이 패문을 지어 이순신에게 보낸 것이다. 이에 이순신은 다음 날인 3월 초7일 아랫 사람을 시켜 답하는 글을 짓게 했으나 마음에 들지 않았

고, 원균(元均)이 손의갑(孫義甲)을 시켜 지어 온 것도 마찬가지여서 병중에 억지로 일어나 그 답서를 친히 지어 정사립(鄭思立)으로 하여금 써 보내게 하였다. 일기에 나타나 있듯이 이순신은 3월 초6일부터 20여 일을 하루도 빠짐없이 앓았으며, 3월 27일에 가서야 겨우 조금 회복되었다. 즉, "병세는 별로 가감이 없었다. 몸이 또 고달파 종일 고통스러웠다."(3월 초8일), "종일 신음했다."(3월 15일), "몸이 여전히 쾌차하지 않았다."(3월 23일), "우수사가 보러 왔는데, 몸은 조금 나은 것 같았다."(3월 27일)와 같이 신음하며 고통스런 나날을 보내고 있었다. 자제들이 휴양하기를 권하였으나, "··· 장수된 자가 죽지 않았으니 누울 수가 있을 것이냐[爲將者不之死 則不可臥]." 하며 계속 공무를 보았다 한다(李芬, 〈行錄〉).

이순신이 친히 지은 이 답서의 내용은 다음과 같다. "조선 신하 삼도수군통제사(三道水軍統制使) 이순신이 명나라 선유도사(宣諭都司) 대인께 삼가 답서를 올리나이다. ··· 대군을 거느리고 곧바로 적의 소굴을 격멸하려는 때에 도사 대인의 타이르시는 패문이 뜻밖에 진중에 도착하므로 받들어 두 번 세 번 읽어 보니 친절히 가르치는 말씀이 간절하고도 극진합니다. 그런데 다만 패문의 말씀 가운데, 일본 장수들이 마음을 돌려 귀화하지 않는 자가 없고 모두 병기를 거두어 저희 나라로 돌아가려고 하니, 너희들 모든 병선들은 속히 각각 제 고장으로 돌아가고 일본 진영에 가까이 하여 트집을 일으키지 말도록 하라고 하였는데, 왜인들이 거제(巨濟), 웅천(熊川), 김해(金海), 동래(東萊) 등지에 진을 치고 있는 바, 거기가 다 우리 땅이어늘 우리더러 일본 진영에 가까이 가지말라 하심은 무슨 말씀이며, 또 우리더러 속히 제 고장으로 돌아가라 하니 제 고장이란 또한 어디에 있는 것인지 알 길이 없고[謂我速回本處地方云 本處地方亦未知在何所耶], 또한 트집을 일으킨 자는 우리가 아니요 왜적들인 것입니다. 또 왜인들이란 간사스럽기 짝이 없어 예로부터 신의를 지켰다는 말을 들은 적이 없습니다. ··· 그대로 우리 임금께 아뢰려 하오니, 대인은 이 뜻을 널리 타이르시어 놈들에게 역(逆)과 순(順)의 도리가 무엇인지를 알게 하시오면 천만다행이겠습니다. 삼가 죽음을 무릅쓰고 답서를 드립니다."(<答譚都司宗仁禁討牌文>). 이렇게 쓴 후, 이순신은 자신과 함께 원균(元均)과 이억기(李億祺) 두 수사(水使)의 이름을 같이 적어 담종인에게 보냈으며, 조정에는 답서의 내용과 함께 적의 정세를 보아 다시 진격할 것임을 보고하였다(<陳倭情狀>).

이 패문을 가지고 온 왜군의 통역은 상주에 살던 종 희순(希順)으로서 우리나라 사람이었는데 포로가 되었다가 나왔으므로, 이순신은 "빌고 항복하러 여기에 온 것인데, 우리나라 사람을 어떻게 데리고 갈 것이냐." 하며 돌려 보내지 않았으며, 그를 심문하여 왜의 정세를 파악하였다. 일기의 3월 25일 기사에 나타나 있는 '포로되었던 아이'가 바로 희순이다.

초7일 **을유. 맑음. 몸이 몹시 불편하여 움직이기조차 어려웠다. 아랫사람더러 패문에 대한 답을 만들라 하였더니 글 꼴이 아니었다. 원수사(원균 元均)가 손의갑(孫義甲)을 시켜 만들어 보내왔으나 그것 역시 아주 마땅치 아니했다. 내가 병중에 억지로 일어나 앉아 글을 짓고 정사립(鄭思立)을 시켜 써서 보내게 했다. 오후 2시쯤 배를 출발시켜 밤 10시경에 한산 진중에 이르렀다.**

13일 **신묘. 맑음. 아침에 장계를 봉해 보냈다. 몸은 차츰 낫는 것 같으나 기력은 몹시 노곤했다. 회(薈)와 송두남(宋斗南)을 내보냈다. 오후에 원수사(元水使)가 와서 자기의 잘못되고 망령된 일을 말하므로 장계를 도로 가져다가 원사진(元士震)과 이응원(李應元) 등이 가왜(假倭)를 목잘라 바친 일은 고쳐 보냈다.**

4 월

初6일 갑인. 맑음. 별시(別試)보는 장소를 개설했다. 시관(試官)은 나와 우수사(이억기 李億祺), 충청수사(구사직 具思稷)요, 참시관(參試官)은 장흥(부사, 황세득 黃世得), 고성(현령, 조응도 趙凝道), 삼가(현감, 고상안 高尙顔),* 웅천(현감, 이운룡 李雲龍)으로 시험을 감독했다.

*) 삼가현감(三嘉縣監) 고상안(高尙顔, 1553(명종 8)~1623(인조 1), 호는 태촌(泰村))은 1576년(선조 9) 이순신이 식년무과(式年武科)에 급제한 같은 해에 식년문과(式年文科)에 급제한 인물이며, 이순신보다 8세 아래였다. 이순신은 갑오년(1594)의 3월 30일, 4월 2, 4, 6 및 12일자 일기에서 고상안에 대해 언급하고 있다. 즉, "… 늦게 삼가원(三嘉倅) 고상안이 보러 왔다. 저녁에 숙소로 내려갔다."(3월 30일), 또는 "… 조반 후 사정(射亭)에 올라가 삼가현감(고상안) 및 충청수사(구사직 具思稷)와 하루종일 이야기했다. …"(4월 初2일) 등의 일기 내용으로 보아 고상안이 참시관(參試官)으로 10여 일 동안 이순신의 진영에 머물며 매우 친밀한 대화를 나누는 사이가 되었던 것 같다.

후일 고상안은 매우 흥미로운 회상문을 남기고 있다. 몇 구절을 인용하면 다음과 같다. 즉, "… 원수사(원균 元均)는 거칠고 사납고 무모한데다 인심마저 잃고 있었다[元水使麤厲無謀又失衆心]"라고 하였고, 이순신에 대한 인상(印象)으로는 "그 언론과 꾀를 쓰는 지혜가 참으로 난을 다스리고 바로잡을 재주를 지니고 있으나, 세상에 넉넉히 받아들여지지 못하는 용모이며 또 입술은 위로 들려 있다. 내 혼자 생각으로는 박복한 장수였다[其言論術智固是撥亂之才 而容不豐厚相又褰脣 私心以爲非福將也]"라고 쓴 다음 "불행히도 하옥되었다가 다시 등용되기는 했지만, 겨우 한 해를 넘기고 날아오는 적탄에 맞아 제 명을 다하지 못하였으니 어찌 통탄함을 이길 수 있으랴"라고 맺고 있다(《泰村先生文集 卷之三》에서). 고상안의 관상가다운 표현으로 보아 그는 이순신의 용모에서 이순신이 타고난 '박복한 운명'의 그림자를 읽고 있었던 것 같다.

한편 유성룡(柳成龍)은 그의 《징비록 懲毖錄》에서 이순신의 인상을 “용모는 단아하고 삼가는 모습이어서, 수양 근신하는 선비와 같았다[容貌雅飭 如修謹之士]”고만 쓰고 있다.

5 월

초4일 신사. 흐리고 미친듯이 바람이 불고 큰 비가 종일 그치지 않았으며, 밤에는 더욱 악화되었다. 경상우수사 군관이 와서 고하되, 왜적 3명이 중선(中船)을 타고 추도(楸島)에 온 것을 서로 마주쳐서 잡아 왔다고 하므로 신문한 뒤에 압송해 올 것을 일러 보냈다. 저녁에 공대원(孔大元)에게 물으니, 왜들이 바람을 따라 배를 띄워 저희 본토로 향하다가 바다 한가운데서 회오리바람[颶風]을 만나서 배를 부리지 못하고 표류하여 이 섬에 댄 것이라 하였다. 그러나 간사한 놈들의 말이라 믿을 수가 없었다. 이설(李渫)과 이상록(李尙祿)이 돌아갔다. 본영 탐선(探船)이 들어왔다.

7일 갑신. 맑음. 몸이 편안한 것 같았다. 침 16군데를 맞았다.

9일 병술. 비, 비. 종일 빈 정자에 홀로 앉아 있으니, 온갖 생각이 가슴을 치밀어 마음이 산란했다. 무슨 말을 하랴, 어떻게 말하랴. 어지럽고, 꿈에 취한 듯, 멍청이가 된 것도 같고, 미친 것 같기도 했다.

13일 경인. 맑음. 이 날 금모포(黔毛浦, 전북 부안군 보안면 구진)만호(萬戶)의 보고에 경상우수사(원균 元均)에 소속된 보자기[鮑作, 해물을 채취하는 사람] 등이 격군(格軍)을 싣고 도망가다 현지에서 붙들렸는데, 보자기들은 원수사가 머무는 곳에 숨었다 하였다. 사복(司僕) 등을 보내어 붙들어 오려는데, 원수사가 크게 성내어 사복들을 결박했다고 하므로 노윤발(盧潤發)을 보내어 풀려 나게 했다. 밤 10시쯤에 비가 오기 시작했다.

16일 계사. 흐리고 가는 비가 오더니, 저녁에는 큰 비가 내렸다. 밤새도록 집이 새어 마른 데가 없었다. 여러 배 사람들의 거처에서 겪는 괴로움이 매우 염려스러웠다. 곤양원(昆陽倅, 이광악 李光岳)이 편지를 보내고 겸하여 유정(惟精, 惟政 사명대사)이 적진 사이를 왕래하며 문답한 초기(草記)를 보내 왔기로 그것을 보았더니 통분함을 이길 길이 없었다.

6 월

4일 신해. 맑음. 충청수사(이순신 李純信), 미조항첨사(김승룡 金勝龍) 및 웅천(이운룡 李雲龍)이 보러 왔기에 종정도를 놀게 했다. 저녁에 겸사복(兼司僕)이 임금의 분부를 가지고 왔는데, 그 말씀에 이르기를, 수군 여러 장수들과 경주(慶州)의 여러 장수들이 서로 합심하지 못한다 하니, 앞으로는 그런 습관을 모두 버리라는 것이었다. 통탄스럽기가 그지없다. 이는 원균(元均)이 취해서 망발을 부렸던 때문이었다.

9일 병진. 맑음. 충청수사(이순신 李純信)와 우우후(右虞候, 이정충 李廷忠)가 와서 활을 쏘았다. 우수사(이억기 李億祺)가 와서 함께 이야기했다. 밤이 깊자 해(海)의 젓대소리와 영수(永壽)의 거문고[琴]를 들으면서 조용히 이야기하다가 돌아갔다.

15일 임술. 맑더니 오후에 비가 뿌렸다. 신경황(申景潢)이 들어오는 편에 영의정(유성룡 柳成龍)의 편지를 가지고 왔다. 나라를 근심함이 이보다 더한 분은 없을 것이다. 윤우신(尹又新, 知事)이 세상을 떠났다는 소식을 들으니 슬픈 마음을 가눌 수가 없었다. 순천(권준 權俊), 보성(김의검 金義儉)의 보고에, 명나라 총병관(摠兵官) 장홍유(張鴻儒)가 호선(虎船)을 타고 100여 명을 거느리고 바닷길로 벌써 진도(珍島) 벽파정(碧波亭, 전남 진도군 고군면 벽파리)에 이르렀다고 했다. 날짜로 따지자면 오늘 내일중에 도착될 것이지만 역풍으로 배를 마음대로 부리지 못한 것이 연이어 닷새째이다. 이 날 밤 소나기가 흡족하게 내렸으니, 일찍이 하늘이 백성을 살리려는 뜻이 아니겠는가. 아들의 편지가 왔는데, 잘 돌아갔다고 했다. 또 아내의 한글편지[諺書]에는 면(葂)이 더위를 먹어 심하게 앓는다고 한다. 무척이나 애타고 답답하다.

18일 을축. 맑음. 아침에 원수(元帥, 권율 權慄)의 군관 조추년(趙秋年)이 전령을 가지고 온 즉, 원수가 두치(豆恥)에 이르러서, 광양원(송전 宋詮)이 수군을 옮겨다 복병을 정할 적에 사정(私情)을 썼다는 말을 들었기 때문에 군관을 보내어 까닭을 묻는다는 것이었다. 실로 놀랍고 놀라웠다. 원수가 그 서처남[妻孼男] 조대항(曹大恒)의 말을 듣고 이토록 사사로이 행하니, 통탄스럽기 그지없다. 이 날 경상수사(원균 元均)가 청하여 불렀으나 가지 않았다.

7 월

12일 무자. 맑음. 아침에 소근(所斤, 충남 태안군 소원면 소근진리) 첨사(僉使, 박윤 朴潤)가 보러 와서 화살 54개를 만들어 바쳤다. 서류를 처결하여 주었다. 충청(수사, 이순신 李純信)과 순천(권준 權俊), 사도(김완 金浣), 발포(황정록 黃廷祿), 충청우후(원유남 元裕男)가 함께 와서 활을 쏘았다. 저녁에 탐선(探

船)이 들어와, 어머님[天只]께서 평안하시다는 것은 살폈으나, 또한 면(葂)의 병세는 여전히 중하다는 것이었다. 애타는 마음을 어찌 하랴. 유정승(유성룡 柳成龍)이 죽었다는 소식이 순변사(巡邊使, 이일 李鎰)에게 왔다고 하나, 이는 시기하는 자들이 말을 꾸며 험담하는 것이리라. 통분, 통분함을 참을 수 없다. 이 날 저녁 심사가 극히 어지러워 홀로 빈 마루에 앉아 있는데, 마음을 스스로 가눌 수 없었다. 걱정스럽고 번거로워 밤이 늦도록 잠들지 못했다. 만일 유정승이 어찌 되었다면 나랏일을 어찌 할 것인가, 어찌 할 것인가.

13일 기축. 비, 비. 홀로 앉아 면(葂)의 병세가 어떤지 염려되어 글자 점을 쳐 보니, '군왕을 만나 보는 것 같다[如見君王]'는 괘(卦)를 얻었다. 아주 좋았다. 다시 하니, '밤에 등불을 얻은 것과 같다[如夜得燈]'였다. 두 괘가 모두 좋은 것이었다. 조금 마음이 놓였다. 또 유정승(유성룡 柳成龍)의 점을 친 즉, '바다에서 배를 얻은 것과 같다[如海得船]'는 괘를 얻었고, 다시 치니 '의심하다가 기쁨을 얻은 것과 같다[如疑得喜]'는 괘가 나왔다. 아주 좋다. 저녁내 비가 내리는데, 홀로 앉은 정회를 스스로 이길 길이 없었다. 늦게 송전(宋荃, 광양원 宋詮)이 돌아가는데, 소금 1곡(斛, 또는 휘. 곡식을 되는 20말 또는 15말 들이의 그릇)을 주어 보냈다. 오후에 마량(馬梁, 충남 서천군 서면 마량리)첨사(僉使, 강응호 姜應虎)와 순천(권준 權俊)이 보러 왔다가 어두워서야 돌아갔다. 비가 올지 갤지를 점쳐 보니, '뱀이 독을 뱉는 것과 같다[如蛇吐毒]'는 괘를 얻었다. 장차 큰 비가 내리겠으니 농사를 위해 걱정, 걱정스럽다. 밤에 비가 퍼붓듯이 내렸다. 밤 8시경 발포(鉢浦, 전남 고흥군 도화면 내발리)의 탐선이 편지를 받아 돌아갔다.

14일 경인. 비, 비. 어제 저녁부터 빗발이 삼대 같았다. 집이 새어 마른 데가 없어 간신히 밤을 지냈다. 점괘 얻은 그대로이니 극히 절묘하였다. 충청수사(이순신 李純信)와 순천(권준 權俊)을 청해다가 장기[博]를 두게 하면서 관전으로 소일했다. 그러나 근심이 속에 있으니 어찌 조금인들 편할 수 있으랴. 함께 점심을 먹고, 저녁 때 수루로 걸어 올라가 몇 차례 거닐다가 돌아왔다. 탐선이 들어오지 않으니 까닭을 모르겠다. 자정께 또 비가 내렸다.

17일 계사. 맑음. 새벽에 포구를 나가 진을 쳤다. 오전 10시쯤에 명나라 장수 파총(把摠) 장홍유(張鴻儒)가 병호선(兵唬船) 5척을 거느리고 돛을 달고 들어왔다. 곧바로 영문에 이르러 육지에 내려 함께 이야기하기를 청했다. 나는 여러 수사(水使)와 함께 먼저 사정(射亭)에 올라가서 올라오기를 청했더니, 파총이 배에서 내려 곧 왔다. 함께 앉아 먼저 만리 바닷길에 어렵게도 여기까지 온 것을 이를 길 없이 감사하다고 인사했더니, '작년 7월에 절강(浙江)서 배를 타고 요동(遼東)에 이르렀더니, 요동 사람들이 말하기를, 해로중에 돌섬과 암초들이 많고 또 장차 화친이 될 것이니 갈 것 없다 하며, 굳이 말리므로 그대로 요동에 머무르면서 시랑(侍郎) 손광(孫鑛)과 총병(總兵) 양문(楊文) 등에게 바로 보고하고, 금년 3월 초승에 배를 출발하여 왔으니 무슨 수고가 있을 것이오' 하고 대답하였다. 나는 차를 드시라 하고, 술잔을 권하며 강개(慷慨)한 정을 나누었다. 또 적의 정세를 이야기하느라고 밤이 깊은 줄도 몰랐다. 조용히 이야기하고서 헤어졌다.

20일 병신. 맑음. 아침에 통역관이 와서 전하되, 명나라 장수(장홍유 張鴻儒)가 남원(南原)의 유총병(總兵, 유정 劉綎)이 있는 곳에 들르지 않고 바로 돌아간다고 하였다. 나는 명나라 장수에게 간절히 말을 전하기를, 처음에 파총이 남원으로 간다는 믿음직한 소식이 이미 유총병에게 전해졌는데, 이제 와서 중지하고 가지 않는다면 그 중간에 남의 말들이 있을 터이니, 원컨대 가서 보고 돌아가시는 것이 좋겠다고 하였다. 그런 즉 파총이 듣고, 과연 그렇다며, 말을 타고 혼자 가서 서로 만나 본 뒤에 바로 군산(群山)으로 가서 배를 타겠다고 말하였다. 아침을 먹은 뒤에 파총이 내 배로 내려 와서 조용히 이야기하고 이별하는 술 7잔을 권했다. 닻줄을 풀고 함께 포구 밖으로 나가 재삼 간곡한 뜻으로 송별하였다. 그대로 경수(景修, 景受, 李億祺의 字)와 충청(이순신 李純信), 순천(권준 權俊), 발포(황정록 黃廷祿), 사도(김완 金浣)와 함께 사인암(舍人岩)으로 올라가 종일 취하여 이야기하다가 돌아왔다.

8 월

초4일 기유. 아침 나절엔 비가 뿌리다가 늦게 개었다. 충청수사(이순신 李純信)와 순천(권준 權俊), 발포(황정록 黃廷祿) 등이 와서 활을 쏘았다. 수루 방의 도배를 마쳤다. 경상수사의 군관과 색리(色吏)가 명나라 장수(장홍유 張鴻儒)를 접대할 적에 여인들에게 떡과 음식물을 이고 오게 한 죄를 다스렸다. 화살 만드는 장인[箭匠]인 박옥(朴玉)이 와서 대(竹)를 가져 갔다. 이종호(李宗浩)가 안수지(安守智) 등을 잡아 오기 위해 흥양(興陽)으로 떠났다.

17일 임술. 흐리다가 저물녘에 비가 내렸다. 원수(권율 權慄)가 정오에 사천(泗川)으로 와서 군관을 보내어 이야기하자고 부르므로, 곤양(昆陽, 이광악 李光岳) 말을 타고 원수가 머무르고 있는 사천원(기직남 奇直男)의 접대 처소로 갔다. 교서(敎書)에 숙배(肅拜)한 뒤에 공적, 사적 인사를 마치고, 함께 이야기하니 오해가 많이 풀리는 빛이었다. 원수사(원균 元均)를 몹시 책망하니 원수사는 머리를 들지 못하였다. 가소로웠다. 가져간 술을 마시기를 청하여 여덟 차례를 돌렸다. 원수가 잔뜩 취하여 파했다. 숙소로 돌아오자 박종남(朴宗男), 윤담(尹潭)이 보러 왔다.

27일 임신. 맑음. 우수사(이억기 李億祺)가 가리포(이응표 李應彪), 장흥(황세득 黃世得), 임치(홍견 洪堅), 우후(이몽구 李夢龜) 및 충청우후(원유남 元裕男)와 함께 와서 활을 쏘았다. 흥양(배흥립 裵興立)이 술을 내놓았다. 아침에 울(蔚, 둘째 아들)의 편지를 보니 아내의 병이 중하다 하므로 회(薈, 장남)를 내어보냈다.

그믐날 을해. 맑고 바람도 없었다. 아침에 해남원 현집(玄楫)이 보러 오고, 늦게 우수사(이억기 李億祺)와 장흥(황세득 黃世得)이 보러 왔다. 저물녘에는 충청우후(원유남 元裕男), 웅천(이운룡 李雲龍), 거제(안위 安衛), 소비포(이영남 李英男)가 함께 보러 왔고, 허정은(許廷誾)도 왔다. 이 날 아침에 탐선(探船)이 들어 왔는데, 아내의 병세가 매우 위중하다고 했다. 벌써 생사간의 결말이 났을지도 모르겠다. 나라의 일이 이 지경에 이르렀으니 다른 일에까지 생각이 미칠 수는 없겠으나, 세 아들과 딸 하나는 어찌 살아갈 것인가. 아프고 괴롭구나. 김양간(金良幹)이 서울로부터 영의정(유성룡 柳成龍)의 편지와 심충겸(沈忠謙, 병조판서)의 편지를 가지고 왔는데, 분개하는 뜻이 많았다. 원수사(元水使)의 일은 참으로 해괴하다. 날더러 머뭇거리며 앞으로 나가지 않는다 했다니, 이는 천고에 탄식할 일이다. 곤양(昆陽, 이광악 李光岳)이 병으로 돌아갔는데 보지 못하고 보내서 더욱 유감스러웠다. 밤 10시경부터 심사가 어지러워 잠을 이루지 못했다.

9 월

초1일 병자. 맑음. 앉았다 누웠다 잠을 못 이루어 촛불을 켠 채 뒤척였다. 이른 아침에 세수하고 조용히 앉아 아내의 병세에 대해 점을 쳤더니, '중이 환속하는 것 같다[如僧還俗]'는 괘(卦)를 얻고, 다시 '의심하다 기쁨을 얻은 것과 같다[如疑得喜]'는 괘를 얻었다. 아주 좋았다. 또 병세가 나아 간다는 기별이 올 것인지에 대해서 쳐 보니 '귀양 땅에서 친척을 만난 것 같다[如謫見親]'는 괘였다. 이 역시 오늘중에 좋은 소식을 받을 징조였다. 무사(撫使, 순무사 巡撫使) 서성(徐渻)의 공문과 장계 초안이 들어왔다.

초2일 정축. 맑음. 아침에 웅천(이운룡 李雲龍), 소비포권관(이영남 李英男)이 와서 함께 아침식사를 했다. 늦게 낙안(김준계 金遵繼)이 보러 왔다. 저녁 때 탐선(探船)이 들어와서, 아내의 병이 덜해지기는 하나 원기가 몹시 약하다 하니 심히 염려가 된다.

초3일 무인. 비가 조금 왔다. 새벽에 밀지(密旨)가 들어왔는데, 바다와 육지의 여러 장수들이 팔짱만 끼고 서로 바라보면서, 적을 토벌하기 위해 한 가지의 계책이라도 세워 진격해 나가지 않고 있다고 했다. 3년 동안의 해상(海上)에서 그럴 리가 만무하다. 여러 장수들과 함께 맹세하여, 원수 갚을 뜻으로 죽기를 결심하고 하루하루를 되풀이하고 있으나, 다만 험고한 소굴 속에 웅거하는 적이라 경솔히 나가 칠 수 없는 일이요, 또 더구나 '나를 알고 적을 알아야만 백 번 싸워도 위태함이 없다[知己知彼 百戰不殆]' 하지 않았는가. 종일 큰 바람이 불었다. 초저녁에 촛불을 밝히고 혼자 앉아 스스로 생각하니, 나랏일이 엎드러지고 자빠졌건만 안으로 구할 길이 없으니[國事顚沛 內無濟策] 이 일을 어찌 하랴, 어찌 하랴. 밤 10시께 흥양(배흥립 裵興立)이 내가 홀로 앉아 있는 줄을 알고 들어와 자정까지 이야기하다 헤어졌다.

13일 무자. 맑고 따뜻했다. 어제 취한 것이 아직 안 깨어 방 밖으로 나가지 않았다. 아침에 충청우후(원유남 元裕男)가 보러 왔다. 또 조도어사(調度御史) 윤경립(尹敬立)의 장계 초안 2통을 본즉, 하나는 진도군수(김만수 金萬壽)의 파면을 청한 것이고, 하나는 수군과 육군은 서로 침해하지 말 것과 고을 수령들을 전쟁터로 내 보내지 말라는 것이었다. 그 의견은 일시 미봉에만 치우쳐 있었다. 저녁에 하천수(河千壽)가 장계 회답과 홍패(紅牌) 97장을 가지고 왔다. 영의정(유성룡 柳成龍)의 편지도 가지고 왔다.

20일 을미. 새벽에 바람은 그치지 않으나 비는 잠깐 들었다. 홀로 앉아 간밤의 꿈을 새겨 보니, 바다에 있는 외딴 섬이 달려 가다가 내 눈앞에 와서 멈춰 서는데, 그 소리가 우뢰와 같아 사방이 놀라 달아나고 나만이 홀로 서서 처음부터 끝까지 그것을 구경했다. 참으로 기뻤다. 이것은 왜놈이 화친을 애걸하고 스스로 멸망할 징조다. 또 내가 준마(駿馬)를 타고 천천히 가고 있었는데, 이것은 임금의 부르심을 받아 올라갈 징조다. 충청수사(이순신 李純信)와 흥양(배흥립 裵興立)이 왔다. 거제(안위

安衛)도 보러 왔다가 곧 돌아갔다. 체찰사(體察使)의 공문에, 수군은 군량을 받아들여 계속해서 대라고 하였다. 잡아 가두었던 친족과 이웃은 다 놓아 보냈다고 했다.

26일 신축. 맑음. 새벽에 곽재우(郭再祐),* 김덕령(金德齡) 등이 견내량(見乃梁)에 이르렀으므로 박춘양(朴春陽)을 내보내 건너온 까닭을 물으니, 원수(권율 權慄)의 전령에 따라 수군과 합세하는 일로 왔다는 것이다.**

*) 의병장 곽재우(郭再祐, 호는 망우당 忘憂堂)는 1552년(명종 7) 경남 의령(宜寧)에서 감사(監司) 곽월(郭越)의 셋째 아들로 출생, 어릴 때부터 부친을 따라 독서를 익혔으며, 성년이 되자 유학경전(儒學經典)이나 성리학(性理學)뿐만이 아니라 천문, 지리, 의학 등 폭넓은 학문에 정통하였다. 1585년(선조 18) 34세 때 별시(別試)의 정시(庭試)에 나가 2등으로 급제하였으나, 그가 쓴 논지(論旨)가 왕의 뜻에 거슬려서 발표 수일만에 낙방이 선언되었다. 그 이후 그는 아예 과거를 보거나, 관직에 출사할 것을 포기해 버렸다.

한편 그는 무경칠서(武經七書)와 병요(兵要), 장감(將鑑) 등 각종 병서(兵書)에도 능통하였으며, 활쏘기와 말타기 등 무예를 연마하는 일도 게을리하지 않았다. 나라의 그릇된 사정을 개탄하는 야인으로서, 그는 강가에서 낚시를 즐기는 은둔 생활로 족했던 것이다.

1592년(임진) 4월 13일 임진왜란이 일어나자 11일 후인 '4월 24일'(《선조실록》), 그는 다른 사람들보다 가장 먼저 의병을 일으킨 의병장으로서 정암진(鼎岩津)과 낙동강(洛東江)을 근거지로 하여 의병활동을 전개하였다. 그는 붉은 옷을 입은 장군, 즉 홍의장군(紅衣將軍)의 이름으로 용맹을 떨치며 기습과 유격전술을 발휘하여 많은 왜적을 무찔렀다. 그러나 관찰사 김수(金睟)와의 불화로 도적의 누명을 쓰고 구금되었다가 초유사(招諭使) 김성일(金誠一)의 장계로 무죄가 밝혀져 석방되기도 하였다.

임진년 7월 유곡찰방(幽谷察訪)과 형조정랑(刑曹正郞)에 제수되었으나 사퇴하였고, 그 후에도 조방장(助防將)을 비롯한 여러 관직에 임명되었으나, 그는 미리 사퇴하거나 또는 얼마 안가서 자진하여 관직에서 물러나는 것이 상례였다. 전란 후에도 여러 번 관직에 제수되었으나, 그가 벼슬을 멀리하는 태도에는 변함이 없었던 것 같다. 벼슬을 버리고 낙동강변에 창암강사(滄岩江舍)를 지어 명예와 재물을 탐하지 않고 유유자적하였다. 1617년 3월에 발병, 4월 10일 강사(江舍)에서 66세의 천수를 다하고 별세하였다(곽망우당기념사업회 편찬, 《忘憂堂郭再祐硏究》(1), 1988).

의병장 곽재우와 김덕령(金德齡)은 함께 몇 번인가 이순신의 본영을 방문하여 왜적과 싸우기 위한 계책을 의논하고 있다. 특히 이 날(갑오 9월 26일자) 곽재우와 김덕령이 함께 견내량으로 이순신을 찾아온 것은 원수의 전령에 따라 수륙(水陸) 합동작전을 상의하기 위해서였다(갑오 10월 초4일자 일기 참조).

**) 의병장 김덕령(金德齡)은 1567년(명종 22) 전남 광주(光州)에서 출생하여, 성혼(成渾)에 사사하였다. 그는 임진왜란이 일어나자 담양(潭陽) 부사 이경린(李景麟)과 장성(長城)현감 이귀(李貴)의 천거로 조정에서 종군 명령을 받고, 세자 광해군(光海君)으로부터는 호익(虎翼)장군의 호를 받았다. 1594년(갑오) 선전관으로 임명되자 의병을 정리하고 권율(權慄)의 휘하로 들어가 진해 및 고성 지방을 방어하여 왜군의 호남 지방 침입을 저지하였다. 그리고 의병장 곽재우(郭再祐)와 더불어 곳곳에서 왜군을 기습하여 격퇴시키자, 왜군이 가장 두려워하는 의병장이 되었다.

1596년(병신) 도체찰사 윤근수(尹根壽)의 종들을 장살(杖殺)한 죄로 체포되었으나 왕의 특명으로 석방되었다. 그러나 이 사건으로 인하여 조정 대신들의 시기의 대상이 되기도 하였다.

정유재침의 전해인 1596년(병신) 7월 김덕령은 이몽학(李夢鶴)의 난에 내통한 것으로 무고되어 도원수 권율의 밀사 성윤문(成允文)에 의하여 포박, 투옥되었다. 그는 20여 일 동안 전후 6차의 골육이 부서지는 국문 끝에 "신(臣)에게 딴 뜻이 있었다면 당초 원수가 오라고 할 때, 왜 운봉(雲

峰)에 갔으리까. … 신은 이제 모든 일이 끝났으니 또 무엇을 말하리오. 다만 말하고 싶은 것은 무고(無辜)한 사람을 죽이지 말라는 것이외다."란 말을 남기고 절명하였다 한다(《昭代紀年》卷之十三, 宣祖朝六). 8월 21일 향년 30세의 옥사였다. 판중추부사 정탁(鄭琢)과 좌의정 김응남(金應南)이 구명에 힘썼으나, 그는 이미 죽었다. 그 후로는 '호남과 영남의 부자형제들이 의병은 되지 말라고 서로 경계하였다' 한다(李敏敍 撰,《金忠壯公遺事》卷三).

1974년 11월 17일, 378년만에 그의 무덤이 발굴되어 광주시 무등산 자락 '금곡동'의 새 묘소로 이장(移葬)되었다. 그의 시신(미이라 상태)에서 거둔 수의와 누비포 등 여러 가지 유품이 충장사(忠壯祠) 유물관에 전시되어 있다. 관(棺)은 내관(內棺), 외관(外棺) 두 겹으로 되어 있는데, 내관의 속 길이가 178㎝인 것으로 미루어, 그의 키는 168㎝ 내외가 아니었을까 한다.

28일 계묘. 흐림. **새벽에 촛불을 밝히고 홀로 앉아 적을 칠 일로 길흉을 점쳐 보았다. 첫 점은 '활이 화살을 얻은 것과 같다**[如弓得箭]'는 **것이었고, 다시 치니 '산이 움직이지 않는 것과 같다**[如山不動]'는 **것이었다. 바람이 고르지 못했다.** 흉도(胷島)* **안 바다에 진을 치고서 잤다.**

*) 갑오 3월 6일, 이순신이 금토패문(禁討牌文)을 받게 된 곤경의 장소이자, 이 날을 포함하여 여러 차례 진(陣)을 치게 되는 흉도(胷島)의 현 위치에 대해 조선사편수회편《난중일기초》의 주석과 이은상 역《이충무공전서》난중일기의 주석은 각각 경남 거제군 거제면 또는 거제면 산달도(山達島)로 언급하고 있다. 흉도의 위치에 대한 가장 결정적인 언급으로서는 이순신 자신의 장계, 〈왜의 정형을 진술하는 장계 陳倭情狀〉(《이충무공전서》卷之四 十六) 및 〈당항포에서 왜병을 쳐부순 장계 唐項浦破倭兵狀〉(《이충무공전서》卷之四 二十)에 모두 "… 거제읍 앞에 있는 흉도

[巨濟邑前㘈島] …"라고 되어 있다. 여기서 당시의 거제읍(거제현아)의 위치는 현 거제시 신현읍(新縣邑)내의 고현성(古縣城)에 해당된다. 따라서 조선사편수회편 《난중일기초》와 이은상 역 《난중일기》의 주석들은 모두 현종 5년(1664년)에 옮겨 간 후대의 거제현 위치(현재의 거제면 거제리)에 근거하여 판단한 것으로 보인다. "… 거제읍 앞에 있는 흉도[巨濟邑前㘈島]"를 문자 그대로 해석할 경우, 흉도는 거제읍(현재의 거제시 신현읍) 앞에 있는 두 개의 섬 중 하나를 의미하는 것으로 해석될 수 있으나, 이들 두 섬(현재의 거제시 신현읍 교도와 죽도)은 조선말기의 대동여지도에 유도(柚島), 소유도(小柚島)로 표시되어 있다(金正浩, 《大東輿地圖》, 서울 匡祐堂 영인판, 1991). 《신증동국여지승람》에는 거제현의 유자도(柚子島)에 대해 거제현 북쪽에 위치하며 유자나무가 번창하여 이름 붙여진 섬이라고 기술되어 있다(《신증동국여지승람》, 민족문화추진회 국역, 삼성인쇄, 1969, 1982). 따라서 위의 두 섬은 임진왜란 당시의 유자도에 해당하며, 이 유자도(柚子島)는 계사 5월 21일, 25일, 27일자의 《난중일기》 기사에 언급되고 있는 섬으로서 흉도(㘈島)와는 다른 별개의 섬으로 판단된다.

《난중일기》의 문맥상(갑오 3월 3일, 10월 8일 및 을미 11월 3일자 기사 참조)으로 추정해 본 흉도의 위치는 거제시 둔덕면(屯德面)의 해간도(海干島, 옛 海北島)에서 견내량을 거쳐 통영시(統營市) 용남면(龍南面)의 지도(紙島)에 이르는 통로상의 어느 지점으로서, 이는 현재의 거제시(巨濟市) 사등면(沙等面)의 고개섬(高介島)으로 추정된다. 고개섬(高介島)은 육지에서 견내량을 통해 거제도로 들어가는 통로상에서 볼 때에는 거제도 앞에 놓여진 섬이므로 "… 거제읍 앞에 있는 흉도[巨濟邑前㘈島]"로 추정할 수 있을 것이다.

29일 갑진. 맑음. 배를 띄워 장문포(場門浦, 경남 거제시 장목면 장목리) 앞 바다로 돌입하니, 적의 무리는 험준한 곳에 웅거하여 나오지를 아니 했다. 누각을 높이 짓고 양쪽 봉우리에는 보루

를 쌓고서 나와 항전하려 들지 않았다. 선봉에 선 적선 2척을 습격하였더니 그만 뭍으로 내려가 도망쳐 숨어버렸다. 빈 배만 불태워 깨뜨리고 칠천량(漆川梁)에서 밤을 지냈다.

10 월

초1일 을사. 새벽에 떠나 장문포(場門浦)에 이르니, 경상우수사(원균 元均), 전라우수사(이억기 李億祺)가 장문포 앞바다에 머무르고 있었다. 나는 충청수사(이순신 李純信) 및 여러 선봉장과 함께 바로 영등포(永登浦, 경남 거제시 장목면 구영리)로 들어갔는데, 흉악한 적들은 바닷가에 배를 대어 놓고, 일체 나와서 항전하지 않았다. 날이 저물어 장문포 앞바다로 돌아왔다. 바로 사도(蛇渡) 2호선이 뭍에 배를 대려 할 즈음, 적의 작은 배가 곧장 들어와 불을 던졌다. 비록 불이 일어나지 않고 꺼졌지만 분통, 분통하기 그지없었다. 우수사 군관과 경상수사 군관은 그 실수한 것을 잠깐 꾸짖고, 사도(蛇渡) 군관은 그 죄를 중하게 다스렸다. 밤 10시쯤에 도로 칠천량(漆川梁)에 이르러 밤을 지냈다.

초4일 무신. 맑음. 곽재우(郭再祐), 김덕령(金德齡) 등과 함께 약속하되, 군사 수백명을 뽑아 육지에 내려 산으로 올라가게 하고, 선봉은 먼저 장문포로 보내어 들락날락하면서 싸움을 걸게 했다. 늦게 중군(中軍)을 거느리고 진격하여 바다와 육지에서 서로 호응하니, 적의 무리들은 갈팡질팡하며 기세를 잃고 동서로 분주한데, 육지의 병사들은 한놈의 왜적이 칼을 휘두르는 것을 보고 도로 배로 내려오는 것이었다. 날이 저물어 칠천량으로 돌아와 진을 쳤다. 선전관(宣傳官) 이계명(李繼命)이 표신(標

信)과 선유교서(宣諭敎書)를 가지고 왔다. 그 중에는 임금이 내리시는 초피(貂皮)가 있었다.

초6일 경술. 맑음. 일찍 선봉장을 시켜 장문포 적의 소굴로 보냈더니, 왜인들이 패문(牌文)을 땅에 꽂아 놓았는데, 거기에 써 있기를, 일본은 대명(大明)과 더불어 화친을 의논하는 터이라 서로 싸울 수 없다는 것이었다. 왜놈 1명이 칠천(漆川) 산 기슭으로 와서 투항하고자 하므로 곤양(昆陽)군수(이광악 李光岳)가 불러서 배에 싣고 물어 보니 그것은 영등포 왜적이었다. 흉도(胷島)로 진을 옮겼다.

초7일 신해. 맑고 따뜻했다. 선병사(兵使, 선거이 宣居怡), 곽재우(郭再祐), 김덕령(金德齡) 등이 떠나 갔다. 그대로 머무른 채 나아가지 않았다. 띠[茅] 283동을 베었다.

17일 신유. 맑음. 아침에 어사(서성 徐渻)에게 사람을 보냈더니, 식후에 오겠다고 했다. 늦게 우수사(이억기 李億祺)가 오고 어사도 와서 조용히 이야기하는데, 원수사(원균 元均)의 기만하는 짓을 많이 말했다. 참으로 해괴했다. 원(元)도 또한 왔다. 그 흉악하고 어그러진 꼴은 이루 다 말할 수 없다. 아침에 종사관(從事官, 윤돈 尹暾)이 들어왔었다.

11 월

13일 정해. 맑음. 바람이 종일 자고 따뜻했다. 신첨지(僉知, 신호 申浩)와 아들 회(薈)가 이희남(李喜男), 김숙현(金叔賢)과 함께 본영으로 갔다. 종 한경(漢京)은 은진(恩津) 김정휘(金廷輝) 집에 다녀오도록 일렀다. 장계도 떠나 보냈다. 원수(元帥, 권율 權慄)가 방어사(防禦使) 군관을 시켜 항복한 왜인 14명을 인솔해 보냈다. 저녁때 윤연(尹連)이 그 누이의 편지를 가져왔는데, 망언(妄言)이 많았다. 우스웠다. 버리고자 하면서 버리지 못하는 것에 까닭이 있다. 남은 세 아이가 마침내 의지할 곳이 없게 되는 까닭이다. 15일은 아버님(이정 李貞) 제삿날이라 나가지 않겠다. 밤에 달빛이 대낮 같아 잠을 못이루고, 밤새 이리저리 뒤척였다.

25일 기해. 흐림. 새벽 꿈에 이일(李鎰, 순변사)과 서로 만나 내가 많은 말을 하며 이르기를, 국가가 위급한 난리를 당하게 된 오늘날에, 몸에 무거운 책임을 지고서도 나라의 은혜를 갚겠다는 생각은 하지 않고, 배짱 좋게 음란한 계집을 끼고서 관사에는 들어오지 않고 성 바깥의 집에 사사로이 거처하면서 사람들의 비웃음을 사니 그 의도가 무엇이며, 또 각 고을과 포구에 배치된 수군[舟師]에게 육전(陸戰)에서 필요한 군기를 독촉하기에 겨를이 없으니 이것은 또한 무슨 이치이냐고 하니, 순변사가 말이 막혀 대답을 못하는 것이었다. 기지개를 켜는데 깨어나니, 그것은 하나의 꿈이었다. 아침 식사 후 대청에 나가 앉아 서류를 처결했다. 잠시 후 우우후(이정충 李廷忠), 금갑도만호(이정표 李廷彪)가 와서 젓대를 듣다가 저물어 돌아갔다. 흥양의 총통 만드는 색리 등이 와서 회계를 밝히고 돌아갔다.

26일 경자. 소한(小寒)인데 맑고 따뜻했다. 공무를 보지 않고 방안에 있었다. 이 날 메주 10섬을 쑤었다.

□ 11월 29일부터 12월 그믐까지는 빠졌음.

을미(乙未) 선조 28년(1595), 51세

정 월

초1일 갑술. 맑음. 촛불을 밝히고 혼자 앉아 생각이 나랏일에 이르자 모르는 사이에 눈물이 흘렀다. 또 팔십의 병드신 어머님[病親]을 생각하니 마음이 편치 않아 밤을 새웠다. 새벽에는 여러 장수들과 색군(色軍)들이 와서 해가 바뀐 인사를 하였다. 원전(元㙉), 윤언심(尹彦諶), 고경운(高景雲) 등이 보러 왔다. 모든 색군들에게 술을 먹였다.

5 월

초4일 병자. 맑음. 이 날은 어머님[天只] 생신인데, 몸소 나가 잔을 드리지 못하고 홀로 먼 바다에 앉았으니 회포를 어찌 다 말하랴. 늦게 활 15순을 쏘았다. 해남(최위지 崔緯地)이 고하고 돌아갔다. 아들의 편지를 보니, 요동(遼東)의 왕작덕(王爵德)이 왕(王)씨의 후손으로서 군사를 일으키려 한다고 했다. 참으로 놀랄 일이다.

15일 정해. 궂은 비가 개지 않고, 지척을 분간할 수 없었다. 새벽 꿈이 매우 어지러웠다. 어머님[天只] 안부를 못 들은 지 벌써 이레라 무척 초조했으며 또 해(荄)가 잘 갔는지 모르겠다. 아침 식후에 나가 공무를 보자니, 광양(光陽)의 김두검(金斗劒)

이 복병(伏兵)으로 갈 적에 순천(順天)과 광양(光陽)의 두 관아에서 이중으로 삭료(朔料)를 받은 것 때문에 벌로써 수군에게 왔으나, 칼도 차지 않고 또한 활도 차지 않고서 오만한 일을 많이 일으키므로 곤장 70대를 때렸다. 늦게 우수사(이억기 李億祺)가 술을 가지고 와서 몹시 취하여 돌아갔다.

21일 계사. 흐림. 오늘은 필시 본영에서 사람이 올 터이나, 아직 어머님[天只] 안부를 몰라 몹시 답답하다. 종 옥이(玉伊)와 무재(武才)를 본영으로 보냈다. 포어(鮑魚)와 소어(蘇魚) 젓갈, 어란쪽 등을 어머님[天只]께 보냈다. 아침에 나가 공무를 보자니, 항복한 왜인들이 와서 고하기를, 저희 동료 왜인으로 산소(山素)란 자가 흉칙한 짓을 많이 하기 때문에 죽이겠다고 했다. 그래서 왜인을 시켜 목을 베게 하였다. 활 20순을 쏘았다.

29일 신축. 비바람이 그치지 아니 하고 종일토록 퍼부었다. 사직(社稷)의 위엄과 영험에 힘입어 겨우 조그마한 공로를 세웠는데, 임금의 총애와 영광이 지나쳐 분에 넘치는 바가 있다. 장수의 직책을 띤 몸으로 티끌만한 공도 바치지 못했으며, 입으로 교서(敎書)를 외면서도 얼굴에는 군인으로서의 부끄러움이 있음을 어찌 하랴.

6 월

12일 계축. 가는 비가 오고 바람이 불었다. 새벽에 울(蔚)이 오는 편에 들으니, 어머님[天只] 병환이 조금 덜해졌다고는 하나 구십 나이에 이런 위태한 병을 얻었으니 걱정스러워 소리없이 울었다.

7 월

초1일 임신. 잠깐 비가 왔다. 나라의 제삿날이라 공무를 보지 아니했다. 홀로 다락에 기대어, 나라 정세가 아침 이슬같이 위태로운데[國勢危如朝露], 안으로는 대책을 결정할 대들보가 없고[內無決策之棟樑], 밖으로는 나라를 바로 잡을 만한 주춧돌이 없음[外無匡國之柱石]을 생각하니, 사직이 장차 어떻게 될지 몰라 심사가 어지러웠다. 종일 누웠다 앉았다 했다.

초2일 계유. 맑음. 오늘은 선친(이정 李貞)의 생신이다. 슬프게 사모하고 그리운 생각에 눈물이 흐르는 것도 깨닫지 못했다. 늦게 활 10순을 쏘았다. 또 철전(鐵箭) 5순, 편전(片箭) 3순을 쏘았다.

초7일 무인. 흐리되 비는 오지 않았다. 경상수사(권준 權俊)와 두 조방장(박종남 朴宗男, 신호 申浩) 및 충청수사(선거이 宣居怡)가 왔다. 방답(장린 張麟)과 사도(김완 金浣) 등에게 명령하여 편을 갈라 활을 쏘게 했다. 경상우병사(김응서 金應瑞)에게 온 유지(諭旨)에, '전화(戰禍)가 나라를 참혹케 하고, 원수(怨讎)는 종묘 사직에 남아 있어, 신(神)의 부끄러움과 사람의 원통함이 천지에 사무쳤건만, 아직도 요망한 기운을 속히 쓸어 버리지 못하여 모두 극히 통분하도다. 무릇 혈기를 가진 자로서, 어느 누가 팔을 걷어붙이고 마음을 썩히면서 그 놈의 살을 저미고자 아니 하리오. 그대는 원수와 마주 진치고 있는 장수로서 조정의 명령도 없이 함부로 적과 대면하여 감히 패악한 역적의 말을 늘어놓고, 또 자주 사사로운 편지를 통하며, 놈들을 높이고 아첨하는 태도가 현저할 뿐더러, 서로 화친하자는 말이 명나라 조정에까지 다다랐다. 부끄러움을 끼치고 사이를 벌려 놓기에 조금도 꺼림이 없이 했으니, 군법에 부쳐도 모자랄 것이 없건마는 오히려 너그러이 용서하고 돈독히 타일러 책망하여 경고하기를 분명히 했었다. 그럼에도 미혹함이 더욱 심하여 스스로 죄 구덩이로 빠져 들어가니, 내 보기에는 심히 해괴하고 또 그 까닭을 알 수가 없다. 그래서 이제 비변사(備邊司) 낭청(郎廳) 김용(金涌)을 보내어 구두로 내 뜻을 전하니, 그대는 마음을 고치고 각별히 삼가하여 후회할 일을 하지 말라' 하였다. 이것을 보니 놀랍고 황송함을 이길 길이 없다. 김응서(金應瑞)는 어떤 사람이기에 스스로 회개하여 다시 힘쓴다는 말을 듣지 못하였다. 만일 그에게 쓸개가 있다면 반드시 자결하였을 것이다.

초10일 신사. 맑음. 몸이 몹시 불편했다. 늦게 우수사(이억기 李億祺)를 만나 서로 이야기했다. 양식이 모자르나 아무런 계책이 없다는 말을 많이 했다. 참으로 민망하였다. 박조방장(박종남 朴宗男)도 왔다. 몇 잔을 마시고 몹시 취했다. 밤이 깊어 다락 위에 누웠으니, 초승 달빛은 다락에 가득하고, 정회를 스스로 이길 길이 없었다.

14일 을유. 늦게 개다. 군사들에게 휴가를 주었다. 녹도(鹿島) 송여종(宋汝悰)을 시켜 사망한 군졸들을 제사 지내도록 하여 백미 2섬을 주었다. 이상록(李祥祿), 태구련(太九連), 공태원(孔太元) 등이 들어왔다. 어머님[天只]께서 쾌평하시다 하니 기쁘기 한이 없다.

8 월

27일 정묘. 맑음. 군사 5,480명에게 음식을 먹였다. 저녁때 산봉우

리 높은 곳에 올라가, 적의 진(陣)과 적선들이 다니는 길을 손짓하여 가리켜 보였다. 바람이 몹시 사나왔다. 저녁을 타고 돌아 내려왔다.

9 월

14일 계미. 맑음. 늦게 나가 공무를 보았다. 우수사(이억기 李億祺)와 경상우수사(권준 權俊)가 나란히 와서 작별하는 술잔을 같이 나누고 밤이 깊어 헤어졌다. 선수사(선거이 宣居怡)*와 작별하며 증정한 짧은 시(詩)인 즉, 북쪽에 가서는 쓴 고생을 같이하고, 남쪽에 와서는 죽고 삶을 함께 하더니, 오늘밤 달빛 아래 한 잔 술을 나누면, 내일은 우리 서로 헤어지겠구려.

(이 날의 일기 뒷부분은 아래와 같이 5언 절구 형식으로 되어 있어 그대로 옮겨 본다.)

北去同勤苦 南來共死生
一杯今夜月 明日別離情

*) 선거이(宣居怡)는 이순신의 가장 막역한 친구였으며 이순신보다 5세 연하였다. 그는 1550년(명종 5) 광주(光州)에서 도사(都事) 선상(宣祥)의 아들로 태어나, 1570년(선조 3) 무과에 급제하였으며, 1586년(선조 19) 함경북도 병마절도사 이일(李鎰)의 계청군관(啓請軍官)이 되었다. 그 이듬해 8월에는 녹둔도(鹿屯島)에서 당시 조산만호(造山萬戶)였던 이순신과 함께 여진족을 격퇴하였다. 이순신이 여진족을 격퇴하였을 때, 상관이었던 이일은 자신의 방비에 대한 과오가 드러날까 겁내어 이순신에게 책임을 물어 투옥하였다. 이순신이 투옥되게 되었을 때, 이순신을 걱정하는 선거이의 두터운 우정을 엿볼 수 있는 일화가 남아 있다. 즉, 선거이가 이순신을 찾아와서 손을 잡고 눈물을 흘리며, "술을 마시고 들어가는 것이 좋겠소[飮酒而入可也]"라고 하니, 이순신이 "죽고 사는 것이 천명인데

술은 마셔 무엇하오[死生有命飮酒何也]" 하였다. 선거이가 다시 말하되 "그럼 술은 마시지 않더라도 물이나 마시오[酒雖不飮水則可飮]"라고 했으나, 이순신은 "목이 마르지 않은데 물은 무엇 때문에 마시겠소[不渴何必飮水]" 하며 그대로 들어갔으며 결국 백의종군하게 되었다(李芬, 〈行錄〉). 위 시에서 '북쪽에 가서는 쓴 고생을 같이하고 …'는 이 때의 일을 회상함일 것이다.

임진왜란이 일어나자, 선거이는 전라병사로서 1592년(임진) 12월에 독산산성(禿山山城) 전투에 참가하여 부상을 입었으며, 1593년(계사) 2월에는 전라순찰사 권율(權慄)과 함께 행주대첩(幸州大捷)을 이룸에 큰 공을 세웠다. 1593년 5월 이후에는 이순신과 줄곧 편지를 주고받으며 적을 토벌하는 일을 의논하였으며, 1594년(갑오)에는 곽재우(郭再祐), 김덕령(金德齡)과 함께 장문포해전에서 적을 토벌하였다. 즉, "… 전라병사(선거이 宣居怡)의 편지도 왔는데, 창원(昌原)의 적을 오늘 토벌키로 예정했으나, 흐리고 비가 개지 않아 출동하지 못했다 한다."(계사 5월 27일), "이경복(李景福)이 병사에게 보내는 편지를 가지고 떠났다. …"(계사 7월 19일), "병사의 편지와 명나라 장수의 통첩이 왔는데, …"(계사 7월 20일), 또 "… 저녁에 선병사가 배에 이르렀으므로 본영 배를 타게 했다. …"(갑오 9월 27일), "선병사(兵使, 선거이 宣居怡), 곽재우(郭再祐), 김덕령(金德齡) 등이 떠나갔다. …"(갑오 10월 초7일)와 같이 언제나 일선에서 생사(生死)를 같이하였다. 1595년(을미)에는 충청수사로 부임하여 이순신과 진을 같이하며, 거의 매일 만나 군사 일을 의논함은 물론, 같이 활을 쏘기도 하고, 생일 때는 음식을 나눠 먹으며(을미 7월 25일), 또 이순신이 환도(環刀)를 증정하기도 했다(을미 7월 21일). 선거이가 병들었을 때에는, "… 충청수사가 말을 분명하게 못한다는 말을 듣고 저녁 때에 친히 가서 본 즉, 중태에는 이르지 않았으나 바람과 습기에 많이 상했다. 심히 염려된다."(을미 6월 20일), "… 저녁에 박조방장(박종남 朴宗男)과 함께 충청수사에게로 가서 그 병세를 보니 이상한 점이 많았다."(을미 6월 25일), "아침에 충청수사에게로 가서 문병하니 많이 덜해졌다고 한다. …"(을미 7월 초3일)와 같이 거듭 병문안하여, 이순신의 선거이를 대함이 얼마나 극진했는가를 짐작케 한다. 오늘 날짜인 9월 14일에는 선거이가 황해병사(?)로 전임되어 헤어지게 되었으므로 이억기(李億祺), 권준(權俊) 두 수사와 함께 모여 작별의 술을 나누고, 위와 같은 시를 주고받으며 이별의 정을 나누고 있는 것이다. 다음 날 일기에서, "선수사가 와서 작별을 고했다. 또 작별하는 술잔을 들고 헤어졌다."(을미 9월 15일)고 하여 헤어짐을 못내 아쉬워하고 있음을 알 수 있다. 그 이후 1596년(병신) 9월 24일에, "일찍 떠나서 선병사(宣兵使)의 집에 이르니 선(宣)의 병이 극히 위중하였다. 그 위급함이 가히 염려스러웠다. …"라 하여, 선거이를 병문안한 기록이 있다. 이 즈음에 선거이는 중풍을 앓고 있었던 것으로 보인다(《선조실록》 卷82 병신 11월 7일조 참조). 선거이는 1598년(무술) 선화도(宣化島), 의령(宜寧) 등지에서 적과 싸웠으며, 울산전투에서 명나라 장수 양호(楊鎬)를 도와 왜적과 싸우다 전사하였다.

□ 12월 21일부터 30일까지는 빠졌음.

□ 을미(乙未) 정월 1일부터 12월 20일까지의 기사는 《이충무공전서》 수록의 《난중일기》에는 보이고 있으나 그 원본은 남아 있지 않다.

병신(丙申) 선조 29년(1596), 52세

정 월

12일 기묘. 맑았으나 서풍이 세게 불어 추위가 혹독했다. 새벽 2시쯤, 꿈에 어떤 곳에 이르러 영의정(유성룡 柳成龍)과 함께 이야기했다. 잠시 함께 속 아랫도리[中裳]*를 끄르고 앉았다 누웠다 하면서, 서로 나라를 걱정하는 생각을 털어 놓다가 끝내는 가슴이 막히어 그만두었다. 이윽고 비바람이 퍼붓는데도 오히려 흩어지지 않고 조용히 이야기하는 중에, '만일 서쪽의 적이 급히 들어오고 남쪽의 적까지 덤비게 된다면 임금이 어디로 다시 가시랴' 하고 걱정만 되뇌이며 할 말을 알지 못했다. 앞서 듣건대, 영의정이 천식으로 몹시 편찮다고 하더니 나았는지 모르겠다. 글자점을 던져 보았더니, '바람이 물결을 일으키는 것 같다[如風起浪]'는 괘가 나왔다. 또 오늘중으로 길흉 간에 무슨 소식을 듣게 될지를 점쳐 보니 '가난한 사람이 보배를 얻은 것과 같다[如貧得寶]'는 괘가 나왔다. 이 괘는 참 좋다, 참 좋다. 어제 저녁에 종 금(金)을 본영으로 내보냈는데, 바람이 심히 고약하니 매우 염려된다. 늦게 나가서 각처 서류를 처결해 보냈다. 낙안(선의문 宣義問)이 들어왔다. 웅천현감(熊川縣監, 이운룡 李雲龍)의 보고에 왜선 14척이 거제(巨濟) 금이포(金伊浦, 경남 거제시 장목면 군항포 부근으로 추정)에 들어와서 대고 있다 하기에 경상수사(권준 權俊)로 하여금 삼도의 여

려 장수를 거느리고 가 보도록 했다.

*) 중상(中裳): 국상(國喪)에 종친문무백관이 입는 복제식(服制式)의 하나로서 약간 가는 생베(生布)를 사용하여 만든 것이다(규장각12181, 《호남읍지》 제4책 '강진·해남', 丙申年國恤謄錄, 1895년 편찬, 86-87쪽). 1752년(영조28)에 완성된 《국조상례보편 國朝喪禮補編》(규장각3940)에는 '중상 中裳'은 나오지 않으며 '중의 中衣'에 관한 제식만이 나오는데, 이 두 복식이 동일한 것인지 별개인지의 여부는 확인되지 않고 있다.

2 월

초3일 경자. 맑았으나 바람이 크게 불었다. 홀로 앉아서 아들이 떠나간 것을 생각하고 심회가 스스로 편치 않았다. 아침에 장계를 수정했다. 경상수사(권준 權俊)가 보러 왔다. 그 편에 적량(赤梁, 경남 남해군 창선면 진동리 적량)만호 고여우(高汝友)가 장담년(張聃年)에게 소송을 당한 일로 순찰사가 장계를 올려 파면하려 한다는 글을 보았다. 초저녁에 어란만호(於蘭萬戶)가 견내량(見乃梁)의 복병(伏兵)한 곳으로부터 와서 보고하되, 부산의 왜놈 3명이 성주(星州)에서 항복한 사람을 데리고 복병한 곳에 와서 장사를 하겠다고 한다 하므로, 곧 장흥부사(長興府使, 배흥립 裵興立)에게 전령하여, 내일 새벽에 가서 보고 타일러 쫓으라 하였다. 이 왜적들이 어찌 물건을 사러 온 것이랴. 우리의 허실(虛實)을 엿보려 함이다.

초5일 임인. 아침에 흐리다가 늦게 갰다. 사도(蛇渡, 김완 金浣), 장흥(長興, 배흥립 裵興立)이 일찍 왔기에 조반을 같이 했다. 식후에 권숙(權俶)이 와서 돌아간다 하므로 종이, 먹 2개와 패도(佩刀)를 주어 보냈다. 늦게 삼도(三道)의 여러 장수들을 불러

모아 위로하는 음식을 대접하고, 겸하여 활도 쏘고, 풍악도 울리며 모두 취해서 헤어졌다. 웅천(熊川, 이운룡 李雲龍)이 손인갑(孫仁甲)과 좋아지내던 여인을 데려왔기에 여러 장수들과 함께 가야금 몇 곡조를 들었다. 저녁에 김기실(金己實)이 순천에서 돌아왔는데, 그 편에 (어머님께서) 편안하심을 알게 되니 기쁘고 다행하다. 우수사의 편지가 왔는데 군사에 대한 기일을 늦추기 바란다니, 우습고 한심스러웠다.

14일 신해. 맑음. 늦게 나가서 장계 초안을 수정했다. 동복(同福, 전남 화순군 동복면 독상리)서 군량 대는 유사(有司) 김덕린(金德獜)이 인사차 왔다. 경상수사(권준 權俊)가 쑥떡과 초 한 쌍을 보내 왔다. 새 곳간에 지붕을 이었다. 낙안(선의문 宣義問)과 녹도(송여종 宋汝悰) 등을 불러서 떡을 먹였다. 얼마 뒤 강진(康津, 이극신 李克新)이 보러 왔기에 위로하고 술을 마셨다. 저녁에 물을 부엌가로 끌어들여 물 긷는 수고를 덜게 했다. 이 날 밤, 바다 달빛은 대낮처럼 밝고, 물결은 비단결 같은데, 혼자서 높은 다락에 기대었노라니 심사가 몹시 어지러워 밤이 깊어서야 잠자리에 들었다. 흥양(興陽, 전남 고흥군 고흥읍)의 유사(有司) 송상문(宋象文)이 와서 쌀과 벼를 합해 7섬을 바치었다.

15일 임자. 새벽에 망궐례(望闕禮)를 행하려다, 비가 부슬부슬 내려 마당이 젖어 행사가 곤란하므로 중지하였다. 어두울 무렵에 들으니 우도(右道)에 항복한 왜놈이 경상도의 왜놈과 짜고서 도망할 계획을 꾸민다 하므로 전령을 놓아 알렸다. 아침에 화살대를 골라내어 큰 살대 111개와 그 다음치 154개를 옥지(玉只)에게 주었다. 아침에 장계 초안을 수정했다. 늦게 나가 공무를 보는데 웅천(이운룡 李雲龍), 거제(안위 安衛), 당포(안이명 安

以命), 옥포(이담 李曇), 우우후(이정충 李廷忠), 경상우후(이의득 李義得)가 같이 보러 왔다가 돌아갔다. 순천의 둔전에서 추수한 벼를 내가 직접 보는 앞에서 받아들였다. 동복(同福)의 유사(有司) 김덕린(金德獜), 흥양(興陽)의 유사 송상문(宋象文) 등이 돌아갔다. 저녁때 사슴 한 마리와 노루 두 마리를 사냥해 왔다. 이 날 밤에 달빛이 대낮처럼 밝고 물결이 비단결 같아 누워도 잠이 들지 않았다. 아랫 사람 등은 밤새도록 술에 취해서 노래를 불렀다.

20일 정사. 맑음. 일찍 조계종(趙繼宗)이 현풍(玄風) 수군 손풍련(孫風連)에게 소송을 당하여, 마주 대면하고 공술하기 위해 여기까지 왔다가 돌아갔다. 늦게 나가 서류를 처결하여 나누어 보냈다. 입대에 관한 공문을 사사로이 만든 죄로 손만세(孫萬世)를 처벌했다. 오후에 활 7순을 쏘았는데 낙안(선의문 宣義問)과 녹도(송여종 宋汝悰)가 와서 같이 쏘았다. 비가 오려는 징조가 있었다. 새벽에 몸이 노곤했다.

27일 갑자. 흐리다가 늦게 개다. 이 날 녹도(鹿島, 전남 고흥군 도양읍 봉암리)만호(송여종 宋汝悰) 등과 함께 활을 쏘았다. 흥양(興陽, 최희량 崔希亮)이 휴가를 얻어 돌아갔다. 둔전(屯田)에서 받아들인 벼 2백 20섬은 다시 작석해 보니 여러 섬이 줄었다.

28일 을축. 맑음. 일찍 침을 맞았다. 늦게 (동헌에) 나갔더니, 장흥(長興, 배흥립 裵興立)과 체찰사(體察使, 이원익 李元翼)의 군관이 같이 왔다. 들어 보니, 체찰사의 종사관(從事官)이 낸 전령 때문에 장흥부사를 체포하러 온 것이라 한다. 그리고 또, 전라도 수군내에서 우도(右道) 수군이 좌우도를 왕래하며 제주와 진도를 성원하라는 것이다. 조정의 획책이 이러하니 가소롭다. 체찰사로서 세우는 계획이 이렇게 무작정할 수 있는가.* 국가의 일이 이러하니 어찌 하랴, 어찌 하랴. 저녁에 거제(巨濟, 안위 安衛)를 불러 일을 물어본 후 곧 돌려 보냈다.

*) 동년 3월 12일과 26일 기사에 의하면, 체찰사는 이 날의 처사에 대해 잘못을 인정하고 있다.

30일 정묘. 맑음. 아침에 정사립(鄭思立)에게 보고문을 쓰게 하여 체찰사(이원익 李元翼)에게 보냈다. 장흥(배흥립 裴興立)이 체찰사에게 갔다. 해가 느직해서 우수사(이억기 李億祺)가 보고하기를, 이제 바람도 온화해졌으니 대응책을 세울 시기라, 소속 부대를 거느리고 급히 본도(本道, 전라우도)로 가야겠다고 했다. 그 마음가짐이 극히 해괴스러워서 그의 군관과 도훈도(都訓導)에게 곤장 70대를 때렸다. 수사가 자기 부하를 거느리고 견내량(見乃梁)에 복병하고 있는 그 일에 대해 분하게 생각하는 말을 했으니, 무척 가소롭다. 저녁에 송희립(宋希立), 노윤발(盧潤發), 이원룡(李元龍) 등이 들어왔다. 희립은 술까지 가지고 왔다. 심기가 몹시 편치 않아 밤새도록 허한(虛汗)을 흘렸다.

3 월

12일 기묘. 맑음. 아침식사 후 노곤하여 잠깐 잠을 자고 일어났다. 경상수사(권준 權俊)가 와서 같이 이야기했다. 또 여도(呂島, 김인영 金仁英), 금갑도(金甲島, 가안책 賈安策), 나주(羅州) 판관(어운급 魚雲伋)이 왔는데 군관들이 술을 내놓았다. 저녁에 소국진(蘇國秦)이 체찰사(이원익 李元翼) 처소에서 돌아왔는데, 회답 내용은 우도 수군을 모두 본도로 보내라는 것은 본의가 아니었다고 한다. 가소롭다. 또 들으니, 원흉(元兇, 원균 元均)은 곤장 40대를 맞고, 장흥(배흥립 裴興立)은 20대를 맞았다고 한다.

26일 계사. 맑고 남풍이 불었다. 늦게 나갔더니 조방장(김완 金浣)과 방답(장린 張麟), 녹도(송여종 宋汝悰)가 와서 활을 쏘고 경상수사도 와서 이야기했다. 체찰사의 전령이 왔는데, 전날 우도(右道)의 수군을 돌려 보내라고 한 것은 회계(回啓, 임금의 하문에 대답하는 글)를 잘못 본 까닭이라는 것이었다. 아주 가소로웠다.

4 월

초3일 기해. 맑았으나 종일 동풍이 불었다. 어제 저녁 견내량에 있는 복병의 급보에, 왜놈 4명이 부산(釜山)으로부터 장사하러 나왔다가 바람 때문에 표류한 것이라 하므로, 새벽에 녹도만호(鹿島萬戶) 송여종(宋汝悰)을 보내어 그 사유(事由)를 물어 다스리고 타일러 보내려고 했다. 그러나 그 정황을 살펴보니, 정탐하러 왔던 것이 분명하므로 참수하였다. 우수사(이억기 李億祺)에게 가보려다가 몸이 불편하여 가지 못했다.

19일 을묘. 맑음. 습열(濕熱)로 인해 침을 20여 군데 맞았다. 속에 번열(煩熱)이 나는 것 같아 방으로 들어와 종일 나가지 않았다. 어둘녘에 영등(永登, 조계종 趙繼宗)이 와보고 돌아갔다. 종 목년(木年)과 금화(今花), 풍진(風振) 등이 와서 나타났다. 이 날 아침 남여문(南汝文)에게서 수길(秀吉, 풍신수길)이 죽었다는 말을 들었다. 기뻐 뛰지 않을 수 없으나 믿을 수가 없다. 이 소문이 진작부터 퍼졌는데 아직 확실한 기별은 오지 않았다.

5 월

5일 신미. 맑음. 이 날 새벽에 여제(厲祭)를 지냈다. 일찍 아침식사를 마치고 나가 공무를 보았다. 회령(會寧, 전남 장흥군 회진면 회진리)만호(민정붕 閔廷鵬)가 교서에 숙배한 후, 여러 장수들이 모여 인사하고, 그대로 들어가 앉아 위로하는 술잔을 네 차례 돌렸다. 경상수사(권준 權俊)가 술 돌리기를 반쯤 했을 때, 씨름[角力]을 붙인 결과 낙안(樂安, 전남 순천시 낙안면 남내리)의 임계형(林季亨)이 으뜸이었다. 밤이 깊도록 즐거이 뛰놀게 했는데 그것은 내 스스로 즐겁자는 것이 아니라, 다만 오랫동안 고생하는 장수와 병사들을 위로하고 피곤을 풀어주자는 생각에서였다.

25일 신묘. 비, 비. 저녁 내내 홀로 다락 위에 앉았으니 정회가 만갈래였다. 우리나라 역사를 읽는데 개탄(慨嘆)할 기록이 많았다[讀東國史 多有慨嘆之志也]. 무재(武才) 등이 만드는 화살로서 흰 굽[白蹄]에 톱질 넣은 것이 1,000개, 흰 굽이 그대로 있는 것이 870개였다.

7 월

13일 무인. 맑음. 명나라 사신을 모시고 따라갈 사람들이 탈 배 3척을 정비하여 오전 10시쯤에 띄워 보냈다. 늦게 활 13순을 쏘았다. 저물녘에 항복한 왜인들이 광대놀이를 차렸다. 장수된 사람으로서는 그대로 둘 것이 못되지만, 진정으로 항복해 온 왜인들이 마당놀음 한 번을 간절히 바라기 때문에 금하지 않았다.

17일 임오. 새벽에 비가 뿌리다 곧 그쳤다. 충청도 홍산(鴻山)에서 큰 도적(이몽학 李夢鶴 일당)이 일어나 홍산원(鴻山倅) 윤영현(尹英賢)이 붙잡히고, 서천(舒川)군수 박진국(朴振國)도 끌려갔다고 한다. 바깥 적을 멸하지 못하였는데, 안 도적이 이러하니 참으로 가슴 아픈 일이다. 남치온(南致溫)과 고성(조응도 趙凝道), 사천(기직남 奇直男)이 돌아갔다.

21일 병술. 맑음. 늦게 나가 공무를 보았다. 거제(안위 安衛)와 나주판관(어운급 魚雲伋), 홍주판관(박윤 朴崙)이 옥포(이담 李曇), 웅천(김충민 金忠敏), 당진포(조효열 趙孝悅)와 함께 왔다. 옥포는 배 만드는 데 쓸 양식이 없다고 하므로, 체찰사 관계의 군량 중에서 2곡(斛)을 내주고, 웅천과 당진포에게는 배 만들 쇠 15근을 함께 주었다. 이 날 아들 회(薈)가 방자(房子) 수(壽)에게 곤장을 때렸다 하기에, 아들을 뜰 아래로 붙들어다가 잘 타일렀다. 밤 10시쯤 땀이 줄줄 흘렀다. 통신사(通信使)가 청하는 표범 가죽을 가져 오라고 본영에 배를 보냈다.

8 월

초1일 병신. 맑음. 새벽에 망궐례(望闕禮)를 행했다. 충청우후(원유남 元裕男), 금갑(가안책 賈安策), 목포(방수경 方守慶), 사도(황세득 黃世得), 녹도(송여종 宋汝悰)가 와서 참석했다. 늦게 파지도(波知島, 충남 서산시 팔봉면 고파도)권관 송세응(宋世應)이 돌아갔다. 오후에 활터에 나가서 말을 달리다가 저물어서 돌아왔다. 부산(釜山)에 갔던 곽언수(郭彦水)가 돌아와서 통신사의 답장 편지를 전했다. 어두울 무렵에 비가 올 징조가 많으므로 비 오기 전에 대비할 일들을 지시했다.

초4일 기해. 맑았으나 동풍이 크게 불었다. 회(薈)는 면(葂), 완(莞)

등과 함께 아내의 생일 헌수잔[獻盃]을 드리기 위해 떠나갔다. 정선(鄭愃)도 나가고 정사립(鄭思立)은 휴가를 얻어서 갔다. 다락에 앉아서 아이들이 떠나는 것을 바라보느라고 몸 상하는 줄도 몰랐다. 늦게 대청에 나가서 활 몇 순을 쏘다가 몸이 몹시 불편하여 활쏘기를 멈추고 안으로 들어왔다. 거북이처럼 몸이 얼어붙어서 바로 옷을 두텁게 하고 땀을 냈다. 저물녘에 경상수사(권준 權俊)가 와서 문병하고 갔다. 밤에는 낮보다 훨씬 더 아파서 신음하며 밤을 새웠다.

21일 병진. 맑음. 식후에 사정(射亭)에 나가 아들들에게 활쏘기를 연습시키고 또 말을 타고 달리면서 활쏘는 것도 연습시켰다. 배조방장(배흥립 裵興立), 김조방장(김완 金浣)이 충청우후(원유남 元裕男)와 함께 와서 같이 점심을 먹었다. 저물어서 돌아왔다.

윤 8 월

10일 갑술. 맑음. 이 날 새벽에 초시(初試) 장을 열었다. 늦게서 면(葂)이 쏜 것은 모두 55보(步), 봉(菶)이 쏜 것은 모두 35보, 해(荄)가 쏜 것은 모두 30보, 회(薈)가 쏜 것은 모두 35보, 완(莞)이 쏜 것은 25보라고 했다. 진무성(陳武晟)이 쏜 것은 모두 55보였다. 합격이었다. 어둘녘에 우수사(이억기 李億祺), 경상수사(권준 權俊), 배조방장(배흥립 裵興立)이 같이 왔다가 밤 10시께 헤어져 돌아갔다.

12일 병자. 맑음. 종일 노(櫓)를 재촉하여 밤 10시쯤에 어머님[天只] 앞에 이르러 보니 백발이 무성하셨다. 나를 보고 놀라 일어나시는데, 기운이 점점 없어져 아침 저녁을 보전하시기 어려웠다. 눈물을 머금고 서로 붙들고 앉아, 밤이 새도록 위로하여 그 마음을 풀어 드렸다.

13일 정축. 맑음. (어머님을) 모시고 옆에 앉아 아침 진지상을 드리니 대단히 기뻐하시는 빛이었다. 늦게 하직 인사를 드리고 본영으로 돌아왔다가, 오후 6시쯤에 작은 배를 타고 밤새 노를 재촉하였다.

14일 무인. 맑음. 새벽에 두치(豆恥)에 다다르니 체찰사(이원익 李元翼)와 부사(한효순 韓孝純)가 어제 벌써 와서 잤다고 한다. 점검하는 곳으로 쫓아가다 소촌찰방(召村察訪)을 만나고 일찍 광양현(光陽縣)에 이르렀다. 지나온 지역이 온통 쑥대밭이 되어 그 참혹함을 차마 볼 수 없었다. 우선 전선(戰船) 정비하는 것을 잠시 면제하여 군사와 백성들이 당하는 노고를 풀어 주어야겠다.

24일 내가 부사(한효순 韓孝純)와 함께 가리포(加里浦, 전남 완도군 완도읍)로 갔더니 우우후(右虞候) 이정충(李廷忠)이 또한 먼저 와 있었다. 같이 남망(南望, 전남 완도군 완도읍 군내리 남망산 망대)에 오르니, 좌우로 적들이 다니는 길과 여러 섬을 역력히 헤아릴 수 있었다. 참으로 한 도(道)의 요충지이나 형세가 극히 외롭고 위태롭기 때문에 부득이 이진(梨津, 전남 해남군 북평면 이진리)으로 옮겨 합친 것이다. 병영(兵營, 전남 강진군 병영면 성남리)에 도착했다. 원공(元公, 원균 元均)의 흉한 행동은 기록하지 않는다.

9 월

8일 신축. 맑음. 나라 제삿날[國忌, 세조대왕의 제삿날]이라서, 새벽에 식사상의 고기 반찬을 먹지 않고 도로 내놓았다. 조반 후 길을 떠나 감목관(나주감목관, 나덕준 羅德駿)에게 가니 감목관과 영광(靈光, 김상준 金尙儁)이 같이 있었다. 국화꽃들 사이에서 술 몇 잔을 마셨다. 저물어서 동산원(東山院, 전남 무안군 현경면 동산리)에 다다라 말에 여물을 먹이고, 말을 재촉하여 임치진(臨淄鎭, 전남 무안군 해제면 임수리)에 다다르니, 8살 먹은 이공헌(李公獻)의 딸이 그 사촌의 계집종 수경(水卿)과 함께 보러 왔다. 공헌을 생각하니 애처로운 마음을 이길 수 없었다. 수경은 버려진 것을 이염(李琰)의 집에서 얻어다 기른 아이였다.

10 월

7일 경오. 맑고 따스했다. 일찍이 (어머님을 위한) 수연(壽宴)을 베풀고 종일토록 즐기니 다행, 다행이다. 남해(박대남 朴大男)는 제사 때문에 먼저 돌아갔다.

9일 임신. 맑음. 서류를 처결하여 보냈다. 종일토록 어머님[天只]을 모셨다. 내일 진중으로 돌아가는 일로 어머님이 퍽 서운해 하시는 기색이었다.

□ 10월 12일부터 정유 3월 그믐까지는 빠졌음.

정유(丁酉) I 선조 30년(1597), 53세

4 월

초1일 맑음. 옥문을 나오게 되었다.* 남문(남대문) 밖 윤간(尹侃)의 종의 집에 이르러 봉(菶), 분(芬)과 울(蔚), 사행(士行), 원경(遠卿)과 함께 한 방에 같이 앉아 오래도록 이야기하였다. 지사(知事) 윤자신(尹自新)이 와서 위로하고, 비변랑(備邊郎) 이순지(李純智)가 보러 왔다. 탄식이 더함을 이길 길이 없다. 지사가 돌아갔다가 저녁 식사 후에 술을 가지고 다시 왔다. 기헌(耆獻)도 왔다. 정으로 권하며 위로하기로 사양할 수가 없어 억지로 술을 마시고 몹시 취했다. 또 영공(令公) 이순신(李純信)이 술병을 차고 와서 함께 취하며 간담하였다. 영의정(유성룡 柳成龍)이 종을 보냈고, 판부사(判府事) 정탁(鄭琢)**, 판서(判書) 심희수(沈禧壽), 찬성(贊成) 김명원(金命元), 참판(參判) 이정형(李廷馨), 대사헌(大司憲) 노직(盧稷), 동지(同知) 최원(崔遠), 동지(同知) 곽영(郭嶸) 등이 사람을 보내어 문안하였다. 취해서 땀이 몸을 적셨다.

*) "왜장을 놓아 주어 나라를 저버렸다"는 치열한 모함으로 파직된 이순신은 2월 26일 함거(檻車)에 실려 서울로 압송되어 3월 4일에 투옥되었다. 그리고 4월 초1일 28일간의 옥고 끝에 석방된 것이다.

1596년(병신) 11월 이순신에 대한 원균의 중상모략이 조정내의 분당(分党)적 시론에 거세게 파급되고 있을 무렵, 왜장 코니시 유끼나가(小西行

長)의 막하 간첩 요시라(要時羅, 본명은 梯七大夫)는 경상우병사 김응서(金應瑞)의 진영을 드나들며, "카또오 키요마사(加藤淸正)가 오래지 않아 다시 바다를 건너올 것이니, 그 날 조선수군의 백전백승의 위력으로 이를 잡아 목을 베지 못할 바 없을 것인 즉, …" 하며 간곡히 권유하였다. 이 요시라의 헌책(獻策)이 도원수 권율(權慄)을 거쳐 조정에 보고되자, 조정 또한 절호의 기회를 놓칠세라 왜간첩 요시라의 계책에 따를 것을 하명하였다.

병사 김응서는 요시라에게 의관(衣冠)을 갖추어 숙배(肅拜)케 한 후 벼슬주는 것을 허락하고, 또 은자(銀子) 80냥을 상으로 내리는 등 조정의 후한 뜻을 전하여 그의 헌책을 치하하였다(《宣祖實錄》, 선조 30년 1월 22일조). (후일 명량대첩으로 이순신에게 하사된 것은 은자 20냥에 불과하였다!)

드디어 1597년(정유) 정월 21일, 도원수 권율이 한산도에 이르러 요시라의 계책대로 하라는 명을 전하였으나, 통제사 이순신은 그것이 필경 왜군의 간교한 유인책일 것이 분명하여, 적의 동향을 탐색하며 함대의 출동을 자제하였다. 도원수가 육지로 돌아간 지 하루 만에 웅천(熊川)에서 알려 오기를 "지난 정월 15일에 왜장 카또오가 장문포에 와 닿았다" 하였고(李芬, 〈行錄〉), 일본측 기록에 따르면 정월 14일(일본력 13일) 카또오는 서생포(西生浦)에 나베시마(鍋島勝茂)는 죽도(竹島)에 각각 상륙한 것이 사실이다(舊參謀本部 編, 《朝鮮の役》, 德間書店, 1965). — 즉, 왜장 카또오는 도원수 권율이 독전차 한산도에 내려오기 7일이나 이전에 이미 상륙했던 것이다.

이 같은 왜군의 반간책(反間策)은 원균이 통제사가 된 후에도 똑같은 방식으로 시도되어, 거듭 적중되었던 것이다(柳成龍, 《懲毖錄》). 다가올 조선 수군의 궤멸은 왜군과 우리 조정의 합작이라 하여 마땅할 것이다! 정유재침(丁酉再侵)은 통제사 이순신의 투옥으로 개막되었던 것이다.

가혹한 문초 끝에 이순신을 죽이자는 주장이 분분하였으나, 이미 죄상의 규명 같은 것은 전혀 중요하지 않았다. 즉, 이 하옥사건은 정치적 모살(謀殺)의 일종이었다. 그러나 이순신은 마침내 판중추부사 정탁(鄭琢, 당시 72세)이 올린 신구차(伸救箚, 구명탄원서)에 크게 힘입어 백의종군(白衣從軍) 하명으로 간신히 특사되었다(**도판 10**은 정탁의 신구차 초고의 한 부분). 이순신 구명의 결정적 역할을 한 정탁은 곽재우(郭再祐), 김덕령(金德齡)을 천거하였으며, 모함으로 억울하게 죽은 김덕령 장군의 구명에도 힘을 쏟은 바 있다(國朝人物考). 유성룡은《懲毖錄》에서 이순신의 처리를 논의하던 어전회의 도중, "정탁만이 말하기를, '순신은 명장입니다, 죽여서는 안됩니다[舜臣名將 不可殺]. …' 하였다."라고 쓰고 있어, 화를 입어 본인의 목숨을 부지하지 못할 수도 있는 정치상황에서 홀로 이순신을 구명하려는 노신(老臣) 정탁의 노력을 엿볼 수 있다.

**) 〈伸救箚〉를 쓴 정탁의 당시 관직명에 대해 유성룡은《懲毖錄》에서 정유년 어전회의 당시 정탁의 관직명을 판중추부사로 쓰고 있으며,《이충무공전서》에 수록되어 있는 이여(李畬)가 다시 쓴 〈伸救箚〉에는 정탁의 직명이 우의정으로 되어 있다. 정탁은 1594년(갑오)에 우의정, 의금부사를 지냈으며, 1599년 관직을 사퇴하였다. 1600년 좌의정에 등용되었으나 고사하여 판중추부사에 임명되었고, 1603(선조 36)년 영중추부사, 1604년 호종공신 3등에 봉해졌다.《조선왕조실록》에는 1597년(정유)에 지중추부사로 언급되어 있으며, 그보다 두 해 앞선 선조 28년(을미) 2월 20일조에는 '領事 鄭琢'이라고 언급되어 있는데, 領事란 의정부, 중추부, 돈령부, 홍문관, 춘추관 등에 두었던 정1품 관직으로서 3정승과 영중추부사, 영돈령부사를 지칭할 수 있어 정탁의 정확한 관직을 알 수는 없다. 한편 이순신은 난중일기에서 정탁을 '鄭二相'(좌찬성, 갑오(1594)년 2월 4일조), '右台'(우의정, 을미(1595)년 4월 12일조)로 부르고 있으며, 병신년 4월 15일조에는 '鄭領府事', 5월 30일조에는 '鄭判府事'로 언급하고 있다. 뿐만 아니라 정유년 옥에서 나왔을 때에는 판부사 정탁[鄭判府事琢]이라고 명확하게 언급하고 있어 이순신은 당시 정탁의 관직을 시종 '判中樞府事'로 인식하고 있음을 알 수 있다. 영중추부사는 의정에서 물러난 대신이

관례적으로 받던 대우직이었고, 물러난 의정이 많을 경우 1인 외에는 판중추부사로 임명된 것을 생각하면 우의정이었던 정탁이 물러난 후 지중추부사에 임명되기 전까지 이순신이 정탁을 영부사, 판부사로 부르는 것은 타당한 호칭이었을 것이다.

2일 **임술. 종일 비, 비. 여러 조카들과 함께 이야기했다. 방업(方業)이 음식을 아주 넉넉하게 차려 왔다. 필공(筆工)을 불러다가 붓을 매게 하였다. 저물녘에 성(城)으로 들어갔다. 정승(유성룡 柳成龍)과 밤새 이야기하고, 닭이 울고서야 헤어져 나왔다.**

3일 **계해. 맑음. 일찍 남쪽으로의 길에 올랐다(도판 11-1 참조). 금오랑(金吾郎, 금부도사의 별칭) 이사빈(李士贇), 서리(書吏) 이수영(李壽永), 나장(羅將) 한언향(韓彦香)은 먼저 수원부(水原府)에 도착하였다. 나는 인덕원(仁德院, 안양시 관양동)에서 말을 먹이고, 조용히 누워서 쉬다가 저물녘에 수원으로 들어가, 경기체찰사(京畿體察使, 홍이상 洪履祥) 수하의 이름도 모르는 병사(兵士)의 집에서 잤다. 신복룡(愼伏龍)이 우연히 왔다가 나의 행색을 보고는 술을 차려와 위로하였다. 부사(府使, 수원부사) 유영건(柳永健)이 나와 보았다.**

4일 **갑자. 맑음. 일찍 출발하여 길에 올랐다. 독성(禿城, 오산시 양산동) 아래에 이르니 판자(判刺) 조발(趙撥)이 술을 갖추고 막(幕)을 설치하여 놓고는 기다렸다. 마시고 취해서 길에 올라 바로 진위구로(振威舊路)를 거쳐 냇가에서 말을 먹였다. 오산(吾山) 황천상(黃天祥)의 집에 도착하여 점심을 들었다. 황(黃)은 내 짐이 무겁다고 말을 내어 실어 보내게 해주니 고맙기가 이를 데 없다. 수탄(水灘)을 거쳐 평택(平澤) 고을 이내**

절손(李內卩孫) 집에 들어가자 주인의 대접이 매우 은근하였다. 잠자는 방이 아주 좁은데 불을 때서 땀이 흘렀다.

5일 을축. 맑음. 해가 뜰 때 길에 올라, 바로 선산(先山, 충남 아산시 염치읍)에 이르렀다. 수목이 거듭 들불[野火]을 겪어 타 죽었으니 차마 볼 수가 없었다. 무덤 아래에서 절하고 곡하였으며[拜哭], 시간이 지나도록 일어나지 못했다. 저녁이 되자 내려와 외가(外家)로 가서 사당(祀堂)에 절했다. 그 길로 뇌(蕾)의 집에 가서 선대의 사당에 곡하고 절하였다. 또한 들으니 남양(南陽) 아저씨가 세상을 떠나셨다고 한다. 저물어 집에 이르러 장인, 장모님의 신위(神位) 앞에 절하고, 곧바로 작은 형님과 여필(汝弼)의 부인인 제수의 사당에 다녀와서 잠자리에 들었으나 심회(心懷)가 편하지 않았다.

6일 병인. 맑음. 멀고 가까운 친척, 친구들이 모두 와서 만났다. 여러 가지 이야기를 하고 돌아갔다.

7일 정묘. 맑음. 금오랑(金吾郎, 이사빈 李士贇)이 아산 고을로부터 오므로 내가 가서 아주 은근히 대접하였다. 홍찰방(洪察訪), 이별좌(李別坐), 윤효원(尹孝元)이 와서 보았다. 금오랑은 흥백(興伯, 변흥백)의 집에서 잤다.

8일 무진. 맑음. 아침에 자리를 차려 남양 아저씨 영전에 곡하고 복을 입었다. 늦게 흥백(興伯)의 집으로 가서 이야기하였다. 강계장(姜稧長)이 세상을 떠났다 하므로 가서 조문하고, 오는 길에 홍석견(洪石堅)의 집에 들러 보았다. 늦게 흥백의 집에 들러 금부도사(금오랑, 이사빈 李士贇)를 만났다.

9일 기사. 맑음. 동네 안에서 사람들이 술병을 들고 와서 멀리 가는 길을 정으로써 위로하므로 거절할 수 없어 몹시 취하여 헤어졌다. 홍군우(洪君遇)가 노래부르고, 이별좌(李別坐) 역시 노래하는데 나는 노래를 들어도 조금도 즐겁지가 않았다. 금부도사는 술을 잘 마셨으나 흐트러짐이 없었다.

10일 경오. 맑음. 아침식사 후 흥백(興伯, 변흥백)의 집으로 가서 금부도사(금오랑, 이사빈 李士贇)와 함께 이야기했다. 늦게 홍찰방(洪察訪), 이별좌(李別坐) 형제, 윤효원(尹孝元) 형제가 보러 왔다. 이언길(李彦吉), 허제(許霽)가 술을 들고 왔다.

11일 신미. 맑음. 새벽 꿈이 매우 번거로워 어찌 할 바를 몰랐다. 덕(德)이를 불러 대략 이야기하고 또한 아들 울(蔚)에게도 말하였다. 마음이 더없이 심란하여 취한 것도 같고, 미친 듯도 하여 마음을 가눌 수가 없으니 이 무슨 징조인가. 병드신 어머님[病親]을 생각하니 눈물이 흐르는 것을 깨닫지 못했다. 종을 보내서 소식을 듣고 오게 했다. 금부도사는 온양(溫陽)으로 돌아갔다.

12일 임신. 맑음. 종 태문(太文)이 안흥량(安興梁, 충남 태안군 근흥면 안흥리)으로부터 들어왔다. 편지를 전하는데 어머님[天只]은 숨이 거의 끊어지려 하시며, 초9일에 위 아래 여러 사람은 무사히 안흥(安興)에 이르러 묵고 있다 한다. 오는 길에 법성포(法聖浦, 전남 영광군 법성면 법성리)에 닿아 자고 있을 때 닻이 끌려 떠내려 가서 두 선박이 엿새동안 서로 헤어졌다 무사히 다시 만났다고 한다. 아들 울(蔚)을 먼저 바닷가로 보냈다.

13일 계유. 맑음. 아침식사 후 어머님 마중을 나가려고 바닷가[海汀]로 나갔다. 도중에 홍찰방(洪察訪) 집에 들러 잠깐 이야기하는 동안 울(蔚)이 애수(愛壽)를 보냈을 때에는 아직 배가 오는 소식이 없다고 했다. 또한 황천상(黃天祥)이 술병을 들고 흥백(興伯, 변흥백)의 집에 왔다고 하므로 홍(洪, 홍찰방)과는 작별하고 흥백의 집에 이르렀다. 잠시 후 종 순화(順花)가 배로부터 와서 어머님[天只]께서는 돌아가셨다고 말한다. 뛰쳐나가 가슴을 치고 뛰며 슬퍼하였다. 하늘의 해조차 캄캄하다. 바로 해암(蟹巖, 충남 아산시 인주면 해암리)으로 달려가자 배가 벌써 와 있었다. 길에서 바라보며 가슴이 찢어지는 슬픔을 이루 다 어찌 적으랴. 뒷날 대강 적었다[追錄草草].

14일 갑술. 맑음. 홍찰방(洪察訪)과 이별좌(李別坐)가 들어와서 곡(哭)하고 관(棺)을 짰다. 관은 본영(本營)에서 준비한 것을 가지고 와서 조그만 흠도 없다고 했다.

15일 을해. 맑음. 늦게 입관(入棺)하였다. 친구 오종수(吳終壽)가 마음을 다해 주니 뼈가 가루가 되더라도 잊지 못하겠다. 관에 대해서만은 하나도 후회가 없도록 잘 되었으니 그나마 다행이었다. 천안(天安)원이 들어와서 행상을 준비해 주고, 전경복(全慶福)씨가 연일 진심으로 상복 만드는 일 등을 돌봐 주니 슬프고 감사함을 어찌 말로 다하랴.

16일 병자. 흐리고 비. 배를 끌어다 중방포(中方浦, 충남 아산시 염치읍 중방리) 앞에 옮겨 대고 영구(靈柩)를 상여 위에 모시고 집으로 돌아왔다. 마을을 바라보며 슬프고 찢어지는 아픔이야 어찌 다 말하랴, 어찌 말하랴. 집에 도착하여 빈소를 차렸다. 비가 억수로 쏟아지며, 나는 기력이 다 하였는데다 남쪽으로 내려갈 길이 또한 촉박하니 부르짖고 또 부르짖어 울었다. 다만 어서 죽기를 기다릴 뿐이다. 천안(天安)이 돌아갔다.

17일 정축. 맑음. 금부도사의 서리(書吏) 이수영(李秀榮)이 공주(公

州)로부터 와서 갈 길을 재촉하였다.

18일 무인. 종일 비, 비. 몸이 몹시 불편하여 나가지 못하고 다만 빈소 앞에서 곡하다가 물러나와 종 금수(今守)의 집으로 왔다. 늦게 계(稧)원들이 나 있는 곳에 모두 모여 곗일을 의논하고 헤어졌다.

19일 기묘. 맑음. 일찍이 길을 떠나며, 어머님 영연(靈筵)에 하직을 고하고 목놓아 울었다. 어찌 하랴, 어찌 하랴. 천지(天地)간에 나 같은 사정이 또 어디 있단 말인가. 어서 죽는 것만 같지 못하구나. 뇌(蕾)의 집에 이르러 선조의 묘당에 하직을 아뢰고 길을 떠났다. 금곡(金谷, 충남 아산시 배방면 중리) 강선전(姜宣傳)의 집 앞에 도착하여 강정(姜晶), 강영수(姜永壽)씨를 만나 말에서 내려 곡(哭)하였다. 길을 떠나 보산원(寶山院, 충남 천안시 광덕면 보산원리)에 이르자 천안(天安)원이 먼저 와 있어, 냇가에서 말을 내려 쉬러 갔다. 임천(林川, 충남 부여군 임천면)군수 한술(韓述)이 서울에서 중시(重試)를 보고 돌아오는 길에 앞길을 지나다가 내가 간다는 소문을 듣고 들어와서 조문하고 갔다. 회(薈), 면(葂), 봉(菶), 해(荄), 분(芬), 완(莞)과 변주부(主簿, 변존서 卞存緖)들이 함께 천안(天安)*까지 따라왔다. 원인남(元仁男)도 와서 인사하기에 작별하고 말에 올라 길을 떠났다. 일신역(日新驛, 충남 공주시 신관동)에 이르러 잤다(도판 11-2 참조). 저녁에 비가 뿌렸다.

*) 이 날 이순신의 남행길은 아산(牙山)을 떠나 금곡(金谷, 충남 아산시 배방면 중리), 보산원(寶山院, 충남 천안시 광덕면 보산원리)을 거쳐 공주(公州) 일신역(日新驛, 충남 공주시 신관동)을 향하고 있다. '천안(天安)'을 군청 관아가 있었던 천안(현재의 천안시)으로 생각할 경우 남행길

은 보산원에서 다시 북쪽으로 거슬러 되올라 가게 되나, 또한 바쁜 걸음을 재촉하는 터에(4월 17일자 일기 참조), 천안을 들러서 다시 내려오는 길(약 24km 거리)을 갔을 이유를 찾기 어렵게 된다(**도판 11-1** 참조). 따라서 여기서의 '천안(天安)'은 '천안시(天安市)' 또는 '천안시 경계'의 의미로 받아들여야 할 것 같다.

20일 경진. 맑음. 공주(公州) 정천동(定天洞)에서 아침을 먹었다. 저녁에 이산(尼山, 충남 논산시 노성면 읍내리)에 들어가자 이 고을 원이 극진히 맞이했다. 관아 동헌에서 잤다. 김덕장(金德章)이 우연히 와서 서로 만나 보았고, 도사(都事, 금부도사 이사빈)도 와서 보았다.

21일 신사. 맑음. 일찍 출발하여 은원(恩院, 충남 논산시 은진면 연서리)에 이르자, 김익(金瀷)이 우연히 왔다고 했다. 임달영(任達英)이 곡식을 거래할 일로 배가 은진포(恩津浦)에 도착하였다고 하는데, 그가 지내온 꼴이 매우 괴상하고 거짓이 많았다. 저녁에 여산(礪山, 전북 익산시 여산면 여산리) 관노(官奴)의 집에서 잤다. 한밤중에 홀로 앉았으니 슬프고 가슴 아픔을 어찌 견디랴, 어찌 견디랴.

22일 임오. 맑음. 낮에 삼례(參禮, 전북 완주군 삼례읍) 역장(驛長)의 집에 도달했다. 저녁에는 전주(全州) 남문(南門) 밖 이의신(李義臣)의 집에 가서 잤다. 판관(判官) 박근(朴勤)이 와서 보았고 부윤(府尹)도 후하게 대접해 주었다. 판관 처소에서 두꺼운 기름종이와 생강(生薑) 등을 보내 왔다.

23일 계미. 맑음. 일찍 출발하여 오원역(烏原驛, 전북 임실군 관촌면 관촌리)에 도착하여 역관(驛館)에서 말을 먹이고 아침식사를 하였다. 잠시 후에 도사(都事)가 왔다. 저물어서 임실현(任

實縣)에 들어가자 고을 원이 예사로이 대접했다. 원은 홍순각(洪純慤)이다.

24일 갑신. 맑음. 일찍 출발하여 남원(南原)에 이르렀다(도판 11-3 참조). 읍에서 15리쯤 되는 곳에서 정철(丁哲) 등과 만나 남원부에서 5리 안에까지 이르러 서로 작별했다. 나는 계속 가서 바로 10리 밖의 동면(東面) 이희경(李喜慶)의 종 집에 이르렀다. 아픈 마음이야 어찌 달래랴.

25일 을유. 비 올 기미가 많음. 아침식사 후 길에 올라 운봉(雲峯, 전북 남원시 운봉면) 박산취(朴山就) 집에 들어갔다. 비가 크게 내리므로 머리를 내놓을 수가 없었다. 그 곳에서 소식을 듣게 되었는데 원수(元帥, 권율 權慄)가 이미 순천(順天)으로 향했다고 한다. 즉시 금오랑(금부도사, 이사빈 李士贇)의 처소로 사람을 보내어 머물러 있게 했다. 고을의 원(남간 南侃)은 병으로 나오지 못했다.

26일 병술. 흐리고 비. 개이지 않음. 일찍 식사하고 길을 떠났다. 구례현(求禮縣)에 이르자 금오랑(金吾郞)은 먼저 와 있었다. 손인필(孫仁弼)의 집에 자리를 잡으니 고을의 원(이원춘 李元春)이 급히 나와 보러 왔다. 대접은 아주 은근하였다. 금오랑 역시 보러 왔다. 내가 금오랑에게 마실 것을 권하도록 고을 주인원에게 청하였더니, 원이 진심으로 대접했다고 한다. 밤에 앉아 있으니, 비통함을 어찌 말로 다하랴.

27일 정해. 맑음. 일찍 출발하여 송치(松峙, 전남 순천시 서면 학구리) 아래에 도착하자 구례(求禮)원(이원춘 李元春)이 점심을 짓도록 사람을 보내 왔으나 도로 돌려보냈다. 순천(順天) 송원(松院)에 이르자 이득종(李得宗)과 정선(鄭瑄)이 와서 안부를 물었다. 저녁에 정원명(鄭元溟)의 집에 이르자 원수(元帥, 권율 權慄)가 내가 도착한 것을 알고는 군관(軍官) 권승경(權承慶)을 보내어 조의를 전하고 또 안부도 물어 왔다. 위로의 말은 자못 정성스러웠다. 저녁에는 이 고을의 원이 보러 오고, 정사준(鄭思竣)도 와서 원공(원균 元均)의 패망(悖妄)스럽고 엉망된 꼴을 많이 말했다.

28일 무자. 맑음. 아침에 원수가 다시 군관 승경(承慶)을 보내어 안부를 묻고, 상중(喪中)이어서 몸이 피곤할 것이므로 기운이 회복되면 나오라 했다고 전해 왔다. 또, 이제 들으니 친근한 군관이 통제영에 있다 하므로 공문과 함께 편지를 보내어 나오게 할 터이니 데리고 가서 간호(看護)케 하라 했다고 전하며 편지와 공문을 만들어 왔다. 부사(府使, 순천부사 우치적 禹致績)의 소실이 세상을 떠났다 한다.

29일 기축. 맑음. 신사과(愼司果)와 응원(應元)이 와서 보았다. 병사(兵使, 이복남 李福男) 역시 원수(元帥, 권율 權慄)의 지시를 듣고 의논할 일이 있어 고을로 들어왔다고 한다. 신사과와 함께 이야기했다.

30일 경인. 아침에 흐리고 저물어 비. 아침식사 후 신사과(愼司果)와 함께 의논하며 이야기하는데, 병사는 머물러 술을 마셨다고 한다. 병사 이복남(李福男)은 아침 식전에 보러 와서 원공(元公, 원균 元均)의 일에 대해 많이 말했다. 감사(監司, 전라감사 박홍로 朴弘老) 또한 원수(元帥)에게 왔다가 군관을 보내어 문안해 왔다.

5 월

초1일 신묘. 비, 비. 신사과(愼司果)가 머물면서 이야기했다. 순사(巡使, 순찰사 박홍로), 병사(兵使, 이복남)가 원수(元帥)가 내려와 있는 정사준(鄭思竣)의 집에 같이 모여 술을 마시며 아주 즐겁게 논다고 한다.

2일 임진. 늦게 맑음. 원수(元帥)는 보성(寶城)으로 가고, 병사(兵使)는 본영(本營)으로 갔다. 순사(巡使)는 담양(潭陽)으로 가는 길에 보러 들렀다 돌아갔다. 부사(府使, 우치적)가 보러 왔다. 진흥국(陳興國)이 좌수영에서 와서 눈물을 흘리며 원(元, 원균)의 처사를 이야기했다. 이형복(李亨復), 신홍수(申弘壽)도 왔다. 남원(南原)의 종 끝돌이[㖠石]가 아산집에서 와서 어머님의 영연(靈筵)이 평안함을 전하고 또한 유헌(有憲, 변유헌)이 그 집안 식구들을 거느리고 무사히 금곡(金谷)에 도착했다고 전했다. 빈 동헌(東軒)에 홀로 앉아 있는데 비통함을 견딜 수 없다.

3일 계사. 맑음. 신사과(愼司果), 응원(應元), 진흥국(陳興國)이 돌아갔다. 이기남(李奇男)이 보러 왔다. 아침에 울(蔚)의 이름을 열(莅)로 고쳤다. 열(莅)은 음(音)이 열(悅)과 같은데, 싹이 터서 생명을 시작하고, 초목(草木)이 무성히 자란다는 것이니 글자의 뜻이 매우 아름답다. 늦게 강소작지(姜所作只)가 보러 왔다가 곡(哭)을 하였다. 오후 4시쯤에 비가 뿌렸다. 저녁에 고을의 원이 보러 왔다.

4일 갑오. 비. 오늘은 어머님[天只]의 생신이다. 슬프고 애통한 마음을 어찌 견디랴. 닭이 울자 일어나 앉아 눈물만 흘렸다. 오후에 비가 크게 내렸다. 정사준(鄭思竣)이 와서 하루종일 돌아가지 않았다. 이수원(李壽元)도 왔다.

5일 을미. 맑음. 새벽 꿈이 매우 어지러웠다. 아침에 부사(府使, 우치적 禹致績)가 보러 왔다. 늦게는 충청우후(忠淸虞候) 원유남(元裕男)이 한산(閑山)으로부터 와서 원공(元公, 원균)의 흉스럽고 패악한 점들을 많이 말했다. 또한 도(道)와 진(陣)에 속한 장수와 병사들이 서로 나뉘어 반목하는데, 그 형세가 장차 어찌 될지를 모른다고 한다. 이 날은 오절(午節, 단오절)인데 천리 밖에 멀리 와서 종군하며, 장례도 못 모시고, 곡(哭)하고 우는 일조차 뜻대로 맞추지 못하니, 무슨 죄와 허물이 있어 이런 갚음을 당하는가. 나와 같은 사정은 고금을 통하여 그 짝이 없을 것이다. 가슴이 찢어지는 듯 아프고, 아프다. 다만 때를 만나지 못한 것이 한(恨)스러울 따름이다.

6일 병신. 맑음. 꿈에 돌아가신 두 형님을 보았는데 서로 부축하시고 통곡하며 하시는 말씀이 '장삿일[襄事]을 치르지도 않고 천리를 종군하고 있으니, 도대체 누가 일을 주관하며, 통곡한들 어찌 하느냐'고 하셨다. 이는 두 형님의 혼령이 천리길을 따라 오신 것이며, 걱정하고 애달파 하심이 이렇게까지 되니 비통함을 금할 길이 없다. 또한 남원(南原)의 추수 감독하는 일을 염려하시는데 이는 무슨 뜻인지를 모르겠다. 연일 꿈자리가 어지러운 것은 돌아가신 혼령들이 말없이 염려하여 주는 터이라 마음 아픔이 한결 더하다. 새벽부터 저녁까지 사무치고 슬픈 마음에, 눈물은 엉기어 피가 되건마는 아득한 저 하늘은 어찌 내 사정을 살펴주지 못하는고, 왜 빨리 죽지 않는가[淚凝成血 天胡漠漠不我燭兮 何不速死也]. 늦게 능성원(綾城倅) 이계명(李繼命)이 역시 상제의 몸으로서 보러 왔다가 돌아갔다. 흥양(興陽)의 종 우노음금(禹老音金), 박수매(朴守每), 조택(趙澤)이 순화(順花)의 처(妻)와 함께 와서 인사했다. 이기윤(李奇胤)과

몽생(夢生)이 왔고, 송정립(宋廷立), 송득운(宋得運)도 왔다가 바로 돌아갔다. 저녁에 정원명(鄭元溟)이 한산(閑山)에서 돌아왔는데 흉한 자[兇人, 원균 元均]의 소행을 많이 이야기했다. 또한 들으니, 부찰사(副察使, 한효순 韓孝純)가 좌수영(左水營)으로 나왔는데 병이 나서 머무르며 몸조리를 한다는 것이다. 우수백(右水伯, 우수사 이억기 李億祺)이 편지를 보내어 조문하였다.

7일 정유. 맑음. 아침에 정혜사(定惠寺) 중 덕수(德修)가 와서 미투리(망혜 芒鞋, 삼이나 모시 등으로 삼은 신) 한 켤레를 바치나 거절하고 받지 아니했다. 두 번 세 번 드나들며 간청하므로 그 값을 주어 보내고 미투리는 바로 원명(元溟, 정원명)에게 주었다. 늦게 송대기(宋大器)와 유몽길(柳夢吉)이 보러 왔다. 서산(瑞山)군수 안괄(安适)도 한산(閑山)에서 와서 흉한 자(원균)의 소행을 많이 말했다. 저녁에 이기남(李奇男)도 왔다. 이원룡(李元龍)은 수영(水營)에서 돌아왔다. 괄(适, 안괄)이 구례(求禮)에 이르러 조사겸(趙士謙)의 수절녀를 사통(私通)하려 했으나 뜻을 이루지 못했다 한다. 놀랍고 놀랍다.

8일 무술. 맑음. 아침에 승장(僧將) 수인(守仁)이 밥짓는 중 두우(杜宇)를 데리고 왔다. 종 한경(漢京)은 일이 있어 보성(寶城)으로 보냈다. 흥양(興陽)의 종 세충(世忠)이 녹도(鹿島)로부터 망아지를 끌고 왔다. 궁장(弓匠) 이지(李智)가 돌아갔다. 이날 새벽 꿈에서 사나운 호랑이를 때려 죽이고 껍질을 벗겨 휘둘렀는데, 이 무슨 징조인지를 모르겠다. 조종(趙琮)이 연(瑌)으로 개명하고서 보러 왔고, 조덕수(趙德秀)도 왔다. 낮에 망아지에 안장을 얹어 정상명(鄭詳溟)이 타고 갔다. 음흉한 원(元均)이 편지를 보내 조문하니 이는 원수(元帥, 권율 權慄)의 명령이었다. 이경신(李敬信)이 한산(閑山)에서 와서 음흉한 원(元, 원균)의 일에 대해 많이 이야기하고, 또 말하기를, 그가 데리고 온 서리(書吏)를 곡식 살 일을 꾸며 육지로 내보내고는 그의 처를 사통하려 하자 그 여자가 악을 쓰며 듣지 않고 밖으로 나와 고함을 질렀다 한다. 원(元均)이 온갖 계략을 다 써서 나를 모함하려 하니 이 역시 운수인가. 뇌물 짐이 서울로 가는 길을 연잇고 있으며, 그러면서 날이 갈수록 나를 헐뜯으니, 그저 때를 못만난 것이 한스러울 따름이다.

9일 기해. 흐림. 아침에 이형립(李亨立)이 보러 왔다가 곧 돌아갔다. 이수원(李壽元)이 광양(光陽)에서 돌아왔고, 순천(順天)의 과거 급제자 강승훈(姜承勳)이 사람을 모으러 왔다. 부사(府使, 순천부사 우치적 禹致績)가 좌수영에서 돌아왔고, 종 경(京)이 보성(寶城)에서 말을 끌고 왔다.

10일 경자. 흐리고 비. 이 날은 태종(太宗)의 제삿날이다. 예로부터 비가 온다고 하더니 늦게 큰 비가 왔다. 박줄생(朴注叱生)이 와서 인사했다. 집 주인이 보리밥을 지어 내왔다. 장님 임춘경(任春景)이 운수를 봐 가지고 왔다. 부사(副使, 부찰사 한효순 韓孝純)는 조문하는 서장을 보내 왔다. 녹도만호(鹿島萬戶) 송여종(宋汝悰)이 삼[麻]과 종이 두 가지를 부의차 보내 왔다. 전라도 순사(巡使, 순찰사)는 백미와 중품미 각각 1곡(斛)씩과 콩, 소금도 구해 놓았는데 군관을 시켜 보내겠다고 말했다.

11일 신축. 맑음. 김효성(金孝誠)이 낙안(樂安)에서 왔다가 곧 돌아갔다. 전 광양(光陽)현감 김성(金惺)이 체상(체찰사)의 군관을 이끌고 화살에 쓸 대나무를 구하러 순천(順天)에 이르렀다가 보러 왔다. 소문을 많이 전하는데, 그 소문이란 것이 모두 흉한 자(원균)의 일이었다. 부사(副使, 한효순)가 온다는 통지가 왔다. 장위(張渭)가 편지를 보내오고, 정원명(鄭元溟)은 보리밥을 지어 내왔다. 장님 임춘경(任春景)이 와서 운수에 대해 이야기해 주었다. 부사(副使)가 부(府, 순천부)에 도착하자 정사립(鄭思立), 양정언(梁廷彦)이 와서 부사가 보러 오겠다 한다고 전했으나 나는 몸이 불편하여 거절했다.

12일 임인. 맑음. 새벽에 이원룡(李元龍)을 보내어 부사(副使, 부찰사 한효순)에게 문안했더니 부사 또한 김덕린(金德獜)을 보내어 문안해 왔다. 늦게 이기남(李奇男), 기윤(奇胤)이 보러 왔다가 도양장(道陽場)으로 돌아간다고 말했다. 아침에 아들 열(莅)을 부사의 처소로 보냈다. 신홍수(申弘壽)가 보러 와서 원공(元公, 원균)에 대한 점을 쳤는데, 첫 괘가 수뢰(水雷) 둔(屯)인데, 천풍(天風) 구(姤)로 변(變)했으니 본체를 이기는 것이라 대흉(大凶), 대흉(大凶)이라 했다. 남해원(南海倅, 박대남 朴大男)이 조문 편지를 보내며 또 여러 가지 물품, 쌀 2(섬), 참기름 2(되), 꿀 5(되), 조 1(섬), 미역 2(동) 등을 보내 왔다. 저녁에 향사당(鄕舍堂)에 가서 부사(副察使, 한효순 韓孝純)와 함께 밤이 깊도록 이야기하고 자정에야 숙소로 돌아왔다. 정사립(鄭思立)과 양정언(梁廷彦) 등이 와서 닭이 운 뒤에 돌아갔다.

13일 계묘. 맑음. 어젯밤 부찰사의 말이 상사(上使)가 보낸 편지에 나에 대한 일을 많이 탄식하고 있더라고 한다. 늦게 정사준(鄭思竣)이 떡을 해왔다. 부사(順天府使, 우치적 禹致績)가 노자를 보내주어 미안, 미안하다.

14일 갑진. 맑음. 아침에 부사(府使, 우치적 禹致績)가 보러 왔다 갔고, 부찰사(한효순 韓孝純)는 부유(富有, 전남 순천시 주암면 창촌리)로 향해 떠났다. 정사준(鄭思竣), 정사립(鄭思立), 양정언(梁廷彦) 등이 와서 모시고 가겠노라고 하므로 조반을 일찍 마치고 길을 떠나 송치(松峙, 전남 순천시 서면 학구리) 밑에 이르러 말을 쉬게 하고, 혼자 바위 위에 앉아 한 시간이 넘도록 곤하게 잤다. 운봉(雲峯)의 박산취(朴山就)가 왔다. 저물녘에 찬수강(粲水江, 전남 순천시 황전면 섬진강)에 이르러 말에서 내려 걸어서 건너가 구례현(求禮縣)의 손인필(孫仁弼)의 집에 이르니, 현감(이원춘 李元春)이 곧 보러 왔다.(도판 11-4 참조).

20일 경술. 맑음. 늦게 김첨지(僉知, 김경로 金敬老)가 보러 와서 무주(茂朱) 장박지리(長朴只里)의 농토가 아주 좋다고 말하였다. 옥천(沃川)에 사는 권치중(權致中)은 김첨지의 서처남인데, 장박지리라는 곳이 바로 옥천 양산창(梁山倉, 충북 영동군 양산면 가곡리) 근처라고 한다. 체상(체찰사, 이원익 李元翼)은 내가 머무르고 있는 것을 듣고 먼저 공생(貢生)을 보내고, 또 군관 이지각(李知覺)을 보내더니, 또 잠시 지나서는 사람을 보내어, 진작 초상 당한 소식을 듣지 못했다가 이제야 듣고 놀라며 애도, 애도한다고 하며 군관을 보내어 조문(弔問)하며, 저녁에 서로 만나 볼 수 있겠는지를 물으므로, 나는 저녁에 당연히 가서 인사 드리겠다고 대답하고, 어둘녘에 들어가서 뵈니, 체상(체찰사)은 소복(素服)을 입고 기다리고 있었다. 조용히 일을 의논하는 중에 체찰사는 개탄해 마지 않았다. 밤이 되도록 이야기하는 중에 '일찍이 임금의 분부가 있었는데, 거기에도 미안스러운 말이 많았는 바, 어떤 살피심인지 미심쩍어, 그 뜻을 알지 못하겠다'고 하며, 또 말하되, '음흉한 자(원균 元均)의 무고하는 소행이 극심하건만 임금이 굽어 살피지 못하니 나랏일을 어찌 하리'하는 것이었다. 나와서 돌아올 때에 남종사(從事, 종사관 남이공 南以恭)가 사람을 보내서 문안하였으나 나는 밤이 깊어서 인사하고 이야기하러 나가지 못하노라고 대답해 보냈다.

21일 신해. 맑음. 박천(博川, 평북 박천군 박천읍) 유해(柳海)가 서울서 내려 와서, 한산(閑山)으로 가서 공을 세우겠다고 했다. 또 말하기를, 오는 길에 은진현(恩津縣)에 이르니, 은진(恩津) 원이 배를 부리는 일에 대해 이야기하더라고 했다. 유(柳)는 또 말하기를, 중한 죄수 이덕룡(李德龍)을 고소한 사람이 옥에 갇혀 세 차례나 형장을 맞고 곧 죽을 것이라고 하니, 놀랍고도 놀라웠다. 또 과천(果川) 좌수(座首) 안홍제(安弘濟) 등은 말과 스무살 난 계집종을 이상공(李尙公)에게 바치고서 풀려 나갔다고 하였다. 안(安)은 본시 죽을 죄도 아닌데, 여러 번 형장을 맞아 거의 죽게 되었다가 뇌물을 바치고서야 석방되었다는 것이다. 안팎이 모두 바치는 뇌물의 다소(多少)로 죄의 경중을 결정한다니, 이러다가는 결말이 어찌 될지 모르겠다. 이야말로 한줄기 돈만 있다면 죽은 사람의 넋도 되찾아온다는 것인가.

24일 갑인. 맑음. 동풍이 종일 크게 불었다. 아침에 광양 고응명(高應明)의 아들 언선(彦善)이 보러 왔다가 한산도 사정을 많이 전했다. 체상(체찰사, 이원익 李元翼)이 군관 이지각(李知覺)을 보내어 안부를 묻고, 경상우도(慶尙右道)의 연해안 지도를 그리고 싶으나 그릴 수가 없으니 본 바대로 그려 보내 주면 다행이겠다고 하므로 나는 거절할 수 없어 대략 그려서 응답했다. 저녁에 비가 크게 쏟아졌다.

6 월

2일 신유. 비가 오다 개이다 함. 일찍 떠나 아침식사를 단계(丹溪, 경남 산청군 신등면 단계리) 시냇가에서 하였다. 늦게 삼가현(三嘉縣, 경남 합천군 삼가면)에 이르니, 현감(신효업 申孝業)은 벌써 산성으로 가고 없어 빈 관아에서 잤다. 고을 사람들이 밥을 지어와 먹으라고 하는 것을 종들에게 먹어서는 안된다고 타일렀다. 삼가현 5리 밖에 홰나무 정자가 있어서 그 아래에 앉아 있노라니, 근처에 사는 노순일(盧錞鎰) 형제가 보러 왔다.

3일 임술. 비, 비. 아침에 떠나고 싶었으나 비가 오는 기세가 이렇듯 하여 쪼그리고 앉아 어찌 할까 망설이는 참에 도원수(도원수의 군관) 유홍(柳泓)이 흥양(興陽)으로부터 와서 길을 이야기하며 떠날 수 없다고 하므로 그대로 묵었다. 아침에 종들이 고을 사람의 밥을 얻어 먹었다는 말을 듣고 종들을 매 때리고 밥쌀은 도로 갚아 주었다.

4일* 계해. 흐리다 맑음. 일찍 떠나려 하는데, 고을의 원(삼가 원, 신효업 申孝業)이 문안장과 함께 노자까지 보내 왔다. 낮에 합천(陜川) 땅에 이르렀다. 고을(경남 합천군 합천읍)에서 10리쯤 떨어진 곳에 괴목정(槐木亭)이 있어 그 곳에서 아침밥을 먹고, 너무 더워서 한동안 말을 쉬고, 5리쯤 가니 앞에 갈림길이 있었다. 한 길은 바로 고을로 들어가는 길이고, 다른 한 길은 초계(草溪, 경남 합천군 초계면 초계리)로 가는 길이다. 그래서 강(江, 경남 합천군 대양면 황강)을 건너지 않고 그대로 가니 10리 남짓한 곳에 원수(元帥, 권율 權慄)의 진(陣)이 바라보였다. 문보(文珤)가 우거하는 집에 들어 묵었다. 개연(介硯, 속칭 '개벼루')으로 오는데, 기암절벽이 천 길이나 되며, 강물

은 굽이 돌며 깊고, 길 또한 건너질러 놓은 다리가 위태로웠다. 만일 이 험한 곳을 눌러 지킨다면, 적이 만 명이라도 지나가기 어렵겠다. 이 곳이 모여곡(毛汝谷)이다.

*) 이 날 이순신이 초계(草溪)땅에 있는 원수 권율의 진에 이르러, 7월 18일 남해안 지역의 사정을 살피러 떠나게 될 때까지 한달 보름 가량 머물게 되는 장소에 대해서 지금까지는 대략, '초계(草溪)의 원수진'이라고만 알려져 있다. 그러나 이 날짜의 일기는 정확하게도 그 자신이 거처하던 곳과 또한 권율(權慄) 원수진(元帥陣)의 위치까지를 가리키고 있다.

이순신은 삼가(三嘉, 경남 합천군 삼가면)를 떠나 합천(陜川)으로 오다가 갈림길에서 황강(黃江)을 건너지 않고[不越江而行], 초계(草溪, 경남 합천군 초계면 초계리)로 향하는 길을 갔었다. 오늘날의 갈림 지점은 경남 합천군 대양면 정양리의 황강가 삼거리로서 다리를 건너 약 1.2km 정도의 거리를 가면 합천읍의 중심부에 이르게 된다. 한편 갈림 지점인 삼거리로부터 동쪽으로 24번 국도를 따라 약 11.5km를 간 위치에 옛 초계현(草溪縣), 현재의 초계면 초계리가 위치하고 있다. 현재의 국도가 당시에도 존재하여 이순신이 이를 따라 갔던 것인지, 아니면 고갯길과 산길로 이루어졌을 수도 있는 어떤 옛길을 따라 갔을지는 더 연구해 봐야 판단될 수 있겠으나, 후자의 경우에도 이동경로의 대략적인 거리는 비슷할 것이며 지름길이라면 더 가까웠을 것으로 추정된다. 이 갈림길로부터 '10리쯤 되는 곳[纔十里]'에 이르러 원수의 진이 보였고, 문보(文珤)의 집에 들었으며, 이후 거처를 한 번 옮겼을 가능성도 있으나 여하간, 그 주인집은 모여곡(毛汝谷)이라는 골짜기에 위치하고 있었다. 즉, 6월 6일의 일기에는, '··· 늦게 모여곡 주인집의 이웃에 사는 윤감, 문익신이 보러 왔다. ···'라고 하였고, 또 6월 24일의 일기에는, '··· 새벽 안개가 사방에 가득하니 골짜기 안에는 분간이 어려웠다. ···'라고 한 바와 같다. 모여곡의 위치에 관련된 또 하나의 지명은 이 날 일기 끝에 언급된 '개벼루[介硯]'라는 지명이다. 이 부분은 기존의 거의 모든 국문번역에서 '고갯길을 타고 오는데[介硯行來]'라는 식으로 번역되고 있으나 앞의 두 글자 '개연(介硯)'을 지명으로 해석하지 않는 한 번역은 난해해지게 된다. 이에 관해서는 6월 26일자 일기에도, '… 황(黃)종사관이 개벼루[犬硯] 강가의 정자에 나왔다가 돌아갔다. …'라고 쓰고 있어, 개벼루를 음에 따라 또는 뜻에 따라 '개연(介硯)' 또는 '견연(犬硯)'으로 기록한 것으로 짐작된다. 이순신은 《난중일기》에서 그 모친이 기거하던 곳인 웅천(熊川, 전남 여천시 시전동)을 기록하면서, '고음천(古音川)'(갑오 정월 11일, 을미 7월 6일, 병신 9월 30일)으로 쓰고 있다. 즉, '고음천(古音川)'의 '古音'은 '곰[熊]'을 음에 따라 한자로 표기한 것이며, 다른 한 글자 '川'은 뜻 그대로 '천(川)'으로 표기한 것이다. 이는 한 글자를 음에 맞추고, 다른 한 글자를 뜻에 맞추어 표기하는 방식인 것으로 보이며, '개연(介硯)'과 '견연(犬硯)'이 동일한 곳인 '개벼루'를 표기하고 있다고 판단할 수 있는 뒷받침이 된다. 따라서 이순신이 기거한 곳은 도원수(권율) 진영의 외곽 지대인 개벼루 부근의 모여곡으로 추정된다.

여기서 언급된 '개벼루[介硯 또는 犬硯]'라는 곳은 현재 합천군 율곡면의 지역주민들이 '개비리' 또는 '개벼리'라고 부르고 있으며, 한자명은 없는 것으로 알려져 있고, 그 위치는 율곡면 문림리와 율곡면 영전리 사이에 위치하는 영전교(永田橋, 강북의 제내리와 연결) 부근의 기암절벽을 이루는 산을 말한다고 한다(합천군 율곡면 면사무소 직원 확인). 현재의 행정상으로는 율곡면 문림리에 속한다. 《난중일기》에 나오는 한자명(介硯 또는 犬硯)으로부터 국문으로 옮길 경우 '개벼루'이나, 경남 지방의 사투리에 의해 '개비리', 또는 '개벼리'로 불릴 것이다(예를 들면, 경상남도 지역에서 '밀가루'를 '밀가리', '국수'를 '국시', '벼슬'을 '비실'이라고 일컫는 것과 유사한 경우). '개비리'의 한자명이 원래 존재하지 않는 것을 이순신이 음에 맞추어 적은 것인지, 아니면 한자명이 전래되어 내려오다 근래에 잊혀진 것인지는 더 조사해 봐야 할 것이다. 이 지역은 위의 강가 삼거리로부터 24번 국도를 따라 약 3.8 ~ 4.9km의 거리에 위치하는 곳이다. 임진왜란 당시의 10리를 오늘날의 미터법으로 환산하는 일 또한 쉽지 않으나 대개 4㎞로 보는 현재의 거리 개념을 따를 수 있다. 한편, 조선 말기의 대동여지도를 주척(周尺)에 근거하여 조사, 분석한다면 10리는 약 5.4㎞에 해당된다는 추정도 있다(李祐炯, 《大東輿地圖의 讀圖》, 광우당, 1990). 어느 척도로 환산하더라도 거리로 판단하는 위치뿐만 아니라 지명에 의해서도 개벼루의 위치는 확실하며, 또한 기암절벽이 있는 점과 남쪽으로 흐르는 황강이 이 부근에서 다시 굽이쳐 북동쪽으로 흐르는 점은 이 날짜의 일기의 묘사와 꼭 일치된다. 다만 합천과 초계로의 갈림길 지점이 합천읍에서 5리 가량인 것으로 일기에 적힌 것에 비해, 현재의 24번 국도가 갈라지는 강가 삼거리가 합천읍에서 약 1.2㎞ 정도의 거리 밖에 되지 않는 것을 의미있는 차이로 간주한다면, 당시의 갈림길은 현재의 삼거리 위치보다 약간 더 남쪽이었을 것이며, 또한 이순신이 현재의 국도길 대신 보다 험한 산길을 통해 모여곡에 이르렀을 가능성도 배제할 수 없다.

일기 내용으로 확인되는 모여곡(毛汝谷), 모여 골짜기의 위치는 개벼루 부근이다. 1998년 졸저의 초판과 이후의 개정판에서는 일기의 행적만으로써 이곳의 위치를 경남 합천군 율곡면 영전리(栗谷面 永田里)로 추정하였으나, 일기 정유 7월 8일조에 언급된 '(모여곡) 집주인 이어해 李漁海'의 10대 직손 이윤형 氏와 후손 이종규 氏가 오늘날 율곡면 매야리(梅也里)에 살고 있음을 이종규 氏가 알려옴으로 인해 모여곡의 위치는 경남 합천군 율곡면 매야리로 확정된다.

도원수 권율이 진치고 있던 곳은 개벼루에서 바라 보이는(약간 내려다 보이는) 율곡면 낙민리 일대의 황강변 평지의 위치로 판단된다. 흔히 알려진 '초계(草溪) 원수진'에서의 초계를 옛 초계현(草溪縣)으로 해석한다면, 옛 초계현의 현 위치인 초계면 초계리 일대에 존재하는 넓은 평지도 진을 칠 수 있었음직한 곳이나, 이 곳은 합천 입구의 갈림길로부터 지나치게 멀리 떨어져 있어 일기에 적힌 거리 치수에 합당치 않을 뿐 아니라, 초계마을 입구에 있는 택정재라는 작은 고개를 넘지 않고서는 지형상 오는 길의 도중에서는 도저히 보이지 않는 위치이므로 일기의 내용에 전혀 부합되지 않는다. 율곡면 매야리, 낙민리 및 초계면 초계리는 임진왜란 당시 모두 초계군에 속하였으며, 따라서 '초계의 원수진'이라고 불린 것은 포괄적인 영내 위치의 의미로써 이해되어야 할 것이다. 1786년 정조대에 발간된 '草溪郡邑誌'(서울대학교 규장각 소장)의 기록에 따르면 율곡면 벽전리(栗谷面 碧田里)에 병영(兵營)이 있었으며, 낙민리(樂民里)에는 역원제도의 일환인 낙민원(樂民院)이 있었다고 하므로 이는 참조할만한 사항이되, 초계의 원수진의 위치는 그 소요 면적과 용수 공급상 등의 여러 조건으로 인해 낙민리 일대의 황강변이 적합하였을 것이다. 6.25 사변 때에도 낙민리 일대의 황강변이 국군 병사들의 야진터로 활용되었다고 한다(2011. 5. 16일자 이종규 씨의 서신).

5일 **갑자. 맑음. 서풍이 크게 불었다. 아침에 초계(草溪)원이 달려왔기에 불러들여 이야기했다. 식후에 중군(中軍) 이덕필(李德弼)도 달려와, 서로 지나간 이야기를 나누었다. 잠시 후에 심준(沈俊)이 보러 왔기에 점심을 같이 했다. 거처할 방을 도배(塗排)했다. 저녁에 이승서(李承緖)가 보러 와서 파수병과 복병들이 도망간 일을 말하였다. 이 날 아침 구례(求禮) 사람과 하동(河東)현감(신진 申蓁)이 보내 준 종과 말들을 모두 돌려보냈다.**

6일 **을축. 맑음. 잠자는 방을 새로 도배하고, 군관의 휴식소 두 칸을 만들었다. 늦게 모여곡(毛汝谷) 주인집의 이웃에 사는 윤감(尹鑑), 문익신(文益新)이 와서 인사하였다. 종 경(京)을 이대백(李大伯)의 처소로 보냈더니 담당 아전이 나가고 없어서 그냥 왔다고 하며, 대백(大伯)도 나를 보러 오고자 한다고 했다. 저녁에 집에 들어갔다. 이 집 과부는 다른 집으로 옮겨 갔다.**

8일 **정묘. 맑음. 아침에 정상명(鄭翔溟)을 보내어 황(黃)종사관(황여일 黃汝一)에게 문안하였다. 늦게 이덕필(李德弼)과 심준(沈**

俊)이 보러 왔고, 고을 원이 그 아우와 함께 보러 왔으며, 원수(元帥, 권율 權慄)를 마중가는 사람들 10여 명도 보러 왔다. 점심 후에 원수가 진(陣)에 이르므로 나도 가서 보았다. 종사관이 원수 앞에 있었고, 원수와 함께 이야기했다.* 한참 있다가, 원수가 박성(朴惺)이 올린 사직하는 글의 초한 것을 보였는데, 박성은 원수(권율 權慄)의 처사에 허술한 데가 있다고 많이 진술하였고, 원수는 스스로 불안하여 체찰사(이원익 李元翼)에게 글을 올렸다는 것이다. 또 복병 등에 관한 사항을 보고 저물어서야 돌아왔다. 몸이 몹시 불편하여 저녁을 먹지 않았다.

*) 이순신은 '백의종군'의 신분으로 드디어 6월 초4일, 초계(草溪)땅에 있는 도원수(권율 權慄)의 진영 안에 도착하였다. 그러나 원수와 직접 만난 것은 6월 초8일이었다. 그 동안 권율은 사람을 보내어 문상(問喪)을 겸해 문안을 전하기는 하였으나, 한산도(閑山島) 이래로 실로 오래간만의 대면이었다. 이순신의 초췌한 모습을 대하는 권율의 표정이 과연 어떠했을까는 알 길이 없으나, 적어도 조정(朝廷)의 중앙 세력이 보장하는 체제측 인사로서 이순신의 백의종군을 공식적으로 받아들이는 덤덤한 태도로 족했을 것이다(권율은 선조 초기의 영의정 권철(權轍)의 아들이며, 임진왜란 이래 병조판서로서 활약, 후일 영의정에 오른 백사(白沙) 이항복(李恒福)의 장인이었다).

이순신 또한 자신에게 주어진 기구한 죄인의 신분으로 병든 전마(戰馬)를 보살피고, 대전(大箭, 총통으로 발사되는 큰 화살)을 다듬고, 또 무밭을 가꾸고 돌보는 등의 담담한 나날을 보내고 있었다. 그러나 달밝은 밤이면 울음으로 지새우며 잠을 이루지 못했다. 한편 그의 결백(潔白)은 거의 결벽증(潔癖症)에 가까운 경우가 많아졌다. 마을 사람들에게 종들의 밥쌀을 갚아 준 것(6월 3일), 중이 바치는 미투리 한 켤레를 거절하다 못해 값을 주어 보낸 것(5월 7일), 보내온 말을 도로 돌려 보내는 등(6월 5

일, 4월 27일). — 그는 객지 노변에서 청천벽력 같은 모친상을 당하고도 빈소만 차려 놓은 채 길을 떠나야만 했던 자식으로서의 자책감에 시달리며, 자신이 처한 비통한 운명을 한탄하지 않을 수 없었다. 그러나 한편 (어찌 생각한다면), 지난 날 갑옷과 전대(戰帶)를 끄르지 못하고 밤을 지새우며, 통제사의 사명과 책임에 빈 틈 없이 임했던 그의 완벽주의(完璧主義)와 정신적인 압박(스트레스)에서 잠시나마 해방된 때가 있었다면 이 시기말고는 없었다.

원수 권율에게는 오래지 않아 또다시 한산도에 내려가 재차 왜간첩 요시라(要時羅)의 계책대로 할 것을 신임 통제사 원균(元均)에게 명령, 독전할 역할이 남아 있었다. 병사(兵使) 김응서(金應瑞)도, 원수 권율도, 물론 조정(朝廷)까지도 왜간첩의 간계(奸計)에 거듭 속고 있었던 것이다(柳成龍, 《懲毖錄》).

15일 **갑술. 맑고 흐리기가 반반. 이 날은 보름[望]인데, 몸이 군(軍)에 있어, 영위를 갖추고 곡(哭)하지 못하니 슬프고 사무치는 정회가 어떠하랴, 어떠하랴. 초계(草溪)원이 떡과 물건을 마련해 보내 왔다. 원수(元帥, 권율)의 종사관(從事官) 황여일(黃汝一)이 군관을 보내어 말을 전하기를, 원수가 오늘 산성으로 (가려) 한다고 했다. 나도 뒤따라 가서 큰 냇가에 이르렀다가, 혹시 다른 의견이 있는가 염려되어 냇가에 앉아서 정상명(鄭翔溟)을 보내어 병(病)이라 아뢰고 그대로 돌아왔다.**

17일 **병자. 흐리되 비는 오지 않았다. 서늘한 기운이 들기 시작하니, 야경이 더욱 쓸쓸하다. 새벽에 일어나 앉으니 아프고 그리움을 어찌 다 말하랴. 아침식사 후에 원수(元帥, 권율)에게로 갔더니, 원공(元公, 원균)의 정직하지 못한 점을 많이 말하고, 또 비변사(備邊司)에서 내려온 공문을 보이며 말하기를, 원균의 장계에 '수군과 육군이 함께 나가서 안골(安骨, 경남 진해**

시 안골동)의 적을 먼저 무찌른 연후에 수군이 부산(釜山) 등지로 진입하겠으니 안골의 적을 먼저 칠 수 없겠습니까' 하였고, 원수(元帥)의 장계에는 '통제사 원(元, 원균)이 전진하고 싶지 않아서, 오직 안골의 적을 먼저 쳐야 한다고만 말하며, 수군의 여러 장수들이 많이들 다른 마음을 품고 있을 뿐더러, 원균(元均)은 거처 안으로 들어가 나오지 아니하므로 절대로 여러 장수들과 계책을 세우지 못할 것이라 일을 망쳐 버릴 것은 뻔합니다'라고 하였다. 원수에게 아뢰어 이희남(李喜男)과 변존서(卞存緖), 윤선각(尹先覺)을 모두 공문으로 독촉해 (전속)오도록 해 달라고 하였다. 돌아올 적에 황(黃)종사관(황여일 黃汝一)이 내려와 묵고 있는 집에 들어가 앉아 한참 동안 의논했다. 내 숙소로 와서 바로 희남(喜男, 이희남)의 종을 의령산성(宜寧山城)으로 보냈다. 청도(淸道)가 파발을 보내어 공문(公文)을 초계(草溪)원에게 보여 주었으니, 실로 양심이 없는 자라 하겠다.

18일 정축. 흐리되 비는 안왔다. 아침에 황종사(종사관, 황여일 黃汝一)가 그의 종을 보내어 문안했다. 늦게 윤감(尹鑑)이 떡을 해가지고 왔다. 명나라 사람 엽위(葉威)가 초계로부터 와서 이야기하는데, '명나라 사람 주언룡(朱彦龍)이 일찍이 일본에 사로 잡혀 있다가 이번에 처음으로 빠져 나왔는데, 적병 10만 명이 벌써 사자마(沙自麻)나 대마도(對馬島)에 왔으며, 행장(行長)은 의령(宜寧)을 거쳐 곧장 전라도를 치고자 하고, 청정(淸正)은 경주(慶州), 대구(大丘) 등지로 진을 옮기고서 안동(安東)땅으로 가려 한다'고 했다 한다. 저물어 원수(권율 權慄)가 사천(泗川) 갈 일을 통지해 왔기에 곧 정사복(司僕, 정상명 鄭翔溟)을 보내어 물었더니, 원수가 수군 일 때문에 사천으로 간다는 것이었다.

19일 무인. 새벽 닭이 세 번 울자 문을 나서 곧 원수(元帥) 진영에 도착할 즈음 이미 날이 훤히 밝았다. 진에 이르니 원수(권율 權慄)와 황종사관(황여일 黃汝一)이 함께 나와 앉았다. 내가 들어가 뵈니, 원수가 내게 원공(원균)의 일을 말하되, '통제(통제사, 원균 元均)의 일은 그 흉함을 말할 수가 없소. 조정에 요청하기를 안골(安骨, 경남 진해시 안골동), 가덕(加德, 부산 강서구 가덕도)을 모조리 무찌른 뒤에야 수군[舟師]이 나가 토벌한다 하니, 이게 무슨 심사겠소. 그럴듯이 핑계대어 진격하지 않으려는 뜻에 불과하기 때문에 사천(泗川)으로 가서 세 수사(三水使, 최호, 이억기, 배설)를 독촉하여 진격하도록 할 예정이오. 통제사(統制使, 원균)는 지휘가 되지를 않소' 하였다. 또한 내가 임금의 분부를 보니, '안골의 적은 경솔히 들어가 칠 것이 못된다'고 하였다. 원수가 나간 후, 황종사관과 함께 이야기했다. 한참 후 초계(草溪)원이 왔다. 작별하고 나오려 할 때에 (황종사관이) 초계에게 진찬순(陳贊順)을 심부름 시키지 말라고 말하니 바로 원수부(元帥府)의 병방(兵房) 군관과 원(초계원)이 모두 그렇게 하겠다고 응낙하였다. 돌아올 때, 사로잡혔다가 도망해 온 사람이 나를 따라왔다. 이 날 대지가 온통 찌는 듯 더웠다. 저녁에 작은 워라말[月羅馬]이 풀을 조금 먹었다. 낮에는 군사(軍士) 변덕기(卞德基), 우영리(右營吏) 덕장(德章), 나이가 차서 전역한 아전[老除吏] 변경완(卞慶琬), 18세의 변경남(卞敬男)이 보러 왔고, 진사(進士) 이신길(李信吉)의 아들인 진사(進士) 이일장(李日章)도 보러 왔다. 밤에 소나기가 크게 퍼부어 처마의 낙수가 물을 쏟아 붇는 것 같았다.

24일 계미. 이 날은 입추(立秋)다. 새벽 안개가 사방에 가득하니 골짜기와 산이 분간키 어려웠다. 아침에 수사(水使, 경상수사) 권언경(彦卿, 권준 權俊의 字)의 종 세공(世功)과 종 감손(甘孫)이 와서 무밭에 대한 일을 아뢰었다. 또, 생원(生員) 안극가(安克可)가 보러 와서 세상일을 의논하고 이야기하였다. 무밭을 갈고 씨 뿌리는 일을 돌보는 감관(監官)으로 이원룡(李元龍), 이희남(李喜男), 정상명(鄭翔溟)과 문임수(文林守) 등을 정하여 보냈다. 오후에 합천(陜川)군수(오운 吳澐)가 조언형(曹彦亨)을 보내어 문안 인사를 해왔다. 더위가 찌는 듯 하였다.

26일 을유. 맑음. 새벽에 순천(順天)의 종 윤복(允福)이 와서 보이기에 바로 곤장 50대를 때렸다. 거제(巨濟)에서 온 사람은 돌아갔다. 늦게 중군장(中軍將) 이덕필(李德弼)과 변홍달(卞弘達), 심준(沈俊) 등이 보러 왔다. 황종사관(황여일 黃汝一)이 개벼루[犬硯] 강가의 정자에 나왔다가 돌아갔다. 어응린(魚應獜), 박몽삼(朴夢參) 등이 보러 왔다. 아산(牙山)의 종 평세(平世)가 들어와서 어머님 영연(靈筵)이 평안하시고 각 집의 위아래 분들도 모두 무사하다고 한다. 다만 석달이나 날이 가물어 농사는 틀려 가망도 없다는 것이다. 장삿날은 7월 27일로 가려 정했다가 다시 8월 초4일로 택일했다고 한다.* 그립고 애달픈 생각이 미치자 슬픈 정회를 어찌 다 말하랴, 어찌 말하랴. 저녁에 우병사(右兵使, 김응서 金應瑞)가 체상(體相, 체찰사 이원익 李元翼)에게 보고하되, '아산 이방(李昉)과 청주 이희남(李喜男)이 복병하기를 꺼리어 원수진(元帥陣) 옆에 피해 있다'고 하여 체상(체찰사)이 원수(권율 權慄)에게 공문을 옮겨보내 왔다. 원수는 크게 노하여 공문(公文)을 만들어 보냈는

데, 병사(兵使) 김응서(金應瑞)의 뜻은 알 수가 없었다. 이 날 작은 워라말이 죽어 내다 버렸다.

*) 아들(이순신)의 하옥으로 심병을 얻은 모부인은 순천(順天)에서 아산(牙山)으로 돌아오던 도중 4월 11일 배에서 세상을 떠났다. 지난날 모부인은 훌륭한 어머니였다. ―"조반 후 어머님께 하직을 고하니, '잘 가거라, 나라의 치욕을 크게 씻어라' 하고 재삼 타이르시며, 이별하는 데 조금도 서운한 기색을 보이지 않으셨다. …"(갑오 정월 12일).

4월 초1일 석방된 이순신은 이틀 만에 원수(元帥) 권율(權慄)의 본영이 있는 초계(草溪)로 백의종군의 길을 떠나야 했으며, 아산(牙山)을 지날 때, 즉 4월 13일에 어머니 돌아가신 소식을 듣고 통곡하나, 죄인된 몸으로 성빈(成殯)만 마친 채 바로 떠나야 했다. 즉, 4월 15일 늦게 입관(入棺)하였고, 발인(發靷) 때까지 관(棺)을 모셔 둘 빈소(殯所)를 마련하고, 4월 19일 영연(靈筵) 앞에 곡(哭)하며 하직하였던 것이다.

이순신은 하루도 잊지 않고 빈소를 잘 보살피고 있는지를 걱정하고 있다. 오늘 일기(6월 26일)에서는 장사(葬事) 날짜를 예정했던 7월 27일에서 8월 초4일로 다시 택일했다는 소식을 써넣고 있다. 그러면 모부인의 장사는 별세 이후 3개월 20여일 만에 이루어지는 것이다. ―참고로, 사대부나 고위 관료는 대개가 3월장(葬), 왕족의 경우는 왕명에 따라 가감이 있으나 9개월 내외, 평민들은 5, 7 및 9일장, 그리고 가난한 사람들은 3일장 등으로 장사지냈던 것이 관례였다.

7 월

9일 무자. 맑음. **열(莅)을 아산(牙山)으로 보내서 제사에 쓸 과실들을 감봉(監封)하라고 했다. 늦게 윤감(尹鑑), 문보(文珤) 등이 술을 가지고 와서 열과 변주부(主簿, 변존서 卞存緖)에게 작별 술을 권하고 돌아갔다. 이 날 밤 달빛이 대낮 같은데 어**

머님[親] 그리는 슬픔과 울음으로 밤이 깊도록 잠들지 못했다.

10일 기축. 맑음. 새벽에 열(䓲)과 존서(存緖)를 보낼 일로 앉아 날이 새기를 기다렸다. 일찍 조반을 먹고 정을 스스로 억제하지 못하여 통곡하며 보냈다. 내가 무슨 죄를 지었기에 이 지경에 이르렀는가[吾何造罪 至於此極耶]. 구례(求禮)에서 온 말을 타고 가니 더욱 염려, 염려된다. 열(䓲) 등이 막 떠나자 황(黃) 종사관(황여일 黃汝一)이 또한 와서 한참동안 담론(談論)하였다. 늦게 서철(徐徹)이 보러 왔다. 정상명(鄭翔溟)이 종이로써 마혁(馬革) 만들기를 끝냈다. 저녁에 홀로 빈 방에 앉아 있노라니, 정회가 심히 혼란하여, 밤이 깊도록 잠을 못이루고 밤새도록 뒤척거렸다.

15일 갑오. 비가 오다 개다 함. 늦게 조신옥(趙信玉), 홍대방(洪大邦)과 여기 있는 윤선각(尹先覺) 등 9명을 불러 떡을 차려 먹였다. 아주 늦어서 중군(中軍) 이덕필(李德弼)이 왔다가 저물어 돌아갔다. 그에게서 들으니, 수군[舟師] 20여 척이 적에게 패했다는 것이다. 통분, 통분하다. 막아 낼 방책이 없으니 심히 한스럽다. 어두워서 비가 크게 내렸다.

16일 을미. 비가 오다 그치다 하며 종일 흐리고 개지 않음. 아침식사 후에 손응남(孫應男)을 중군(中軍, 중군장 이덕필) 처소로 보내어 수군 소식을 들어 보게 했더니 곧 돌아와 중군의 말을 전하는데, 우병사(右兵使)의 긴급 보고로 보아 불리한 일이 많다고 하면서도 갖추어 말하지 않더라는 것이다. 한탄스런 일이다. 늦게 변의정(卞義禎)이란 사람이 서과(西果, 西瓜, 수박) 두 덩이를 가지고 왔다. 그 사람이 꼴답잖아 우직하고 용렬하다. 두메에 박혀 사는 사람이라 배우지 못하고 가난해서 저절로 그렇게 되는 것이나, 이 역시 순박하고 후한 태도이다. 이 날 낮에 이희남(李喜男)을 시켜 칼을 갈게 했는데, 아주 잘 들어 적장의 맨대가리를 찍어 벨 만했다. 소나기가 갑자기 쏟아졌다. 아들 열(茷)이 길 가기에 고생될 것을 많이 생각하니 마음이 놓이지 않아, 묵묵히 생각할 따름이다. 저녁에 영암(靈岩) 송진면(松進面)에 사는 사삿집 종 세남(世男)이 서생포(西生浦, 울산 울주구 서생면 서생리)로부터 알몸으로 왔기에 그 까닭을 물어 보니, '7월 초4일 전(前) 병사(원균)의 우후(虞候, 이의득 李義得)가 타고 있던 배의 격군이 되어, 초5일에 칠천량(漆川梁, 경남 거제시 하청면)에 이르러 자고 초6일에 옥포(玉浦, 경남 거제시 옥포동)로 들어갔다가, 초7일 날이 밝기 전에 말고지[末串]를 거쳐 다대포(多大浦, 부산 사하구 다대동)에 이르자 왜선 8척이 정박해 있어서 여러 배들이 바로 돌격했더니, 왜인은 남김없이 뭍으로 내려가고 빈 배만 걸려 있어 우리 수군들은 그것을 끌어내어 깨뜨리고 불질렀습니다. 그 길로 부산 절영도(絶影島, 부산 영도구 영도) 바깥 바다로 향하다가 무려 천여 척의 적선과 마주쳤는데 대마도(對馬島)로부터 건너오는 것이었습니다. 서로 싸우려 했더니 왜선은 흩어져 회피하므로 끝내 잡지 못하였고, 세남(世男)이 탄 배와 다른 배 6척은 배를 제어하지 못하고 표류하여 서생포 앞바다에 닿아 뭍으로 내릴 때 거의 다 살육당하고 세남만은 혼자서 나무숲 속으로 들어가 기어서 목숨을 건져 간신히 여기까지 왔습니다'라는 것이었다. 듣고 있자니 참으로 놀랄 일이다. 우리나라가 믿는 것은 오직 수군밖에 없는데, 수군이 이러하니 다시는 더 가망이 없다. 이래저래 생각할수록 분한 가슴이 찢어지는 듯하다, 찢어지는 듯하다. 선장(船將) 이엽(李曄)은 적에게 사로잡혔다 하니 더욱더 통분, 통분하다. 손응남(孫應男)이 집

으로 돌아갔다.

18일 정유. 맑음. 새벽에 이덕필(李德弼)이 변홍달(卞弘達)과 함께 와서 전하기를, 16일 새벽 수군이 밤 기습을 당해 통제사 원균(元均)을 비롯하여 전(전라)우수사 이억기(李億祺), 충청수사(최호 崔湖) 및 여러 장수들과 많은 사람이 해를 입고 수군이 크게 패했다고 한다. 듣자 하니 통곡이 터져 나와 원통함을 이길 길이 없었다. 이윽고 원수(元帥, 권율 權慄)가 와서 말하기를, '일이 이미 이 지경에 이르렀으니 어찌, 어찌할 바를 모르겠다'고 하였다.* 오전 10시경까지 이야기했으나, 뜻을 정할 수가 없었다. 나는, 내가 직접 해안 지역으로 가서 듣고 본 뒤에 방책을 정하겠노라고 하였더니, 원수는 그렇게 좋아할 수가 없었다. 나는 송대립(宋大立), 유황(柳滉), 윤선각(尹先覺), 방응원(方應元), 현응진(玄應辰), 임영립(林英立), 이원룡(李元龍), 이희남(李喜男), 홍우공(洪禹功) 등을 데리고 길을 떠났다(도판 12-1 참조). 삼가현(三嘉縣)에 이르니 새로 부임한 원이 나와서 기다리고 있었다. 한치겸(韓致謙)도 와서 오래 이야기하였다.

*) 도원수 권율이 몸소 이순신의 거처로 찾아온 것은 이 날이 처음이었다. 즉, 이틀 전인 7월 16일 야밤(달이 밝았다고도 한다), 통제사 원균이 이끄는 조선 함대는 칠천량(漆川梁)에서 왜 함대의 계획적인 기습을 받아 제대로 싸워 보지도 못한 채 크게 패하였다. 원균은 도원수의 명령으로 아무런 계책도 없이 출동하였다가 7월 9일 절영도(絶影島) 앞바다에서 접전하였으나, 큰 풍랑을 만나 표류하는 등, 전세가 불리하여 황망히 후퇴하려 하였으나 배들이 이산되어 일부는 서생포(西生浦) 앞바다에서 왜군에게 패몰되었고, 주력 함대는 가덕도(加德島)에 이르렀으나 적의 복병을 만나 손실을 입고 황급히 칠천량(칠천도)으로 회진하였던 것이다. 며칠

후 왜 수군의 밤 기습을 당하여 백전백승을 기록한 무적 함대는 하룻밤 사이에 무참히 괴멸되었다. 여러 배에서 치솟는 불길과 연기가 오래도록 밤하늘을 덮었다고 한다. 수 척의 거북선도 이 원균의 패전과 그 운명을 같이하였다. 경상우수사 배설(裵楔)만이 몇 척(10척?)의 전선을 이끌고 한산도로 빠져 나왔다가 전라도 쪽으로 도망했다.

이번에도 왜장 코니시(小西行長)와 그의 부하 요시라(要時羅)의 간계(奸計)가 병사(兵使) 김응서(金應瑞), 도원수 권율을 통하여 전과 똑같은 방식으로 적중된 셈이었다. 다만 차이가 있었다면, 명색이 통제사인 원균을 곤장을 쳐서 강제로 출동케 한 도원수의 체통 잃은 독전이라 할 것이다. ―수군의 참패로 전국에 치명적인 파탄이 초래되었으나, 조정(朝廷)도 도원수도 속수무책이었다. 책임을 묻는 사람도 없었고, 책임을 뉘우칠 양심은 더 더욱 없었다. …

전라우수사 이억기(李億祺)를 비롯하여 왕년에 이순신의 휘하에서 공이 많았던 역전의 장령들이 조리없는 고전 끝에 전사하였다. 원균은 배를 버리고 육지로 몸을 피했으나, 왜병의 추격을 받아 살해되었다 한다. 그의 죽음도 전사임에는 틀림없었다. 그의 패전의 공은 난 후에 이루어진 조정의 논공행상에서 높이 평가되어, 선무(宣武) 일등공신에 이름을 더할 사후의 영광을 기다리고 있었다(상과 벌의 뒤바뀜은 예나 지금이나 당파와 체제의 명분 유지용으로 사용된 필수의 수단이 아니었던가).

21일 **경자. 맑음. 일찍 떠나 곤양군(昆陽郡, 경남 사천시 곤양면 성내리)에 이르니 군수(郡守) 이천추(李天樞)는 고을에 있었고, 백성들도 많이 제 고장에 있어 혹은 올벼를 거두기도 하고, 혹은 보리밭을 갈기도 했다. 점심 후 노량(露梁, 경남 하동군 금남면 노량진)에 이르니 거제원(巨濟倅) 안위(安衛)와 영등(永登, 영등포만호) 조계종(趙繼宗) 등 10여 인이 와서 통곡하였고 피해 나온 군사와 백성들도 울부짖지 않는 이가 없는데, 경상수사(慶尙水使, 배설 裵楔)는 피해 달아나서 보이지 아니했**

다. 우후(虞候) 이의득(李義得)이 보러 왔기에 패전의 정황을 캐물었다. 모든 사람들이 울며 말하기를, '대장(大將) 원균(元均)이 적을 보자 먼저 뭍으로 내려 달아나고 여러 장수들도 모두 따라 뭍으로 내려가 이 지경에 이르렀다'라는 것이었다. 대장(大將)의 잘못을 말하는 것이, 입으로 형용할 수가 없는데 그 살점이라도 뜯어 먹고 싶다고들 했다. 거제의 배 위에서 자면서 거제원(巨濟倅)과 새벽 2시경까지 이야기했다. 조금도 눈을 붙이지 못해 안질(眼疾)에 걸렸다.

8 월

초1일 기유. 큰 비가 내려 물이 불어남. 늦게 이찰방(察訪, 이시경 李蓍慶)이 보러 오고 기신옥(起信玉, 趙信玉의 착오), 홍대방(洪大邦) 등이 보러 왔다.

초2일 경술. 잠시 맑음. 홀로 수루의 툇마루에 앉았으니 사무치는 회포가 어떠하랴. 비통함을 이기지 못했다. 이 날 밤 꿈에 임금의 명령을 받들 징조가 있었다.

3일 신해. 맑음. 이른 아침에 선전관(宣傳官) 양호(梁護)가 뜻하지 않게 들어와 교서(敎書)와 유서(諭書)를 가져 왔는데, 분부의 내용인 즉, 겸삼도통제사(兼三道統制使)의 임명이었다. 숙배(肅拜)한 뒤에 받자온 서장(書狀)을 써서 봉해 올리고 곧 길을 떠나 바로 두치(豆恥, 경남 하동군 하동읍 두곡리) 가는 길로 들어섰다. 오후 8시경 행보역(行步驛, 경남 하동군 횡천면 여의리)에 이르러 말을 쉰 다음, 자정이 넘어 길에 올라 두치에 이르니 먼동이 트려 했다. 박남해(南海, 남해원 박대남)가 길을 잃고 강정(江亭)으로 잘못 들어갔으므로 말에서 내려 불러 왔다. 쌍계동(雙溪洞, 경남 하동군 화개면 탑리)에 이른 즉, 모가 난 돌들이 흩어져 있고, 새로 온 비에 물이 넘쳐 간신히 건넜다. 석주(石柱, 전남 구례군 토지면 송정리)에 이르자 이원춘(李元春)과 유해(柳海)가 복병하여 지키다가 나와서 보고 적을 토벌할 일에 대해 많이 이야기하였다. 저물어서 구례현(求禮縣)에 이르렀는데 경내가 모두 쓸쓸하였다(도판 12-2 참조). 성 북문 밖의 전날 (머문) 주인집에서 잤는데 주인은 이미 산골로 피란했다는 것이었다. 손인필(孫仁弼)이 곧 보러 왔는데 벼곡식까지 지고 왔으며, 손응남(孫應男)은 그 전에 이른 감[柹]을 갖다 바쳤다.

7일 을묘. 맑음. 이른 아침에 길에 올라 곧바로 순천(順天)으로 가는데(도판 12-3 참조), 길에서 선전관(宣傳官) 원집(元潗)을 만나 임금의 분부를 받았다. 병사(兵使, 이복남 李福男)의 군대가 모조리 무너져 줄지어 돌아가고 있으므로 말 세 필과 활, 화살을 약간 빼앗아 왔다. 곡성(谷城) 강정(江亭, 전남 곡성군 석곡면 유정리)에서 잤다.

8일 병진. 새벽에 떠났다. 아침식사를 부유창(富有倉)에서 먹었는데, 병사(兵使, 이복남 李福男)가 이미 명령하여 불을 질러 버렸다. 광양원(光陽倅) 구덕령(具德齡), 나주판관(羅州判官) 원종의(元宗義), 옥구원(沃溝倅, 김희온 金希溫) 등이 근처에 숨어 있다가 내가 왔다는 것을 듣고 나와, 배경남(裵慶男)과 함께 급히 달려 구치(鳩峙, 전남 순천시 주암면 접치)에 같이 이르렀다. 내가 내려가 앉아 명령을 전달하자, 한꺼번에 나와 절을 하였다. 나는 피해 다니는 것을 들어 책망을 하니 모두 그 죄를 병사(兵使) 이복남(李福男)에게로 돌리는 것이었다. 곧 길에 올라 순천(順天)에 이르니 성 안팎이 인적 하나 없이 쓸

쓸했다. 중 혜희(惠熙)가 와서 인사하기에 의병장[義將]의 직첩을 만들어 주고, 또 총통(銃筒) 따위는 옮겨 묻어 두라고 지시했다. 장편전(長片箭)은 바로 군관들이 나누어 갖도록 명령하고, 그 부(府, 순천부)에서 눌러 잤다.

21일 기사. 맑음. 새벽 전에 곽란(藿亂)이 일어 몹시 앓았다. 차게 해서 그런가 싶어 소주(燒酒)를 마셨더니, 이윽고 인사불성이 되어 깨어나지 못할 뻔했다. 밤내 앉아 새웠다.

22일 경오. 맑음. 곽란(藿亂)이 점점 심해져 기동할 수가 없었다.

23일 신미. 맑음. 통증이 지극히 심해 배에 머무르는 것이 불편하기로 배를 버리고 바다에서 나와 묵었다.

25일 계유. 맑음. 그대로 동일한 곳(어란)에 머물렀다. 아침식사 때, 당포(唐浦, 경남 통영시 산양읍 삼덕리)의 보자기[鮑作]가 놓아 먹이던 소를 훔쳐 끌고 가면서 헛소문을 퍼뜨리되, 왜적이 왔다, 왜적이 왔다고 하는 것이었다. 나는 이미 그것이 거짓임을 알고 헛소문 퍼뜨린 두 명을 잡아 곧 목베어 효시(梟示)하게 하니 군중(軍中)이 크게 안정되었다.

28일 병자. 맑음. 적선 8척이 뜻밖에 들어오니 여러 배들이 겁을 집어 먹고 달아나려 하고 경상수사(배설 裵楔)도 피해 달아나려고 했다. 나는 꼼짝않고 있다가 적선이 다가오자 명령하여 각지기(角指旗)를 세워 뒤쫓으니 적선은 물러갔다. 갈두(葛頭, 전남 해남군 송지면 갈두리)까지 쫓다가 돌아왔다. 저녁에 장도(獐島, 전남 해남군 송지면 내장)로 옮겨 머물렀다.

9 월

7일 을유. 바람이 비로소 그침. 탐망(探望) 군관 임중형(林仲亨)이 와서 고하기를, 적선 55척 가운데 13척이 이미 어란(於蘭, 전남 해남군 송지면 어란리) 앞바다에 이르렀는데, 그 뜻이 (우리) 수군에 있는 것이라 했다. 그래서 각 배에 엄하게 타일러 경계토록 했다. 오후 4시경 적선 13척이 바로 진치고 있는 곳으로 향해 왔다. 우리 배도 닻을 올리고 바다로 나가 마주 공격하며 나아가니, 적선은 배를 돌려 바삐 도망쳤다. 먼바다까지 쫓아 가는데, 바람과 물결이 함께 거슬리므로 배를 부릴 수 없어 벽파진(碧波津, 전남 진도군 고군면 벽파리)으로 되돌아왔다. 밤 습격이 있을 것 같았는데, 밤 10시경 적선이 포를 쏘면서 밤 습격을 해왔다. 모든 배들이 겁을 먹고 있는 것 같으므로 다시 엄하게 영을 내리고 내가 탄 배가 곧바로 적선을 향해 달려들며 포를 쏘아대니 적의 무리는 능히 당해 내지 못하고 자정경에 달아나 버렸다. (이들은) 전에 한산(閑山)에서 승리를 얻은 자들이다.

9일 정해. 맑음. 이 날은 9일(중양절 重陽節)이다. 군사를 먹이려는 참에 마침 부찰사(副察使)의 군량에 이어서 제주 소 5마리가 왔다. 녹도(鹿島, 녹도만호 송여종 宋汝悰)와 안골포(安骨浦, 안골포만호 우수 禹壽)에게 그 소를 잡게 하여 장수와 병사들에게 먹이고 있을 때 적선 2척이 감보도(甘甫島, 전남 진도군 고군면 감부도)로 곧장 들어와 우리 배의 많고 적음을 염탐하는 것이었다. 영등만호(永登萬戶) 조계종(趙繼宗)이 끝까지 뒤쫓았으나 잡지는 못했다.

14일 임진. 맑음. 북풍이 크게 불었다. 임준영(任俊英)이 육지를 정탐하고 달려와 말하기를, 적선 55척이 벌써 어란(於蘭) 앞바다에 들어왔다고 했다. 또한 사로잡혀 갔다가 도망쳐 온 중걸(仲

乞, 김중걸 金仲傑)의 말을 전하기를, '중걸은 이 달 초6일 달마산(達磨山, 전남 해남군 송지면)으로 피란갔다가 왜적에게 사로잡혀 묶인 채 왜의 배에 실렸는데, 이름을 모르는 김해(金海) 사람이 그 처소에서 왜장에게 청을 해서 결박을 풀어 주더니, 밤에 그 김해 사람이 귀에다 대고 가만히 말하기를, (왜놈들이 하는 말이) 조선 수군 10여 척이 우리 배를 뒤쫓아 혹은 사살하고 혹은 배를 불질렀으니 보복을 하지 않을 수 없다. 여러 배를 불러 모아 수군을 모조리 죽인 뒤 곧바로 경강(京江)으로 올라가자고 하더라'는 것이다. 비록 이 말을 모두 믿을 수는 없으나, 또한 그럴 까닭이 없는 것도 아니었다. 그래서 우수영(右水營, 전남 해남군 문내면)으로 전령선(傳令船)을 보내어 피란민들을 (뭍으로) 올라가게 하도록 타일렀다.

16일 갑오. 맑음. 이른 아침 망군(望軍)이 와 보고하기를 무려 200여 척의 적선이 명량(鳴梁, 전남 해남군 문내면과 진도군 군내면 사이)을 거쳐 곧바로 진치고 있는 곳으로 들어온다고 했다. 여러 장수를 불러 모아 약속을 되풀이하여 설명한 다음 닻을 올리고 바다로 나가니, 적선 133척이 우리 배를 에워쌌다. 대장선[上船]이 홀로 적선 속으로 들어가 포환(炮丸)과 화살[矢]을 비바람같이 쏘아내건만 여러 배들은 바라만 보면서 진군하지 않아 사태를 헤아릴 수 없게 되었다. 배 위에 있는 군사들이 서로 돌아보며 질려 있기로 나는 부드럽게 타이르되, 적이 비록 천 척이라도 감히 곧바로 우리 배에 덤벼들지 못할 것이니 조금도 동요치 말고 힘을 다해 적을 쏘아라고 했다. 그리고 돌아보니 여러 배들이 이미 1마장(馬場) 가량 물러났고, 우수사(右水使) 김억추(金億秋)가 탄 배는 멀리 떨어져 가물가물했다. 배를 돌려 바로 중군(中軍) 김응함(金應諴)의 배로 가서 먼저 목 베어 효시(梟示)하고 싶었지마는, 내 배가 머리를 돌리면 여러 배가 점점 더 멀리 물러나고 적선이 점점 달려들게 되어 사세(事勢)가 낭패될 것이라 중군(中軍)에게 군령(軍令) 내리는 기와 초요기(招搖旗)를 세워 부르니 김응함(金應諴)이 점차 배를 가까이 해오고, 거제(巨濟, 거제현령 縣令) 안위(安衛)의 배도 왔다. 나는 뱃전에 서서 친히 안위를 불러 말하기를, 네가 그렇게도 군법에 죽고 싶으냐 하고, 다시 안위를 불러, 군법에 감히 죽으려느냐. 물러가면 살 듯 싶으냐 했더니, 안위가 황급히 곧바로 들어와 맞붙어 싸울 때, 적장의 배와 다른 두 적선의 적이 안위의 배에 개미같이 달라붙고, 안위의 격군 7, 8명이 물에 빠져 헤엄을 치니 거의 구하지 못할 것 같았다. 그래서 나는 배를 돌려 바로 안위의 배가 있는 데로 들어갔다. 안위의 배 위의 군사들은 죽기를 무릅쓰고 마구 쏘아대고 내 배의 군관들도 빗발같이 마구 쏘아대어 적선 두 척의 적을 남김없이 섬멸하니 천행, 천행이다. 우리를 에워쌌던 적선 31척도 쳐 깨뜨리자 모든 적들은 당해 내지 못하고 다시는 범하려 들지 못했다. 이 곳에 머무르려 했으나 물이 빠져 배를 정박시키기가 어려워 건너편 …포(…浦)로 진을 옮겼다가 달빛을 타고 당사도(唐笥島, 전남 신안군 암태면)로 옮겨 밤을 지냈다.

□ 정유일기Ⅰ은 10월 8일까지만 쓰여 있다. 정유일기Ⅱ는 8월 4일 이전의 친필초가 유실되어 있는 것으로 보이므로, 그 시작 날짜가 언제인지 분명하지가 않다.

정유(丁酉)II 선조 30년(1597), 53세

8 월

6일 갑자. 맑음. 아침식사 후에 길을 떠나 옥과(玉果, 전남 곡성군 옥과면 옥과리) 경계에 이르니 순천(順天)과 낙안(樂安, 전남 순천시 낙안면 남내리)의 피란민들로 길이 가득 찼으며, 남자 여자가 서로 부축하고 가는 것이 참혹해 볼 수가 없었다. (그들은) 외쳐 울면서 사또가 다시 오셨으니 이제는 우리가 살았다고 하였다. 길 옆에 큰 홰나무 정자가 있기에 내려 앉아서 말을 쉬게 했다. 순천 이기남(李奇男)이 보러 와서 장차 자기 시체가 어느 도랑 구덩이에 버려질지 모르겠다고 하였다. 옥과현(玉果縣)에 이르니, 원은 병이라 하고 나오지 않았다. 정사준(鄭思竣), 사립(思立)이 먼저 와서 관아 문 앞에 기다리고 있고, 조응복(曹應福), 양동립(梁東立)도 나를 따라 이리로 왔다. 나는 병을 핑계로 나오지 않는 고을 원(옥과 원)을 붙잡아 내다가 곤장을 치려고 하였더니, 원 홍요좌(洪堯佐)가 미리 그 뜻을 알고 급히 (나왔다).

8일 병인. 맑음. 새벽에 떠나 바로 부유(富有)로 오다가 중도에서 이형립(李亨立)을 병사(兵使, 이복남 李福男)에게로 보냈다. 부유(富有)에 이르니, 병사(兵使) 이복남(李福男)이 벌써 부하들을 시켜 불을 질렀기 때문에 재만 남아 있어 보기가 참담하였다. 점심 후에 구치(鳩峙, 전남 순천시 주암면 접치)에 이르

니, 조방장(助防將) 배경남(裴慶男), 나주판관(羅州判官) 원종의(元宗義), 광양현감(光陽縣監) 구덕령(具德齡)이 복병한 곳에 있었다. 저물녘 순천부(順天府)에 (이르니), 관사(官舍)와 창고 곡식[倉穀]이 그대로 여전하고, 군기(軍器) 따위를 병사(兵使, 이복남)가 처치하지 않은 채 달아나 버렸으니 놀랍고도 놀라웠다. 상동(上東)* (땅)에 들어가니 사방이 적막한데, 오직 혜희(惠熙)라는 중이 와서 인사할 뿐이었다. 그에게 승병(僧兵)의 직첩을 주고, 군기(軍器) 중 장편전(長片箭)은 군관들에게 져 나르게 하고, 총통(銃筒)과 운반하기 어려운 잡다한 것들은 (깊이 묻고 표를 세워 두라고 하였다). 눌러 상방(上房)에서 잤다.

*) 이순신은 이 날 새벽 석곡강정(전남 곡성군 석곡면 유정리)을 떠나 부유(富有, 전남 순천시 주암면 창촌리), 구치(鳩峙, 전남 순천시 주암면 행정리 접치)를 거쳐 저녁 무렵에 순천부(順天府, 전남 순천시)에 도달하며, 이는 대략 오늘날의 22번 국도를 따라 내려와 순천시에 이른 것으로 생각한다면 크게 어긋나지 않을 것이다. 순천부 경내를 통과하여 이후, 저녁 혹은 야간의 행로로써 낙안(樂安, 전남 순천시 낙안면 남내리)으로 향하는데(8월 9일자 일기와 **도판 12-3** 참조), 이는 오늘날 순천시 남부의 덕월동에서 낙안으로 향하는 가장 가까운 길인 818번 지방도로를 택한 것으로 보인다. 그리고 도중에 '上東' 땅에 들어갔다. 이 곳에서 중 혜희가 와서 인사하자 승병의 직첩을 주고, 병기들을 묻어 두도록 하는 지시도 한 후 눌러 잤다는 것이다. 이로부터 이 '上東'이라는 지역을 추정해 본다면, 순천에서 낙안으로 향하는 도중의 어느 지점일 것이며, 저녁 혹은 야간의 이동이었을 것이므로 빠른 속도로 이동하지 못했을 터이라, 순천을 벗어나 멀리 오지 못하였을 것이다. 그러나, 여기서의 '上東'이라는 지역은 현 지도는 물론이고 조선 말기의 대동여지도나 지방군현지도에서도 찾을 수 없는 지명이다. 한편 순천에서 낙안으로 향하는 길에 만나는

첫 지역은 '上沙', 즉 현재의 전남 순천시 상사면(上沙面)으로서 조선 말기에도 '上沙'로 불렸음이 지방군현지도(서울대학교 규장각 소장, 1872년 제작 추정)로부터 확인된다. 따라서 '上東'은 현재의 '上沙' 위치로 추정된다. 그러나 '上東'이 '上沙'의 옛 지명인지는 밝혀지지 않고 있다.

9일 **정묘. 일찍 떠나 낙안군(樂安郡, 전남 순천시 낙안면 남내리)에 이르니 관사(官舍)와 창고 곡식[倉穀]과 병기(兵器)가 모두 타버렸다. 관리(官吏)와 마을 백성들로 눈물을 흘리지 않고 말하는 이가 없었다. 이윽고 순천부사(順天府使) 우치적(禹致績), 김제군수(金蹄郡守) 고봉상(高鳳翔)이 산골짜기로부터 와서 병사(兵使, 이복남 李福男)의 엉망된 처사를 모두 말하면서, 그 하는 짓을 짐작해 보면 패망(敗亡)할 것이 알 만하다고 했다. 점심 후 길에 올라 10리쯤에 이르니 노인들이 길가에 늘어서서 다투어 술병을 가져다 바치는데 받지 않으면 울면서 억지로 권하는 것이었다. 저녁에 보성(寶城) 조양창(兆陽倉, 전남 보성군 조성면 조성리)에 이르렀다. 사람은 하나도 없고 창고 곡식은 봉쇄한 채 옛 그대로 있으므로, 군관 네 사람을 시켜 맡아 지키게 하였다. 나는 김안도(金安道)의 집에서 잤다. 그 집 주인은 이미 피란 떠나고 없었다.**

10일 **무진. 맑음. 몸이 몹시 불편하여 그대로 머물렀다. 배동지(同知, 배흥립 裵興立)도 같이 묵었다.**

12일 **경오. 맑음. 아침에 장계(狀啓) 초고를 수정하였다. 늦게 거제(巨濟, 안위 安衛), 발포(鉢浦, 소계남 蘇季男)가 들어와 명령을 들었다. 그 편에 배설(裵楔)의 겁내어 두려워하는 꼴을 들으니 괘씸하고 한탄스러움을 이기지 못하겠다. 권세있는 집안에 아첨하여 제가 감당치 못할 지위에까지 올라 나라의 일을**

크게 그르치건만 조정에서 살피지 못하고 있으니 어찌 하랴, 어찌 하랴. 보원(보성원 寶城倅)이 왔다.

19일 정축. 맑음. 여러 장수들에게 명하여 교유서(敎諭書)에 숙배케 했다. 배설(裵楔)은 교유서를 받들어 맞이하지 않으니 그 심사가 참으로 놀랍다. 이방(吏房)과 영리(營吏)에게 곤장을 때렸다. 회령만호(會寧萬戶) 민정붕(閔廷鵬)은 위덕의(魏德毅)* 등에게서 술과 음식을 얻어먹고 전선(戰船)을 사사로이 내준 까닭에 곤장 2(20)대를 때렸다.

*) 피란인(避亂人) 위덕의(魏德毅, 1540(중종 34)~1613(광해군 5), 호는 청계(聽溪))는 이순신보다 3년 앞선 1573년(선조 6)에 생원시(生員試)에 합격한 인물이다. 임진년(1592)에는 의주로 가서 피란중이던 선조에게서 주부(主簿)에 제수되고, 영남 운향관(運餉官)이 되어 임지에서 군량의 운반을 감독하다 형조좌랑(刑曹佐郎)으로 승진하였다. 이후의 난중 행적은 불분명하나, 정유일기I의 같은 날짜 기록(정유 I 8월 19일)을 보면, 벼슬이 있는 자이되 이순신에 의해 '피란인(避亂人)'으로 불리고 있음은 주목할 만하다.

위덕의에 대한 문헌상의 기록으로는, 명나라 장수 여응종(呂應鍾)이 극찬하여 이르기를 "공이 살고 있는 곳에 천관산(天冠山)이 있으니 승경(勝景)이 동국(東國)의 으뜸이요. 사람은 관산인(冠山人)이 있으되 위덕의(魏德毅)가 있어 가히 보배로다"라고 하고 후에 〈동정기 東征記〉에 쓰기를 "柳成龍의 충성강개(忠誠慷慨), 李德馨의 소년영기(少年英氣), 魏德毅의 치축험조(馳逐險阻), 李恒福, 申湜, 崔致遠, 禹倬, 鄭夢周 등이 이름 있는 현인이다."라 하였다(《湖南節義錄》, 《湖南誌》). 여기서 '치축험조(馳逐險阻)'란 '험하게 막힌 것을 달려들어 물리친다'는 뜻으로서, 군량 운반에 관련된 일종의 해결사적인 의미의 업적 평가로 보이기도 하나, 극찬에 적당한 연유는 확실치 않다. 그런데 이 날짜의 기사를 보면, 회령포만호 민정붕은 위덕의의 술과 음식 등에 매수되어, 전선(戰船)을 사적(私的) 용도에 이용하도록 내주었다가 때마침 당도한 통제사 이순신에게 발각되어 곤장 20대의 처벌을 받고 있다. 여기서, 위덕의의 사적 용도란 전선을 이용할 정도로 규모있는 전란중의 상거래임을 의미할 것이며, 그의 솜씨있는 장사 수완은 명나라 장수 여응종의 찬사와도 무관치 않은 것으로 짐작될 뿐이다.

20일 무인. 맑음. **포구(浦口)가 좁아서 이진(梨津, 전남 해남군 북평면 이진리) 아래 창사(倉舍, 전남 해남군 북평면 남창리)로 진을 옮겼는데, 몸이 몹시 불편하여 음식도 먹지 못하고 신음(呻吟)하였다.**

21일 기묘. 맑음. **새벽 2시쯤에 곽란(霍亂)이 일어났다. 차게 한 탓인가 하여 소주를 마셔 다스리려 했다가 인사불성에 빠져 거의 구하지 못할 뻔했다. 토하기를 10여 차례나 하고 밤새도록 고통을 겪었다.**

22일 경진. 맑음. **곽란으로 인사불성, 기운이 없고 또 뒤도 보지 못하였다.**

23일 신사. 맑음. **병세가 몹시 위급하여*** **배에서 거처하기가 불편하고, 또 실상 전쟁터도 아니므로 배에서 내려 포구 밖에서 묵었다.**

*) 8월 20일에 발병하여 4일동안 음식을 폐하고, 계속 구토와 곽란, 인사불성으로 신음하는 등의 고통을 호소하고 있다. ―이것은 내과 전문의의 증상 진단에 따르면, 극심한 신체적 과로와 극도의 정신적 압박에서 비롯된 일종의 신경성 위장(胃腸) 반응이며 '급성 위염(胃炎)'의 증상군에 속하는 병상이다(전 경찰병원 내과과장 최동수 박사의 소견, 1979). 다행히도 다음 날에는 함대를 이끌고 바다 가운데로 나간다.

비록 12척이나[尙有十二], 이미 지난 날의 패기와 군율을 되찾아 막강한 왜수군과 맞싸울 결의를 다지며 남해 서쪽 바다를 힘차게 누비고 있었다!

24일 임오. 맑음. 아침에 괘도포(掛刀浦)에 이르러 조반을 먹고 낮에 어란(於蘭) 앞 바다로 나왔다. 곳곳이 모두 비어 있었다. 바다 가운데서 잤다.

25일 계미. 맑음. 그대로 머물고 있었다. 아침식사 때, 당포(唐浦)의 어부가 피란민의 소 두 마리를 훔쳐 끌고 와서는 잡아 먹고자 적이 왔다고 거짓말을 외쳤다. 나는 이미 그런 줄을 알고 배를 굳게 매고 움직이지 않고 있다가 그 자들을 잡아 오게 했더니 과연 예상한 바와 같았다. 군대내의 정상은 안정되었으나, 배설(裵楔)은 이미 도망쳐 나갔다. 거짓말한 두 사람은 목을 잘라 두루 효시했다.

28일 병술. 맑음. 새벽 6시경에 적선 8척이 불의에 덤벼들어 여러 배들이 겁을 먹고 물러서려고만 하는 것 같았다. 나는 조금도 동요하지 않고 각지기(角指旗)로 지시하여 추격을 명령하니 여러 배들은 피하지 못하고 일시에 쫓아 갈두(葛頭, 전남 해남군 송지면 갈두리)까지 이르렀다. 적선이 멀리 도망가므로 더 쫓지 않았다. 뒤따르던 배가 50여 척이라고 했다. 저녁에 장도(獐島, 전남 해남군 송지면 내장)*에 진을 쳤다.

*) 이 날 이순신이 진(陣)을 치는 장도(獐島)는, 무술년 9월부터 순천 왜교 앞바다에서 전투하게 되는 곳의 장도(獐島, 전남 여천군 율촌면 장도)와는 동일한 지명이나 상이한 위치이다. 1994년 해남문화원(海南文化院)에서 발간한 《海南傳來地名總覽》을 보면, 해남군(海南郡) 송지면(松旨面) 내장리(內長里)의 옛 이름이 '안노리섬[內獐] : 東峴 북쪽에 있는

마을'이라고 기술되어 있다. 여기서 동현(東峴)이란 해남군 송지면 동현리를 일컫는다. 이로부터 내장(內長)의 옛 이름은 안노리섬[內獐]이었으며, 임진왜란 당시의 섬(노루섬 : 獐島)이 언제부턴가 육지화되어 오늘에 이른 것으로 추정된다. 이 곳의 위치는 이순신이 며칠 전에 진(陣)을 쳤던 어란(於蘭)으로부터 북쪽으로 약 5㎞ 정도 떨어진 곳이다.

30일 **무자. 맑음. 그대로 벽파진(碧波津, 전남 진도군 고군면 벽파리)에 머물고 있으면서 정찰병들을 나누어 내보냈다. 늦게 배설(裵楔)은 적이 많이 올 것을 염려해서 도망하려 했으나 자기 관하의 여럿이 지시를 구하기도 하고, 또 나도 그 속 사정을 잘 알지만 드러나지 않은 일을 먼저 드러내는 것은 장수(將帥)로서 할 방법이 아니므로 참고 있을 즈음, 배설이 제 종[奴]을 시켜 뜻하는 바를 이르기를, 병세가 극히 심하여 조리를 하겠다고 하였다. 내가 육지로 내려가서 조리하라고 처결해 보냈더니 설(楔)은 우수영(右水營)에서 육지로 내려갔다.**

9 월

7일 **을미. 맑음. 탐망 군관(探望軍官) 임중형(林仲亨)이 와서 보고하기를, 적선 55척 중에 13척이 이미 어란(於蘭, 전남 해남군 송지면 어란리) 앞바다에 와 닿았는데, 그 뜻이 반드시 우리 수군에 있는 것이라 하므로 여러 장수들에게 군령을 전하여 재삼 경계토록 하였다. 오후 4시경 적선 13척*이 과연 이르렀다. 우리 여러 배들이 닻을 올리고 바다로 나가 추격하니 적선은 뱃머리를 돌려 피해 도망쳤다. 먼 바다까지 쫓아가다가, 바람과 물결이 모두 역류요, 또 복병선(伏兵船)이 있을 우려도 있어 더 쫓아가지 않았다. 벽파정(碧波亭, 전남 진도군 고군면**

벽파리)으로 돌아와서 여러 장수들을 불러 모아 약속하여 이르기를, 오늘 밤에는 반드시 야습(夜襲)이 있을 것이니 모든 장수들은 각각 미리 알아서 대비할 것이며, 조금이라도 군령을 어기는 일이 있으면 군법에 따르겠다 하고 재삼 타일러 확실히 하고 헤어졌다. 밤 10시경에 과연 야습이 있어 포환(炮丸)을 많이 쏘며 덤볐다. 내가 탄 배가 바로 앞장을 서서 지자포(地字砲)를 쏘니 강산이 흔들렸다. 적들은 범할 수 없음을 알고 네 번 나왔다 물러갔다 하면서 화포만 쏘다가 자정이 지나서야 아주 물러갔다.

*) 위 일기 기사의 '··· 적선 13척'은 아래의 친필초 도판에서 보는 바와 같이 '13척' 또는 '12척'으로의 두 가지 판독이 가능한데, 정유II 9월 14일의 '··· 十餘隻', 정유I 9월 16일의 '··· 一百三十三隻' 등 다른 날짜의 '三', '隻'자 친필의 흘림체를 대조하여 판독한 결과 '13척'으로 판단되었다.

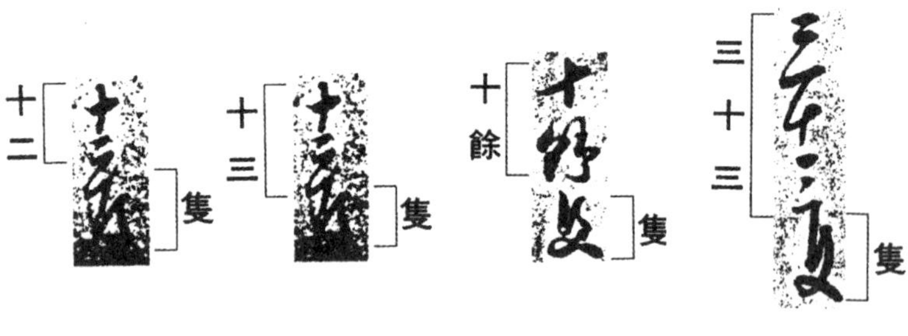

8일 병신. 맑음. 여러 장수들을 불러서 대책을 논의하였다. 우수사 김억추(金億秋)는 겨우 만호(萬戶)에나 합당할까 대장 임무를 맡길 수는 없는데, 좌의정 김응남(金應南)이 서로 정두터운 사이라고 해서 감히 벼슬을 주어 보냈다. 이러고야 조정(朝廷)에 사람이 있다고 할 수 있겠는가. 다만 때를 못 만난 것이 한스러울 따름이다.

9일 정유. 맑음. 이 날은 9일(중양절, 重陽節)이라 일년 중 명절이다. 나는 비록 상제의 몸이지만 여러 장수와 군졸들이야 먹이지 않을 수 없어 제주에서 가져온 소 5마리를 녹도(鹿島, 송여종 宋汝悰), 안골(安骨, 우수 禹壽) 두 만호에게 맡겨 장사(將士)들을 먹일 일을 지시하였다. 늦게 적선 2척이 어란(於蘭, 전남 해남군 송지면 어란리)으로부터 바로 감보도(甘甫島, 전남 진도군 고군면 감부도)로 와서 우리 수군의 많고 적음을 정탐하므로 영등만호(永登萬戶) 조계종(趙繼宗)이 바짝 추격해서 좇아가자 적들은 당황하고 급해지자 배에 실었던 갖가지 물건을 모두 바다 가운데 던져 버리고 달아났다.

11일 기해. 흐리고 비가 올 듯했다. 홀로 배 위에 앉아 (어머님) 그리운 생각에 잠겨 눈물을 흘렸다. 천지(天地)간에 어찌 나 같은 사람이 있으랴. 자식 회(薈)는 내 심정을 알고 몹시 언짢아하였다.

13일 신축. 맑으나 북풍(北風)이 크게 불어서 배가 안정할 수 없었다. 꿈에 이상한 일이 있었다. 임진(壬辰) 대첩(大捷) 때의 꿈과 대강 비슷했다. 이것이 무슨 징조인지 모르겠다.

14일 임인. 맑음. 북풍이 크게 불었다. 벽파(碧波) 맞은 편에서 연기가 오르기에 배를 보내서 싣고 오니 바로 임준영(任俊英)이었다. (그는) 정탐하고 와서 보고하여 이르기를, 적선 200여 척 가운데 55척이 먼저 어란(於蘭, 전남 해남군 송지면 어란리)으로 들어왔다고 했다. 그리고 또 이르기를, 사로잡혀 갔다가 도망쳐 돌아온 김중걸(金仲傑)이 전하는 말 가운데, 중걸은 이달 초6일 달마산(達磨山, 전남 해남군 송지면)에서 왜적에게 붙잡혀서 묶인 채 왜선에 실렸던 바 다행히 임진년에 포로된 김해 사람을 만나 왜장(倭將)에게 빌어서 결박을 풀고 같은 배에서 지낼 수 있었다. 한밤중 왜놈들이 깊이 잠들었을 때 (그 김해 사람이) 귀에다 대고 몰래 이야기하기를, 왜놈들이 모여 의논하는 말이, '조선 수군 10여 척이 우리 배를 추격해서 혹은 쏘아 죽이고 혹은 배를 불태웠으니 극히 통분할 일이다. 각처의 배를 불러 모아 합세해서 모조리 섬멸한 후에 곧장 경강(京江)으로 올라가자' 고 하더라는 것이다. 이 말을 비록 다 믿을 수는 없으나 또한 그럴 까닭이 없는 것도 아니어서 곧 전령선(傳令船)을 보내어 피란민들에게 일러서 (뭍으로) 올라가게 할 것을 급히 명령하였다.

15일 계묘. 맑음. 조수(潮水)를 타고 여러 장수들을 이끌고 진(陣)을 우수영(右水營, 전남 해남군 문내면) 앞바다로 옮겼다. (이는) 벽파정(碧波亭, 전남 진도군 고군면 벽파리) 뒤에 명량(鳴梁)이 있는데, 수효 적은 수군으로 명량을 등지고 진을 칠 수 없기 때문이다. 여러 장수들을 불러 모아 약속하되, '병법에 이르기를[兵法云]* 죽고자 하면 오히려 살고, 살고자 하면 도리어 죽는다[必死則生 必生則死] 하였고, 또 한 사람이 길목을 지킴에, 천 명도 족히 두렵게 할 수 있다[一夫當逕 足懼千夫]는 말이 있는데, 오늘의 우리를 두고 이른 말이다. 너희 여러 장수들이 조금이라도 명령을 어기는 일이 있다면 마땅히 군율(軍律)대로 시행해서 작은 일일망정 용서치 않겠다' 고 재삼 엄히 약속하였다. 이 날 밤 꿈에 신인(神人)이 나타나 가르쳐 주기를 '이렇게 하면 크게 이기고, 이렇게 하면 지게 된다' 고 하였다.

*) 이순신이 병법에서 인용한 '죽고자 하면 오히려 살고, 살고자 하면

도리어 죽는다[必死則生 必生則死]' 그리고 '한 사람이 길목을 지키면, 천 명도 족히 두렵게 할 수 있다[一夫當逕 足懼千夫]'라는 부분은 중국의 전국시대에 오기(吳起, 440? BC ~ 381? BC)가 지은 병법서《오자 吳子》에서 연유한 것으로 지목된다. 즉,《오자》의 第三篇 〈치병 治兵〉 중에 보면, "오자(吳子)가 말하기를[吳子曰], 무릇 병사들의 싸움터는 시체가 뒹구는 곳이다[凡兵戰之場止屍之地]. 죽으려 한다면 오히려 살고, 요행히 살려고 한다면 도리어 죽는다[必死則生 幸生則死]. …"로서 전쟁에 임하는 자세를 논하고 있다. 한편 第四篇 〈논장 論將〉에는, 전쟁의 승리를 위해 장수가 갖출 네 가지 조건 중 하나로서 지기(地機, 지세를 이용함)에 관해 설명하면서, "오자(吳子)가 말하기를[吳子曰], … 길이 좁고 험하며, 높은 산이 크게 가로막은 곳에서는[路狹道險 名山大塞], 열 사람이 지키더라도 천 사람이 통과하지 못하는데[十夫所守 千夫不過], 이를 지기라 한다[是謂地機]. …"라고 설명하고 있다. 또한 第六編 〈여사 勵士〉에는, "이것은 한 사람이 목숨을 걸면 족히 천 명을 두렵게 한다는 것이다[是以一人投命 足懼千夫]. …"라고 하여 유사한 문맥을 표현하고 있다.

16일* **갑진. 맑음. 이른 아침에 별망군(別望軍)이 다가와 보고하기를, '수효를 알 수 없도록 많은 적선이 명량(鳴梁)을 거쳐 곧바로 우리가 진치고 있는 곳을 향해 오고 있다'고 했다. 즉각 여러 배에 명령하여 닻을 올려 바다로 나가니, 적선 130여 척이 우리 배들을 에워쌌다. 여러 장수들은 적은 수로 많은 적을 대적하는 것이라 모두 회피하기만 꾀하는데, 우수사(右水使) 김억추(金億秋)가 탄 배는 이미 2마장 밖으로 나가 있었다. 나는 노를 재촉하여 앞으로 돌진하며 지자(地字), 현자(玄字) 등 각종 총통(銃筒)을 폭풍과 우뢰같이 쏘아대고, 군관들이 배 위에 총총히 들어서서 화살을 빗발처럼 쏘니 적의 무리가 감히**

대들지 못하고, 나왔다 물러갔다 하였다. 그러나 겹겹이 둘러 싸여서 형세가 어찌 될지 알 수 없어 온 배의 사람들이 서로 돌아다 보며 얼굴 빛을 잃고 있었다. 나는 조용히 타이르되, '적선이 비록 많다 해도 우리 배를 바로 침범치 못할 것이니 조금도 마음을 동(動)하지 말고, 다시 힘을 다하여 적을 쏘고 또 쏘아라' 하였다. 여러 장수들의 배들을 돌아본 즉, 먼 바다로 물러서 있는데, 배를 돌려 군령(軍令)을 내리고자 해도 적들이 그 틈을 타서 더 대들 것이라 나가지도 돌아서지도 못할 형편이었다. 호각(互角)을 불어 중군(中軍)에게 군령(軍令)을 내리는 깃발을 세우게 하고, 또 초요기(招搖旗)를 세웠더니 중군장(中軍將) 미조항첨사(彌助項僉使) 김응함(金應諴)의 배가 차츰 내 배로 가까이 왔으며, 거제현령(巨濟縣令) 안위(安衛)의 배가 먼저 다가왔다. 나는 배 위에 서서 친히 안위(安衛)를 불러 말하기를, '너는 군법으로 죽고 싶으냐, 네가 군법으로 죽고 싶으냐, 도망간다고 어디 가서 살 것이냐' 하니, 안위도 황급히 적선 속으로 돌입하였다. 또 김응함(金應諴)을 불러, '너는 중군(中軍)으로서 멀리 피하여 대장을 구원하지 않으니 죄를 어찌 피할 것이냐, 당장에 처형할 것이로되 적세가 또한 급하니 우선 공을 세우게 하리라' 하였다. 그래서 두 배가 앞서 나가자, 적장이 탄 배가 그 휘하의 배 2척에 지시하여 일시에 안위의 배에 개미가 붙듯이 서로 먼저 올라가려 하니 안위와 그 배에 탄 사람들이 모두 죽을 힘을 다하여, 혹은 모난 몽둥이로, 혹은 긴 창으로, 혹은 수마석(水磨石) 덩어리로 무수히 마구 쳐대다가 배 위의 사람들이 거의 기진맥진하므로, 나는 뱃머리를 돌려 바로 쫓아 들어가 빗발치듯 마구 쏘아댔다. 적선 3척의 적이 거의 다 엎어지고 쓰러졌을 때 녹도(鹿島)만

호 송여종(宋汝悰)과 평산포대장(平山浦代將) 정응두(丁應斗)의 배들이 뒤따라 와서 힘을 합해 적을 사살하니, 몸을 움직이는 적은 하나도 없었다. 투항한 왜인 준사(俊沙)는 안골포(安骨浦, 경남 진해시 안골동)의 적진으로부터 항복해 온 자인데, 내 배 위에 있다가 바다를 굽어 보더니 말하기를, '그림 무늬 놓은 붉은 비단 옷을 입은 저 자가 바로 안골포 적진의 적장 마다시(馬多時)요' 했다. 내가 무상(無上, 물긷는 군사) 김돌손(金乭孫)을 시켜 갈구리로 뱃머리에 낚아 올린 즉, 준사(俊沙)가 좋아 날뛰면서 바로 마다시(馬多時)라고 말하므로 곧 명하여 토막토막 자르게 하니, 적의 사기가 크게 꺾였다. 이때 우리 배들은 적이 다시 범하지 못할 것을 알고 북을 울리며 일제히 진격하여 지자(地字), 현자(玄字) 포를 쏘아대니 그 소리가 산천을 뒤흔들었고, 화살을 빗발처럼 퍼부어 적선 31척을 쳐 깨뜨리자 적선은 퇴각하여 다시는 가까이 오지 못했다. 우리 수군은 싸웠던 바다에 그대로 묵고 싶었으나, 물결이 몹시 험하고 바람도 역풍인데다 형세 또한 외롭고 위태로워, 당사도(唐笥島, 전남 신안군 암태면)로 옮겨 가서 밤을 지냈다. 이번 일은 실로 천행이었다[此實天幸].**

*) 1597년(정유) 9월 16일은 이른바 '명량대첩(鳴梁大捷)'의 날이다. ― 난국 수습에 나선 이순신은 해안 지역을 두루 살피며 고을의 관리들과 밤을 지새우며 대책을 논의, 안질(眼疾)에 걸리기도 했다. 마침내 8월 3일, 이순신은 진주(晋州) 땅 운곡(雲谷)에서 삼도수군통제사 재임명의 교서를 받게 되나, 그는 배도 군사도 없는 매우 기구한 통제사였다. "성문들이 다시 열려, 재침의 일본군은 제멋대로 쳐들어 왔다. 참변을 당하자 모든 사람의 눈길은 이순신에게로 쏠렸다. 그는 다시 통제사로 임명되었다. 그러나 무엇을 지휘한단 말인가? 그가 모은 배는 겨우 12척에 불과하였다"

(H. H. 언더우드, 원한경 元漢慶 박사).

이순신은 8월 18일 회령포(會寧浦)에 이르러 칠천량(漆川梁)에서 패해 온 전선(戰船) 10척을 거두었고(李芬, 〈行錄〉), 그 후 2척이 더 회수됨으로써 12척이 되었던 것이다. 명량해전을 앞두고 또 1척이 추가되니 해전 당일에는 모두 13척의 전선이 싸운 것으로 생각된다. 즉, "··· 공(公)은 홀로 상하고 남은 병졸들로써 전선(戰船) 13척을 거느리고 ···"(李恒福, 〈忠愍祠記〉), 또 명나라와의 외교 문서에도 "··· 삼도수군통제사 이순신(李順臣, 李舜臣임)이 급히 아뢰기를, 한산도의 패멸 이후 병선(兵船)과 병기들도 거의 모두 흩어져 없어졌고, 신(臣)이 전라우도 수군절도사 김억추(金億秋) 등과 함께 전선(戰船) 13척과 초탐선(哨探船) 32척을 수습하여 해남현 관내의 해로 입구를 차단하여 본년 9월 16일에 ···"(《事大文軌》, 卷之二十四)라고 되어 있다. 초탐선 32척이란, 아마도 전선의 종선(從船)으로 동원된 숫자인 듯하다.

9월 16일, 이순신은 13척의 전선을 이끌고 지형이 험난하고 협소한 명량해협(鳴梁, 별칭 '울두목')으로 200여 척의 왜함대를 유인, 격파하는데 성공하였다(**도판 13**의 명량해전도 참조). 그는 '죽고자 하면 오히려 살고, 살고자 하면 도리어 죽는다[必死則生 必生則死]'라는 결의를 각 전선의 장령들에게 엄히 촉구하였고, 역조(逆潮, 배와 반대 방향의 조류)에서 사력을 다하여 왜수군의 해협 통과를 저지했으며, 순조(順潮)를 맞이하자 일제히 진격함으로써 적선 31척을 깨뜨렸다. 적선들은 다시는 우리 수군에 가까이 오지 못했다. 이번 승리로 은자(銀子) 20냥이 하사되었다(왜간첩 요시라에게 내렸던 것이 은자 80냥이었으니, 조선 수군을 괴멸시킨 왜간첩의 공이 4배나 컸던가?).

명량대첩은 일본군의 서진북상(西進北上)의 전략을 결정적으로 좌절시킴으로써 전란의 역사적 전기를 마련했던 한산대첩(閑山大捷)과 그 전략적 의의를 같이하고 있으나, 명량해전은 동족의 박해와 역경을 이겨낸 이순신의 초인적 실존(實存)으로 극복된 승리임을 잊어서는 안될 것이다!

해전 후 당사도(唐笥島)로 옮겨 가서 밤을 지낸 함대는 해안을 따라 고군산도 부근까지 계속 북상하며, 육지의 상황을 살피고, 군사들의 휴식도 도모한 것으로 보이나, 무엇보다도 군량의 보급이 시급했을 것으로 추측된다(전선 1척당 군사 130명이 탔으므로, 전선 13척만 하더라도 1,690명임). 말이 정규 수군이나, 사실상 의병의 처지나 다름 없었다. 한편 왜수군의 동향 파악에는 빈틈이 없었으며, 해전 후 20여 일 만에 명량의 우수영으로 되돌아 왔던 것이다. 참고로, 해전 전후의 함대의 이동 경로를 **도판 14-1 ~ 14-4**에 도시하였다.

******) 왜장 마다시(馬多時)는 필경 조류가 거의 바뀔 무렵에 부상을 입고 물에 빠져 우리 배 쪽으로 흘러온 것 같다. 일본측 문헌에 따르면, 마다시는 일본 수군의 대장격인 구루시마 미찌후사(來島通總)로 추정된다(有馬成甫, 《朝鮮役水軍史》, 1942).

또 일본측 기록은 명량해전에서의 패전 상황을 다음과 같이 평가하고 있다. 즉, "··· 9월 16일의 일이었다. 이순신은 여러 장수를 격려하여 방전(防戰)에 힘썼다. 일본군은 분전하였으나, 구루시마 미찌후사(來島通總) 이하 10명이 죽었고, 토우도우 다카도라(藤堂高虎)는 부상, 모오리 다카마사(毛利高政)는 물에 빠졌다가 위급하게 구제되는 등 마구 당했는데 배도 수척이 침몰했다. 저녁 무렵이 되자 이순신은 배를 당사도(唐笥島)로 옮겨 갔지만, 일본군은 수로에 밝지 않아 추격할 수도 없어 웅천(熊川)으로 철수하였다. 이것으로 일본 수군의 서쪽으로 진출하려 하는 계책은 좌절된 것이었다"(舊參謀本部編, 《朝鮮の役》, 德間書店, 1965).

10 월

초1일 **무오. 맑음. 아들 회(薈)를 보내서 저의 모친에게도 인사하고 집안 여러 사람의 생사도 알아 오게 하였다. 심회가 몹시 나빠 편지를 쓸 수가 없었다. 병조(兵曹)의 역자(驛子)가 공문을 가지고 내려왔는데, 아산(牙山) 고을의 집이 온통 분탕질 당해**

잿더미가 되고 남은 것이 없다고 전했다.

9일 병인. 맑음. 일찍 출발하여 우수영(右水營, 전남 해남군 문내면)에 이르니 성 안팎에 인가라고는 하나도 없고, 또 인적도 없으니 보기에 참담하였다. 저녁에 들으니, 해남(海南)에 흉적들이 진을 치고 머물러 있다고 한다. 초저녁에 김종려(金宗麗), 정조(鄭詔), 백진남(白振南) 등이 보러 왔다.

11일 무진. 맑음. 새벽 2시경 바람 기운이 자는 것 같으므로 첫 나팔을 불고 닻을 올려 바다 가운데 이르렀다. 정탐인(偵探人) 이순(李順), 박담동(朴淡同), 박수환(朴守還), 태귀생(太貴生)을 해남(海南)으로 보냈다. 해남에는 연기가 하늘을 덮었다 하니 필경 적의 무리가 달아나 돌아가면서 불을 지른 것이리라. 낮에 안편도(安便島) 즉, 발음도(發音島)*에 이르렀는데(도판 14-4 참조), 바람도 좋고 날씨도 화창했다. 배를 내려서 산봉우리 위에 올라가서 배를 감추어 둘 만한 곳을 살펴보았다. 동쪽은 앞에 섬이 있어서 멀리 바라볼 수 없으나, 북쪽으로는 나주(羅州)와 영암(靈岩)의 월출산(月出山)까지 통하고, 서쪽으로는 비금도(飛禽島)까지 통하여 시야가 널리 트여 있었다. 얼마 후 중군장(中軍將, 김응함 金應諴)과 우치적(禹致績)이 올라오고, 조효남(趙孝南), 안위(安衛), 우수(禹壽)가 잇따라 왔다. 날이 저물어 산에서 내려와 언덕에 앉았는데, 조계종(趙繼宗)이 와서 왜적의 정세를 말하고, 또 왜들이 우리 수군을 몹시 꺼려한다고 말했다. 이희급(李希伋)의 부친이 인사 와서 또한 포로되었던 경위를 전하는데 마음 아픔을, 마음 아픔을 견딜 수 없었다. 저녁엔 따뜻한 기운이 마치 봄과 같아 아지랑이가 하늘에 아른거리고, 비가 내릴 징조가 많았다. 초저녁에 달빛은 비단결 같고, 홀로 앉아 봉창(篷窓)을 바라보니 회포가

만 갈래였다. 밤 10시경 허한(虛汗)이 몸을 적셨다. 자정께 비가 내렸다. 이 날 우수사(右水使, 김억추 金億秋)가 군량선에 있는 사람의 무릎뼈를 몹시 때렸다고 한다. 놀라운 일이다.

*) 이 날짜에 이순신이 들러 10월 29일 목포의 보화도(고하도)로 진을 옮기기까지 보름 넘게 머무는 안편도(安便島)라는 섬은 그가 막내아들 면의 전사 소식을 듣게 되어 비통한 심정과 통곡을 더하게 되는 장소이나 오늘날 사람들의 기록과 기억에서는 잊혀져 있는 섬이다. 이순신 자신이 '발음도(發音島)'라고 병기한 '안편도(安便島)'(정유II 10월 11일, 12일) 또는 '소음도(所音島)'(정유II 10월 20일)라는 섬은 현재 위치가 확인되지 않는 곳이다. 그러나 이 날짜의 일기 내용에서 서술된, '… 동쪽은 앞에 섬이 있어서 멀리 바라볼 수 없으나, 북쪽으로는 나주(羅州)와 영암(靈岩)의 월출산(月出山)까지 통하고, 서쪽으로는 비금도(飛禽島)까지 통하여 시야가 넓고 시원했다. …'라는 언급은 그 위치를 추정케 해 주는 바, 현재의 전남(全南) 완도군(莞島郡) 소안면(所安面) 소안도(所安島)가 가장 확실시되는 곳이다. 소안도(所安島)에는 임진왜란 때부터 주민이 거주하기 시작했다고 하며, 바닷가에 널린 묵석이라는 돌이 바람이 심한 날에는 소리를 낸다(발음 發音)는 이야기가 있다. 이 섬은 왜정 시대에 강렬한 항일운동을 주도한 곳으로 이름높다.

13일 경오. 맑음. 아침에 배조방(助防, 조방장 배경남 裴慶男)과 경우후(慶虞候, 경상우후 이의득 李義得)가 보러 왔다. 얼마 후 탐망선(探望船)이 임준영(任俊英)을 싣고 왔다. 그 편에 적의 조짐을 들으니 해남(海南)으로 들어와 웅거했던 적들이 초10일에 우리 수군이 내려오는 것을 보고 11일에 하나도 빠짐없이 분주히 도망했는데, 해남향리(海南鄕吏) 송언봉(宋彦逢)과 신용(愼容) 등이 적진 속으로 들어가서 왜놈들을 데리고 나와 선비들을 많이 죽였다 하니 통분함을 이길 길이 없다. 그래서 곧

순천부(順天府, 순천부사) 우치적(禹致績), 금갑만호(金甲萬戶) 이정표(李廷彪), 제포만호(薺浦萬戶) 주의수(朱義壽), 당포만호(唐浦萬戶) 안이명(安以命), 조라만호(助羅萬戶) 정공청(鄭公淸) 및 군관 임계형(林季亨), 정상명(鄭翔溟), 봉좌(逢佐), 태귀생(太貴生), 박수환(朴壽還) 등을 해남으로 보냈다. 늦게 언덕 자리 위에 내려가 앉아 배조방장(裵慶男)과 장흥부사(長興府使) 전봉(田鳳) 등과 함께 이야기했다. 이 날, 우수영우후(右水營虞候) 이정충(李廷忠)의 뒤떨어진 죄를 다스렸다. 우수사(右水使, 김억추 金億秋) 군관 배영수(裵永壽)가 와서 보고하기를 수사(水使)의 부친이 바깥 바다로부터 살아 돌아왔다고 했다. 이 날 새벽 꿈에 우의정을 만나 조용히 의논하고 이야기하였다. 낮에 들으니 선전관(宣傳官) 네 명이 법성포(法聖浦)로 내려와 대었다고 한다. 저녁에 중군(中軍) 김응함(金應諴)에게서 들으니, 섬 안에 알 수 없는 어떤 자가 산골에 숨어서 소와 말을 죽인다고 하므로 황득중(黃得中), 오수(吳守) 등을 보내어 탐색하게 하였다. 이 날 밤 달빛은 비단결 같고 미풍(微風)조차 일지 않는데 혼자 뱃전에 앉았으니 심회를 스스로 다스릴 수가 없었다. 이리저리 뒤척이며 앉았다 누웠다 하며 밤새 잠을 이루지 못했다. 하늘을 쳐다보며 원망하고, 탄식할 따름이다.

14일 신미. 맑음. 새벽 2시경 꿈에 내가 말을 타고 언덕 위를 가다가 말이 실족하여 개울 가운데로 떨어지긴 했으나 엎으러지지는 않았는데, 막내아들 면(葂)이 붙들어 껴안는 것 같은 형상이 있음을 보고 깨었다. 이것이 무슨 조짐인지 모르겠다. 늦게 배조방(助防, 배경남 裵慶男)과 우후 이의득(李義得)이 보러 왔다. 배(裵)의 종이 영남(嶺南)으로부터 와서 적의 정세를 전하였다. 황득중(黃得中) 등이 와서 보고하기를, 내수사(內需司)의 종 강막지(姜莫只)라는 자가 소를 많이 치므로 12마리를 끌어 간 것이라고 하였다. 저녁에 천안(天安)으로부터 사람이 와서 집안 편지를 전하는데, 겉봉을 뜯기도 전에 뼈와 살이 먼저 떨리고 심기가 혼란해졌다. 겉봉을 대강 뜯고 열(莅)의 글씨를 보니, 바깥 면에 '통곡(慟哭)' 두 자가 쓰여 있어 면(葂)이 전사하였음을 알고, 간담이 떨어지는 것도 모르고 목놓아 통곡, 통곡하였다. 하늘이 어찌 하여 이다지도 어질지 못하신고. 간담이 타고 찢어지고, 타고 찢어지는 것 같다. 내가 죽고 네가 사는 것이 이치에 맞거니와, 네가 죽고 내가 살아 있으니 이렇게 어긋난 이치가 어디 있으랴. 천지가 어두워 캄캄하고 밝은 해조차 빛이 변했구나. 슬프다 내 아들아. 나를 버리고 어디로 갔느냐. 남달리 영특하기로 하늘이 이 세상에 놔두지 않는 것이냐. 내가 죄를 지어 앙화가 네 몸에 미친 것이냐. 내 지금 세상에 살아 있으나, 마침내 어디에 의지할 것이냐. 너를 따라 죽어 지하에서 같이 힘쓰고 같이 울고 싶건마는 네 형, 네 누이, 네 어머니가 또한 의지할 곳이 없으므로 아직은 참고 연명이야 한다마는 마음은 죽고 형상만 남아 있어 울부짖을 따름이다, 울부짖을 따름이다[心死形存 號慟而已 號慟而已]. 하룻밤 지내기가 1년 같구나, 하룻밤 지내기가 1년 같구나[度夜如年 度夜如年]. 이 날 밤 10시경 비가 내렸다.

15일 임신. 종일 바람과 비. 누웠다 앉았다 하면서 종일 이리저리 뒤척였다. 여러 장수들이 위문하러 오니 어떻게 얼굴을 들고 대하랴. 임홍(林葒), 임중형(林仲亨), 박신(朴信)은 적세를 살피기 위하여 작은 배에 타고 흥양(興陽), 순천(順天) 등의 바다로 나갔다.

16일 계유. 맑음. 우수사(右水使, 김억추 金億秋)와 미조항첨사(彌助項僉使, 김응함 金應諴)를 해남(海南)으로 보냈다. 해남원(海南倅, 유형 柳珩)도 보냈다. 나는 내일이 막내아들의 부음을 들은 지 나흘째 되는 날인데 마음껏 통곡(慟哭)해 보지도 못했으므로, 소금 만드는 사람인 강막지(姜莫只)의 집으로 갔다. 밤 10시경에 순천부사(順天府使, 우치적 禹致績), 우후 이정충(李廷忠), 금갑(金甲, 이정표 李廷彪), 제포(薺浦, 주의수 朱義壽) 등이 해남으로부터 돌아왔는데 왜적 13명과 투항해 들어갔던 송언봉(宋彦鳳) 등의 머리를 베어 왔다.

17일 갑술. 맑았으나 종일 큰 바람. 새벽에 향을 피우고 곡하였다. 흰 띠를 두르니 비통함을 어찌 견디랴, 어찌 견디랴. 우수사가 보러 왔다.

18일 을해. 맑디 맑음. 바람 기운이 자는 것 같았다. 우수사(右水使, 김억추)는 배를 부릴 수가 없어 바깥 바다에서 잤다. 강막지(姜莫只)가 인사오고, 임계형(林季亨), 임준영(任俊英)이 와서 인사하였다. 자정초에 꿈을 꾸었다.

19일 병자. 맑음. 새벽 꿈에 고향 집의 종 진(辰)이 내려 왔기에 나는 죽은 아들이 생각나서 통곡하였다. 늦게 조방장(助防將, 배경남)과 경우후(慶虞候, 경상우후 이의득)가 보러 왔다. 백진사(白進士, 백진남 白振南)가 보러 오고, 임계형(林季亨)이 인사하러 왔다. 김신웅(金信雄)의 처(妻), 이인세(李仁世), 정억부(鄭億夫)를 붙잡아 왔다. 거제(巨濟, 안위), 안골(安骨, 우수), 녹도(鹿島, 송여종), 웅천(熊川, 김충민 金忠敏), 제포(薺浦, 주의수), 조라포(助羅浦, 정공청 鄭公淸), 당포(唐浦, 안이명 安以命)와 우우후(右虞候, 이정충 李廷忠)가 보러 왔다.

적을 잡은 공문을 가져와 바쳤다. 윤건(尹健) 등 형제가 적에게 붙었던 자 2명을 붙잡아 왔다. 어두울 무렵에 코피[鼻血]를 되 남짓이나 흘렸다. 밤에 앉아 생각하며 눈물지었다. 어찌 말할 수 있으랴. 이제는 영령(英靈)이시니, 불효가 마침내 여기까지 이를 줄을 어찌 알았으랴. 비통한 마음 가슴이 찢어지는 듯하여 누를 길이 없구나, 누를 길이 없구나[悲慟摧裂 難抑難抑].

29일 **병술. 맑음. 새벽 2시경에 첫 나발을 불어 발선하여 목포(木浦)로 향했다. 비와 우박이 섞여 내리고 동풍이 약하게 불었다. 목포에 이르러 보화도(寶花島, 전남 목포시 고하동 고하도)에 배를 옮겨 대니, 서북풍을 막음직하고, 배를 감추기에 아주 적합하였다. 그래서 육지로 내려 섬 안을 둘러본 즉, 지형이 좋은 곳이 많아 이 곳에 머물러 진을 치기 위해 집 지을 계획을 세웠다.***

*) 정유 8월 18일, 이순신은 회령포(會寧浦)에 이르러 칠천량(漆川梁)에서 패해 온 수군을 수습하여, 9월 16일, 전선 13척으로 명량해전(鳴梁海戰)에서 대승을 거두었다. 그러나 이순신 함대는 여전히 기항지 없이 군수품 보급, 전선정비는 물론이거니와 군량미 조달까지 자체적으로 해결해야 하는 떠돌이 함대였다. 명량대첩 이후 이순신 함대는 서해안을 따라 고군산도(古群山島)까지 북상하여(9월 21일) 열하루를 머문 뒤 비로소 남하, 법성포(法聖浦)에서 닷새를 머물고(10월 3일~7일), 다시 떠나 우수영을 거쳐(10월 9일~10일), 안편도(安便島)에서 보름 남짓 머문 후(10월 11일~28일), 또다시 이동하여 목포의 보화도에 진을 치고 겨울을 나게 되었다(10월 29일). 이와 같이 여러 차례 이동한 까닭은 적절한 수영(水營)의 터를 찾기 위함이며, 또한 음력 시월 하순의 추운 날씨에 견딜 의복의 조달, 재출동에 대비한 전선과 군기(軍器)의 정비 및 군량미 확보

등이 긴급했었기 때문일 것이다. 이러한 배경에서, 일기에는 나타나 있지 않으나, 이순신은 이 곳 보화도에 진을 친 후 '해로통행첩(海路通行帖)' 제도를 실시하였다. 이는 3도 연해안을 통행하는 모든 공사선(公私船)에 대해 통행허가의 증명서인 통행첩을 발급하면서 배의 크기에 따라, 큰 배는 3석(石, 섬), 중간 배는 2석, 작은 배는 1석의 양곡을 바치도록 정한 것이며, 이순신은 "3도의 연해를 통행하는 공사선(公私船)으로서 통행첩이 없는 자는 간첩선으로 인정하고 통행을 금지한다"는 영을 내렸다. 당시 이순신 함대의 수군은 기천명 정도로 추정되며(8천 명에 달했다는 기록도 있다), 해로통행첩에 의한 군량미 조달은 상당한 도움이 된 것으로 기록되어 있다. 이 제도는 이듬해(무술) 2월 중순, 고금도(古今島)로 다시 진을 옮긴 후까지도 계속 시행되었다(《懲毖錄》, 《宣廟中興誌》).

11 월

3일 경인. 맑음. **일찍 새로 지은 집으로 올라가니 선전관(宣傳官) 이길원(李吉元)이 배설(裵楔)을 처단할 일로 들어왔다. 배(裵)는 이미 성주(星州) 본가에 갔는데, 본가로 안가고 바로 이리로 왔으니 그 사사로이 보아 주는 죄가 매우 크다. 녹도(鹿島, 송여종 宋汝悰)의 배로 보냈다.**

16일 계묘. 맑음. **아침에 조방장(배흥립 裵興立), 장흥부사(長興府使, 전봉 田鳳) 및 진중에 있는 여러 장수가 함께 보러 왔다. 군공마련기(軍功磨鍊記)를 서로 살펴보니, 거제현령(巨濟縣令) 안위(安衛)가 통정(通政)이 되고 그 나머지도 차례차례 벼슬을 받았으며, 나에게는 은자(銀子) 20냥을 상금으로 보내 왔다. 명나라 장수 양경리(經理, 양호 楊鎬)가 붉은 비단 한 필을 보내면서, 배에다 괘홍(掛紅, 승전했을 때에 배에다 붉은 비단을**

걸어 그 공을 치하하는 예식)하는 예를 올리고 싶으나 길이 멀어 행하지 못한다고 하였다. 영의정(유성룡 柳成龍)의 답장도 왔다.

17일 갑진. 비, 비. 양경리(經理, 양호 楊鎬)의 차관(差官)이 초유문(招諭文, 적이나 적에게 붙은 자들을 너그러운 조건으로 포용하는 데 관한 포고문)과 면사첩(免死帖, 사형을 적용하지 않을 것을 보증하는 증명서)을 가지고 왔다.

12 월

25일 신사. 눈이 내렸다. 아침에 아들 열(䓲)이 그 어머니* 병 때문에 돌아갔다. 늦게 경상수사(이순신 李純信)와 배(裵)조방장(배경남 裵慶男)이 보러 왔다. 하오 6시경 순찰사(巡察使, 황신 黃愼)가 진중에 와서 군사에 관한 일을 함께 의논하였고, 연해(沿海) 19개 읍(邑)을 수군에 전속시키도록 했다. 저녁에 방으로 들어가 조용히 이야기하였다.

*) 이순신은 그의 아내에 대하여 염려하는 마음을 여러 번 쓰고 있다. 즉, 그것은, "··· 울(蔚, 둘째 아들)의 편지를 보니 아내의 병이 중하다 하므로 회(薈, 장남)를 내보냈다"(갑오 8월 27일), "··· 아침에 탐선이 들어왔는데, 아내의 병세가 매우 위중하다고 했다. 벌써 생사 간의 결말이 났을지도 모르겠다. 나라의 일이 이 지경에 이르렀으니 다른 일에까지 생각이 미칠 수는 없겠으나, 세 아들과 딸 하나는 어찌 살아갈 것인가. ···"(갑오 8월 그믐날), 또는 "··· 아침에 탐선이 들어왔는데 어머님은 편안하시다 하고, 아내는 불이 난 후로 심신이 많이 상해서 천식[痰喘]도 더해졌다고 한다. 걱정, 걱정이다. ···"(을미 5월 16일) 등의 일기에 잘 나타나 있다. 또 아내의 생일 축하를 위해 아들과 조카를 집으로 보내기

도 하였다(병신 8월 초4일). ···

이순신의 부인 상주 방씨(方氏)는 보성군수 진(震)의 딸이며, 이순신의 전몰 후 정경부인(貞敬夫人)의 품계에 올랐고, 80이 넘도록 살았다. ─ 제7대 통제사 이운룡(李雲龍)이 지난날 부하로 있었던 옛 의리를 지켜 이순신의 사당에 참배하고자 지나는 길에 성대한 위엄을 갖추고 들어가 먼저 방씨 부인께 문안드리는 예단을 올렸으나, 부인은 받지 않고 이르기를 "대장과 막하의 신분은 본시 한계가 엄연한데, 저승과 이승이 비록 다르다 할지라도 예의에는 사이가 없거늘 대감의 사당을 지척에 두고 호각을 불며 곧장 들어오시기가 미안하지 않았소!" 했다. 신임 통제사가 마침내 결례했음을 사과하므로 방씨부인도 비로소 예단을 받더라는 일화가 남아 있다(〈方氏夫人傳〉).

무술(戊戌) 선조 31년(1598), 54세

9 월

16일 무술. 맑음. 나로도(羅老島, 전남 고흥군 봉래면, 동일면)에 머물며 도독(都督, 진린 陳璘)과 술을 마셨다.

17일 기해. 맑음. 나로도에 머물며 진(陳, 진린)과 함께 술을 마셨다.

21일 계묘. 맑음. 아침에 진군하여 혹은 활을 쏘고 혹은 화포를 놓고 종일 서로 싸웠으나 바닷물이 너무 얕아서 다가가 싸울 수가 없었다. 남해(南海)의 적이 경강선(輕舡船)을 타고 들어와서 정탐하려 할 때 허사인(許思仁) 등이 추격해 가자 적은 육지로 내려 산으로 올라갔다. 그래서 그 배와 여러 가지 물건을 빼앗아다가 도독(都督, 진린)에게 바쳤다.

23일 을사. 맑음. 도독(都督)이 화를 내어, 서천만호(舒川萬戶)와 홍주대장(洪州代將), 한산대장(閑山代將) 등을 각각 곤장 7대를 때렸다. 금갑(金甲, 이정표 李廷彪), 제포(薺浦, 주의수 朱義壽), 회령포(會寧浦, 민정붕? 閔廷鵬)도 함께 15대씩 곤장을 맞았다.

10 월

초2일 갑인. 맑음. 오전 6시에 진군했는데, 우리 수군이 앞서 나가 오정까지 서로 싸웠고 적을 많이 죽였다. 사도첨사(蛇渡僉使, 황세득 黃世得)가 탄환에 맞아 전사하고, 이청일(李淸一)도 역시 전사했다. 제포만(薺浦萬, 제포만호) 주의수(朱義壽)와 사량(蛇梁, 사량만호) 김성옥(金聲玉), 해남(海南, 해남현감) 유형(柳珩), 진도(珍島, 진도군수) 선의문(宣義問), 강진(康津, 강진현감) 송상보(宋尙甫)는 탄환에 맞았으나 죽지는 아니했다.

11 월

초8일 도독부(都督府)로 나아가니 위로연을 베풀어서 어둠을 타고 돌아왔다. 조금 있다가 도독(都督, 진린 陳璘)이 보자고 청하므로 바로 나갔더니, 도독이 말하기를, 순천(順天) 왜교(倭橋, 전남 순천시 해룡면 신성리)의 적들이 초10일 사이에 철퇴한다는 기별이 육지로부터 긴급 통문으로 왔으니 급급히 진군하여 돌아가는 길을 끊어 막자고 했다.

초9일 도독(都督, 진린)과 더불어 일시에 행군하여 백여량(白碘梁, 전남 여천군 화정면 백야도, 제도 사이의 해협)에 이르러 진(陣)을 쳤다.

초10일 좌수영(左水營) 앞바다에 이르러 진을 쳤다.

11일 유도(㺃島, 전남 여천시 묘도 또는 묘도동 창촌 괴입섬)에 이르러 진을 쳤다.

13일 왜선 10여 척이 장도(獐島, 전남 여천시 율촌면 장도)에 모습을 보이므로, 곧 도독(都督, 진린 陳璘)과 더불어 약속하여 수군을 거느리고 추격했다. 왜선은 물러가 움츠리고 종일 나오지 아니했다. 도독과 함께 장도(獐島)로 돌아와 진(陣)을 쳤다.

14일 왜선 2척이 강화(講和)할 일로 바다 가운데까지 나오니 도독(都督)이 왜말 통역관을 시켜 왜선을 맞이하여, 조용히 붉은 기(旗)와 환도(還刀) 등 물건을 받았다. 오후 8시경에 왜장이 작은 배를 타고 독부(督府, 도독부)로 들어와서 돼지 2마리와 술 2통을 도독에게 바쳤다고 한다.

15일 이른 아침에 도독에게 가 보고 잠깐 이야기하고 돌아왔다. 왜선 2척이 강화할 일로 재삼 드나들었다.

17일* 어제 복병장 발포(鉢浦)만호 소계남(蘇季男)과 당진포(唐津浦)만호 조효열(趙孝悅) 등이 왜군의 중간 배 1척이 군량을 가득 싣고 남해(南海)로부터 바다를 건너는 것을 한산도 앞 바다까지 추격하니 왜적은 기슭을 타고 육지로 올라가 도망갔고, 잡은 왜선과 군량은 명나라 군사에게 빼앗기고 빈 손으로 돌아와 보고했다.

*) 이순신의 일기는 이 날짜로 절필(絶筆), 이틀 후인 11월 19일 새벽 7년 전란의 막을 내리는 노량해전(露梁海戰)에서 전사했다. 1598년(무술) 8월 19일(일본력 18일), 도요토미 히데요시(豐臣秀吉)가 일본 후시미성(伏見城)에서 병사하자, 왜군은 일제히 철군을 서두르게 되었다. 순천(順天)에 집결한 코니시 유끼나가(小西行長)의 왜군단은 해상의 퇴로 확보에 초조하였다. 왜장 코니시는 명(明)나라의 수군도독 진린(陳璘), 그리고 조선의 수군통제사 이순신에게 뇌물을 보내며 퇴각로의 보장을 간청하였다(李芬, 〈行錄〉). 그러나 이순신은 '조각배도 돌려보내지 않겠다[片帆不返]'는 결연한 태도로 일축해 버렸다. 진린 도독과의 의견 대립이 미묘하였으나, 이순신의 상황 판단과 설복에 따라 명나라 수군도 왜군의 퇴로를 차단하는 작전에 합세하게 되었다.

통제사 이순신은 경상우수사 이순신(李純信), 해남현감 유형(柳珩), 가리포첨사 이영남(李英男), 군관 이언량(李彦良), 송희립(宋希立) 등 역전의 휘하 장령들과 함께 출전하였고, 명나라 수군도독 진린(陳璘), 부총병(副總兵) 등자룡(鄧子龍)과 진잠(陳蠶) 그리고 여러 유격장이 이끄는 명나라 수군이 조선 수군과 연합하였다. 한편 순천에서 해상의 퇴로가 차단되어 고전하는 코니시의 왜군단을 구출하기 위하여 남해 각처의 왜수군이 결속하여 속속 노량(露梁)을 향하여 몰려들고 있었다.

약 500척의 조·명(朝明) 연합함대는 11월 18일 밤 10시쯤 왜교(倭橋: 지금의 新城)의 봉쇄를 풀고 급히 노량으로 진격, 다음날인 11월 19일 새벽 2시경, 사천(泗川)의 시마즈 요시히로(島津義弘), 고성(固城)의 타찌바나 토우도라(立花統虎), 부산(釜山)의 테라자와 마사시게(寺澤正成), 그리고 남해(南海)에 있던 소오 요시토모(宗義智) 등 여러 왜장이 합세한 500여 척의 왜함대와 혼전난투의 접근전을 벌이게 되었다(**도판 15**의 노량해전도 참조). 해전은 춥고 달밝은 밤의 전투였다. 각종 화포를 쉴 새 없이 발사하고, 불화살을 날리고, 잎나뭇불을 마구 던지는 등, 치열한 야간 전투가 계속되는 동안 밤은 서서히 트이기 시작하였다.

이 마지막 해전이 고비에 이른 19일 새벽(시계가 트였을 무렵) 이순신은 몸소 지휘 독전(督戰)중에 아주 가까운 거리에서 발사된 적의 탄환을 왼쪽 가슴에 맞아 관통상을 입고 쓰러졌다. 군사들이 급히 그를 방패로 가리었으나, 그는 "싸움이 한창 급하니, 나의 죽음을 알리지 말라!"고 당부하며 숨을 거두었다(《懲毖錄》, 《宣廟中興誌》 등). 전사한 곳은 관음포(觀音浦, 별칭 '이락포 李落浦') 앞바다였고, 승세는 이미 압도적이었다. H. H. 언더우드(元漢慶 박사)는 이 이순신의 최후를 '승리를 완전히 감지하고 임종을 맞이하는 바이킹의 죽음'에 비유하고 있다.

이 해전에서 이영남(李英男), 방덕룡(方德龍), 고득장(高得蔣) 등 10여 명의 부장이 전사하였고, 해남현감 유형(柳珩), 군관 송희립(宋希立) 등이 중상을 입었다. 임진년에 귀선돌격장(龜船突擊將)으로 활약한 이언량(李彦良)도 이 싸움에서 최후를 맞은 것 같다. 그리고 명나라 수군의 70세 노장 등자룡(鄧子龍)도 전사하였다. 전과는 태워 버린 적선이 200여

척, 적병의 머리가 500여 급으로 추정되고 있다. 전란 이래 최대 규모의 격전이었다. 왜측 기록에 따르면 왜장 코니시(小西行長)가 순천성을 떠나 철군한 것은 다음날(20일) 이른 아침이었다고 한다.

이순신은 일찍이 그가 신뢰하던 막하 장수 유형(柳珩, 후일 제5대 수군통제사)에게 그의 속마음을 토로하여, "자고로 대장이 만일 조금이라도 공을 이룰 마음을 갖는다면 대개는 몸을 보전하지 못하는 법이다. 나는 적이 물러가는 그 날에 죽는다면 아무런 유감도 없을 것이다[吾死於賊退之日 則可無憾矣]"라고 말했다 한다(柳珩, 〈行狀〉). …

명나라 수군도독 진린(陳璘)은 거칠고 오만한 인물로만 전해지고 있으나, 1598년(무술) 7월 16일 수군 5천 명을 거느리고 와서 합세한 후 4개월 동안 조선 수군과 진(陣)을 같이함으로써 이순신의 천재와 인품을 가장 잘 알고 지냈던 유일한 타국인이다. 그는 지휘권을 거의 이순신에게 양보하게 되었고, 이순신 또한 전리품과 적의 수급 등을 명나라 수군에게 양보함으로써 진(陳)도독의 명분과 공로를 위하여 인색치 않았다. 때로는 소신의 차이로 격론을 벌일 때도 있었다.

후일 진린은 "이순신은 천지를 주무르는 재주와 나라를 바로잡은 공이 있다[李舜臣有經天緯地之才 補天浴日之功]" 하여 고사에서 인용한 최고의 찬사를 이순신에게 바치고 있다. 그는 이순신의 죽음을 그 누구보다도 슬퍼하였고, 장례에도 남다른 관심과 정성을 기울였으며, 고인의 자제들을 친히 위로하는 예를 잊지 않았다. 또, 이순신의 첫 장지였던 아산 금성면(錦城面)의 묏자리 선정에도 명나라 지관이 참여한 것으로 전해지고 있다.

조정의 관직자들은 난후의 새로운 분당활동에 여념이 없어, 통제사의 장례 행사에까지 마음을 쓸 여유가 없었을 것이다. 후임 통제사의 임명조차도 매우 지연되었던 것 같다.

도독 진린은 통제사를 제사하는 글 〈제이통제문 祭李統制文〉에서 "평시에 사람을 대해 이르되 '나라를 욕되게 한 사람이라, 오직 한 번 죽는 것만 남았노라[辱國之夫只欠一死]' 하시더니 이제 와선 강토를 이미 찾았고 큰 원수마저 갚았거늘 무엇 때문에 오히려 평소의 맹세를 실천해야 하시던

고. 어허! 통제여. …"(이은상 역)라 하여, 이순신의 죽음에 대한 집착을, 따라서 그의 전사가 이미 예감된 죽음이었음을 서슴지 않고 애통하게 전해 주고 있다(박혜일, 〈李舜臣의 戰死와 自殺說에 대하여〉, 창작과비평, 1993년 가을호, pp.324~348 참조).

□ 현존하는 친필초본에는 무술(戊戌) 정월 5일부터 9월 14일까지와 10월 8일부터 절필된 11월 17일까지의 일기는 남아있지 않다. 위의 날짜 가운데, 《이충무공전서》 수록의 《난중일기》에는 10월 8~12일, 11월 8~17일 일기가 수록되어 있으며, 〈日記抄〉에는 7월 24일, 10월 9~12일, 11월 8~17일 일기가 수록되어 있다. 일기 기사가 남아있는 두 문헌의 비교로써 유실된 친필초의 복원이 일부나마 가능해진 점은 주목할 만하다.

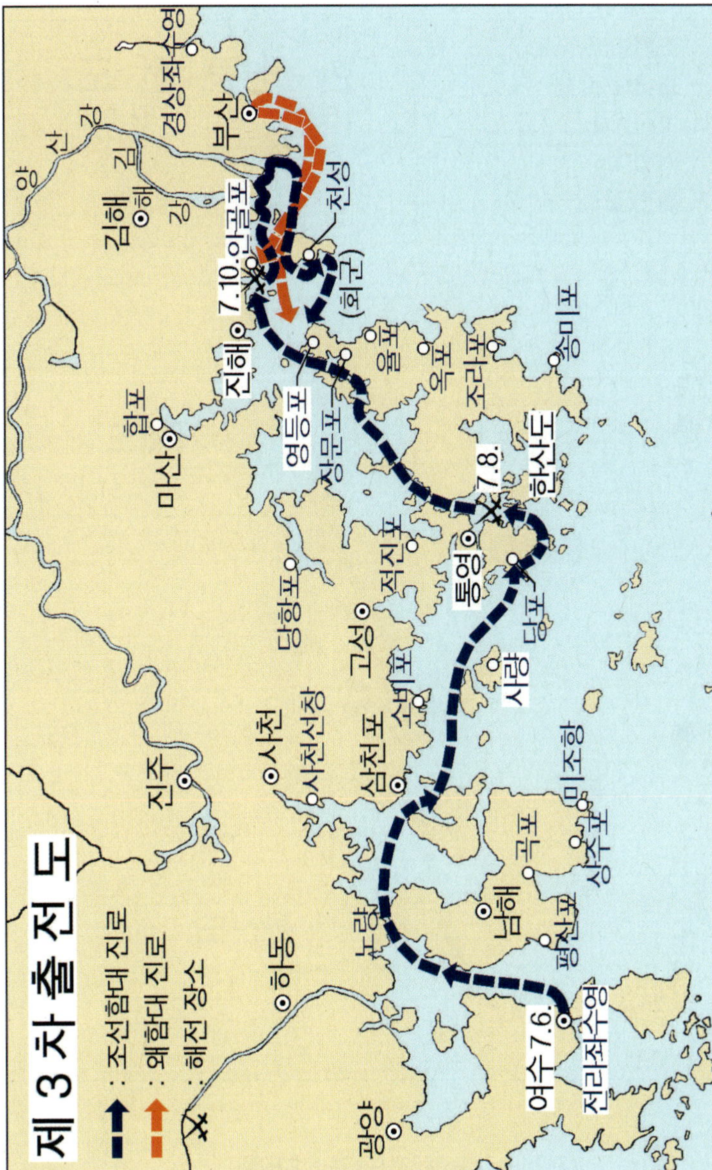

도판 7. 조선 함대의 제3차 출전도.

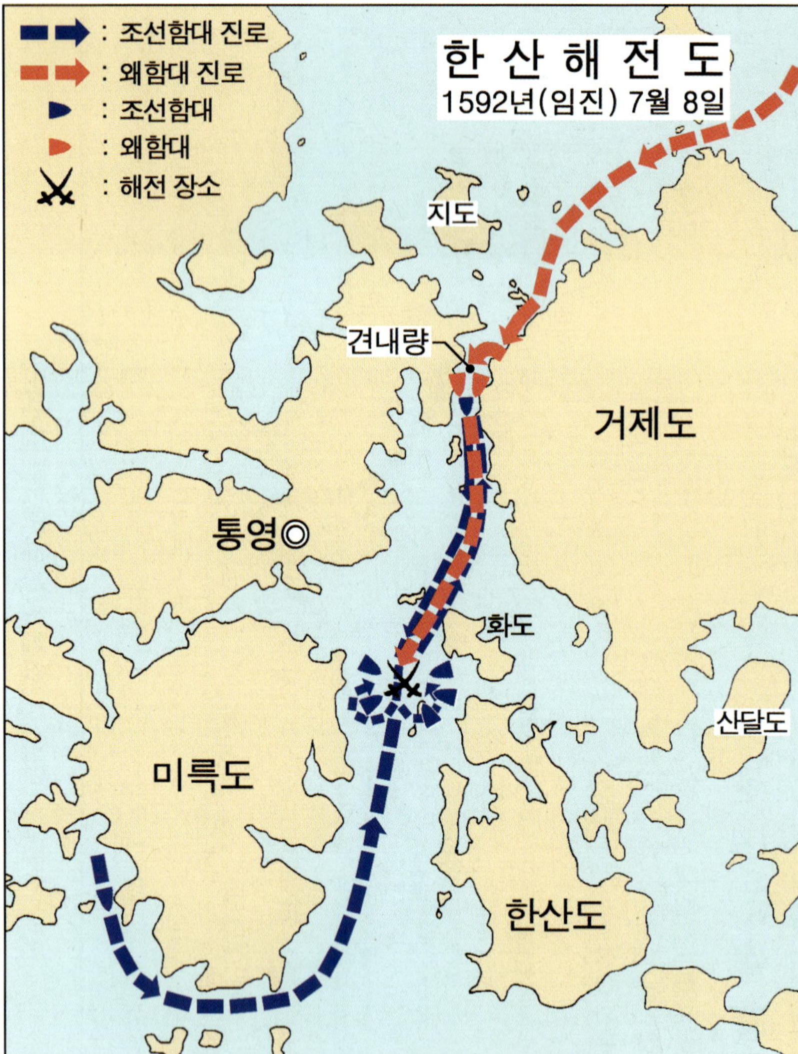

도판 8. 한산해전도(閑山海戰圖).

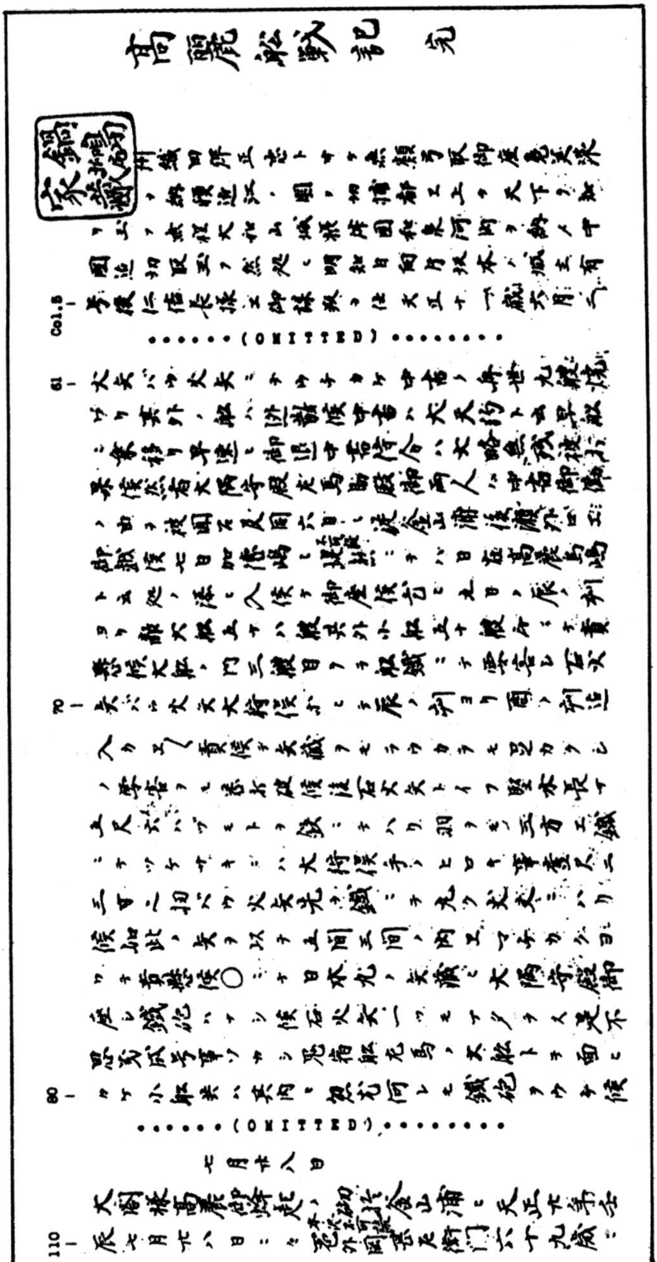

도판 9. 일본의 좌하번주(佐賀藩主)였던 나베시마(鍋島)가에 소장된 《고려선전기(高麗船戰記)》의 필사원본. 1592년(임진) 7월 28일 소토오카 진자에몬(外岡甚左衛門)이 부산포에서 기록한 문서이다. ─ '안골포해전'을 직접 목격하고 기록한 내용은 66~77행.

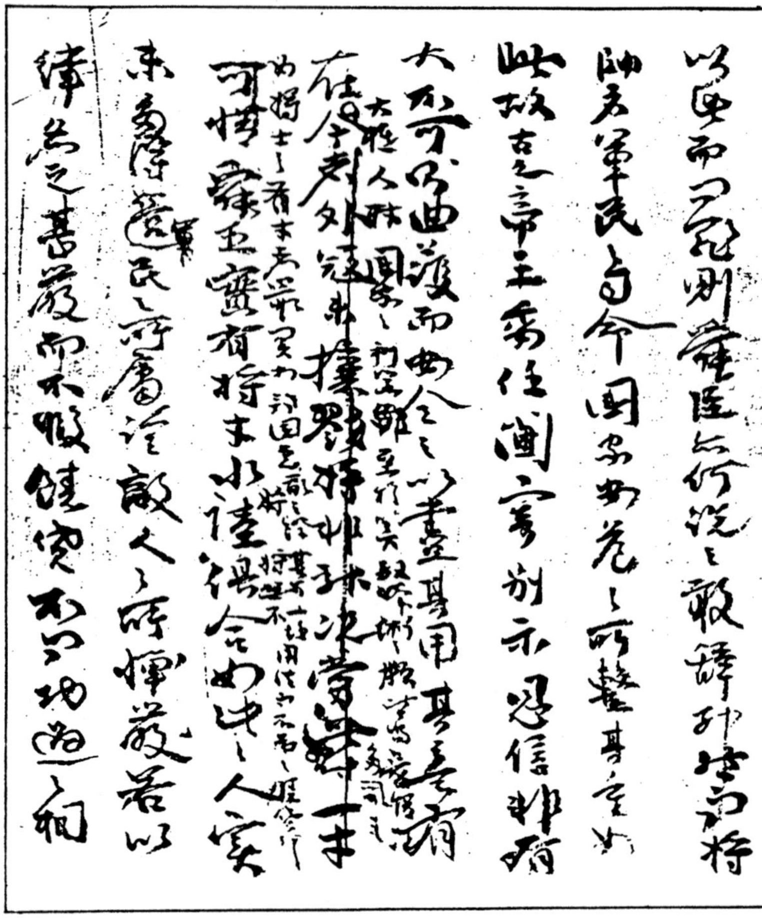

'… 舜臣은 참으로 장수의 재질이 있사옵고 해전과 육전의 재간을 함께 갖추었사오매 이러한 인물을 과연 쉽게 얻지 못할 것일 뿐더러, 변방의 백성들이 촉망하는 바요 또한 적들이 무서워 경계하는 바이온 바, …'

도판 10. 판중추부사 정탁(鄭琢)의 〈신구차 伸救箚〉 초고의 한 부분(〈藥圃先祖李舜臣伸救箚〉).

도판 11-1. 백의종군 하명으로 석방된 이순신이 서울을 떠나 초계(草溪)의 도원수 진영에 이르기까지의 노정(도판 11-2에 이어짐).

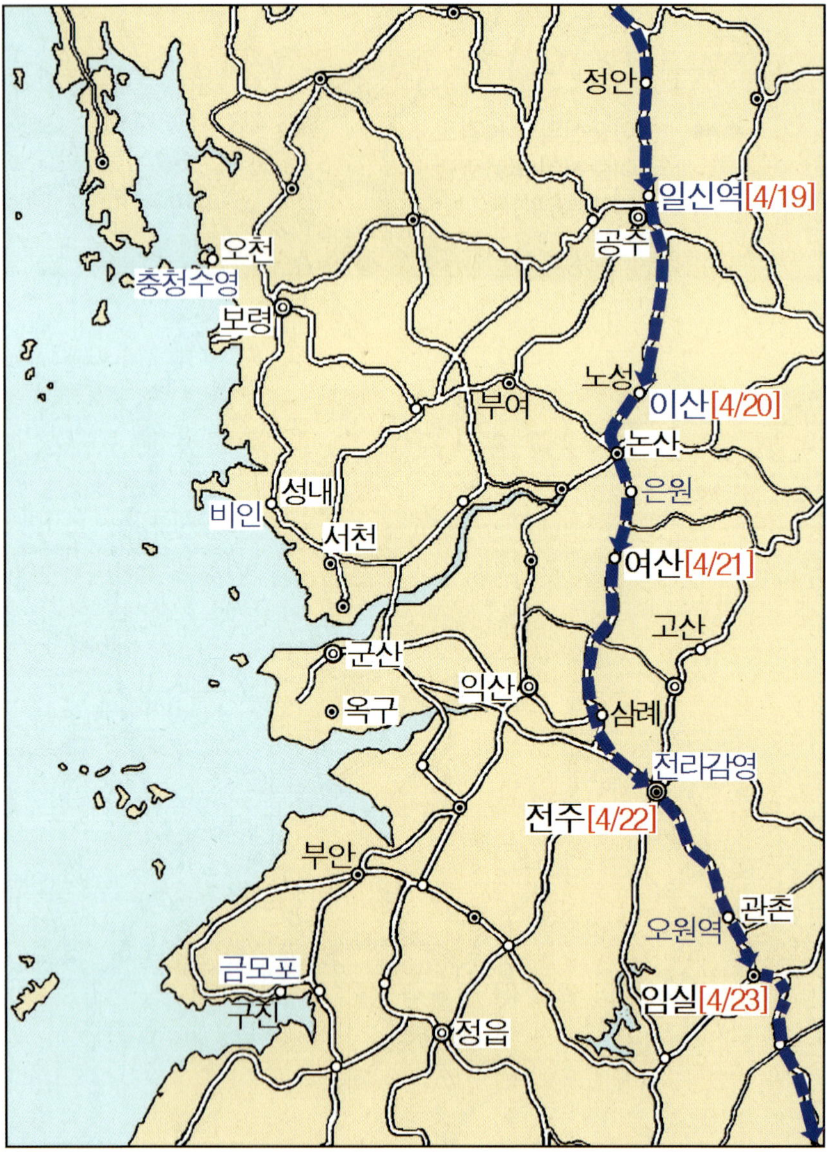

도판 11-2. ―도판 11-1의 계속(도판 11-3에 이어짐).

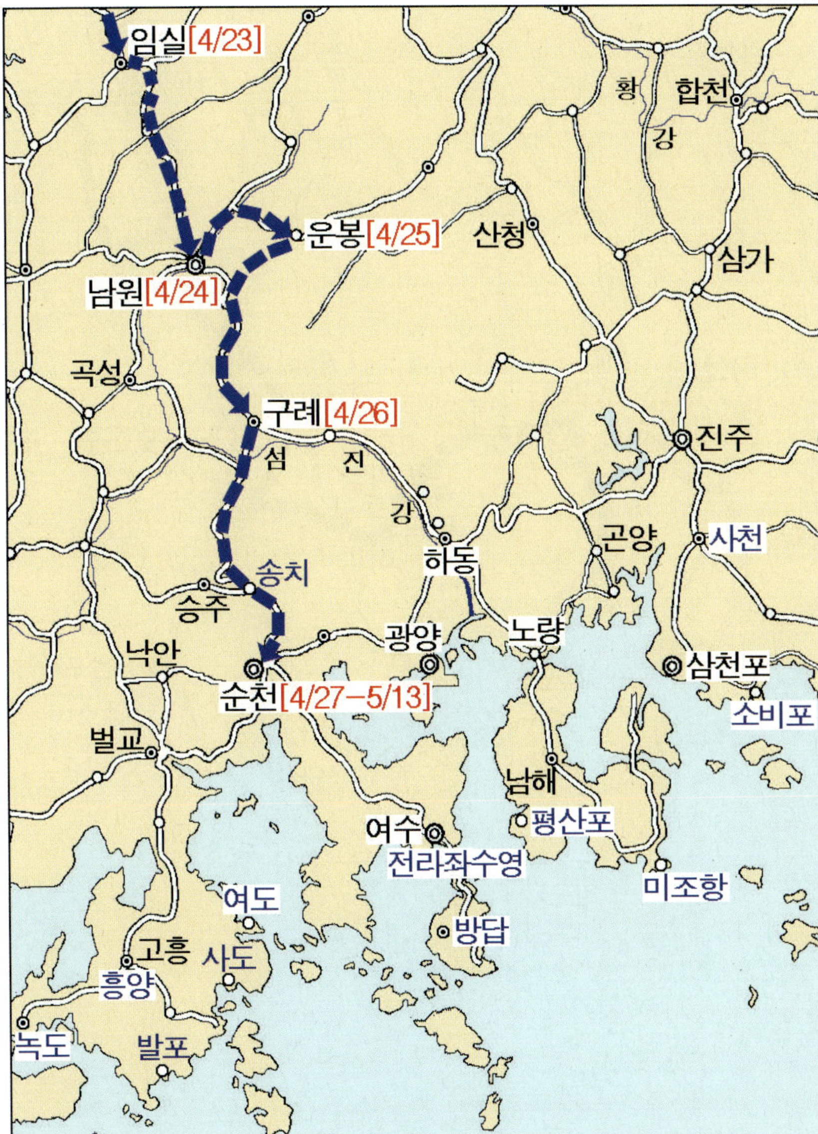

도판 11-3. —도판 11-2의 계속(도판 11-4에 이어짐).

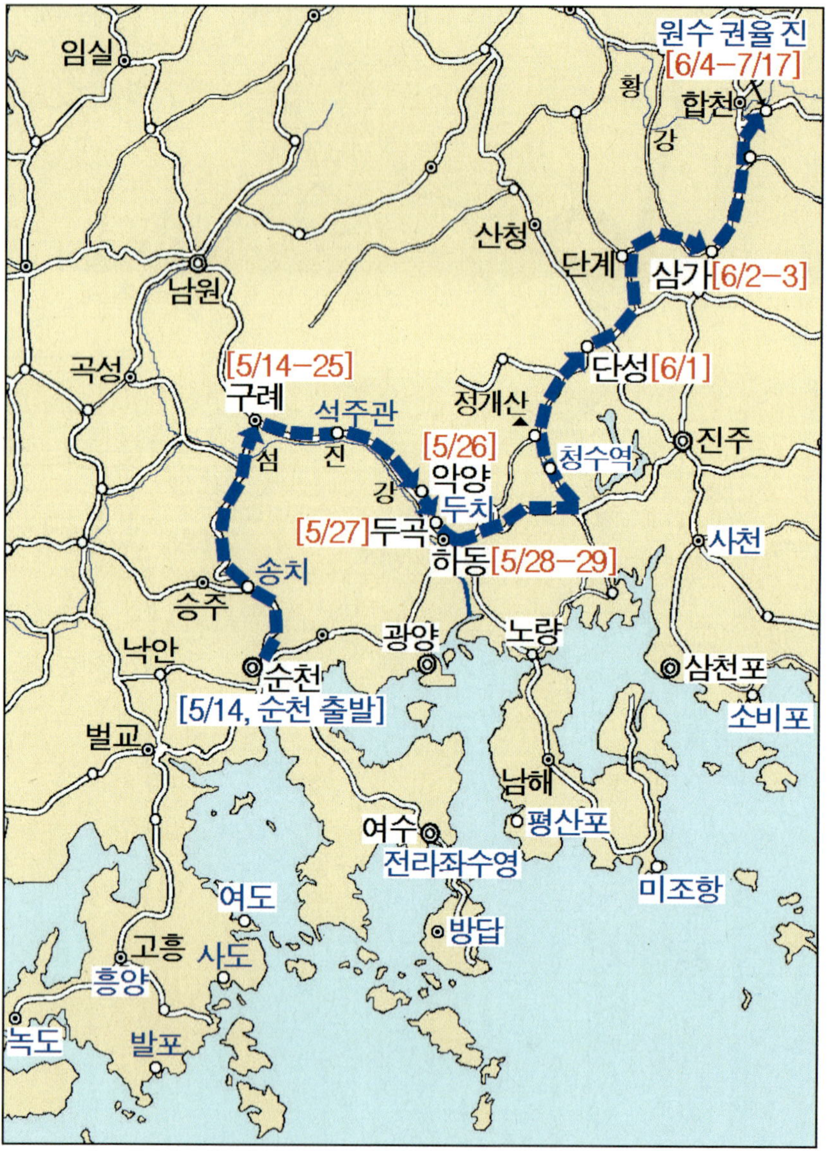

도판 11-4. —도판 11-3의 계속.

도판 12-1. 자청하여 수군 수습에 나선 이순신이 회령포(會寧浦)에서 전선 10척을 회수하고 승선하기까지의 노정(도판 12-2에 이어짐).

도판 12-2. —도판 12-1의 계속(도판 12-3에 이어짐).

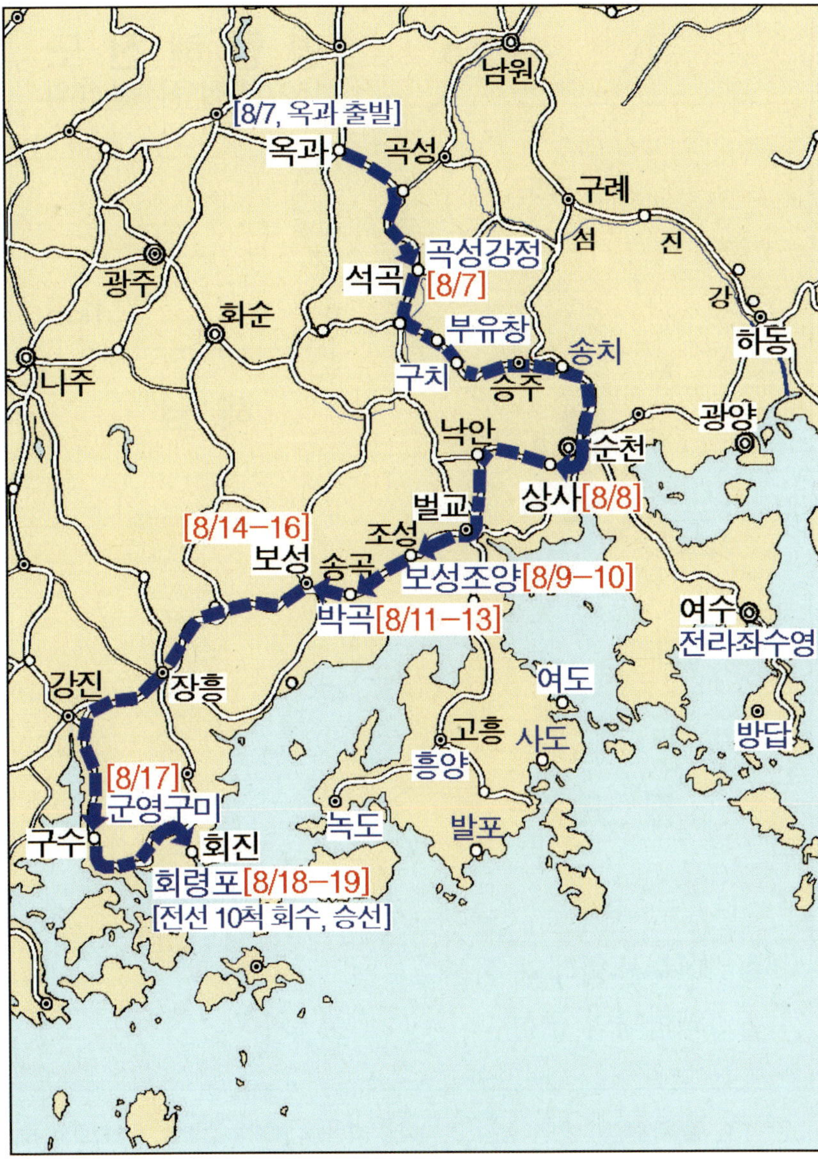

도판 12-3. —도판 12-2의 계속.

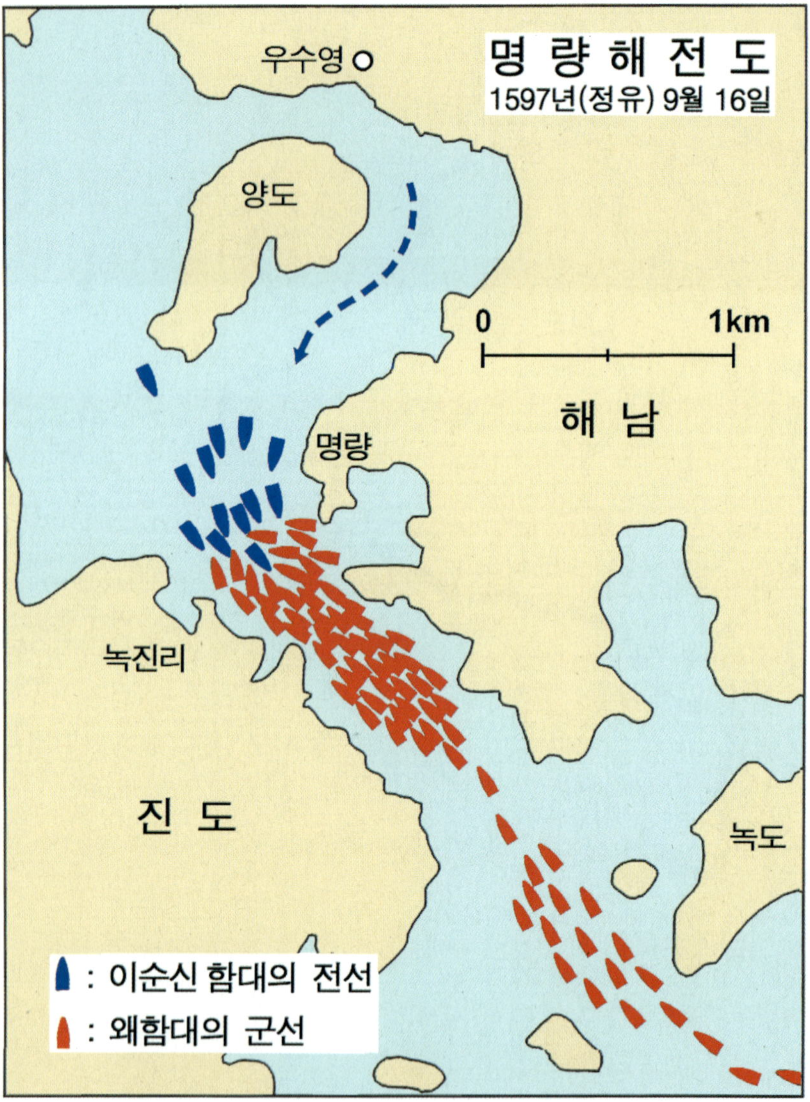

도판 13. 鳴梁海戰의 초기 상황도(박혜일·최희동·배영덕·김명섭, 〈李舜臣의 鳴梁海戰〉, **정신문화연구**, 2002년 가을호, pp.115~153 참조). 적선 130여 척이 우리 배를 에워싸고, 우수사 金億秋의 배는 2마장(~800 m) 밖으로 물러나 있다(정유 9월 16일자 일기).

도판 14-1. 명량해전 전후(前後)의 이순신 함대의 진로(도판 14-2에 이어짐).

도판 14-2. —도판 14-1의 계속(도판 14-3에 이어짐).

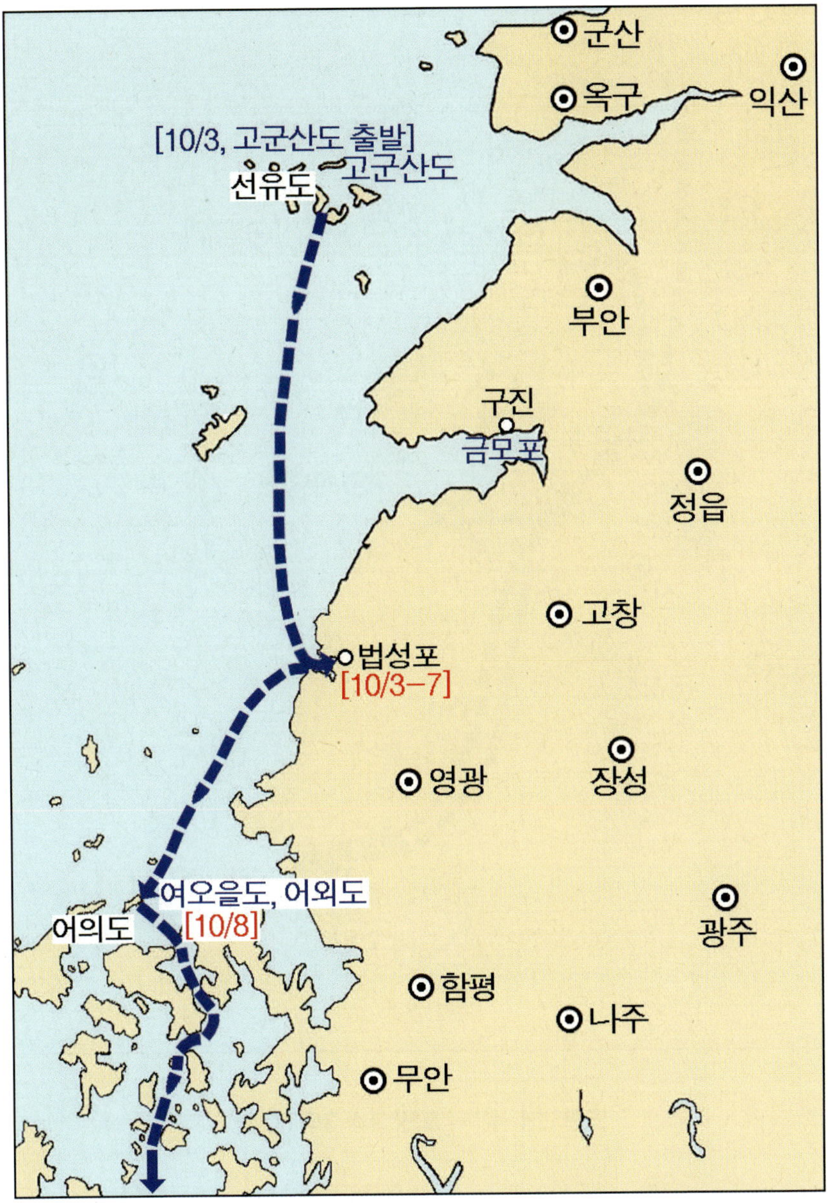

도판 14-3. —도판 14-2의 계속(도판 14-4에 이어짐).

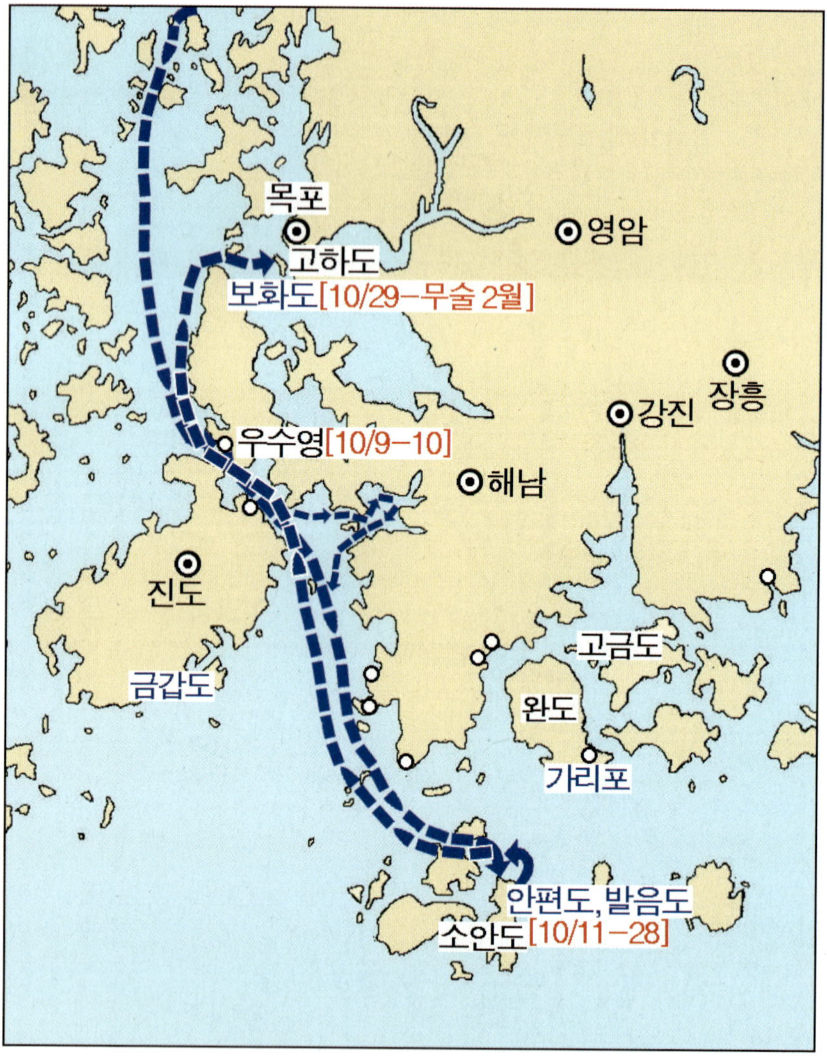

도판 14-4. —도판 14-3의 계속.

도판 15. 노량해전도(露梁海戰圖). 약 500척의 조·명 연합함대는 왜교의 봉쇄를 풀고 급히 노량으로 진격, 사천의 시마즈 요시히로(島津義弘), 고성의 타찌바나 토우도라(立花統虎), 부산의 테라자와 마사시게(寺澤正成), 그리고 남해에 있던 소오 요시토모(宗義智) 등 여러 왜장이 합세한 500여 척의 왜함대와 혼전난투의 접근전을 벌이게 되었다.

2. 주제별로 모아 본 《난중일기》의 기사 내용

이순신의 《난중일기》는 임진왜란(1592~1598) 당시의 수군의 대책, 군사 외교, 정치 및 사회상 등이 잘 묘사되어 있는 귀중한 1차 사료이며, 또한 이순신 자신이 전란 속에서 막중한 책임감과 전쟁 수행으로 인한 급박한 긴장 속에서 어떠한 모습으로 일상생활을 꾸려 나갔는지를 잘 전해주는 순수한 개인의 기록이다. 일기를 통하여 이순신의 하루를 그려 볼 수 있는 바, 그 현실감이 몸에 와 닿는 듯 생생하다. 즉, 출전중이 아닌 때에는, 수군의 지휘관으로서, 또 고을의 수령으로서 매일 동헌에 좌정하여 서류를 처결하거나 죄를 다스리는 등 공무를 보았으며, 틈을 내어 여러 장수들과 활을 쏘았다. 또, 시를 읊으며 밤을 지새거나 가야금 줄을 매고, 거문고와 피리를 듣기도 하였다. 간밤의 꿈자리에 대해서는 소박한 심정으로 음미해 보는가 하면 점을 쳐보기도 하였다. 항상 어머님 생각에 노심초사하였으며, 이순신 자신은 7년 전란 기간중, 극심한 정신적 압박 등으로 빈번히 또 장기간 심신의 고통을 겪으며 지냈다.

본 절에서는 위와 같은 이순신의 일상생활을 엿볼 수 있는 몇 가지 주제들에 대한 기사들을 일기 전체에서 주제별로 나누어 모아 보았으며, 그 외에도 일기에 기록되어 있는 '거북선[龜船]' 및 '전선(戰船, 판옥선 板屋船)'에 관한 기사도 빠짐없이 옮겼다. 한편 주제별로 모은 항목 중에서 '병(病)', '술[酒]', '어머님', '죄 다스림' 및 '활쏘기' 주제에 대한 기사는 그 언급 횟수가 많아 일부만 수록하였으며, 일기 전체를 통해 관련 기사가 들어 있는 일기의 날짜 수를 추기하였다.

가야금(伽耶琴)·쟁(箏)

1. **병신 2월 5일** … 여러 장수들과 함께 가야금(伽耶琴) 몇 곡조를 들었다.
2. **병신 3월 19일** 아침에 새로 만든 가야금[箏] 줄을 매었다.

거문고[琴]

1. **갑오 6월 9일** 충청수사(이순신 李純信)와 우우후(右虞候, 이정충 李廷忠)가 와서 활을 쏘았다. 우수사(이억기 李億祺)가 와서 함께 이야기했다. 밤이 깊자 해(海)의 젓대소리와 영수(永壽)의 거문고[琴]를 들으면서 조용히 이야기하다가 돌아갔다.
2. **을미 5월 13일** 배영수(裵永壽)를 불러 거문고를 타게 했다.
3. **을미 6월 26일** 오늘은 언경(彦卿) 영공(권준 權俊)의 생신이라 하므로 국수를 만들어 먹고 술도 취하고 거문고도 듣고 젓대[笛]도 불다가 저물어서야 헤어졌다.
4. **병신 윤8월 18일** 어둘녘에 이지화(李至和)가 거문고를 가지고 오고 영(英)도 보러 와서 밤새 이야기했다.

거북선[龜船]

1. **임진 2월 8일** 이 날, 거북선[龜船]에 쓸 돛베 29필을 받았다.
2. **임진 3월 27일** 또한 거북선[龜船]에서 대포 쏘는 것도 시험하였다.
3. **임진 4월 11일** 비로소 베돛[布帆, 새로 건조된 거북선에 사용할 돛]을 만들었다.
4. **임진 4월 12일** 식후에 배를 타고 거북선[龜船]에서 지자(地字)·현자(玄字)포를 쏘아 보았다.
5. **계사 7월 13일** 순천(順天) 거북선 격군(格軍)이며 경상도 사람인 종 태수(太守)가 도망가다가 잡혀 왔기로 처형했다.
6. **갑오 2월 4일** 늦게 본영의 전선(戰船)과 거북선[龜船]이 들어왔다.

7. **갑오 2월 15일** 새벽에 거북선[龜船] 2척과 보성(寶城) 배 1척 등을 멍에[駕木]로 쓸 재목 치는 곳으로 보내어 저녁 8시쯤에 실어 왔다.

고전 인용/책읽기

1. **임진 3월 5일** 저물녘에 서울 갔던 진무(鎭撫)가 들어왔는데, 좌의정(유성룡 柳成龍)이 편지와 《증손전수방략 增損戰守方略》이란 책을 보내 왔다. 그것을 본즉, 수전(水戰, 해전)·육전(陸戰)·화공(火攻) 등에 대한 내용이 일일이 논의되어 있으니, 참으로 만고에 특이한 저술이었다.
2. **갑오 2월 16일** … 암행어사 유몽인(柳夢寅)은 국가의 위급한 난(亂)은 생각지 않고, 당장 눈앞의 평안만을 위해 힘쓰며, 남쪽 지방의 종작없는 거짓말만 믿으니, 나라를 그르치는 교활하고 간사한 말이 무목(武穆, 악비 岳飛)에 대한 진회(秦檜)와 다를 것이 없다.
3. **병신 5월 25일** 우리나라 역사를 읽는데 개탄(慨嘆)할 기록이 많았다[讀東國史 多有慨嘆之志也].

□ 정유일기Ⅰ의 맨 끝부분에 송(宋)나라 역사를 읽고 그 소감을 써넣은 글이 있는데, 그 내용인 즉, 송나라 재상 이강(李綱)은 나라가 위태로울 때 자신의 뜻대로 되지 않는다 하여 물러나려 하지만, 본인(이순신)이 이강이라면 끝까지 그 뜻을 밝히고, 아무리 해도 그것이 되지 않는다면 죽을 것이고, 또 그렇지 못하면 그 속에 몸을 던져 온갖 일을 낱낱이 꾸려가며 나라를 건질 도리를 찾을 것임을 적고 있다(《李忠武公全書》 권1, 〈讀宋史〉 참조).

꿈자리 음미

1. **계사 7월 29일** 새벽 꿈에 사내 아이를 얻었는데, 포로가 되었던 아

이를 얻을 징조이다.

2. **계사 8월 1일** 새벽 꿈에 커다란 대궐에 이르렀는데, 모양이 서울인 것 같았으며, 기이한 일이 많았다. 영의정(유성룡 柳成龍)이 와서 절을 하기에 나도 답례절을 하였다. 임금이 피란 가신 일에 대하여 이야기가 미치자 눈물을 흘리며 탄식하였다. 적의 세력은 이미 종식되었다고 말하였다. 서로 정세를 의논할 즈음 좌우의 사람들이 구름같이 무수히 모여들었다.
3. **계사 8월 25일** 꿈에 적의 행색이 나타나므로, 새벽에 각 도(道)의 대장에게 알려서 바깥 바다에 나가 진치게 하였다가 날이 저물어 한산도 안 바다로 돌아 왔다.
4. **갑오 2월 3일** 새벽 꿈에서 눈 하나가 먼 말을 보았다. 무슨 징조인지 모르겠다.
5. **갑오 2월 5일** 새벽 꿈에 좋은 말을 타고 바위가 첩첩한 큰 산마루에 곧바로 올라가니, 아름다운 산봉우리들이 동서로 뻗어 있고, 또 산봉우리 위에 평평한 곳이 있어서 거기다 자리를 잡으려다 깨었는데 무슨 징조인지 모르겠다. 한 미인이 혼자 앉아 손짓을 하는데, 나는 소매를 뿌리치고 응하지 않았으니 우습다.
6. **갑오 7월 27일** 밤에 꿈을 꾸었는데, 머리를 풀고 크게 울었다. 이것은 아주 좋은 징조라고 한다.
7. **갑오 8월 2일** 초1일 한밤중 꿈에 부안(扶安)댁(이순신의 첩)이 아들을 낳았다. 달수로 따져 낳을 달이 아니었으므로 꿈이지만 내쫓아 버렸다.
8. **갑오 9월 16일** 이 날 밤 꿈에 아들을 보았는데, 경(庚)의 모(母)가 아들을 낳을 징조였다.
9. **갑오 9월 20일** 홀로 앉아 간밤의 꿈을 새겨 보니, 바다에 있는 외딴 섬이 달려 가다가 내 눈앞에 와서 멈춰 서는데, 그 소

리가 우뢰와 같아 사방이 놀라 달아나고 나만이 홀로 서서 처음부터 끝까지 그것을 구경했다. 참으로 기뻤다. 이것은 왜놈이 화친을 애걸하고 스스로 멸망할 징조다. 또 내가 준마(駿馬)를 타고 천천히 가고 있었는데, 이것은 임금의 부르심을 받아 올라갈 징조다.

10. **갑오 10월 10일** 이 날 밤 두 가지 상서로운 꿈을 꾸었다.

11. **갑오 10월 14일** 새벽 꿈에 왜적들이 항복을 빌면서 육혈총통(六穴銃筒) 5자루를 바치고, 또 환도(環刀)도 바쳤다. 말을 전하는 사람의 이름은 김서신(金書信)이라고 하는데, 왜놈들이 모두 항복한다고 했다.

12. **갑오 11월 8일** 새벽 꿈에 영의정(유성룡 柳成龍)은 모양을 이상하게 차리고 나는 관(冠)을 벗은 채 함께 민종각(閔宗慤) 집에 가서 이야기하다가 깨었다. 이것이 무슨 징조인지 모르겠다.

13. **갑오 11월 25일** 새벽 꿈에 이일(李鎰, 순변사)과 서로 만나 내가 많은 말을 하며 이르기를, 국가가 위급한 난리를 당하게 된 오늘날에, 몸에 무거운 책임을 지고서도 나라의 은혜를 갚겠다는 생각은 하지 않고, 배짱 좋게 음란한 계집을 끼고서 관사에는 들어오지 않고 성 바깥의 집에 사사로이 거처하면서 사람들의 비웃음을 사니, 그 의도가 무엇이며, 또 각 고을과 포구에 배치된 수군[舟師]에게 육전(陸戰)에서 필요한 군기를 독촉하기에 겨를이 없으니 이것은 또한 무슨 이치이냐고 하니, 순변사가 말이 막혀 대답을 못하는 것이었다. 기지개를 켜는데 깨어나니, 그것은 하나의 꿈이었다.

14. **을미 5월 15일** 새벽 꿈이 매우 어지러웠다.

15. **병신 정월 12일** 새벽 2시쯤, 꿈에 어떤 곳에 이르러 영의정(유성룡 柳成龍)과 함께 이야기했다. 잠시 함께 속 아랫도리

[中裳]를 끄르고 앉았다 누웠다 하면서, 서로 나라를 걱정하는 생각을 털어 놓다가 끝내는 가슴이 막히어 그만두었다. 이윽고 비바람이 퍼붓는데도 오히려 흩어지지 않고 조용히 이야기하는 중에, '만일 서쪽의 적이 급히 들어오고 남쪽의 적까지 덤비게 된다면 임금이 어디로 다시 가시랴' 하고 걱정만 되뇌이며 할 말을 알지 못했다.

16. 병신 6월 3일 새벽 꿈에 난 지 겨우 대여섯 달 되는 어린 아이를 친히 안았다가 내려 놓았다.

17. 병신 7월 10일 새벽 꿈에 화살을 멀리 쏘는 사람이 있었으며, 또 갓을 발로 차서 부수는 사람도 있었다. 스스로 점을 쳐 보니, 화살을 멀리 쏘는 것은 적의 무리들이 멀리 도망하는 것이요, 갓을 발로 차서 부수는 것은 머리 위에 있는 갓이 발길에 걷어 채이는 것이므로 적의 괴수를 모조리 잡아 없앨 징조라 하겠다.

18. 병신 7월 28일 밤 10시쯤 꿈속에서 땀을 흘렸다.

19. 병신 7월 30일 밤 꿈에 영의정(유성룡 柳成龍)과 함께 조용히 이야기했다.

20. 정유 I 4월 11일 새벽에 꿈이 매우 번거로워 어찌할 바를 몰랐다.

21. 정유 I 5월 5일 새벽 꿈이 매우 어지러웠다

22. 정유 I 5월 6일 꿈에 돌아가신 두 형님을 보았는데, 서로 부축하시고 통곡하며 하시는 말씀이, '장삿일[襄事]을 치르지도 않고 천리를 종군하고 있으니, 도대체 누가 일을 주관하며, 통곡한들 어찌하느냐' 고 하셨다. 이는 두 형님의 혼령이 천리길을 따라 오신 것이며, 걱정하고 애달파 하심이 이렇게까지 되니 비통함을 금할 길이 없다. 또한 남원(南原)의 추수 감독하는 일을 염려하시는데 이는 무슨 뜻인지를 모르겠다. 연일 꿈자리가

어지러운 것은 돌아가신 혼령들이 말없이 염려하여 주는 터이라 마음 아픔이 한결 더하다.

23. **정유Ⅰ 5월 8일** 이 날 새벽 꿈에서 사나운 호랑이를 때려 죽이고 껍질을 벗겨 휘둘렀는데, 이 무슨 징조인지를 모르겠다.

24. **정유Ⅰ 6월 21일** 새벽 꿈에 덕(德)과 율온(栗溫), 대(臺)가 같이 보였는데, 나를 보고 기뻐하는 기색이 많았다.

25. **정유Ⅰ 6월 28일** 이 날 새벽 꿈이 매우 어지러웠다.

26. **정유Ⅰ 7월 6일** 꿈에 윤삼빙(尹三聘)을 만났는데, 나주로 귀양간다고 했다.

27. **정유Ⅰ 7월 7일** 꿈에 원공(元公, 원균 元均)과 같이 모였는데, 내가 원공 위에 앉아 음식상을 받자 원공이 즐거운 기색을 보이는 것 같았다. 무슨 징조인지 모르겠다.

28. **정유Ⅰ 7월 14일** 새벽 꿈에 내가 체찰사(이원익 李元翼)와 함께 한 곳에 이르니 송장들이 널렸는데, 혹은 밟고 혹은 목을 베기도 하였다.

29. **정유Ⅰ 8월 2일** 이 날 밤 꿈에 임금의 명령을 받들 징조가 있었다.(8월 3일 겸삼도통제사의 임명을 받음.)

30. **정유Ⅰ 9월 15일** 밤 꿈에 이상한 징조가 많았다.

31. **정유Ⅱ 9월 13일** 꿈에 이상한 일이 있었다. 임진(壬辰) 대첩(大捷) 때의 꿈과 서로 대강 비슷했다. 이것이 무슨 징조인지 모르겠다.

32. **정유Ⅱ 9월 15일** 이 날 밤 꿈에 신인(神人)이 나타나 가르쳐 주기를 '이렇게 하면 크게 이기고, 이렇게 하면 지게 된다'고 하였다.

33. **정유Ⅱ 10월 13일** 이 날 새벽 꿈에 우의정을 만나 조용히 의논하고 이야기하였다.

34. **정유Ⅱ 10월 14일** 새벽 2시경 꿈에 내가 말을 타고 언덕 위를 가다가 말이 실족하여 개울 가운데로 떨어지긴 했으나 엎

으러지지는 않았는데, 막내아들 면(葂)이 붙들어 껴안는 것 같은 형상이 있음을 보고 깨었다. 이것이 무슨 조짐인지 모르겠다. ··· 면(葂)이 전사하였음을 알고 ···.

35. 정유II 10월 18일 자정초에 꿈을 꾸었다.

36. 정유II 10월 19일 새벽 꿈에 고향 집의 종 진(辰)이 내려 왔기에 나는 죽은 아들이 생각나서 통곡하였다.

37. 정유II 11월 7일 이 날 밤 자정께 꿈에 면(葂)이 죽는 것을 보고 울부짖으며 통곡하였다.

38. 정유II 11월 8일 새벽 2시경 꿈에서 물에 들어가 고기를 잡았다.

바둑〔手談, 奕〕

1. 계사 3월 12일 식후에 우수사(이억기 李億祺)의 사첫방[下處房]에서 바둑을 두었다.

2. 계사 5월 11일 바둑을 두기도 했다.

3. 계사 5월 25일 광양(어영담 魚泳潭)이 오고, 최천보(崔天寶), 이홍명(李弘明)이 와서 바둑을 두고서 헤어졌다.

4. 계사 9월 6일 식후에 나는 우수사(이억기 李億祺)의 배로 가서 ··· 바둑 두고 돌아왔다.

5. 갑오 4월 20일 우수사(이억기 李億祺)와 충청수사(이순신 李純信), 장흥(長興, 황세득 黃世得), 마량(馬梁, 강응호 姜應虎)이 와서 바둑도 두고, 또 군사 의논도 했다.

6. 갑오 6월 3일 충청수사(이순신 李純信)와 배첨사(배경남 裵慶男)가 와서 바둑[奕]을 두었다.

병(病)

1. 임진 3월 20일 몸이 몹시 불편하여 일찍 들어왔다.

2. 임진 3월 21일 몸이 불편하여 아침내 누워 앓다가 늦게야 동헌에 나

가 공무 보았다.

3. **임진 4월 2일** 식후에 몸이 몹시 불편하더니 점점 더 통증이 심해져서 종일토록 또 밤새도록 신음했다.

4. **임진 5월 29일** 군관 나대용(羅大用)이 탄환에 맞았고, 나도 왼쪽 어깨 위에 탄환을 맞아 등으로 관통되었으나 중상에는 이르지 않았다.

5. **계사 5월 18일** 이른 아침에 몸이 몹시 불편하여 온백원(溫白元) 4알을 먹었다. … 얼마 있다가 설사를 하고 나니 몸이 좀 편안해진 듯했다.

6. **계사 5월 19일** 아침밥을 윤봉사(奉事)와 먹는데, 여러 장수들이 몹시 권하여 몸은 불편해도 억지로 먹게 되니 더욱 슬프고 서러웠다.

7. **계사 8월 12일** 몸이 몹시 불편하여 종일 누워 신음했다. 허한(虛汗)이 무시로 흘러 옷이 젖었기 때문에 억지로 일어나 앉았다.

8. **갑오 정월 29일** 몸이 불편하여 저녁내 누워 신음하는데, 큰 바람과 파도로 배를 안정시킬 수 없고 심회는 극히 어지러웠다.

9. **갑오 3월 6일** 나는 몸이 몹시 좋지 않아, 앉았다 누웠다 하는 것조차 불편했다.

10. **갑오 3월 7일** 몸이 몹시 불편하여 움직이기조차 어려웠다. … 내가 병중에 억지로 일어나 앉아 글(禁討牌文에 대한 답서)을 짓고 ….

11. **갑오 5월 1일** 종일 땀이 퍼붓듯이 흘렀다. 몸은 쾌차한 것 같았다. 아침에 아들 면(葂)과 집안 계집종 4명, 관비 4명이 병 심부름을 위하여 들어왔는데, 덕(德)만 남겨 두고 그 나머지는 모두 내일 돌려 보내라고 일렀다.

12. **갑오 5월 7일** 몸이 편안한 것 같았다. 침 16군데를 맞았다.

13. **갑오 5월 10일** 소비포(所非浦, 이영남 李英男)가 약을 보내 왔다.
14. **갑오 6월 22일** 저녁에 몸이 몹시 불편해서 두 끼니나 밥을 먹지 아니했다.
15. **갑오 7월 27일** 충청수사(이순신 李純信)가 과하주(過夏酒)를 가지고 왔다. 나는 몸이 불편해서 조금 마셔 보았으나 역시 나아지지 않았다.
16. **갑오 7월 29일** 몸이 아주 편치 않았다. … 이 날 밤은 신음하며 지새워 아침이 되었다.
17. **갑오 10월 11일** 아침에 몸이 편치 않았다. … 공문을 처결하고 일찍 자는 방으로 들어갔다.
18. **을미 3월 25일** 저녁에 몸이 몹시 불편하더니 닭이 울 무렵에 열이 조금 내렸고 땀은 흐르지 아니했다.
19. **을미 5월 5일** 몸이 춥고 편치 않았으며 아파서 토하고 잤다.
20. **을미 6월 5일** 나는 몸이 몹시 불편하여 저녁밥을 먹지 않았으며, 종일 고통스러웠다.
21. **을미 6월 24일** 늦게 침을 맞아 활을 쏘지 못했다.
22. **병신 2월 28일** 일찍 침을 맞았다.
23. **병신 3월 2일** 몸이 몹시 불편하여 공무 보지 않았다. 몸이 피곤하고 땀이 흐르니 이것이 병의 시초인 것이다.
24. **병신 3월 21일** 초저녁에 곽란(霍亂)이 일어나 토하다가 자정에 가서야 조금 가라 앉았다. 일어났다 앉았다 몸을 뒤척거렸다. 마치 말못할 일을 저지른 듯하여 한스럽기 짝이 없었다. … 방을 나가 거니는데 몸이 몹시 피곤했다.
25. **병신 4월 3일** 우수사(이억기 李億祺)에게 가보려다가 몸이 불편하여 가지 못했다.
26. **병신 4월 19일** 습열(濕熱)로 인해 침을 20여 군데 맞았다. 속에 번열(煩熱)이 나는 것 같아 방으로 들어와 종일 나가지 않았다.

27. **병신 5월 8일** 몸이 몹시 불편하고 두 번이나 구토를 했다.

28. **병신 8월 4일** 다락에 앉아서 아이들이 떠나는 것을 바라보느라고 몸 상하는 줄도 몰랐다. 늦게 대청에 나가서 활 몇 순을 쏘다가 몸이 몹시 불편하여 활쏘기를 멈추고 안으로 들어왔다. 거북이처럼 몸이 얼어붙어서 바로 옷을 두텁게 하고 땀을 냈다. 저물녘에 경상수사(권준 權俊)가 와서 문병하고 갔다. 밤에는 낮보다 훨씬 더 아파서 신음하며 밤을 새웠다.

29. **병신 8월 6일** 아침에 김조방장(김완 金浣)과 충청우후(원유남 元裕男), 경상우후(이의득 李義得) 등이 문병하러 왔다.

30. **병신 8월 10일** 아침에 충청우후(원유남 元裕男)가 문병하러 왔다가 조방장과 함께 아침밥을 먹었다.

31. **정유Ⅰ 4월 18일** 몸이 몹시 불편하여 나가지 못하고 다만 빈소 앞에서 곡하다가 물러나와 종 금수(今守)의 집으로 왔다.

32. **정유Ⅰ 5월 29일** 몸이 몹시 불편하여 떠나지 못하고 그대로 머물러 조리했다.

33. **정유Ⅰ 6월 8일** 몸이 몹시 불편하여 저녁을 먹지 않았다.

34. **정유Ⅰ 7월 21일** 조금도 눈을 붙이지 못해 안질(眼疾)에 걸렸다.

35. **정유Ⅰ 8월 21일** 새벽 전에 곽란(藿亂, 곽란 霍亂)이 일어 몹시 앓았다. 차게 해서 그런가 싶어 소주(燒酒)를 마셨더니, 이윽고 인사불성이 되어 깨어나지 못할 뻔했다. 밤내 앉아 새웠다.

36. **정유Ⅰ 8월 22일** 곽란(藿亂)이 점점 심해져 기동할 수가 없었다.

37. **정유Ⅰ 8월 23일** 통증이 지극히 심해 배에 머무르는 것이 불편하기로 배를 버리고 바다에서 나와 묵었다.

38. **정유Ⅱ 8월 20일** … 몸이 몹시 불편하여 음식도 먹지 못하고 신음(呻吟)하였다.

39. **정유Ⅱ 8월 21일** 새벽 2시쯤에 곽란(霍亂)이 일어났다. 차게 한 탓

인가 하여 소주를 마셔 다스리려 했다가 그만 인사불성에 빠져 거의 구하지 못할 뻔했다. 토하기를 10여 차례나 하고 밤새도록 고통을 겪었다.

40. **정유Ⅱ 8월 22일** 곽란으로 인사불성, 기운이 없고 또 뒤도 보지 못하였다.

41. **정유Ⅱ 8월 23일** 병세가 몹시 위급하여 배에서 거처하기가 불편하고, 또 실상 전쟁터도 아니므로 배에서 내려 포구 밖에서 묵었다.

42. **정유Ⅱ 10월 19일** 어두울 무렵에 코피[鼻血]를 되 남짓이나 흘렸다.

……

□ 몸이 불편한 것에 관한 기사는 일기 전체를 통하여 180여회에 이른다.

술〔酒〕

1. **계사 5월 14일** 나도 또한 우수사의 배로 옮겨 타고 선전관과 이야기하며 수차례 술을 나누자, 경상수사 원평중(平仲, 원균의 字)이 와서 술주정을 부리는 것이 말할 수 없을 정도였다. 한 배 안의 장병들이 분개하지 않는 이가 없었다. 그 속이고 망령됨은 말할 수가 없었다. 영산령이 취해 넘어져 정신을 못차리니 우스웠다.

2. **계사 6월 11일** 아침에 왜적을 토벌할 공문을 작성하여 영남수사(원균 元均)에게 보냈더니, 술이 취하여 인사불성이므로 회답을 받지 못했다. … 그 길로 우수사(이억기 李億祺)의 배로 가니, 가리포(첨사, 구사직 具思稷), 진도(현감, 김만수 金萬壽), 해남(현감, 위대기 魏大器) 등이 수사(우수사)와 함께 술자리를 차려 놓고 있었다. 나도 몇 잔 마시고 돌아왔다.

3. **갑오 4월 3일** 삼도(三道)의 싸움하는 군사들에게 술 1,080동이[盆]

를 먹였다.

4. **갑오 8월 17일** 원수(권율 權慄)가 … 이야기하자고 부르므로 … 가져간 술을 마시기를 청하여 여덟 차례를 돌렸다. 원수가 잔뜩 취하여 파했다.

5. **을미 6월 26일** 오늘은 언경(彦卿) 영공(권준 權俊)의 생신이라 하므로 국수를 만들어 먹고 술도 취하고 거문고도 듣고 젓대[笛]도 불다가 저물어서야 헤어졌다.

6. **을미 9월 14일** 우수사(이억기 李億祺)와 경상우수사(권준 權俊)가 나란히 와서 작별하는 술잔을 같이 나누고 밤이 깊어 헤어졌다. 선수사(선거이 宣居怡)와 작별하며 증정한 짧은 시(詩)인 즉, … 오늘밤 달빛 아래 한 잔 술을 나누면, 내일은 우리 서로 헤어지겠구려.

7. **을미 9월 15일** 선수사(선거이 宣居怡)가 와서 돌아간다고 고했다. 또 작별하는 술잔을 들고 헤어졌다.

8. **병신 2월 5일** 늦게 삼도(三道)의 여러 장수들을 불러 모아 위로하는 음식을 대접하고, 겸하여 활도 쏘고, 풍악도 울리며 모두 취해서 헤어졌다.

9. **병신 6월 6일** 사도(四道)의 여러 장수들을 모두 모아 활을 쏘고, 술과 음식을 먹였다. 또 다시 모여 활을 쏘아 승부를 겨루고 헤어졌다.

10. **정유Ⅰ 4월 1일** 지사(知事) 윤자신(尹自新)이 와서 위로하고, 비변랑(備邊郎) 이순지(李純智)가 보러 왔다. 탄식이 더함을 이길 길이 없다. 지사가 돌아갔다가 저녁 식사 후에 술을 가지고 다시 왔다. 기헌(耆獻)도 왔다. 정으로 권하며 위로하기로 사양할 수가 없어 억지로 술을 마시고 몹시 취했다. 또 영공(令公) 이순신(李純信)이 술병을 차고 와서 함께 취하며 간담하였다.

11. **정유Ⅰ 4월 9일** 동네 안에서 사람들이 술병을 들고 와서 멀리 가는

길을 정으로써 위로하므로 거절할 수 없어 몹시 취하여 헤어졌다. 홍군우(洪君遇)가 노래부르고, 이별좌(李別坐) 역시 노래하는데 나는 노래를 들어도 조금도 즐겁지가 않았다. 금부도사는 술을 잘 마셨으나 흐트러짐이 없었다.

12. **정유II 8월 9일** 점심 후 길에 올라 10리쯤에 이르니 노인들이 길가에 늘어서서 다투어 술병을 가져다 바치는데 받지 않으면 울면서 억지로 권하는 것이었다.

13. **무술 9월 16일** 나로도(羅老島)에 머물며 도독(都督, 진린 陳璘)과 술을 마셨다.

……

□ 술에 관한 기사는 일기 전체를 통하여 140여 회에 이른다.

시(詩, 絶句)

1. **임진 2월 12일** … 조이립(趙而立)은 시[絶句]를 읊었다.
2. **을미 8월 15일** 이 날 밤 어스름 달빛이 다락을 비치는데, 잠들지 못하고 시를 읊어 긴 밤을 세웠다.
3. **을미 9월 14일** 선수사(선거이 宣居怡)와 작별하며 증정한 짧은 시(詩)인 즉, 북쪽에 가서는 쓴 고생을 같이하고, 남쪽에 와서는 죽고 삶을 함께 하더니, 오늘밤 달빛 아래 한 잔 술을 나누면, 내일은 우리 서로 헤어지겠구려.
4. **병신 5월 17일** 다락에 기대어 혼자 시를 읊조렸다.

씨름〔角力〕

1. **갑오 9월 21일** 저물어서 여러 장수가 뛰어 넘기를 하고, 군사들로 하여금 씨름을 겨루게 했다.
2. **을미 7월 15일** 경상수사(권준 權俊)도 와서 같이 이야기하고, 씨름

의 승부를 겨루게 했다.

3. **병신 4월 23일** 늦게 군사들 중에서 힘센 사람을 뽑아서 씨름을 시켰더니, 성복(成卜)이란 자가 혼자 뛰어나므로 상으로 쌀 말을 주었다.

4. **병신 5월 5일** … 씨름을 붙인 결과 낙안(樂安)의 임계형(林季亨)이 으뜸이었다.

어머님〔天只〕

1. **임진 정월 1일** 새벽에 아우 여필(汝弼, 禹臣의 字)과 조카 봉(菶), 아들 회(薈)가 와서 이야기했다. 다만 어머님[天只]을 떠나 두 번이나 남도에서 설을 쇠니 서운한 마음을 이길 길이 없다.

2. **계사 5월 4일** 이 날은 어머님[天只] 생신이건만, 적을 토벌하는 일 때문에 헌수(獻壽)의 술잔을 드리러 가지 못하니 평생의 한이다.

3. **계사 5월 18일** 종 목년(木年)이 해포(蟹浦)로부터 왔는데 어머님[天只]이 편안하시다는 소식을 듣고, 곧 답신을 써서 돌려보내며 미역 5동을 집으로 보냈다.

4. **계사 6월 12일** 아침에 흰 머리털 십여 오라기를 뽑았다. 흰 머리털인들 어떠랴마는 다만 위로 늙으신 어머님[老堂]이 계시기 때문이다. 종일 혼자 앉아 있었다.

5. **갑오 정월 1일** 어머님[天只]을 모시고 함께 한 살을 더하게 되니 이는 난리 중에서도 다행한 일이다. 늦게 군사 훈련과 전열 정비 때문에 본영으로 돌아왔다.

6. **갑오 정월 11일** 아침에 어머님을 뵙기 위해 배를 타고 바람을 따라 바로 고음천(古音川)에 대었다. 남의길(南宜吉), 윤사행(尹士行), 조카 분(芬)이 함께 갔다. 어머님[天只]께 가니 아직 주무시고 깨시지 않으셨다. 웅성대는 바

람에 놀라 깨시어 일어나셨는데, 숨이 아주 가물가물해 앞이 얼마 남지 않으신 듯하여, 다만 남몰래 눈물을 흘렸다. 그러나 말씀하시는 데는 착오가 없으셨다. 적을 토벌할 일이 급하여 오래 머무를 수 없었다.

7. **갑오 정월 12일** 조반 후 어머님[天只]께 하직을 고하니, '잘 가거라, 나라의 치욕을 크게 씻어라' 하고 재삼 타이르시며, 이별하는 데 조금도 서운한 기색을 보이지 않으셨다. 선창에 돌아와서는 몸이 불편한 것 같아 바로 뒷방으로 들어갔다.

8. **을미 정월 1일** 촛불을 밝히고 혼자 앉아 생각이 나랏일에 이르자 모르는 사이에 눈물이 흘렀다. 또 팔십의 병드신 어머님을 생각하니 마음이 편치 않아 밤을 새웠다.

9. **을미 5월 4일** 이날은 어머님 생신인데, 몸소 나가 잔을 드리지 못하고 홀로 먼 바다에 앉았으니 회포를 어찌 다 말하랴.

10. **을미 5월 13일** 날은 거듭되는데 탐선(探船)이 6일이 지나도록 오지 않아 어머님께서 평안하신지 아닌지를 알 수가 없다. 어찌 속이 타고 염려되지 않으리오.

11. **을미 5월 21일** 오늘은 필시 본영에서 사람이 올 터인데, 아직 어머님[天只] 안부를 몰라 몹시 답답하다. 종 옥이(玉伊)와 무재(武才)를 본영으로 보냈다. 포어(鮑魚)와 소어(蘇魚) 젓갈, 어란쪽 등을 어머님[天只]께 보냈다.

12. **을미 6월 12일** 새벽에 울(蔚)이 오는 편에 들으니, 어머님[天只] 병환이 조금 덜해졌다고는 하나 구십 나이에 이런 위태한 병을 얻었으니 걱정스러워 소리없이 울었다.

13. **을미 7월 3일** 밤 10시쯤에 탐선(探船)이 들어왔는데, 어머님께서 평안하시기는 하나, 입맛이 달지 않으시다고 하니 민망, 민망스럽다.

14. **병신 5월 4일** 이 날은 어머님의 생신인데 헌수하는 술잔을 올리지

못하여 심회가 평온하지 않았다. 나가지 않았다.

15. 병신 5월 18일 저녁에 탐후선(探候船)이 들어왔다. 어머님께서는 평안하시다고 했다. 그러나 진지 드시는 것이 전보다 줄으셨다 하니 민망스러워 눈물만 지었다.

16. 병신 윤8월 12일 종일 노(櫓)를 재촉하여 밤 10시쯤에 어머님[天只] 앞에 이르러 보니 백발이 무성하셨다. 나를 보고 놀라 일어나시는데, 기운이 점점 없어져 아침 저녁을 보전하시기 어려웠다. 눈물을 머금고 서로 붙들고 앉아, 밤이 새도록 위로하여 그 마음을 풀어 드렸다.

17. 병신 윤8월 13일 모시고 옆에 앉아 아침 진지상을 드리니 대단히 기뻐하시는 빛이었다. 늦게 하직 인사를 드리고 본영으로 돌아왔다가, 오후 6시쯤에 작은 배를 타고 밤새 노를 재촉하였다.

18. 병신 10월 7일 일찍이 (어머님을 위한) 수연(壽宴)을 베풀고 종일토록 즐기니 다행, 다행이다.

19. 병신 10월 9일 종일토록 어머님[天只]을 모셨다. 내일 진중으로 돌아가는 일로 어머님이 퍽 서운해 하시는 기색이었다.

20. 정유Ⅰ 4월 11일 병드신 어머님을 생각하니 눈물이 흐르는 것을 깨닫지 못했다. 종을 보내서 소식을 듣고 오게 했다.

21. 정유Ⅰ 4월 13일 아침식사 후 어머님 마중을 나가려고 바닷가[海汀]로 나갔다. … 잠시 후 종 순화(順花)가 배로부터 와서 어머님[天只]께서는 돌아가셨다고 말한다. 뛰쳐나가 가슴을 치고 뛰며 슬퍼하였다. 하늘의 해조차 캄캄하다. 바로 해암(蟹巖)으로 달려가자 배가 벌써 와 있었다. 길에서 바라보며 가슴이 찢어지는 슬픔을 이루 다 어찌 적으랴. 뒷 날 대강 적었다.

22. 정유Ⅰ 4월 19일 일찍이 길을 떠나며, 어머님 영연(靈筵)에 하직을 고하고 목놓아 울었다. 어찌 하랴, 어찌 하랴. 천지

(天地)간에 나 같은 사정이 또 어디 있단 말인가. 어서 죽는 것만 같지 못하구나.

23. 정유Ⅰ 5월 4일 오늘은 어머님의 생신이다. 슬프고 애통한 마음을 어찌 견디랴. 닭이 울자 일어나 앉아 눈물만 흘렸다.

24. 정유Ⅰ 5월 5일 이 날은 오절(午節, 단오절)인데 천리 밖에 멀리 와서 종군하며, 장례도 못 모시고, 곡(哭)하고 우는 일조차 뜻대로 맞추지 못하니, 무슨 죄와 허물이 있어 이런 갚음을 당하는가. 나와 같은 사정은 고금을 통하여 그 짝이 없을 것이다. 가슴이 찢어지듯 아프고 아프다. 다만 때를 만나지 못한 것이 한(恨)스러울 따름이다.

25. 정유Ⅰ 6월 26일 아산(牙山)의 종 평세(平世)가 들어와서 어머님 영연(靈筵)이 평안하시고 …. 장삿날은 7월 27일로 가려 정했다가 다시 8월 초4일로 택일했다고 한다. 그립고 애달픈 생각이 미치자 슬픈 정회를 어찌 다 말하랴, 어찌 말하랴.

26. 정유Ⅰ 7월 9일 이 날 밤 달빛이 대낮 같은데 어머님[親] 그리는 슬픔과 울음으로 밤이 깊도록 잠들지 못했다.

27. 정유Ⅱ 9월 11일 홀로 배 위에 앉아 (어머님) 그리운 생각에 잠겨 눈물을 흘렸다. 천지(天地)간에 어찌 나 같은 사람이 있으랴. 자식 회(薈)는 내 심정을 알고 몹시 언짢아 하였다.

……

□ 어머님에 관한 기사는 일기 전체를 통하여 100여 회에 이른다.

일식(日蝕)·월식(月蝕)

1. 갑오 4월 1일 일식(日食)을 할 것인데 하지 아니 했다.

2. 을미 9월 16일 이 날 저녁 월식(月食)을 하고 밤들어 밝아졌다.

3. **병신 윤8월 1일** 일식(日食)을 했다.

장기〔博〕

1. **계사 8월 12일** 순천(권준 權俊)이 와서 보았다. 우영공(우수사, 이억기 李億祺)이 와서 보았다. 이첨사(이순신 李純信)도 왔다. 종일 장기를 두었다.
2. **갑오 5월 10일** 늦게 우우후(이정충 李廷忠)와 충청수사(이순신 李純信)가 와서 둘이서 수를 다투며 장기를 겨루었다.
3. **갑오 6월 2일** 나는 몸이 불편하여 일찍 돌아와 누워서 충청수사(이순신 李純信)와 배문길(門吉, 배경남의 字)이 장기를 두어 내기 승부하는 것을 구경하였다.
4. **갑오 7월 14일** 충청수사(이순신 李純信)와 순천(권준 權俊)을 청해다가 장기[博]를 두게 하면서 관전으로 소일했다. 그러나 근심이 속에 있으니 어찌 조금인들 편할 수 있으랴.
5. **을미 3월 12일** 박조방장(박종남 朴宗男)과 우후(이몽구 李夢龜)가 장기를 두었다.
6. **을미 3월 25일** 권동지(권준 權俊)와 장기를 두었는데 권이 이겼다.
7. **을미 5월 20일** 선수사(선거이 宣居怡)와 권조방장(권준 權俊)과 함께 장기를 두었다.

전선(戰船)·판옥선(板屋船)

1. **임진 5월 3일** … 방답의 판옥선(板屋船)이 첩입군(疊入軍)을 싣고 오는 것을 보고 …
2. **임진 6월 2일** … 그 중의 큰 배 1척은 크기가 우리나라 판옥선(板屋船)만한데, …
3. **임진 6월 5일** … 왜의 배 1척이 크기는 판옥선만한데, …
4. **계사 2월 20일** 새벽에 배를 띄우자 동풍이 잠깐 불더니, 적과 교전

할 때에는 바람이 갑자기 세게 불기 시작해서 여러 배들이 서로 맞부딪쳐 깨지고, 거의 다들 배를 제어할 수 없었다. 즉시 호각을 불도록 명령하고, 초요기(招搖旗)를 세워 전투를 중지시켰다. 여러 배들이 다행히도 크게 상하는 데까지 이르지는 않았으나, 흥양의 1척, 방답의 1척, 순천의 1척, 본영의 1척이 서로 부딪쳐 깨졌다.

5. **계사 2월 22일** … 이 때를 틈타서 전선(戰船)을 합하여 바로 공격하니, 적의 세력은 갈라지고 약해져서 거의 섬멸되었다. 그러나 발포(鉢浦) 2호선과 가리포(加里浦) 2호선이 명령도 없었는데 돌입하다가 그만 얕고 좁은 곳에 걸려서 적들이 배에 오르게 되었다. 통분, 통분하여 간담이 찢어지는 듯하였다. 얼마 후에는 진도 지휘선이 적에게 포위되어 하마터면 구할 수 없게 되었으나, 우후(虞候, 이몽구 李夢龜)가 바로 들어가 구출했다.

6. **계사 5월 18일** 협선(挾船) 2척을 새로 만드는데 못이 없다고 한다.

7. **계사 5월 26일** 밤 10시쯤부터는 바람이 미칠듯이 세게 불어 배들이 가만 있지 못했다. 처음에는 우수사의 배와 맞부딪치는 것을 간신히 구해 냈더니, 또 발포(鉢浦)만호(황정록 黃廷祿)가 탄 배와 부딪쳐 부서질 뻔하다가 겨우 면했다. 송한련(宋漢連)이 탄 협선(挾船)은 발포의 배와 부딪쳐서 많이 상했다고 한다.

8. **계사 6월 2일** 판옥선과 군관 송두남(宋斗男), 이경조(李景祚), 정사립(鄭思立) 등이 본영으로 돌아갔다.

9. **계사 6월 3일** 지휘선을 연기로 그을리는 일[烟燻, 배의 수명 연장을 위한 것] 때문에 좌별선(左別船)으로 옮겨 탔다. 막 활을 쏘려 하자 큰 비가 내리기 시작했다. 온 배에 비가 새지 않는 곳이 없으니 마른 데를 찾아 앉을 수가

없어 한심스러웠다.

10. **계사 6월 20일** 이 날 배 만들 재목[船材]을 운반해 오고 …

11. **계사 6월 22일** 전선(戰船)을 (만들기 위해) 자귀질을 시작했다. 목수[耳匠] 214명이었다. 운반하는 일은 본영의 72명, 방답의 35명, 사도의 25명, 녹도의 15명, 발포의 12명, 여도의 15명, 순천의 10명, 낙안의 5명, 흥양과 보성의 각 10명이 맡았다. 방답에서 처음에는 15명밖에 보내지 않아서 군관과 색리(色吏)를 처벌하였는데, 그 하는 짓이 아주 간교하였다. 듣기에, 제2호 지휘선[二上船]의 무상(無上, 물긷는 군사) 손걸(孫乞)을 본영으로 돌려 보냈던 바, …

12. **계사 6월 23일** 이른 아침에 목수를 점호하였는데, 한 명도 결근이 없었다고 한다. 새 배에 쓸 밑판[本板]을 다 만들었다.

13. **계사 8월 8일** 충청수사의 전선(戰船) 2척이 들어왔으나, 1척은 쓸 수 없는 것이라 한다.

14. **계사 8월 17일** 지휘선을 연기로 그을리기 위해 좌별도선에 옮겨 탔다. … 밤 들기 전에 지휘선으로 옮겨 탔다. … 새로 만든 배를 진수했다.

15. **계사 9월 6일** 새벽에 배 만들 재목을 운반해 올 일로 여러 배를 내보냈다. … 배 재목을 여러 배가 끌어 왔다.

16. **계사 9월 7일** 아침에 재목을 받아들였다.

17. **갑오 정월 23일** 흥양의 전선(戰船) 2척이 들어왔다.

18. **갑오 정월 25일** 송두남(宋斗男), 이상록(李尙祿)이 새로 만든 배를 돌려 댈 일로 사격(射格, 射夫와 格軍) 132명을 거느리고 갔다.

19. **갑오 정월 27일** 새벽에 배 만들 목재를 끌어오기 위해 우후(이몽구)가 나갔다.… 우후의 배가 재목을 끌고 왔다.

20. **갑오 정월 28일** 전선(戰船)을 만들기 시작했다.

21. 갑오 정월 29일 미조항첨사(김승룡 金勝龍)가 배 꾸밀 일로 고하고 돌아갔다.

22. 갑오 2월 1일 저녁 8시경에 사도첨사(김완 金浣)가 전선(戰船) 3척을 거느리고 진에 이르렀다.

23. 갑오 2월 4일 늦게 본영의 전선(戰船)과 거북선[龜船]이 들어왔다.

24. 갑오 2월 7일 보성(寶城)의 전선 2척이 들어왔다.

25. 갑오 2월 15일 새벽에 거북선[龜船] 2척과 보성(寶城) 배 1척 등을 멍에[駕木]로 쓸 재목 치는 곳으로 보내어 저녁 8시쯤에 실어 왔다. … 흥양 배를 검열하자, 허술한 일이 많았다.

26. 갑오 2월 17일 아침에 지휘선을 연기로 그을리기 위해 활터 정자로 올라 가서 각처의 서류를 처결해 보냈다. … 우수사가 거느리고 온 전선(戰船)이 겨우 20척이니 한심스러웠다.

27. 갑오 3월 1일 저녁 8시경에 장흥 2호선(長興二船)이 실화(失火)로 인하여 다 타 버렸다

28. 갑오 3월 5일 이 날 저녁 광양의 새 배가 들어왔다.

29. 을미 정월 19일 조금 있다가 여도 전선(戰船)에서 실화하여 광양, 순천, 녹도 전선 4척이 연이어 타버렸다. 통탄함을 이길 수 없었다.

30. 을미 2월 15일 지휘선을 연기로 그을렸다.

31. 을미 5월 14일 사도(김완 金浣)가 와서 고하되, 흥양(배흥립 裵興立)이 받아간 전선(戰船)이 암초에 걸려 기울어 넘어졌다고 하므로 대장(代將) 최벽(崔璧)과 10호 선장(十船將) 및 도훈도(都訓導)를 잡아다가 곤장을 때렸다.

32. 병신 정월 15일 낙안과 흥양의 전선(戰船)의 병기와 부속물 및 사부와 격군들을 점검하니, 낙안이 극히 제대로 되어 있지 않다고 했다.

33. 병신 2월 6일 새벽에 목수 10명을 거제로 보내 배를 만들도록 지시했다.

34. 병신 2월 18일 늦게 체찰사의 비밀 공문 3통이 왔는데, … 또 하나는 진도(珍島) 전선(戰船)을 아직 독촉하여 모으지 말라는 것이었다.

35. 병신 5월 9일 부안(扶安) 전선에서 불이 났으나 과히 타지 않아 다행이었다.

36. 병신 8월 20일 새벽에 전선 만들 재목을 끌어 내리기 위해서 우도 군사 300명, 경상도 100명, 충청도 300명, 좌도 390명을 송희립이 거느리고 갔다.

37. 병신 윤8월 14일 지나온 지역이 온통 쑥대밭이 되어 그 참혹함을 차마 볼 수 없었다. 우선 전선(戰船) 정비하는 것을 잠시 면제하여 군사와 백성들이 당하는 노고를 풀어 주어야겠다.

38. 정유Ⅱ 11월 2일 아침 일찍 들으니, 우수사의 전선(戰船)이 바람에 떠내려 가다가 암초에 걸려 깨졌다고 한다. 극히 통분할 일이다. 병선(兵船) 군관 당언량(唐彦良)을 곤장 80대 쳤다.

점(占)

1. 갑오 7월 13일 홀로 앉아 면(葂)의 병세가 어떤지 염려되어 글자 점을 쳐 보니, '군왕을 만나 보는 것 같다[如見君王]'는 괘(卦)를 얻었다. 아주 좋았다. 다시 하니, '밤에 등불을 얻은 것과 같다[如夜得燈]'였다. 두 괘가 모두 좋은 것이었다. 조금 마음이 놓였다. 또 유정승(유성룡 柳成龍)의 점을 친 즉, '바다에서 배를 얻은 것과 같다[如海得船]'는 괘를 얻었고, 다시 치니 '의심하다가 기쁨을 얻은 것과 같다[如疑得喜]'는 괘가 나왔다.

아주 좋다. 저녁내 비가 내리는데, … 비가 올지 갤지를 점쳐 보니, '뱀이 독을 뱉는 것과 같다[如蛇吐毒]'는 괘를 얻었다. 장차 큰 비가 내리겠으니 농사를 위해 걱정, 걱정스럽다. 밤에 비가 퍼붓듯이 내렸다.

2. **갑오 7월 14일** 어제 저녁부터 빗발이 삼대 같았다. … 점괘 얻은 그대로이니 극히 절묘하였다.

3. **갑오 9월 1일** 이른 아침에 세수하고 조용히 앉아 아내의 병세에 대해 점을 쳤더니, '중이 환속하는 것 같다[如僧還俗]'는 괘(卦)를 얻고, 다시 '의심하다 기쁨을 얻은 것과 같다[如疑得喜]'는 괘를 얻었다. 아주 좋았다. 또 병세가 나아 간다는 기별이 올 것인지에 대해서 쳐 보니 '귀양 땅에서 친척을 만난 것 같다[如謫見親]'는 괘였다. 이 역시 오늘중에 좋은 소식을 받을 징조였다.

4. **갑오 9월 28일** 새벽에 촛불을 밝히고 홀로 앉아 적을 칠 일로 길흉을 점쳐 보았다. 첫 점은 '활이 화살을 얻은 것과 같다[如弓得箭]'는 것이었고, 다시 치니 '산이 움직이지 않는 것과 같다[如山不動]'는 것이었다.

5. **병신 정월 10일** 이른 아침에 적이 다시 나올지 안 나올지 점쳤더니, '수레에 바퀴가 없는 것 같다[如車無輪]'는 괘가 나왔다. 다시 또 치니 '임금을 뵙는 것과 같다[如見君王]'는 괘가 나왔다. 모두 기쁘고 좋은 괘였다.

6. **병신 정월 12일** 글자점을 던져 보았더니, '바람이 물결을 일으키는 것 같다[如風起浪]'는 괘가 나왔다. 또 오늘중으로 길흉 간에 무슨 소식을 듣게 될지를 점쳐 보니 '가난한 사람이 보배를 얻은 것 같다[如貧得寶]'는 괘가 나왔다. 이 괘는 참 좋다, 참 좋다.

7. **정유 I 5월 10일** 장님 임춘경(任春景)이 운수를 봐 가지고 왔다.

8. **정유 I 5월 11일** 장님 임춘경(任春景)이 와서 운수에 대해 이야기해

주었다.

9. **정유Ⅰ 5월 12일** 신홍수(申弘壽)가 보러 와서 원공(元公, 원균)에 대한 점을 쳤는데, 첫 괘가 수뢰(水雷) 둔(屯)인데, 천풍(天風) 구(姤)로 변(變)했으니 본체를 이기는 것이라 대흉(大凶), 대흉(大凶)이라 했다.

젓대소리〔笛〕

1. **갑오 6월 9일** 밤이 깊자 해(海)의 젓대소리와 영수(永壽)의 거문고[琴]를 들으면서 조용히 이야기하다가 돌아갔다.
2. **갑오 6월 11일** 달 아래 함께 이야기할 때 옥저(玉笛) 소리가 처량했다.
3. **갑오 8월 13일** 달빛은 비단결 같고 바람은 없어 잔잔한데 해(海)를 시켜 젓대를 불게 했다. 밤이 깊어 헤어졌다.
4. **갑오 8월 20일** 저녁에 젓대를 불고 노래하다가 밤이 깊어서야 헤어졌다.
5. **갑오 9월 4일** 젓대를 불다가 밤이 되어 헤어졌다.
6. **갑오 11월 25일** 잠시 후 우우후(이정충 李廷忠), 금갑도만호(이정표 李廷彪)가 와서 젓대를 듣다가 저물어 돌아갔다.
7. **을미 6월 26일** 오늘은 언경(彦卿) 영공(권준 權俊)의 생신이라 하므로 국수를 만들어 먹고 술도 취하고 거문고도 듣고 젓대[笛]도 불다가 저물어서야 헤어졌다.
8. **병신 정월 29일** 김대복(金大福)이 으뜸으로 활을 쏘았다. 젓대를 듣다가 자정에야 헤어져 진으로 돌아왔다.

종정도(從政圖)

1. **갑오 5월 14일** 영리(營吏)를 시켜 종정도를 그렸다.
2. **갑오 5월 15일** 아전을 시켜 종정도를 그렸다.
3. **갑오 5월 21일** 웅천(이운룡 李雲龍)과 소비포(이영남 李英男)가 와

서 종정도를 놀았다.

4. **갑오 5월 24일** 웅천(이운룡 李雲龍)과 소비포(이영남 李英男)가 와서 종정도를 놀았다.

5. **갑오 6월 4일** 충청수사(이순신 李純信), 미조항첨사(김승룡 金勝龍) 및 웅천(이운룡 李雲龍)이 보러 왔기에 종정도를 놀게 했다.

6. **병신 5월 27일** 충청우후(원유남 元裕男)와 좌우후(이몽구 李夢龜)가 여기로 와서 종정도를 놀았다.

죄를 다스림〔論罪〕

1. **임진 정월 16일** 방답(防踏)의 병선(兵船) 군관과 색리들이 병선을 수선하지 않았기에 곤장을 때렸다. … 성 밑에 사는 토병(土兵) 박몽세(朴夢世)가 석수(石手)를 부려서 선생원(先生院)의 채석장에 가서 사방 이웃집 개에게까지 피해를 끼치기로 곤장 80대를 때렸다.

2. **임진 2월 25일** 갖가지 전쟁 방비에 결함이 많으므로 군관과 색리(色吏)들에게 벌을 주고, 첨사(僉使)를 잡아들이고 교수(敎授)는 내보냈다.

3. **임진 3월 6일** 무기를 검열해 보니 활, 갑옷, 투구, 전통, 환도가 깨지고 헐은 것이 많고, 모양도 제대로 갖추지 못한 것이 심히 많기에 색리(色吏), 궁장(弓匠), 감고(監考)들의 죄를 물어 처벌했다.

4. **임진 4월 18일** 저녁에 순천 군사를 거느린 병방(兵房, 각 지방에서 군사 관계의 업무를 맡은 아전)이 석보창(石堡倉)에 머물고 있으면서 군사를 거느리고 오지 않으므로 잡아다 가두었다.

5. **계사 2월 1일** 발포(鉢浦) 진무(鎭撫) 최이(崔已)가 두 번이나 군법을 범했으므로 처형했다[行刑].

6. **계사 2월 3일** 이 날 경상도에서 옮겨 온 귀화인 김호걸(金浩乞)과 나장(羅將) 김수남(金水男) 등 명부에 올린 격군(格軍) 80여 명이 도망갔다고 하며, 다들 뇌물을 받은지라 잡아오지 않는다고 하므로, 군관 이봉수(李鳳壽)와 정사립(鄭思立)을 비밀리 보내어 70여 명을 찾아서 잡아다가 각 배로 나누고, 호걸과 김수남 등은 그 날로 처형했다.

7. **계사 6월 8일** 각 고을의 색리(色吏) 11명을 처벌했다. 옥과(玉果) 향소(鄕所)는 지난해부터 군사를 보내오는 사무를 성실히 보지 않아서 요구되는 인원이 기백명에 달했는데, 매양 거짓말로 꾸며대 왔기 때문에 이 날 목을 베어 효시했다.

8. **계사 6월 18일** 아침에 탐후선(探候船)이 들어왔다. 그러나 5일만에 들어왔으니 극히 잘못된 일이다. 그래서 곤장을 때려 보냈다.

9. **계사 7월 13일** 순천(順天) 거북선의 격군(格軍)이며 경상도 사람인 종 태수(太守)가 도망가다가 잡혀 왔기로 처형했다.

10. **계사 7월 28일** 사도(蛇渡)첨사(김완 金浣)가 복병했을 때 잡은 보자기[鮑作] 10명이 왜놈의 옷으로 바꿔 입고 그 하는 짓이 수상하다고 하므로 자세히 추궁했더니, 어떤 근거가 있는 듯한데, 경상수사(원균 元均)가 시킨 것이라고 해서 족장(足掌) 10여 대씩만 때리고 놓아 주었다.

11. **갑오 4월 16일** 경상수사의 군관 고경운(高景雲)과 도훈도 및 사변을 대비하는 색리, 영리를 잡아 와서, 지휘에 응하지 않고 적의 변고도 보고하지 않은 죄로 곤장을 때렸다.

12. **갑오 7월 26일** 늦게 녹도(鹿島)만호(송여종 宋汝悰)가 도망간 군사 8명을 잡아 왔기에, 그 중 괴수 3명은 처형하고 나머지는 곤장을 때렸다.

13. **갑오 8월 4일** 경상수사의 군관과 색리(色吏)가 명나라 장수(장홍유 張鴻儒)를 접대할 적에 여인들에게 떡과 음식물을 이고 오게 한 죄를 다스렸다.

14. **갑오 8월 26일** 흥양(興陽)의 보자기[鮑作] 막동(莫同)이란 자가 장흥 군사 30명을 몰래 그의 배에 싣고 도망나간 죄로 사형에 처하여 효시했다.

15. **갑오 10월 1일** 날이 저물어 장문포 앞바다로 돌아왔다. 바로 사도(蛇渡) 2호선이 뭍에 배를 대려 할 즈음, 적의 작은 배가 곧장 들어와 불을 던졌다. 비록 불이 일어나지 않고 꺼졌지만 분통, 분통하기 그지없었다. 우수사 군관과 경상수사 군관은 그 실수한 것을 잠깐 꾸짖고, 사도(蛇渡) 군관은 그 죄를 중하게 다스렸다.

16. **갑오 11월 12일** 일찍 대청에 나가 순천 색리 정승서(鄭承緖)와 남원에서 폐해를 끼친 역자(驛子)를 다스렸다. … 견내량(見乃梁)에서 경계선을 무릅쓰고 넘어가 고기를 잡은 사람 24명에게 곤장을 때렸다.

17. **을미 2월 1일** 일찍 대청에 나가 보성(안홍국 安弘國)의 기한 늦은 죄를 다스리고, 도망갔던 왜놈 2명을 처형했다.

18. **을미 4월 29일** 하동현감(성천유 成天裕)이 두 번이나 제 기일에 오지 않았으므로 곤장 90대를 때리고, 해남원(최위지 崔緯地)은 곤장 10대를 때렸다.

19. **을미 5월 14일** 사도(김완 金浣)가 와서 고하되, 흥양(배흥립 裵興立)이 받아간 전선(戰船)이 암초에 걸려 기울어 넘어졌다고 하므로 대장(代將) 최벽(崔璧)과 10호 선장(十船將) 및 도훈도(都訓導)를 잡아다가 곤장을 때렸다.

20. **을미 5월 15일** 아침 식후에 나가 공무를 보자니 광양(光陽)의 김두검(金斗劒)이 복병(伏兵)으로 갈 적에 순천(順天)과 광양(光陽)의 두 관아에서 이중으로 삭료(朔料)를 받

은 것 때문에 벌로써 수군에게 왔으나, 칼도 차지 않고 또한 활도 차지 않고서 오만한 일을 많이 일으키므로 곤장 70대를 때렸다.

21. **을미 11월 16일** 항복한 왜 여문연기(汝文戀己), 야시로(也時老) 등이 와서 보고하되, 왜놈들이 도망치려 한다 하므로 우우후(右虞候, 이정충 李廷忠)를 시켜 잡아 왔다. 그 주모자를 가려 준시(俊時) 등 2명의 머리를 베었다.

22. **병신 2월 13일** 식후에 나가서 강진(이극신 李克新)이 기한에 늦은 죄를 다스렸다. 가리포(이응표 李應彪)는 보고를 하고 늦게 왔으므로 타일러 내보냈다.

23. **병신 2월 30일** 해가 느직해서 우수사(이억기 李億祺)가 보고하기를, 이제 바람도 온화해졌으니 대응책을 세울 시기라, 소속 부대를 거느리고 급히 본도(本道, 전라우도)로 가야겠다고 했다. 그 마음가짐이 극히 해괴스러워서 그의 군관과 도훈도(都訓導)에게 곤장 70대를 때렸다. 수사가 자기 부하를 거느리고 견내량(見乃梁)에 복병하고 있는 그 일에 대해 분하게 생각하는 말을 했으니, 무척 가소롭다.

24. **병신 3월 1일** 늦게 해남현감 유형(柳珩)과 임치첨사 홍견(洪堅), 목포만호 방수경(方守慶)을 기일에 늦은 죄로 처벌했다. 해남만은 새로 부임한 까닭에 곤장을 때리지 않았다.

25. **병신 4월 3일** 어제 저녁 견내량에 있는 복병의 급보에, 왜놈 4명이 부산(釜山)으로부터 장사하러 나왔다가 바람 때문에 표류한 것이라 하므로, 새벽에 녹도만호(鹿島萬戶) 송여종(宋汝悰)을 보내어 그 사유(事由)를 물어 다스리고 타일러 보내려고 했다. 그러나 그 정황을 살펴보니, 정탐하러 왔던 것이 분명하므로 참수하였다.

26. **병신 6월 20일** 평산포만호(김축 金軸)에게 진작 진에 도착하지 않은

일을 문책하니 대답하되, 기일을 정해 주지 않았기 때문에 50여 일 동안 물러나 있은 것이라고 했다. 해괴스럽기 짝이 없으므로 곤장 30대를 때렸다.

27. **병신 7월 16일** 이 날 충청도 홍주(洪州)의 격군으로 신평(新平)에 사는 사삿집 종 엇복[於叱卜]이 도망가는 것을 붙잡아 가두었다가 목을 베어 효시했다.

28. **정유 I 8월 25일** 아침식사 때, 당포(唐浦)의 보자기[鮑作]가 놓아 먹이던 소를 훔쳐 끌고 가면서 헛소문을 퍼뜨리되, 왜적이 왔다, 왜적이 왔다고 하는 것이었다. 나는 이미 그것이 거짓임을 알고 헛소문 퍼뜨린 두 명을 잡아 곧 목베어 효시(梟示)하게 하니 군중(軍中)이 크게 안정되었다.

29. **정유II 8월 13일** 우후(虞候) 이몽구(李夢龜)가 전령을 받고 들어 왔는데, 본영의 군기와 군량을 하나도 옮겨 싣지 않았으므로 곤장 80대를 때려 보냈다.

30. **정유II 8월 19일** 여러 장수들로 하여금 교유서(敎諭書)에 숙배케 했다. 배설(裵楔)은 교유서를 받들어 맞이하지 않으니 그 심사가 참으로 놀랍다. 이방(吏房)과 영리(營吏)를 붙들어다가 곤장을 때렸다. 회령만호(會寧萬戶) 민정붕(閔廷鵬)은 위덕의(魏德毅) 등에게서 술과 음식을 얻어먹고 전선(戰船)을 사사로이 내준 까닭에 곤장 2(20)대를 때렸다.

31. **정유II 8월 25일** 아침식사 때, 당포(唐浦)의 어부가 피란민의 소 두 마리를 훔쳐 끌고 와서는 잡아 먹고자 적이 왔다고 거짓말을 외쳤다. 나는 이미 그런 줄을 알고 배를 굳게 매고 움직이지 않고 있다가 그 자들을 잡아 오게 했더니 과연 예상한 바와 같았다. 군대내의 정상은 안정되었으나, 배설(裵楔)은 이미 도망쳐 나갔다. 거짓말한

두 사람은 목을 잘라 두루 효시했다.

32. 정유Ⅱ 10월 23일 낮에 윤해(尹海), 김언경(金彦京)을 처형했다.

33. 정유Ⅱ 11월 2일 아침 일찍 들으니, 우수사의 전선(戰船)이 바람에 떠내려 가다가 암초에 걸려 깨졌다고 한다. 극히 통분할 일이다. 병선(兵船) 군관 당언량(唐彦良)을 곤장 80대 쳤다.

34. 정유Ⅱ 11월 12일 이 날 늦게 영암, 나주 사람들이 타작을 못하게 했다고 해서 결박지어 왔으므로, 그 중 주모자를 가려 처형하고, 나머지 4명은 각 배에 가두었다.

35. 정유Ⅱ 12월 2일 영암(靈岩)의 향병장 유장춘(柳長春)이 적을 토벌한 사유를 보고하지 않았으므로 곤장 50대를 때렸다.

……

□ 죄를 다스린 기사는 일기 전체를 통하여 110여 회에 이른다.

활쏘기〔射帿〕

1. 임진 3월 28일 활 10순(巡)을 쏘았는데, 5순은 모조리 맞고, 2순은 네 번 맞고, 3순은 세 번 맞았다.

2. 계사 3월 15일 우수사(이억기 李億祺)가 이 곳에 와서 여러 장수들이 관덕정에서 활을 쏘았는데, 우리편 여러 장수들이 이긴 것이 66분(分)이었다.

3. 갑오 6월 14일 충청 영공(이순신 李純信), 사도(김완 金浣), 여도(김인영 金仁英), 녹도(宋汝悰)와 더불어 활 20순을 쏘았는데, 충청이 아주 잘 맞혔다. 이 날 경상 수백(水伯, 원균 元均)이 활쏘는 관원을 거느리고 우수사 처소에 왔다가 크게 지고 돌아갔다 한다.

4. 갑오 9월 4일 활을 쏘았는데, 원(원균 元均)이 9분(分)을 지고 술이 올라서 갔다.

5. 을미 7월 2일 늦게 활 10순을 쏘았다. 또 철전(鐵箭) 5순, 편전(片箭) 3순을 쏘았다.

6. 을미 7월 4일 미조항(성윤문 成允文)과 웅천(이운룡 李雲龍)이 와서 활을 쏘았다. 군관들도 활쏘기를 겨루며 향각궁(鄕角弓) 내기를 걸었는데, 노윤발(盧潤發)이 1등을 해서 탔다.

7. 병신 정월 28일 순찰사(서성 徐渻)가 나와 활쏘기를 겨루었는데, 7분을 지고 섭섭한 기색이 없지 않았다. 우스웠다. 군관 세 사람도 모두 졌다.

8. 병신 2월 5일 늦게 삼도(三道)의 여러 장수들을 불러 모아 위로하는 음식을 대접하고, 겸하여 활도 쏘고, 풍악도 울리며 모두 취해서 헤어졌다.

9. 병신 6월 6일 사도(四道)의 여러 장수들을 모두 모아 활을 쏘고, 술과 음식을 먹였다. 또다시 모여 활을 쏘아 승부를 겨루고 헤어졌다.

10. 병신 6월 9일 충청우후(원유남 元裕男), 당진만호(조효열 趙孝悅), 여도(김인영 金仁英), 녹도(송여종 宋汝悰)와 활을 쏠 때에, 경상수사(권준 權俊)가 와서 같이 20순을 쏘았다. 경상수사가 잘 맞혔다.

11. 병신 8월 4일 늦게 대청에 나가서 활 몇 순을 쏘다가 몸이 몹시 불편하여 활쏘기를 중지하고 안으로 들어왔다.

12. 병신 8월 21일 사정(射亭)에 나가 아들들에게 활쏘기를 연습시키고 또 말을 타고 달리면서 활쏘는 것도 연습시켰다.

13. 병신 윤8월 10일 이 날 새벽에 초시(初試) 장을 열었다. 늦게서 면(葂)이 쏜 것은 모두 55보(步), 봉(菶)이 쏜 것은 모두 35보, 해(荄)가 쏜 것은 모두 30보, 회(薈)가 쏜 것은 모두 35보, 완(莞)이 쏜 것은 25보라고 했다. 진무성(陳武晟)이 쏜 것은 모두 55보였다. 합격이었다.

······

□ 활쏘기에 관한 기사는 일기 전체를 통하여 270여 회에 이른다.

3. 지명(地名) 비정(比定)

본 지명 비정(比定)에서는 친필초《난중일기》 및 이충무공전서《난중일기》에서 언급되고 있는 지명(地名) 또는 위치명에 대한 현재(1990년대)의 지명 및 위치를 조사하여 수록하였으며, 동일 지명들의 경우나 일기 전체를 통해 5, 6차례 이하로 드물게 언급되는 경우에 대해 구분과 참고에 편리하도록 일기상에서의 언급된 일자들을 정리하였다. 언급 일자에는 이들 지명이 《난중일기》의 내용상 순전히 지명의 의미로서 사용된 경우를 위주로 하되, 직책명의 일부로서 나오는 지명, 즉 '가배량 권관' 또는 '남도포 만호' 등과 같은 경우에는 일자에 포함하였다. 현재 지명, 위치와의 대조작성에는 임진왜란 후 현재까지의 400여 년 동안 행정구역의 변경이나 명칭의 변동들이 끊임없이 일어나고 있음을 고려하여 본 절의 끝에 수록한 문헌들을 검토 또는 상호 비교하여 종합하였으며, 현재 지명으로서는 1990년대를 기준으로 삼아 가능한 한 최근의 행정구역명을 수록하고자 하였다. 특히 본 대조 작업에는 조선사편수회 발행의 《난중일기초》에 지명 주석으로 부기된 당시(1935년 무렵)의 위치 지명에 힘입은 바가 크나, 본 지명 비정의 작성 결과와 일치하지 않거나 의심스러운 것들은 추후의 연구를 위하여 병행하여 기술하였고, 또한 필요할 경우 주(註)를 붙여 현재의 지명 또는 위치에 대한 견해를 밝혔다. 도저히 현 위치를 알아내기 어려운 지명들이나 확인이 곤란한 지명들은 문헌으로부터 또는 《난중일기》의 문맥상 행적에 근거하여 추정하여 보았으며, 이들은 의문부호를 붙이거나 또는 추정된 위치임을 밝혀서 추후의 연구에 도움이 되도록 명백히 구분하였다. 1998년 초판 이래 여러 개정판에서는 조선사편수회편 《난중일기초·임진장초》에 주로 의존하여 본 비정이 작성되었으나, 최근 친필일기의 재검독 작업으로 발간된 《이순신의 일기초》(박혜일 외, 조광출판인쇄, 2007)와 추가적인 고지도 검토, 문헌 조사, 연구 논문 참조에 따라 여러 군데의 수정을 추가하였다.

(ㄱ)

가덕 加德, **가덕진** 加德鎭 : 부산 江西區 加德島 城北洞.

가리포 加里浦 : 전남 莞島郡 莞島邑.

가배량 加背梁 : 경남 統營郡 道山面 蘆田里(조선사편수회). 경남 巨濟市 東部面 加背里. (甲午 2월 7일, 乙未 8월 25일)

註) 조선사편수회 활자본의 주석은 권관(權管)을 두었던 곳으로 가배량수(加背梁戍)로 칭해짐. 임진왜란 당시 거제 동부면 가배리에는 가배량진(加背梁鎭)이 있어 만호를 두었으며, 선조 26년에 경상우수영 겸 삼도통제영을 두었다가, 선조 37년에 고성(固城)의 용두포(龍頭浦) 현재의 통영시로 옮겨 간 것으로 되어 있음(신증동국여지승람). 《난중일기》상으로는 가배량 권관의 언급인 갑오 2월 7일에는 통영시 도산면 노전리를 언급했다고 볼 수 있으나, 을미 8월 25일의 당포와 가배량을 합병(合並)한 기록에서는 어느 곳을 지칭했는지 불명확함.

가참도 加參島 : 거제(巨濟) 가참도(加參島) 참조.

각호사 角呼寺 : 경남 巨濟市 沙等面 支石里 錦湖祠? (壬辰 8월 26일)

갈두 葛頭 : 전남 海南郡 松旨面 葛頭里. (丁酉Ⅰ, Ⅱ 8월 28일)

감동포 甘同浦 : 부산 沙下區 甘川洞. (癸巳 6월 5일)

감보도 甘甫島 : 전남 珍島郡 古郡面 甘釜島 또는 감부섬. (丁酉Ⅰ, Ⅱ 9월 9일)

강정 江亭 : 석곡(石谷) 강정(江亭) 또는 곡성(谷城) 강정(江亭) 참조.

강정 江亭 : 개벼루강정[犬硯江亭]. 개벼루 참조. (丁酉Ⅰ 6월 26일)

강정 江亭 : 정개산성(鼎蓋山城) 아래의 강정(江亭). 경남 河東郡 玉宗面 藪村里 또는 宗化里로 추정. (丁酉Ⅰ 7월 20일)

강정 江亭 : 경남 河東郡 岳陽面 개치의 岳陽樓로 추정. (丁酉Ⅰ 8월 3일)

강진 康津 : 전남 康津郡 康津邑.

강화 江華 : 인천 江華郡. (丁酉Ⅱ 10월 24일)

개도 介島 : 경남 統營市 山陽邑 楸島. (壬辰 6월 2일, 3일)

개벼루 介硯, 犬硯 : 지역민의 호칭 '개비리'. 경남 陜川郡 栗谷面 永田里와 文林里 사이. (丁酉Ⅰ 6월 4일, 26일)

개성 開城 : 송도(松都) 참조.

개이도 介伊島 : 전남 麗水市 華井面 蓋島. (壬辰 2월 26일, 5월 4일)

註) '개도(蓋島)'는 섬의 봉화산-천제산 모양이 개귀(犬耳)처럼 보이는 것으로

부터 음차하여 지어진 것으로 전함. 음훈에 따르면 '개이도(介伊島)'가 되며, 개벼루, 고음내 및 온천도와 비슷한 용례임. 개벼루, 고음내, 온천도 참조.

거망포 巨網浦 : 걸망포(乞望浦) 참조.

거제 巨濟 : 경남 巨濟市 巨濟島 또는 巨濟市 新縣邑 古縣城.

註) 임진왜란 당시의 거제읍(巨濟邑) 위치는 현재 지방문화재 기념물 제64호로 지정되어 있는 신현읍(新縣邑)내의 고현성(古縣城)으로서 이는 세종 5년(1423년)에 거제읍성으로 축성되었으나, 왜란을 겪으며 폐허화되어, 현종 5년(1664년)에 명진(溟珍, 현재 거제면 명진리) 서쪽 3리 지점(현재 거제면 거제리 부근)으로 현아를 이전하였음. 이후 임진왜란 당시의 거제읍성은 고현성(古縣城)으로 불리움(신증동국여지승람).

거제 가참도 巨濟加參島 : 경남 巨濟市 沙等面 加助島. (癸巳 7월 10일)

거제 선창 巨濟船滄 : 경남 巨濟市 新縣邑 船滄. (癸巳 5월 21일)

註) 조선사편수회편 《난중일기초》의 주석에는 거제면 동하리(東下里)로 되어 있는데, 동하리(東下里)는 현재의 거제면 동상리(東上里) 부근의 해변에 해당됨. 이는 임진왜란 당시의 거제읍 위치를 현재의 거제면 거제리 위치로 착오한 바에 연유한 것으로 추정됨. 앞의 거제 주석 참조.

거창 居昌 : 경남 居昌郡 居昌邑. (甲午 1월 18일)

걸망포 乞望浦, 巨乙望浦 : 경남 統營市 龍南面 花三里? 또는 統營市 山陽邑 永運里?

견내량 見乃梁 : 경남 巨濟市 沙等面 德湖里와 統營市 龍南面 長坪里 사이의 해협.

결성 結城 : 충남 洪城郡 結城面 邑內里. (乙未 5월 18일. 丙申 3월 24일, 27일, 4월 23일, 5월 14일)

경강 京江 : 서울 한강(漢江). (壬辰 3월 12일. 丁酉Ⅰ, Ⅱ 9월 14일)

경도 京島 : 전남 麗水市 鏡湖洞 大鏡島. (壬辰 2월 27일)

경상 수영 慶尙水營 : 부산 南區 水營洞. (丁酉Ⅱ 11월 14일)

경상도 진 慶尙陣 : 원균의 진. 경상우수영. (乙未 8월 3일)

경주 慶州 : 경북 慶州市. (丁酉Ⅰ 6월 12일, 18일)

고군산도 古群山島 : 전북 群山市 沃島面 仙遊島. (丁酉Ⅰ, Ⅱ 9월 21일)

註) 고군산군도(古群山群島) : 선유도, 야미도, 신시도.

고령 高靈 : 경북 高靈郡 高靈邑. (丁酉Ⅰ 7월 3일, 7일)

고막원 古莫院 : 전남 羅州市 文平面 古幕里. (丙申 9월 6일)

고부 古阜 : 전북 井邑市 古阜面 古阜里. (壬辰 1월 24일. 癸巳 3월 16일)

고산 高山 : 전북 完州郡 高山面 邑內里. (丁酉Ⅰ 8월 4일)

고성 固城 : 경남 固城郡 固城邑.

고성 역포 固城亦浦 : 경남 統營市 龍南面 내포? (癸巳 6월 19일, 20일)

고음내, 고음천 古音川 : 전남 麗川市 梯田洞 熊川. (甲午 1월 11일. 乙未 7월 6일. 丙申 9월 30일)

고참도 古參島 : 전북 扶安郡 蝟島面 蝟島. (丁酉Ⅰ 9월 20일)

고창 高敞 : 전북 高敞郡 高敞邑. (丙申 9월 16일)

곡성 谷城, **곡성현** 谷城縣 : 전남 谷城郡 谷城邑. (乙未 4월 12일. 丁酉Ⅰ 5월 16일, 8월 4일. 丁酉II 8월 5일)

곡성 강정 谷城江亭 : 석곡(石谷) 강정(江亭) 참조.

곡포 曲浦 : 경남 南海郡 二東面 花溪里.

곤양 昆陽 : 경남 泗川市 昆陽面 城內里.

곤이도 昆伊島 : 경남 統營市 山陽面 昆里島. (乙未 8월 20일)

공주 公州 : 충남 公州市. (甲午 4월 4일. 丁酉Ⅰ 4월 17일)

공주 정천동 公州 定天洞 : 충남 公州市 鷄龍面 敬天里로 추정. (丁酉Ⅰ 4월 20일)

註) 이순신은 이날 日新驛(공주시 신관동)을 출발하여 公州城(공주시)을 통과하지 않고 갑천(甲川)을 따라 오늘의 23번 도로를 통해 尼山(논산시 노성면)에 이른 것으로 보인다. 일기의 문맥상 공주성을 경유할 이유를 찾아볼 수 없으며, 참고문헌 3 '郡縣地圖, 公州牧 지도'를 살펴보면, 노성(魯城)에 이르는 거경대로(距京大路)와 경천주막(敬天酒幕)을 표기하고 있어 조선시대 서울로 향하는 주요 도로로 이용되었음을 보이고 있다. 신증동국여지승람의 '공주목'에도 경천역(敬天驛)이 있었다고 기록된 점, '정천'과 '경천'의 음이 유사한 점과, 일기에서 '정천동에서 아침식사'를 한 점을 참조하여 추정하였다.

과천 果川 : 경기 果川市. (丁酉Ⅰ 5월 21일)

관덕 觀德 : 좌수영성 동문 밖. 麗水市 蓮燈洞 관덕정 터. (癸巳 3월 15일)

관동 館洞 : 서울 鐘路區 蓮建洞. (癸巳 5월 16일)

광양 光陽 : 전남 光陽市 光陽邑.

광주 光州 : 光州廣域市.

괘도포 掛刀浦 : 또는 도괘(刀掛). 전남 해남군 梨津과 葛頭 사이. 전남 海南郡 北平面 永田里 또는 南城里로 추정. (丁酉 I , II 8월 24일)

구라량 仇羅梁 : 경남 泗川市(옛 三千浦市) 大芳洞. (丙申 8월 29일)

註) 진주목의 남쪽 60리에 위치한 바닷가 개펄로서 흥선도(興善島), 현재의 창선도(昌善島)로 들어가는 길목이며 각산(角山)에 구라량(仇羅梁) 수군만호영(水軍萬戶營)이 있었음(신증동국여지승람, 대동여지도).

구례 求禮, **구례현** 求禮縣 : 전남 求禮郡 求禮邑.

구례 명협정 求禮蓂莢亭 : 구례 읍성(邑城) 동문(東門) 밖. 전남 求禮郡 求禮邑 鳳東里. (丁酉 I 5월 19일)

구례 모정 求禮茅亭 : 구례 동헌내(內). 求禮邑. (丁酉 I 5월 15일)

구례 성 求禮城 : 전남 求禮郡 求禮邑. (丁酉 I 5월 19일)

구례 성 求禮城 **북문** 北門 **밖** : 求禮邑 鳳北里. (丁酉 I 8월 3일)

구치 鳩峙 : 전남 順天市 住岩面 杏亭里 接峙. (丁酉 I , II 8월 8일)

구허역 丘墟驛 : 또는 구화역(仇化驛,丘化驛). 구화역(仇化驛) 참조.

구화역 仇化驛 : 경남 統營市 光道面 魯山里. (甲午 2월 21일, 22일. 乙未 4월 10일, 25일)

군산 群山 : 전북 群山市. (甲午 7월 20일)

군영구미 軍營仇未 : 전남 康津郡 大口面 九修里. (丁酉 I , II 8월 17일)

註) 군영(軍營)은 강진현 남쪽 30리에서 90리(신증동국여지승람, 강진현)이며, '팔도분도'와 '동여도(김정호作, 1860년경)'에 기입된 '軍營'과 '馬島'의 상호 위치를 참조하면 현재의 대구면 구수리 부근에 해당됨.

굴동 屈洞 : 진주 운곡(雲谷). 경남 河東郡 玉宗面 宗化里, 大井里, 屛川里, 龍東里 일대. 경남 晋陽郡 水谷面 昌村里(조선사편수회). (丁酉 I 7월 20일)

註) 진주 운곡면(雲谷面)은 1914년에 가덕동(加德洞) 일부가 진양군 수곡면으로 편입되고 나머지 동네들은 하동군 옥종면에 포함됨. 조선사편수회 활자본 주석은 《난중일기》의 문맥상 맞지 않음.

굴암 屈岩 : 전남 寶城郡 寶城邑 부근? (丁酉 I 8월 16일)

금갑도 金甲島 : 전남 珍島郡 義新面 金甲里와 接島.

금곡 金谷 : 충남 牙山市 排芳面 中里. 충남 天安市 廣德面 大德里(조선사편수회). (丙申 1월 23일. 丁酉 I 4월 19일, 5월 2일)

註) 조선사편수회 활자본의 주석은 하금곡(下金谷)에 가까운 곳이어서 정확하

지 않음.

금모포 黔毛浦 : 전북 扶安郡 保安面 舊鎭. (甲午 3월 1일, 5월 13일)

註) 부안현 남쪽 51리에 위치함(신증동국여지승람).

금오도 金鰲島 : 전남 麗川郡 南面 金鰲島. (壬辰 2월 3일, 4월 22일)

금이포 金伊浦 : 경남 巨濟郡 長木面 군항포 부근으로 추정. (丙申 1월 12일)

註) 참고문헌 3 '郡縣地圖, 거제부 지도'의 이포리(伊浦里) 위치로써 추정함.

김제 金蹄 : 전북 金堤市. (丁酉Ⅰ, Ⅱ 8월 9일)

김해 金海 : 경남 金海市.

김해강 金海江 : 부산 江西區 西洛東江. (癸巳 2월 28일)

(ㄴ)

나로도 羅老島 : 전남 高興郡 蓬萊面, 東日面 內外羅老島. (戊戌 9월 15일, 16일, 17일, 10월 12일)

나주 羅州 : 전남 羅州市.

나주 별관 羅州別館 : (丙申 9월 3일)

나주 신원 羅州新院 : 전남 羅州市 旺谷面 新院里. (丙申 9월 3일)

낙안 樂安 : 전남 順天市 樂安面 南內里.

남도포 南挑浦 : 전남 珍島郡 臨淮面 南洞里. (癸巳 2월 14일. 甲午 3월 21일. 丙申 3월 3일, 6월 8일. 丁酉Ⅱ 10월 20일)

註) 남도석성(南桃石城)이 있음.

남려역 男女驛 : 남리역 南利驛 참조. (丙申 윤8월 29일)

남리역 南利驛 : 전남 海南郡 黃山面 南利里.

남망 南望 : 남망산(南望山) 망대(望臺). 전남 莞島郡 莞島邑 郡內里 산 814. (丙申 윤8월 24일)

남문 南門 : 서울 南大門. (丁酉Ⅰ 4월 1일)

남양 南陽 : 전남 高興郡 南陽面 南陽里? 경기 華城郡 南陽面 南陽里? 충남 靑陽郡 南陽面? (丙申 1월 1일, 9월 28일, 10월 5일. 丁酉Ⅰ 4월 5일, 8일)

남원 南原 : 전북 南原市.

남평 南平 : 전남 羅州市 南平邑. (甲午 1월 6일, 9월 11일)

남해 南海 : 경남 南海郡 南海邑.

내외나로도 內外羅老島 : 전남 高興郡 蓬萊面, 東日面. (壬辰 3월 20일)

냇가 川邊 : 경남 晋州市 水谷面 元溪里. (丁酉Ⅰ 7월 29일)

註) 진주시 수곡면 원계리에는 '진뱀이 유지(遺址)'가 지정되어 이순신 장군의 군사훈련 유적비(경남 기념물 16호, 1974년 12월 28일)가 세워져 있음.

냇가 川邊 : 전남 靈光郡 靈光邑 桂松里 부근 瓦灘川 냇가로 추정. (丙申 9월 12일)

노량 露梁 : 경남 河東郡 金南面 露梁津과 南海郡 雪天面 露梁里 사이의 해협. (壬辰 5월 29일, 8월 24일. 甲午 1월 17일. 丁酉Ⅰ 7월 21일, 23일)

녹도 鹿島 : 전남 高興郡 道陽邑 鳳岩里.

녹도 문루 鹿島門樓 : (壬辰 2월 22일)

능성 綾城 : 전남 和順郡 綾州面 綾州里. (丙申 9월 19일, 21일. 丁酉Ⅰ 5월 6일)

(ㄷ)

다경포 多慶浦 : 전남 務安郡 雲南面 城內里. (乙未 2월 29일. 丙申 3월 6일, 7월 19일, 27일, 9월 7일. 丁酉Ⅱ 10월 24일)

다대포 多大浦 : 부산 沙下區 多大洞. (丁酉Ⅰ 7월 16일)

다섯 섬 五島 : 고토열도(五島列島). 일본 큐우슈우 북서쪽. (丙申 5월 15일)

註) 한문으로 '五島'인 것이나, 주석없이 '다섯 섬'으로만 번역하면 그 위치를 이해하기 어려움.

단계 丹溪 : 경남 山淸郡 新登面 丹溪里. (丁酉Ⅰ 6월 2일)

단성 丹城, 단성현 丹城縣 : 경남 山淸郡 丹城面 城內里. (丁酉Ⅰ 6월 1일, 7월 19일)

달마산 達磨山 : 전남 海南郡 松旨面 達馬山. (丁酉Ⅰ, Ⅱ 9월 14일)

달야의산 達夜依山 : 친필초(丁酉Ⅱ 9월 14일)에 "달마산(達磨山)"으로 되어 있으나 과거 활자화 판독 과정 - 조선사편수회편 《난중일기초·임진장초》 - 에서의 착오와 이의 답습으로 생겨난 지명.

담양 潭陽 : 전남 潭陽郡 潭陽邑. (丁酉Ⅰ 5월 2일)

당사도 唐笥島 : 전남 新安郡 岩泰面 唐沙島. (丁酉Ⅰ, Ⅱ 9월 16일)

당진포 唐津浦 : 충남 唐津郡 高大面 옛 唐津浦里. (丙申 4월 14일, 23일, 6월 9

일, 7월 21일. 戊戌 11월 17일)

註) 당진현(현 당진읍)의 서쪽 34리 지점(신증동국여지승람, 대동여지도).

당포 唐浦 : 경남 統營市 山陽邑 三德里.

당포 산 唐浦山 : 경남 統營市 山陽邑 龍華山. (癸巳 9월 8일)

당항포 唐項浦 : 경남 固城郡 會華面 堂項里. (壬辰 6월 5일. 甲午 2월 9일. 3월 3일, 5일, 6일)

대구 大丘 : 大邱廣域市. (丁酉Ⅰ 6월 18일)

대금산 大金山 : 경남 巨濟市 長木面 大金山. (癸巳 5월 18일, 20일, 21일. 6월 16일, 24일)

대마도 對馬島 : 일본 쓰시마섬. (丙申 5월 15일, 6월 10일. 丁酉Ⅰ 6월 18일, 7월 16일)

대소평두 大小平斗 : (壬辰 3월 20일)

註) 이 날짜의 친필초가 전해지지 않으므로 친필로부터 확인할 방법은 없으며, 《이충무공전서》 영인본의 '대소평두(大小平斗)'를 당시에 '대소평도(大小平島)'를 오판독했던 것으로 가정하면 전남 여천군(麗川郡) 삼산면(三山面) 평도(平島), 소평도(小平島)를 일컫는 것이나, 《난중일기》의 문맥상으로는 지나치게 먼 거리임. 다른 가능성으로는 대동여지도에 대두도(大斗島), 소두도(小斗島)로 나타나고 있는 현재의 여천군 돌산읍 대두라도(大斗羅島), 소두라도(小斗羅島)가 《난중일기》의 문맥상으로도 그럴듯한 위치임. 여수문화원에서 발간(1993)한 《난중일기》 번역판에서는 고흥군 산내면과 봉래면 사이로 보고 있음.

대평정 大平亭 : 또는 태평정(太平亭). 우수영(右水營) 대평정(大平亭) 참조.

도괘 刀掛 : 괘도포(掛刀浦) 참조. (丁酉Ⅰ 8월 24일)

도독부 都督府, 도독진중 都督陣中 : 도독 陳璘의 진. (戊戌 11월 8일, 14일, 15일)

도양 道陽, **도양장** 道陽場 : 도양장은 도양 목장(牧場)의 약칭. '신증동국여지승람, 흥양현'에 "도양폐현(道陽廢縣)은 세종 이래로 목장에 속했다"고 언급되며, 참고문헌 3 '郡縣地圖, 흥양현 지도'에도 목장을 기입하고 있다. 도양리(道陽里) 참조.

도양리 道陽里 : 전남 高興郡 道德面 道德里.

도탄 陶灘 : (癸巳 7월 10일)

독사리목 禿沙伊項 : 부산 江西區 菉山洞. (癸巳 2월 28일)

독성 禿城 : 경기 烏山市 陽山洞. (丁酉Ⅰ 4월 4일)

돌산도 突山島 : 전남 麗川郡 突山邑 突山島. (壬辰 2월 9일, 4월 22일. 癸巳 8월 20일)

동래 東萊 : 부산 東萊區. (壬辰 3월 24일, 4월 18일. 乙未 7월 8일. 丙申 1월 18일)

동복 同福 : 전남 和順郡 同福面 獨上里. (丙申 2월 14일, 15일)

동산산성 東山山城 : 경남 山淸郡 新安面 中村里 白馬山 산성.(丁酉Ⅰ 7월 19일) 註) 단성현(丹城縣) 북쪽 7리 지점에 위치 (신증동국여지승람).

동산원 東山院 : 전남 務安郡 玄慶面 東山里. (丙申 9월 8일, 9일)

두모포 豆毛浦 : 부산 機張郡 機張邑 竹城里. (丁酉Ⅰ 7월 14일)

두산도 斗山島 : 돌산도(突山島) 참조.

두을포 豆乙浦 : 경남 統營市 閑山面 蟻項. (癸巳 7월 14일)

두치 豆恥, 豆峙 : 경남 河東郡 河東邑 豆谷里.
註) 대동여지도의 두치(斗治)는 현 하동읍 두곡리 부근임. 조선사편수회 활자본의 위치(전남 光陽市 多鴨面 蟾津里)는 두곡리와는 섬진강의 반대편에 해당되나《난중일기》의 문맥에 따라 위의 두 위치 중 하나에 해당되는 것으로 판단됨.

등산 登山 : 경남 鎭海市? (乙未 12월 13일. 丙申 8월 11일)

(ㅁ)

마도 馬島 : 전남 康津郡 馬良面 馬良里 元馬마을. (丙申 4월 18일)

마량 馬梁 : 충남 舒川郡 西面 馬梁里.

마북산 馬北山 : 전남 高興郡 浦頭面 馬伏山. (壬辰 2월 24일)

마흘방 馬訖坊 : 경남 陜川郡 赤中面 末方里로 추정. (丁酉Ⅰ 6월 29일, 7월 5일, 6일)

말곶 末串 : 부산 江西區 加德島 城北洞 古直末로 추정. (丁酉Ⅰ 7월 16일)

망하응포 望何應浦 : 경남 統營市 閑山面 荷浦里로 추정. (癸巳 6월 21일)

명량 鳴梁 : 전남 海南郡 門內面 명안 나루터와 珍島郡 郡內面 鹿津 나루터 사이의 해협. (丁酉Ⅱ 9월 15일, 丁酉Ⅰ,Ⅱ 9월 16일)

명협정 蓂莢亭 : 구례(求禮) 명협정(蓂莢亭) 참조.

모사랑포 毛思郞浦 : 경남 泗川市 龍見面 朱文里. (壬辰 8월 24일)

모여곡 毛汝谷 : 경남 陜川郡 栗谷面 梅也里 혹은 매실. (丁酉I 6월 4일, 6일, 24일)

註) 1998년 초판과 이후 개정판에서는 경남 陜川郡 栗谷面 永田里로 추정하였으나,《난중일기》정유 7월 8일조에 언급된 '(모여곡) 집주인 李漁海'의 10대 직손 이윤형 氏, 후손 이종규 氏가 梅也里에 살고 있음을 이종규 氏가 2011년 초에 알려 왔다. 매실 마을은 매아실, 매야 또는 매곡(梅谷)으로도 불린다(한글학회편, 한국지명총람 10, 경남편, 도문사, 1980).

모정 茅亭 : 구례(求禮) 모정(茅亭) 참조.

목포 木浦 : 전남 木浦市. (丙申 3월 1일, 6월 25일. 丁酉II 10월 24일, 29일. 12월 21일)

무안 務安 : 전남 務安郡 務安邑.

무장 茂長 : 전북 高敞郡 茂長面 城內里. (乙未 11월 1일. 丙申 9월 12일, 15일. 丁酉II 9월 22일)

무주 장박지리 茂朱長朴只里 : 충북 永同郡 鶴山面 磚溪里? (丁酉I 5월 20일)

미조항 彌助項 : 경남 南海郡 彌助面 彌助里.

미평 未坪 : 전남 麗水市 未坪洞. (甲午 1월 27일)

밀포 密浦 : 경남 統營市 閑山面 하소리로 추정. (을미 3월 20일, 4월 12일)

註) 참고문헌 3 '郡縣地圖, 거제부 지도'의 한산도 밀포리(密浦里) 위치로써 추정함.

(ㅂ)

바닷가 海汀 : 해암(蟹岩)인 듯함. 해암(蟹岩) 참조. (丁酉I 4월 12일)

박실 朴谷 : 전남 寶城郡 得粮面 松谷里 박실 부락. (丁酉II 8월 11일)

註) 청주(淸州) 양씨(梁氏)의 집단 거주지임.

박천 博川 : 평북 博川郡 博川邑. (丁酉I 5월 21일)

발음도 發音島 : 안편도(安便島) 참조.

발포 鉢浦 : 전남 高興郡 道化面 內鉢里.

방답 防踏 : 전남 麗川郡 突山邑.

배천 白川 : 황해도 平山郡 新岩面 배천리(白川里). (丁酉I 6월 28일)

백사정 白沙汀 : 장흥(長興) 백사정(白沙汀) 참조.

백야곶 白也串 : 전남 麗川郡 華陽面 세포 남단. (壬辰 2월 19일)

註) 여지도(서울대학교 규장각 소장, 古4709-37)에 麗川郡 華井面 白也島를 마주보는 화양반도 끝에 백야곶이라고 기입되어 있다.

백여량 白碘梁 : 전남 麗川郡 華井面 白也島와 諸島 사이의 해협. (戊戌 11월 9일)

註) 이 날짜의 친필초는 전해지지 않으나 《이충무공전서》 수록의 《난중일기》에 백서량(白嶼梁), 필사본 《일기초日記抄》 에는 백여량(白碘梁)으로 되어 있고, 두 문헌의 신빙도 및 관련 지명인 백야도를 각각 고려하여 《일기초日記抄》 에 기입된 백여량(白碘梁)으로 정함. 1998년 초판과 이후 개정판에서는 조선사편수회편 《난중일기초·임진장초》의 지명 주석을 따라 전남 麗川郡 南面 橫干島로 추정하였으나 《난중일기》의 문맥상 수긍되지 않으며, 재검토와 당대의 항로인 백야수로(白也水路)를 참조하여 백야도(白也島)-제도(諸島) 해협으로 수정하였다(정진술, 〈고금도 통제영과 이순신의 전사 후 행적〉, 이순신연구논총 제20호, 순천향대학교 이순신연구소 (2013) 참조).

법성포 法聖浦 : 전남 靈光郡 法聖面 法聖里.

벽견산성 碧堅山城 : 삼가(三嘉) 부근으로 추정. (丁酉 I 7월 17일. 丁酉 I, II 8월 13일)

註) 삼가(三嘉)에 존재했던 악견산성(岳堅山城)을 지칭하는 듯함. 또한 삼가산성(三嘉山城)과는 별개의 것인지도 불분명함.

벽방 碧方 : 경남 統營市 光道面 碧方山. (甲午 2월 21일, 29일, 3월 3일, 6월 28일)

벽파정 碧波亭 : 전남 珍島郡 古郡面 碧波里.

벽파진 碧波津 : 전남 珍島郡 古郡面 碧波里.

변산 邊山 : 전북 扶安郡 邊山半島. (丁酉 I 10월 3일)

병영 兵營 : 전남 康津郡 兵營面 城南里. (丙申 윤8월 22일, 24일. 丁酉 I 5월 2일)

보령 保寧 : 충남 保寧市 周浦面 保寧里. (乙未 5월 18일, 9월 7일)

보산원 寶山院 : 충남 天安市 廣德面 寶山院里. (丁酉 I 4월 19일)

보성 寶城 : 전남 寶城郡 寶城邑.

보성군 寶城郡 : 전남 寶城郡. (丙申 9월 22일. 丁酉 I, II 8월 14일)

보성 조양창 寶城兆陽倉 : 전남 寶城郡 鳥城面 鳥城里. (丁酉Ⅰ, Ⅱ 8월 9일)

보화도 寶花島 : 전남 木浦市 高下洞 高下島. (丁酉Ⅱ 10월 29일, 11월 16일, 12월 1일, 23일, 25일)

본부 本府 : 전남 順天市. (甲午 9월 7일)

본영 本營 : 전라좌수영 全羅左水營, 전남 麗水市 君子洞 左水營城址.

부산포 釜山浦, **부산진** 釜山鎭 : 부산 東區 釜山鎭.

부산 바다 釜山海 : (癸巳 5월 19일)

부안 扶安 : 전북 扶安郡 扶安邑. (癸巳 6월 18일. 乙未 10월 17일. 丙申 2월 19일, 5월 9일. 丁酉Ⅱ 10월 25일)

부요 富饒 : 전남 寶城郡 松谷面으로 추정. (丙申 5월 4일)

註) 서울대학교 규장각 소장, 官府文書 4책에 '松谷面䡘位爲到付事 本面內富饒之家 …' 라는 기록이 보이므로 이로써 추정 결정함.

부유 富有, **부유창** 富有倉 : 전남 順天市 住岩面 倉村里. (丁酉Ⅰ 5월 14일. 丁酉Ⅰ, Ⅱ 8월 8일)

북경 北京 : 중국 北京. (癸巳 2월 16일)

북봉 北峯, **북봉 연대** 北峯烟臺 : 좌수영성(左水營城) 북봉 및 북봉 연대. 전남 麗水市 萬興洞 烽火山 또는 東山洞 鐘鼓山. (壬辰 2월 4일, 3월 22일)

북봉 北峯 : 방답(方踏) 북봉. 전남 麗川郡 突山邑 天王峰 또는 平沙里 大美山. (壬辰 2월 27일)

註) 방답에 가까운 북봉은 천왕봉(天王峰)이나 산성에 관한 기록이 없으며, 대미산(大美山)에는 달암산성(達巖山城) 성지(城址)가 있음.

분산 墳山 : 선영(先塋) 참조.

불을도 弗乙島 : 경남 巨濟市 屯德面 述亦里 花島. (癸巳 6월 27일, 28일)

註) 1998년 초판과 이후 개정판에서는 巨濟市 屯德面 述亦里 放火島로 추정하였으나 잘못된 것으로서 밝혀짐. 그 근거로서, 乙未日記 4월 8일에 기록된 '침도(砧島)'가 오늘의 '방화도(放火島)'로 결정되었고, 또한 '불을도(弗乙島)' 지명은 '적도'의 뜻인 '붉을 섬'에서 훈을 따라 '불을 弗乙'로 적은 경우이다. 이순신의 일기 내에는 이와 유사한 용례로서 '칠천도-칠내도-온천도', '웅천-고음내-고음천' 및 '개연-견연' 등 여러 지명이 찾아진다. 일기 문맥상으로도 계사 6월 26일에 '적도(赤島)에 결진하였다'고 적었고, 다음날인 27-28일에는 '불을도 바깥에 진을 쳤다', '불을도로 돌아왔다'는 언급이 있으므로 동일한

섬이 확실함. 적도(赤島), 침도(砧島), 해북도(海北島) 참조.

비금도 飛禽島 : 전남 珍島郡 鳥島群島로 추정. (丁酉II 10월 11일)

註) 1998년 초판과 이후 개정판에서는 전남 新安郡 飛禽島로 제시하였으나《난중일기》의 문맥상으로 납득하기 어려운 위치이므로 추가로 조사하였다. 新安郡 飛禽島는 참고문헌 4 '신증동국여지승람 나주목'에 비이도(飛尒島, 尒는 爾의 약자)로 나타나나 조선후기에 현재의 지명으로 바뀌었고 더 상세한 사항은 알려지지 않음.

비망 나루 飛望底 : 경남 泗川市 仙龜洞 望山 아래의 三千浦川 나루터로 추정. (丙申 윤8월 1일)

비인 庇仁 : 충남 舒川郡 庇仁面 城內里. (丙申 5월 8일, 11일, 16일, 6월 2일)

(ㅅ)

사개도 沙介島 : 전남 麗水市 낙포동 沙浦(沙介, 모래개)의 방어도(防禦島 또는 魴魚島). (戊戌 9월 19일)

註)《이충무공전서》 수록의《난중일기》 및 조선사편수회편《난중일기초·임진장초》에서의 판독 착오로 인해 지금까지 '하개도 何介島'로 알려져 왔으나 최근의 연구로써 판독을 바로잡고 현 위치를 추적하였으며 상세 사항은 拙稿 <무술년(1598년) 이순신의 최후 結陣處 - '猫島'에 관한 고찰>, 이순신연구논총 제20호, 순천향대학교 이순신연구소 (2013) 참조. 沙浦(沙介 또는 모래개)는 현재 엘지화학단지 내로 편입되어 있고, 방어도 또한 육지화되어 사라졌음.

사도 蛇渡 : 전남 高興郡 影南面 錦蛇里.

사량 沙梁 : 전남 高興郡 道化面 南星里로 추정. (壬辰 2월 24일)

사량 蛇梁 : 경남 統營市 蛇梁面 良池里.

사인암 舍人岩 : 선인암, 선암과 함께 모두 동일지점으로 추정. 선암, 선인암 참조. (甲午 7월 20일)

사자마 沙自麻 : 일본 큐우슈우 남부의 '사쓰마 薩摩'가 발음상 유사하나 임진왜란과의 관련성이 없으므로, '쓰시마 對馬島'를 일본 발음에 따라 옮겨 적은 것으로 간주됨. (丁酉I 6월 18일)

사천 泗川 : 경남 泗川市 泗川邑.

사천 선창 泗川船滄 : 경남 泗川市 龍見面 船津里. (壬辰 5월 29일. 甲午 8월 16

일. 丙申 8월 29일)

사화랑 沙火郎 : (癸巳 2월 18일, 19일, 22일, 28일)

註) 조선사편수회편 《난중일기초·임진장초》의 지명 주석은 경남 진해시 남양동으로 되어 있다. 참고문헌 3 '郡縣地圖, 웅천현, 제포진' 지도에는 사화랑봉수(沙火郎烽燧)가 보이며 그 위치는 제포진(경남 창원시 진해구 제덕동)과 원포(경남 창원시 진해구 원포동) 사이의 사화랑산에 해당되나 일기의 행적상 옳지 않고, 오히려 거제도 북부의 長木面 舊永里 사불이(사울이)와 黃浦里 부근에 해당됨.

산성 山城 : 전남 高興郡 南陽面 大谷里. (癸巳 7월 13일. 丙申 윤8월 18일)

산성 山城 : 경남 陜川郡 栗谷面 己里의 白馬山城으로 추정. 경남 합천군 율곡면 매야리의 이종규 씨 의견 참조. (丁酉I 6월 10일, 15일, 7월 5일)

삼가 三嘉 : 경남 陜川郡 三嘉面.

삼가 산성 三嘉山城 : 경남 陜川郡 三嘉面? 벽견산성 참조. (丁酉Ⅰ 6월 2일)

삼례 參禮 : 전북 完州郡 參禮邑. (丁酉Ⅰ 4월 22일)

삼봉 三峰 : 경남 固城郡 三山面 三峰里. (甲午 2월 13일)

삼척 三陟 : 강원 三陟市. (丁酉Ⅰ 6월 10일)

삼천진 三千鎭, **삼천포** 三千浦 : 경남 사천시. 옛 삼천포시(三千浦市).

註) 1488년(성종 19)에 사천현(옛 삼천포시)에 삼천진과 진성(鎭城)을 축조하고, 임진왜란 이후인 1619년(광해군 11)에 통영 미륵산(통영시 산양면 영운리)으로 옮겼다. (참고문헌 3 '郡縣地圖, 삼천진 지도' 해제).

삼천포 三千浦 앞바다 : (壬辰 8월 25일)

상동 上東 : 순천부(順天府) 상동(上東). (丁酉Ⅱ 8월 8일)

註) 《난중일기》의 행적상으로는 현재의 순천시 상사면(上沙面)에 해당되는 것으로 추정되며, 한편 친필초를 살펴보면 '상동(上東)'의 '東'자 판독에 대해 의문이 없지 않음.

상주 尙州 : 경북 尙州市. (甲午 11월 15일)

상주포 尙州浦 : 경남 南海郡 尙州面 尙州里. (壬辰 5월 2일, 4일. 甲午 5월 18일. 乙未 8월 25일. 丙申 1월 3일)

쌍계동 雙溪洞 : 경남 河東郡 花開面 塔里. (丁酉Ⅰ 8월 3일)

서산 瑞山 : 충남 瑞山市. (乙未 9월 7일. 丁酉Ⅰ 5월 7일)

서생포 西生浦 : 울산 울주군 西生面 西生里. (丁酉Ⅰ 6월 12일, 7월 16일)

서울 京, 京城 : 서울특별시

서원포 西院浦 : 경남 鎭海市 院浦洞. (壬辰 8월 27일)

서천 舒川 : 충남 舒川郡 舒川邑. (乙未 5월 18일. 丙申 7월 17일. 戊戌 9월 23일)

석곡 강정 石谷江亭 : 전남 谷城郡 石谷面 柳亭里. (丁酉Ⅰ, Ⅱ 8월 7일)

석보창 石保倉 : 전남 麗川市 鳳溪洞 石倉. (壬辰 4월 18일. 丙申 10월 5일)

석제원 石梯院 : 전남 康津郡 城田面 城田里. (丙申 9월 1일)

석주 石柱, **석주관문** 石柱關門 : 전남 求禮郡 土旨面 松亭里. (丁酉Ⅰ 5월 26일, 8월 3일)

註) 참고문헌 3 '郡縣地圖, 구례현 지도'를 참조하면 석주관은 구례군 간전면 백운암으로부터 토지면 송정리에 걸쳐 있고, 일기 문맥상 위치는 섬진강 북편을 가리키므로 토지면 송정리에 해당됨.

선생원 先生院 : 전남 麗川郡 栗村面 新豊里. (壬辰 1월 11일, 17일. 3월 14일, 17일)

선암 仙岩 : 경남 統營市 閑山面 한산진 포구(浦口). (丙申 7월 4일)

선영 先塋 : 이순신의 선영. 충남 牙山市 鹽峙邑. (丁酉Ⅰ 4월 5일)

선인암 仙人岩 : 선암을 일컫는 듯함. (乙未 5월 8일. 丙申 4월 13일)

설한령 雪寒嶺 : 함경남도와 평안북도 경계의 총전령(葱田嶺). (癸巳 3월 4일)

註) 함남(咸南) 양거수리(梁巨水里)에서 평북(平北) 강계(江界)에 이르는 도(道) 경계선의 낭림산맥상에 있음 (대동여지도).

섬 북쪽 산 島北峯 : 보화도(寶花島) 북봉(北峯). (丁酉Ⅱ 10월 30일)

성 城 동쪽 : 좌수영(左水營) 성(城) 동쪽. (癸巳 2월 4일)

성주 星州 : 경북 星州郡 星州邑. (丙申 2월 3일, 3월 29일. 丁酉Ⅰ 7월 3일. 丁酉Ⅱ 11월 3일)

세포 細浦 : 경남 巨濟市 沙等面 城浦里. (癸巳 6월 13일. 丙申 3월 14일)

세포 細浦 : 한산도 끝 세포(細浦). 한산도 관암마을? (癸巳 7월 10일)

소근 所斤, **소근포** 所斤浦 : 충남 泰安郡 所遠面 所斤鎭里. (甲午 5월 2일. 7월 12일, 21일)

소근두 所斤頭 : 경남 統營市 閑山面 염호리 소고포(小羔浦). (丙申 3월 4일)

註) 참고문헌 3 '郡縣地圖, 거제부 지도'에 고포리(羔浦里)라는 지명으로 나타나며, 일기 문맥상 일치함.

소라포 召羅浦 : 조라포(助羅浦) 참조.

소비포 所非浦 : 경남 固城郡 下一面 春岩里.

소소강 召所江 : 경남 固城郡 馬岩面 頭戸里 河川. (甲午 3월 4일)

소소포 召所浦 : 경남 固城郡 馬岩面 頭戸里. (甲午 2월 8일, 29일)

소음도 所音島 : 또는 발음도. 안편도 참조. (丁酉II 10월 20일)

소진포 蘇秦浦 : 경남 巨濟市 長木面 松眞浦里. (癸巳 2월 10일, 20일, 22일. 6월 24일)

소질포 召叱浦 : 소소포(召所浦) 참조.

소촌 召村 : 진주(晋州) 일대의 역체도(驛遞道) 이름. (丙申 윤8월 14일. 丁酉 I 7월 28일)

註) 동으로 부다(富多), 서로는 평거(平居), 남으로 영창(永昌), 북으로 지남(指南) 등 15개 역을 포함함.

소포 召浦 : 전남 麗水市 鐘和洞 鐘浦. (壬辰 3월 12일, 27일)

송도 松都, **송경** 松京 : 황해도 開城市. (癸巳 2월 16일. 3월 4일, 10일)

송도 松島 : 경남 鎭海市 安骨洞 松島. (癸巳 2월 18일)

송미포 松未浦 : 경남 巨濟市 南部面 加乙串里. (丙申 8월 11일)

송원 松院 : 순천(順天) 송원(松院) 참조.

송정 松亭 : 정성(鼎城) 아래의 송정. 정개산성 참조. (丁酉 I 7월 26일)

송치 松峙 : 전남 順天市 西面 鶴口里. (丁酉 I 4월 27일, 5월 14일)

수영 水營 : 전라좌수영 또는 전라우수영. (丁酉 I 5월 7일)

수원부 水原府 : 경기 水原市. (丁酉 I 4월 3일)

수탄 水灘 : 경기도 평택통합시 안성천. (丁酉I 4월 4일)

註) 참고문헌 3 '郡縣地圖, 평택현 지도' 내에 읍탄천제(邑灘淺堤)라는 지명이 보이며, 일기 문맥상 오산과 평택(현재의 팽성읍) 중간의 안성천에 해당됨.

순영 巡營, **순찰사영** 巡察使營 : 전라감영(全羅監營). 전북 전주시(全州市). (壬辰 1월 18일, 2월 10일. 癸巳 2월 15일)

순창 淳昌 : 전북 淳昌郡 淳昌邑. (甲午 2월 5일. 乙未 5월 11일)

순천 順天 : 전남 順天市.

순천 둔전 順天屯田 : 전남 順天市 豊德洞으로 추정. (丙申 2월 15일)

순천 송원 順天松院 : 전남 順天市 西面 雲坪里로 추정. (丁酉 I 4월 27일)

순천 왜교 順天倭橋 : 전남 順天市 海龍面 新城里. (戊戌 11월 8일)

순천 향사당 順天鄕舍堂 : (丁酉Ⅰ 5월 12일)

승평 昇平 : 순천(順天) 참조.

신원 新院 : 나주(羅州) 신원(新院) 참조.

신장 薪場 : 전남 莞島郡 薪智面 薪智島. (甲午 3월 14일)

註) '신지도(新智島)는 둘레가 90리이며 牧場이 있다'(신증동국여지승람, 권37 강진현)는 기록에서 보듯 薪智島에는 당시에 목장이 있었고 신장(薪場)은 '薪智島 牧場'의 약칭으로서 일기 문맥상으로도 합당한 위치이다. 《난중일기》에는 이와 비슷한 예가 많은데, 가령 도양(道陽; 전남 고흥군 도덕면 도덕리)에는 목장이 있었는데 일기 여러 군데에서 도양장(道陽場)으로도 언급되며, 또한 해평장(海坪場)과 황원장(黃原場)도 목장이 있던 곳으로서 이와 유사한 경우이다(본 절의 道陽場, 海坪場, 黃原場 항목 참조). '新智島'와 '薪智島'의 한자 '땔나무 薪'의 차이에 대해 신증동국여지승람에는 '新智島'로 표기되어 있고, 숙종대 이후의 사료에는 '薪智島'로 기록된 것으로 보고되고 있으나 (참조: 김경숙, <신지도의 역사 문화 배경> 주석 31, 島嶼文化 제14집, 목포대학교 도서문화연구소, 1996), 이순신의 기록을 참조한다면 임진란의 선조대에 이미 '薪智島'로 불린 것이거나 혹은 혼용된 것으로 보인다.

신평 新平 : 충남 洪城郡 金馬面 富平里, 인산리로 추정. (丙申 7월 16일)

십오리원 十五里院 : 경남 泗川市 昆明面 鳳溪里. (丁酉Ⅰ 7월 23일)

(ㅇ)

아산 牙山 : 충남 牙山市.

아자음포 阿自音浦 : 경남 固城郡 東海面. (甲午 3월 4일)

아자포 阿自浦 : 경남 巨濟市 屯德面 아지량? (丙申 8월 11일)

註) 아자포, 아자음포는 《난중일기》의 문맥상 별개 지점으로 보임.

악양 岳陽 : 경남 河東郡 岳陽面 平沙里. (丁酉Ⅰ 5월 26일)

안골 安骨, **안골포** 安骨浦 : 경남 鎭海市 安骨洞.

안동 安東 : 경북 安東市. (丁酉Ⅰ 6월 18일)

안편도 安便島 : 전남 莞島郡 所安面 所安島로 추정. (丁酉Ⅱ 10월 11일-安便島, 發音島, 12일-發音島, 20일-所音島)

註) 임진왜란 때에 거주하기 시작했으며, 해변의 묵석이라는 돌들은 바람이 강

할 때 소리를 낸다[發音]는 이야기가 있음. 정유일기II 10월 11일조에 안편도, 10월 11-12일조에 발음도(發音島)로 언급되고, 10월 20일조에는 소음도(所音島)로 언급됨. 그러나 저술에 따라서는 전남 신안군 안창도 (최석남 저, 구국의 명장 이순신, 하권, 교학사, 1992, 399쪽), 팔금도 (정진술, 〈고금도 통제영과 이순신의 전사 후 행적〉, 이순신연구논총 제20호, 순천향대학교 이순신연구소, 2013), 혹은 신안군 장산도 (김진오, 〈신안문화〉 14호, 신안군청, 2004) 등 여러 주장이 있으나 단편적 근거에 의존하고 있어 확정되지 못함.

안편도 상봉 安便島上峯 : (丁酉II 10월 11일)

안흥 安興, **안흥량** 安興梁 : 충남 泰安郡 近興面 安興里. (丁酉I 4월 12일)

압록강원 鴨綠江院, **압록원** 鴨綠院 : 전남 谷城郡 竹谷面 鴨綠里. (丁酉I 8월 4일. 丁酉II 8월 5일)

애산 厓山 : 친필초(丙申 1월 7일)에 '부산(釜山)'으로 되어 있으나 조선사편수회편 《난중일기초·임진장초》 활자화 판독 과정에서의 착오와 이의 답습으로 생겨난 지명.

양강역 陽江驛 : 전남 高興郡 南陽面 南陽里. (丙申 윤8월 18일)

양산 梁山 : 경남 梁山郡 梁山邑. (壬辰 4월 18일)

양산창 梁山倉 : 옥천(沃川) 양산창(梁山倉) 참조.

양주 천천 楊州泉川 : 경기 楊州郡 檜泉邑. (癸巳 5월 16일)

양화 陽花 : 양화진(楊花津). 서울 永登浦區 楊坪洞. (癸巳 2월 23일)

어란 於蘭, **어란포** 於蘭浦 : 전남 海南郡 松旨面 於蘭里.

어외도 於外島 : 전남 新安郡 智島邑 於義島. (丁酉II 9월 17일, 18일. 10월 8일)

여도 呂島 : 전남 高興郡 占岩面 呂湖里.

여산 礪山 : 전북 益山市 礪山面 礪山里. (丁酉I 4월 21일)

여오을도 汝吾乙島 : 전남 新安郡 智島邑 於義島. (丁酉I 9월 17일, 18일)

역포 亦浦 : 고성(固城) 역포(亦浦) 참조.

연안 延安 : 황해도 延白郡 延安邑. (丙申 1월 14일)

연주산 連珠山 : 능성산(綾城山). 능성(綾城) 참조. (丙申 9월 21일)

註) 연주(連珠)는 능성(綾城)의 옛 이름.

열선루 列仙樓 : 전남 寶城郡 寶城邑內. (丁酉I 8월 15일, 丁酉II 8월 14일)

註) '신증동국여지승람, 권40 보성군'에 "열선루 列仙樓는 객관 客館 북쪽에

있다"고 언급되며, 참고문헌 3 '郡縣地圖, 보성군 지도'에 읍성내에 制勝樓가 있었던 것으로 나타남.

영광 靈光 : 전남 靈光郡 靈光邑. (甲午 1월 15일. 乙未 7월 16일. 丙申 9월 7일, 11일. 丁酉II 10월 27일)

영덕 盈德 : 경북 盈德郡 盈德邑. (丁酉I 6월 21일)

영등 永登, **영등포** 永登浦 : 경남 巨濟市 長木面 舊永里.

영산 靈山 : 경남 昌寧郡 靈山面. (丙申 5월 8일)

영암 靈岩 : 전남 靈岩郡 靈岩邑.

영암 송진면 靈岩松進面 : 전남 海南郡 松旨面? (丁酉I 7월 16일)

영암 월출산 靈岩月出山 : 전남 靈岩郡 月出山. (丁酉II 10월 11일)

영암 향사당 靈岩鄕舍堂 : 전남 靈岩郡 靈岩邑內. (丙申 9월 1일)

영주 瀛州 : 흥양(興陽) 참조.

오리량 五里梁, 吾里梁 : 경남 昌原市 龜山洞. (甲午 3월 3일)

오산 吾山 : 전북 茂朱郡 茂朱邑 吾山里로 추정. (丁酉I 4월 4일)

오양역 烏揚驛 : 경남 巨濟市 沙等面 烏楊里. (癸巳 6월 19일, 26일)

오원역 烏原驛 : 전북 任實郡 館村面 館村里. (丁酉I 4월 23일)

옥과 玉果 : 전남 谷城郡 玉果面 玉果里.

옥구 沃溝 : 전북 群山市 沃溝邑. (乙未 1월 19일. 丁酉I 8월 8일. 丁酉I, II 9월 21일)

옥천 沃川 : 충북 沃川郡 沃川邑. (丁酉I 5월 20일)

옥천 양산창 沃川梁山倉 : 충북 永同郡 陽山面 柯谷里. (丁酉I 5월 20일)
註) 대동여지도의 옥천(沃川) 양산창(陽山倉)으로 추정함.

옥포 玉浦 : 경남 巨濟市 玉浦洞.

온양 溫陽 : 충남 牙山市 邑內洞. 구온양(舊溫陽). (癸巳 2월 24일, 6월 2일. 甲午 1월 28일, 2월 7일. 丁酉I 4월 11일)

온천 溫川, **온천도** 溫川島 : 경남 巨濟市 河淸面 漆川島. (癸巳 2월 8일, 6월 22일)
註) 일기에서 칠천도(漆川島)는 '칠천도', '칠내도 漆乃島', '온천도'로서 혼용되고 있다. 여기서 '칠내도'의 '내 乃'는 '칠천도 漆川島'의 '내 川'을 훈(訓)에 따라 '내 乃'로 쓴 것인 반면, '옻 漆'을 음차한 '옻내도'로부터 자음동화에 의해 '온내도' 즉 '온천도 溫川島'로 표기한 것으로 간주된다. 일기에

는 이와 비슷한 지명 용례가 보이는데, 가령 '웅천-고음내-고음천' 및 '개연 介硯, 견연 犬硯'의 경우가 있다. '고음내, 고음천' 및 '개벼루' 각각 참조.

와두 瓦頭 : 전남 麗天市 猫島洞 油頭末 혹은 洛浦洞 沙介 부근으로 추정. (甲午 1월 17일)

註) 조경남 저, 난중잡록 3권, 무술 10월 16일조에 "진린과 이순신이 함께 물러나 와두에 주둔했다"는 기록이 보이며, 일기 행적 등을 고려하여 추정한 위치. 유두말은 묘도 유두산 동쪽 해변의 위치였으나 부근의 간척지 확장으로 인해 지형 변동에 포함되어 들어간 것으로 보임. 낙포동 사개 부근은 순전히 행적에 따른 추정임.

와량 臥梁 : 사량만호(蛇梁萬戶)의 별칭 기록으로 추정. (癸巳 2월 23일)

註) 친필초를 재판독하더라도 '臥梁'이 맞으며, 蛇梁萬戶를 일컬음.

완도 莞島 : 전남 莞島郡 莞島. (丁酉II 11월 20일)

완산 完山 : 전주(全州) 참조.

왜교 倭橋 : 순천(順天) 왜교(倭橋) 참조.

외도 外島 : ? (丁酉II 10월 10일)

요동 遼東 : 중국 요동(遼東). (甲午 7월 17일. 을미 5월 4일)

용인 龍仁 : 경기 龍仁郡. (癸巳 6월 18일)

우수영 右水營 : 전라우수영(全羅右水營). 전남 海南郡 門內面 右水營.

우수영 대평정 右水營大平亭 : 전남 海南郡 門內面 右水營 영내. (丙申 윤8월 26일)

註) '신증동국여지승람, 권37 해남현'에 "대평정 大平亭은 水營(우수영)에 있다"고 언급됨.

우수영 右水營 **앞바다** : 경상우수영 앞바다. (乙未 2월 17일)

우수영 右水營 **앞바다** : 전라우수영 앞바다. (丁酉I 9월 15일)

운곡 雲谷 : 진주(晋州) 운곡(雲谷) 참조.

운봉 雲峰 : 전북 南原市 雲峰邑. (丁酉I 4월 25일. 5월 14일, 17일)

울산 蔚山 : 울산광역시. (壬辰 4월 18일)

웅천 熊川 : 경남 鎭海市 城內洞.

웅천 입암 熊川笠岩 : 경남 鎭海市 薺德洞. (甲午 4월 18일)

웅포 熊浦 : 경남 鎭海市 南門洞. (癸巳 2월 10일, 12일. 6월 16일. 甲午 4월 18일)

원두구미 元頭龜尾 : 경남 巨濟市 東部面 함박금으로 추정. (乙未 7월 23일)

註) 참고문헌 3 '郡縣地圖, 거제부 지도'에 '成朴仇味'로 나오는 곳의 현재 위치이며 바로 앞바다에 구도(龜島)가 있어 지명이 변형된 곳으로 추정됨.

원수부 元帥府 : (甲午 4월 19일)

원수부 元帥府 : '진 陣, 진중 陣中 : 원수 권율의 진' 참조.

원포 院浦 : 또는 서원포(西院浦). 경남 鎭海市 院浦洞. (癸巳 2월 18일)

월명포 月明浦 : 경남 統營市 山陽邑 豊和里의 무인도 月明島. 鳥飛島 서쪽 200m 인접. (甲午 8월 15일)

월출산 月出山 : 영암(靈岩) 월출산(月出山) 참조.

위도 猬島 : 전북 扶安郡 蝟島面 蝟島. (丁酉II 9월 20일)

유도 柚島 : 전남 麗天市 猫島 또는 猫島洞 창촌 괴입섬. (戊戌 9월 20일, 11월 11일)

註) 조선사편수회편 《난중일기초·임진장초》의 지명 주석에서 전남 '光陽郡 骨若面 松島'로 되어 있고, 1998년 초판과 이후 개정판에서는 이것을 상세한 검토없이 변경된 행정지명으로만 옮겨 '麗川郡 栗村面 松島'로 제시하였다. 그러나 참고문헌 3 '郡縣地圖, 순천부 지도'를 살펴보면 '柚島'와 '松島'는 별개의 섬이며, '松島'는 '栗村面 松島'를, '柚島'는 '麗水市 猫島'를 가리키고 있다. 拙稿 <무술년(1598년) 이순신의 최후 結陣處 - '柚島'에 관한 고찰>, 이순신연구논총 제20호, 순천향대학교 이순신연구소 (2013) 참조.

유자도 柚子島 : 경남 巨濟市 新縣邑 橋島, 竹島. (癸巳 5월 21일, 25일, 27일)

註) 유자도는 거제현 북쪽에 위치하며 크고 작은 두 개의 섬으로 되어 있고, 유자 나무가 많이 번창하여 붙여진 이름임(신증동국여지승람). 대동여지도에는 유도(柚島), 소유도(小柚島)로 나타나고 있음. 동일한 이름의 유자도(柚子島)가 현재 통영시 한산면(閑山面) 창좌리(倉佐里) 내에 작은 무인도(0.09km^2)로 존재하므로 혼동되기 쉬움.

유포 幽浦 : ? (癸巳 8월 8일)

율진 栗津 : 합천(陜川) 율진(栗津) 참조.

율포 栗浦 : 경남 巨濟市 長木面 大錦里 북방 1km 부근, 舊栗里. (壬辰 6월 7일. 乙未 8월 25일)

註) 율포보(栗浦堡)는 세종대에 상기(上記)한 지점에 존재했다가, 현종 5년, 숙종 13년에 옮겨졌고, 경종 4년에 현재의 동부면(東部面) 율포리(栗浦里)로

옮겨졌으며 원래의 장소는 율포구보(栗浦舊堡)로 불리웠음(신증동국여지승람). 구한말에는 구율리(舊栗里)로 불리웠고(군현지도, 조선 고종대), 현재의 장목면 율천리(栗川里)에 구율포 성지(城址)가 남아 있음. 따라서 동부면 율포리는 율포해전(임진 6월 7일)의 장소에 대한 혼동과 의문을 일으켰던 지역임.

은원 恩院, **은진** 恩津, **은진포** 恩津浦, **은진현** 恩津縣 : 충남 論山市 恩津面 蓮西里. (甲午 11월 13일. 丙申 1월 17일, 3월 5일. 丁酉Ⅰ 4월 21일, 5월 21일)

의령 宜寧 : 경남 宜寧郡 宜寧邑. (癸巳 6월 16일. 丁酉Ⅰ 6월 18일, 29일, 7월 7일)

의령 산성 宜寧山城 : (丁酉Ⅰ 6월 17일)

註) 의령에는 현재 벽화산성(碧華山城)이 남아 있음. 기록상으로는 정진산성(鼎津山城), 지남산성(之南山城)들도 존재했었음.

이목구미 梨木龜尾 : 전남 麗川郡 華陽面 梨木里. (壬辰 2월 19일)

이산 泥山 : 충남 論山市 魯城面 邑內里. (丁酉Ⅰ 4월 20일)

이양원 李楊院 : 전남 和順郡 梨陽面 梨陽里. (丙申 9월 22일)

이진 梨津 : 전남 海南郡 北平面 梨津里. (乙未 10월 21일. 丙申 윤8월 24일, 25일. 丁酉Ⅰ, Ⅱ 8월 20일, 26일

익산 益山 : 전북 益山市. (丁酉Ⅱ 12월 5일)

인덕원 仁德院 : 경기 安養市 冠陽洞 仁德院. (丁酉Ⅰ 4월 3일)

일신역 日新驛 : 충남 公州市 新官洞. (丁酉Ⅰ 4월 19일)

임실현 任實縣 : 전북 任實郡 任實邑. (丁酉Ⅰ 4월 23일)

임천 林川 : 충남 扶餘郡 林川面. (丁酉Ⅰ 4월 19일)

임치 臨淄, **임치진** 臨淄鎭 : 전남 務安郡 海際面 臨水里.

임치진 성 臨淄鎭城 : (丙申 9월 9일)

註) 임치진(臨淄鎭) 성지(城址)가 남아 있음.

입봉 立峯 : 경남 統營市 閑山面 閑山島내로 추정. (丙申 4월 7일)

입암 笠岩 : 웅천(熊川) 입암(笠岩) 참조.

입암산성 立岩山城 : 전남 長城郡 北二面 笠岩山城. (丙申 9월 17일)

(ㅈ)

장도 獐島 : 전남 海南郡 松旨面 內長. (丁酉Ⅰ, Ⅱ 8월 28일)

註) 《해남전래지명총람》에 '안노리섬[內獐]-東峴 북쪽에 있는 마을'로 되어 있는데 이로부터 東峴(해남군 송지면 동현리) 북쪽에 있는 마을인 송지면 내장리가 원래 안노리섬[內獐]이었음을 알 수 있고, 임진왜란 때에는 섬(노루섬-獐島)이었던 것이 육지화된 것으로 추정된다.

장도 獐島 : 전남 麗川郡 栗村面 獐島. (戊戌 11월 13일)

장문포 場門浦, 長門浦 : 경남 巨濟市 長木面 長木里.

장박지리 長朴只里 : 무주(茂朱) 장박지리(長朴只里) 참조.

장성 長城 : 전남 長城郡 長城邑. (丙申 9월 16일)

장흥 長興 : 전남 長興郡 長興邑 예양리(汭陽里).

장흥 백사정 長興白沙汀 : 전남 長興郡 長興邑 元道里로 추정. (丙申 윤8월 20일. 丁酉 I, II 8월 17일)

註) 벽사역(碧沙驛)을 칭하는 것으로 간주하여 대동여지도에 의해 추정한 현재 위치임.

저도 猪島 : 경남 昌原市 龜山洞 猪島. (甲午 3월 4일)

적도 赤島 : 경남 巨濟市 屯德面 述亦里 花島. (癸巳 6월 26일, 7월 5일. 甲午 2월 12일, 9월 27일. 丙申 7월 10일)

註) '신증동국여지승람, 권32 고성현'에 "赤火島는 고성현 동남해 가운데에 있다"고 하였고, 해동지도(1730년대-1780년대 추정), 여지도(1736년-1767년 추정), 동역도(1767년경?), 지승(1776년 이후 추정) 등의 지도에 공통적으로 '赤島'로 나타나며, 조선총독부편 '조선오만분일지형도'(1918년)에는 '花島'로 나오므로 '赤島-赤火島'가 일제시대를 통해 한자지명의 변형이 일어난 경우이다.

적량 赤梁 : 경남 南海郡 昌善面 鎭東里 赤梁.

전주 全州 : 전북 全州市. (癸巳 5월 18일. 乙未 10월 3일. 丁酉 I 5월 17일)

전주 남문 全州南門 : 전북 全州市 殿洞 豊南門. (丁酉 I 4월 22일)

절갑도 折甲島 : 전남 高興郡 錦山面 居金島. (壬辰 4월 22일)

註) 절이도(折爾島)와 같은 섬으로 추정(대동여지도, 1872년 군현지도 참조).

절강 浙江 : 중국 절강(浙江). (癸巳 5월 26일. 甲午 7월 17일)

절영도 折影島, 絶影島 : 부산 影島區 影島. (壬辰 4월 15일. 甲午 4월 17일. 丁酉 I 7월 14일, 16일)

절이도 折尒島 : 전남 高興郡 錦山面 居金島. (戊戌 7월 24일)

정개산성 鼎蓋山城, 定介山城 : 경남 河東郡 玉宗面 藪村里, 宗化里의 정개산(鼎

蓋山). (丁酉Ⅰ 7월 20일, 24일, 27일. 丁酉Ⅰ, Ⅱ 8월 13일)

정성 鼎城 : 정개산성(鼎蓋山城, 定介山城) 참조.

정읍 井邑 : 전북 井邑市. (丁酉Ⅰ 7월 3일)

정혜사 定惠寺 : 전남 順天市 西面 鷄足山 定慧寺. (丁酉Ⅰ 5월 7일)

제주 濟州, **제주도** 濟州島 : 제주도(濟州島).

제포 薺浦 : 경남 鎭海市 薺德洞.

조라포 助羅浦 : 경남 巨濟市 一運面 舊助羅里. (乙未 8월 25일, 丁酉Ⅱ 10월 13일)

조양창 兆陽倉 : 보성(寶城) 조양창(兆陽倉) 참조.

좌리도 佐里島 : 경남 統營市 閑山面 倉佐里 佐島. (丙申 3월 4일)

좌수영 左水營 : 전라좌수영. 본영 참조.

죽도 竹島 : 경남 統營市 閑山面 上竹島-下竹島. (甲午 4월 13일, 7월 15일)

중방 中方 : 충남 牙山市 鹽峙邑 中方里. (丁酉Ⅰ 4월 16일)

지도 紙島 : 경남 統營市 龍南面 紙島. (甲午 3월 3일. 乙未 7월 18일, 11월 3일)

지세포 知世浦 : 경남 巨濟市 一運面 知世浦里. (乙未 8월 25일. 丙申 7월 10일. 戊戌 9월 22일)

진 陣, **진중** 陣中, **본진** 本陣, **진영** 陣營 : 이순신 장군의 진. (癸巳 2월 17일. 甲午 7월 16일, 8월 14일, 20일, 11월 3일. 乙未 2월 16일, 17일, 4월 1일, 5일, 8일, 27일, 5월 8일, 18일, 27일, 7월 4일, 19일, 27일, 28일, 8월 25일, 10월 3일, 11월 24일. 丙申 3월 5일, 5월 2일, 15일, 6월 16일, 7월 1일, 윤8월 1일, 6일, 11일, 10월 9일. 戊戌 9월 30일)

진 陣, **진중** 陣中 : 원수(元帥) 권율(權慄)의 진(陣). 경남 陜川郡 栗谷面 樂民里 일대의 황강변 평지 및 언덕으로 추정. (丁酉Ⅰ 6월 9일, 15일, 19일, 25일, 26일, 7월 1일, 3일)

註) 1786년 정조대에 발간된 '草溪郡邑誌'(서울대학교 규장각 소장)에 따르면 栗谷面 碧田里에 兵營이 있었으며, 樂民里에는 역원제도의 일환인 樂民院이 있었다는 기록이 있으므로 이를 참조하여 추정한 위치이다.

진도 珍島 : 전남 珍島郡 珍島.

진성 晋城, **진양** 晋陽, **진주** 晋州 : 경남 晋州市.

진양 동문 晋陽東門 : (癸巳 6월 26일)

진원 珍原 : 전남 長城郡 珍原面 珍原里. (丙申 9월 17일, 19일)

진위 구로 振威舊路 : 경기 平澤市 振威面 鳳南里. (丁酉Ⅰ 4월 4일)

진주 남강가 晋州南江邊 : (乙未 8월 22일)

진주 운곡 晋州雲谷 : 경남 河東郡 玉宗面 宗化里, 大井里, 屛川里, 龍東里 일대. 굴동(屈洞) 참조.(丁酉Ⅰ 7월 23일)

진해 鎭海 : 경남 鎭海市.

진해루 鎭海樓 : 전남 麗水市 君子洞 鎭南館터로 추정. (壬辰 4월 6일, 5월 1일. 癸巳 5월 4일, 7일)

(ㅊ)

착량 鑿梁, **착포량** 鑿浦梁 : 경남 統營市 堂洞. (壬辰 6월 4일, 癸巳 7월 12일, 甲午 5월 19일)

찬수강 粲水江 : 전남 順天市 黃田面 蟾津江. (丁酉Ⅰ 5월 14일)

창녕 昌寧 : 경남 昌寧郡 昌寧邑. (丙申 2월 10일, 12일)

창사 倉舍 : 이진(梨津) 아래의 창사(倉舍). 전남 海南郡 北平面 南倉里. (丁酉Ⅱ 8월 20일)

창신 昌信, **창신도** 昌信島 : 경남 南海郡 昌善面 昌善島. (癸巳 5월 8일. 甲午 1월 18일, 3월 26일, 9월 10일. 乙未 2월 29일)

창원 昌原 : 경남 昌原市. (癸巳 5월 23일, 27일, 6월 17일, 7월 10일. 丁酉Ⅰ 6월 12일)

창평 昌平 : 전남 潭陽郡 昌平面 昌平里. (壬辰 5월 2일, 甲午 9월 23일)

천성 天城 : 부산 江西區 加德島 天城洞. (壬辰 6월 9일. 乙未 2월 5일, 6월 2일. 丙申 1월 30일)

천안 天安 : 충남 天安市. (丁酉Ⅰ 4월 15일, 19일. 丁酉Ⅱ 10월 14일)

천천 泉川 : 양주(楊州) 천천(泉川) 참조.

청도 淸道 : 경북 淸道郡 淸道邑. (丁酉Ⅰ 6월 11일, 17일)

청등 靑登 : 경남 巨濟市 沙等面 靑谷里? (乙未 11월 3일)

청수역 淸水驛 : 경남 河東郡 玉宗面 正水里. (丁酉Ⅰ 6월 1일)

청슬 靑膝 : 경남 巨濟市 沙等面 支石里. (甲午 3월 6일)

청주 淸州 : 충북 淸州市.

초계 草溪 : 경남 陜川郡 草溪面 草溪里.

촉석루 矗石樓 : 경남 晋州市 南城洞. (乙未 8월 23일)

최경루 最景樓 : 능성(綾城). (丙申 9월 21일)

추도 楸島 : 경남 巨濟市 沙等面 싸리섬[楸島]으로 추정. (甲午 5월 4일)

춘원 春原 : 춘원포(春院浦) 참조.

춘원도 春院島, 春原島 : 경남 統營市 光道面 安井里 楮島 또는 딱섬. (乙未 2월 16일. 丙申 7월 10일)

춘원포 春院浦 : 경남 統營市 光道面 安井里 曳浦.

충주 忠州 : 충북 忠州市. (癸巳 5월 17일, 6월 9일)

충청 병영 忠淸兵營 : 충남 瑞山市 海美面 邑內里. (乙未 9월 7일)

충청 수영 忠淸水營 : 충남 保寧市 鰲川面 蘇城里. (丁酉I 5월 18일)

칠내도 漆乃島 : 경남 巨濟市 河淸面 漆川島. (壬辰 8월 27일. 癸巳 2월 8일, 12일, 6월 22일)

칠산도 七山島 : 전남 靈光郡 落月面 七山島. (丁酉I 9월 19일)

칠산 바다 七山海 : (丁酉II 9월 19일)

칠천량 漆川梁 : 경남 巨濟市 河淸面.

칠천 산 漆川山 : 경남 巨濟市 河淸面 漆川島. (甲午 10월 6일)

침도 針島 : 경남 泗川市 龍見面 船津里 대섬? 또는 泗川市 龍見面 新村里 法島? (乙未 8월 21일)

침도 砧島 : 巨濟市 屯德面 述亦里 放火島. (乙未 4월 8일)

註) 을미일기 4월 7일-8일조를 보면 견내량으로부터 8일 낮에 침도에서 활쏘기를 하고 저녁에 본영(한산도)으로 돌아오는 것으로 기록하고 있다. 따라서 침도(砧島)는 한산만 내의 어느 섬이다. 해동지도(1730년대-1780년대 추정), 여지도(1736년-1767년 추정), 동역도(1767년경?), 지승(1776년 이후 추정) 등의 지도에 공통적으로 '침도 砧島'가 '적도 赤島' 인근에 별도로 나타나며, 그 상대적인 위치와 크기를 감안하면 '방화도 放火島'로 결정된다. 불을도(弗乙島), 적도(赤島), 해북도(海北島) 참조.

침벽정 侵碧亭 : (壬辰 8월 24일)

(ㅌ)

탐라 耽羅 : 제주(濟州), 제주도(濟州島) 참조.

통제처 統制處 : 원균(元均)의 진(陣). (丁酉Ⅰ 4월 28일)

(ㅍ)

파지도 波知島 : 충남 瑞山市 八峰面 古波島. (丙申 3월 27일, 4월 23일, 5월 16일, 8월 1일)

평산 平山, **평산포** 平山浦 : 경남 南海郡 南面 平山里.

평택 平澤 : 경기도 평택통합시 팽성읍. (丁酉Ⅰ 4월 4일)

註) 참고문헌 3 '郡縣地圖, 평택현 지도'와 해제를 참조하면 오늘의 팽성읍 위치임. 1998년 초판과 이후 개정판에서의 지명비정(평택시)은 착오임.

평해 平海 : 경북 蔚珍郡 平海邑. (丁酉Ⅰ 7월 2일)

(ㅎ)

하개도 何介島 : 친필초에 '사개도(沙介島)'로 되어 있으나 과거의 모든 문헌 -《이충무공전서》의《난중일기》, 조선사편수회편《난중일기초·임진장초》를 위시한 모든 원문판독서 및 번역서 -에서 활자화 판독 착오와 이의 답습으로 생겨난 지명. 사개도(沙介島) 참조.

하동 河東 : 경남 河東郡 河東邑.

한산 閑山, **한산도** 閑山島 : 경남 統營市 閑山面 閑山島.

한산 閑山 **뒷산** : 경남 統營市 閑山面 閑山島 望山. (丙申 5월 15일)

註) 망곡산(望谷山)이라고도 함.

한산 진 閑山陣 : (甲午 3월 7일. 丁酉Ⅰ 6월 12일)

함안 咸安 : 경남 咸安郡 咸安面. (癸巳 6월 16일, 17일)

함평 咸平 : 전남 咸平郡 咸平邑.

합천 陜川 : 경남 陜川郡 陜川邑. (丁酉Ⅰ 6월 4일, 24일, 7월 3일)

합천 율진 陜川栗津 : 경남 陜川郡 栗谷面 栗津里. (丁酉Ⅰ 6월 10일)

합포 合浦 : 경남 馬山市 山湖洞. (乙未 12월 13일, 14일)

해남 海南 : 전남 海南郡 海南邑.

해농창평 海農倉坪 : 전남 順天市 海龍面 海倉里. (壬辰 3월 14일)

해북도 海北島 : 경남 巨濟市 屯德面 海干島 또는 海艮島. (乙未 11월 3일)

해암 蟹岩, **해포** 蟹浦 : 충남 牙山市 仁州面 海岩里. (癸巳 5월 6일, 18일. 丁酉 Ⅰ 4월 13일)

해운대 海雲臺 : 전남 麗水市 德忠洞 海雲臺址. (壬辰 2월 12일. 甲午 1월 27일)

해평장 海坪場 : 경남 統營市 龍南面 長坪里 또는 院坪里로 추정 (乙未 4월 17일, 丙申 2월 26일). 해평목장(海坪牧場)의 약칭.

註) '신증동국여지승람, 권32 고성현'에 "해평곶(海平串)은 고성현 남쪽 40리 지점이며, 목장이 있다"고 언급되므로 이로부터 유추한 지점이나 확실치 않음.

행보역 行步驛 : 경남 河東郡 橫川面 如意里. (丁酉Ⅰ 8월 3일)

행재소 行在所, **행조** 行朝 : 평북 義州. (癸巳 3월 10일, 7월 6일)

행주성 幸州城 : 경기 高陽市 幸州外洞. (癸巳 7월 13일)

향사당 鄕舍堂 : 영암 향사당 또는 순천 향사당 참조.

현풍 玄風 : 대구 達城郡 玄風面. (丙申 2월 20일)

홍농 弘農 : 전남 靈光郡 弘農邑. (丁酉Ⅱ 9월 19일)

홍룡곶 洪龍串 : 전남 靈光郡 弘農邑 계마리. (丁酉Ⅰ 9월 19일)

홍산 鴻山 : 충남 扶餘郡 鴻山面. (丙申 7월 17일, 22일. 丁酉Ⅱ 11월 7일)

홍주 洪州 : 충남 洪城郡 洪城邑 洪州城.

화순 和順 : 전남 和順郡 和順邑. (丙申 9월 20일)

환선정 喚仙亭 : 전남 順天市 梅谷洞 東川 부근 추정. (壬辰 3월 16일)

註) 현재 환산정(喚山亭)이 순천시 조곡동(稠谷洞)에 위치하고 있으나, 구한말의 환선정은 상기한 위치에 있었음(지방군현도, 고종8년).

황산동 黃山洞 : 경남 梁山郡 院東面 院里의 역체도(驛遞道). (癸巳 6월 16일)

註) 서로는 윤산(輪山), 북으로 위천(渭川) 등 16개 역을 포함함(신증동국여지승람, 대동여지도).

황원 黃原, **황원장** 黃原場 : 전남 해남군 門內面 서상리, 花源面 청룡리 일대. 황원장은 황원목장(黃原牧場)의 약칭. (丁酉Ⅱ 10월 22일, 11월 6일)

註) '신증동국여지승람, 권37 해남현'에 "황원폐현(黃原廢縣)은 … 고려 때 영암군에 속하여 내려오고, 목장이 있다"고 언급되며, 참고문헌 3 '郡縣地圖, 해남현 지도'에도 목장을 기입하고 있다.

회령 會寧, **회령포** 會寧浦 : 전남 長興郡 會鎭面 會鎭里. (甲午 6월 8일. 丙申 5월 5일, 6월 25일. 丁酉Ⅰ, Ⅱ 8월 18일, 19일)

註) 고려 때 현재 보성군 회천면(會泉面) 회령리(會寧里)에 있던 진을 폐하여 회령폐현(會寧廢縣)이라 부르고 당시의 장흥도호부에 귀속시킴. 따라서 임진왜란 당시의 회령포는 상기 위치임(신증동국여지승람).

흉도 胷島 : 경남 巨濟市 沙等面 고개섬(高介島)으로 추정. (甲午 3월 3일, 6일, 9월 28일, 10월 6일, 8일. 乙未 11월 3일)

흥양 興陽 : 전남 高興郡 高興邑.

흥양 둔전 興陽屯田 : (丙申 2월 8일)

흥양 산성 興陽山城 : 전남 高興郡 高興邑. (癸巳 7월 13일)

註) 호동리(虎東里)의 고흥성지(高興城址)? 또는 호덕리(虎德里)의 수덕산성(修德山城)?

흥양 전선소 興陽戰船所 : 전남 高興郡 道化面 內鉢里. (壬辰 2월 22일)

註) 참고문헌 3 '郡縣地圖, 흥양현 지도'에 발포진 밖 도화천 해안에 선소창이 있음.

【참고문헌】

1. 輿地圖書, 국사편찬위원회, 探求堂, 1973
2. 大東輿地圖, 金正浩, 서울 匡祐堂 影印版, 1991
3. 郡縣地圖, 조선 고종대, 서울대학교 규장각 소장, 1872
4. 신증동국여지승람, 李荇 등 편저, 1530 (신증동국여지승람, 민족문화추진회, 민문고, 1989)
5. 新舊對照 朝鮮全道府郡面里洞 名稱一覽, 越智唯七, 太學社, 1917, 1985
6. 島嶼誌, 내무부, 신우인쇄주식회사, 1985
7. 한국지명요람, 건설부, 국립지리원, 교학사, 1982
8. 한국지명사전, 손성우 편저, 경인문화사, 1974
9. 1993-1994 한국지명사전, 이민우 편저, 한국교열기자회, 1993
10. 亂中日記草, 조선사편수회편 조선사료총간 제6, 近澤印刷部, 1935
11. 이충무공전서, 이은상 역, 成文閣, 1989
12. 난중일기, 정희선, 여수문화원, 1993
13. 海南傳來地名總覽, 海南文化院, 청해문화사, 1994
14. 韓國行政區域總覽, 編纂會, 1995
15. 이순신의 일기초, 박혜일 등 편저, 조광출판인쇄, 2007

4. 인명(人名) 난중일기 색인

본 인명 색인에서는 《난중일기》에 직접 또는 간접적으로 나타나는 인명 또는 직책명으로 언급된 이들의 인명 및 인적(人的) 관계로서 언급된 이들을 대상으로 하여 가나다 순으로 정리하여, 대략 1,050여 명에 대한 일기상의 언급 일자를 수록하였다. 일기상에서 직책으로 언급된 이의 신원 확인에는 조선사편수회편 《난중일기초》에 부기된 인명 주석에 크게 의존하였으되, 이들의 약전을 조사하여 서로 일치되지 않는 경우 또는 《난중일기》의 내용과 불일치되는 경우와 같은 몇 차례의 경우들은 수정하여 작성하였다. 인물 숫자가 1,000명이 넘게 방대한데다가, 직책명으로 언급되어 있으나 그 신원이 확인되지 않는 경우가 여전히 상당수 남아 있어 완전치 못함을 밝혀 두고자 한다. 일기의 원문에서 동일 인물에 대한 예외적인 표현이나, 한자가 다른 표현들은 참조의 편의상 해당 날짜들에 괄호로써 부기하였으며, 직책으로만 언급되고 그 신원이 확실치 못한 경우에는 추정되는 인물에 포함시키되, 해당 날짜를 괄호로 묶고 의문시하였다. 또한 《난중일기》내에는 동일 인물에 대한 한자명의 착오, 이미 죽은 인물이 일기상에 살아 나타나는 경우, 성(姓)만 언급된 경우, 성(姓) 없이 이름만 쓰인 경우, 원래의 이름에 다른 한자를 써서 별명처럼 만든 경우 등 이순신 자신의 비망록(備忘錄)의 목적으로 쓰인 사적(私的), 상징적 또는 암호적인 경우, 혹은 (아마도) 단순 착오인 경우가 섞여 존재하고 있으므로, 이러한 경우 기록된 이름들에 대한 사실 확인은 영원히 불가능하며 따라서 의문 또는 어떤 가능성들을 제시하는 형태로 편집하였다. 또한 이순신의 인척 관계로 언급된 인물들에 대해서는 독립적으로 색인을 작성하여 추가하였다. 1998년 초판 이래 여러 개정판에서는 조선사편수회편 《난중일기초·임진장초》에 주로 의존하여 본 색인이 작성되었으나, 최근 친필일기의 재검독 작업을 통하여 《이순신의 일기초》(박혜일 외, 조광출판인쇄, 2007)를 발간함에 따라 몇 군데의 수정을 추가하였음을 알린다.

(ㄱ)

가등청정 加藤清正 : 丙申 5月 13, 28日, 丁酉 6月 18日, 7月 3日
가안책 賈安策 : 乙未 7月 6日, 10月 17, 20, 21, 25日, 11月 5, 11日
갈몰 葛沒 : 丙申 7月 30日, '갈역(葛役 : 칡일꾼)'의 판독 착오로 생겨난 인명.
감손 甘孫 : 丁酉 6月 24日
갓동 乫同 : 癸巳 6月 12日
강 계장 姜 禊長 : 丁酉 4月 8日, '禊長'은 계(契)조직 혹은 계제사(禊) 우두머리(長)의 약칭. 병신일기 끝의 비망기록 중에도 '禊納物 계납물'이란 기록이 있음.
강기경 姜起敬 : 癸巳 8月 3日, 乙未 6月 2日, 11月 4日, 丙申 2月 26日
강대수 姜大壽 : 丙申 1月 17日
강돌천 姜乭千 : 甲午 2月 4日
강막지 姜莫只 : 丁酉 10月 14, 16, 18, 28日
강 선전 姜 宣傳 : 丁酉 4月 19日, '宣傳'은 宣傳官의 약칭.
강소작지 姜所作只 : 丙申 2月 22日, 丁酉 5月 3日
강승훈 姜承勳 : 丁酉 5月 9日
강영수 姜永壽 : 丁酉 4月 19日
강용수 姜龍壽 : 癸巳 6月 2日
강운 姜雲 : 甲午 9月 23日
강응표 姜應彪 : 癸巳 2月 14, 17日, 5月 16日, 甲午 3月 21日, 8月 21日, 10月 25日, 11月 21日, 乙未 2月 13日, 3月 25日, 6月 3日, 10月 20日, 11月 5, 16, 25日, 12月 8日, 丙申 2月 22日, 3月 3, 6日, 6月 4, 8日, 丁酉 10月 20日
강응호 姜應虎 : 甲午 3月 26日, 4月 20, 24日, 6月 20, 21, 26日, 7月 4, 9, 13, 21日, 8月 2, 21, 29日, 9月 6, 23日, 乙未 2月 13日, 8月 21日, 9月 3日
강인중 姜仁仲 : 甲午 2月 7日
강정 姜晶 : 丁酉 4月 19日
강중룡 姜仲龍 : 甲午 9月 27日
강집 姜緝 : 甲午 8月 1日
강천석 姜千石 : 乙未 4月 24日
강첨 姜籤 : 乙未 3月 16日

강희로 姜熙老 : 丙申 8月 8, 16日(姜娓老)
개남 介南 : 甲午 9月 6日
건손 巾孫 : 丁酉 7月 3日
걸산 巨叱山 : 丁酉 10月 28日
경 京 : 甲午 7月 15日, 9月 15日, 乙未 6月 5日, 11月 8日, 丙申 1月 17, 23日, 3月 19日, 7月 27, 28日, 丁酉 5月 9日, 6月 6, 12, 25, 28, 29日
경(庚)의 모친 : 癸巳 8月 13日, 甲午 9月 16日, 丁酉 6月 11日
계생 戒生 : 丁酉 9月 18日
고경운 高景雲 : 甲午 4月 16日, 乙未 1月 1日
고봉상 高鳳翔 : 丁酉 8月 9日
고상안 高尙顔 : 甲午 3月 30日, 4月 2, 4, 6, 12日
고세충 高世忠 : 癸巳 5月 10, 11日
고언선 高彦善 : 丁酉 5月 24日
고여우 高汝友 : 癸巳 2月 19日, 5月 16日, 6月 22日, 8月 20日, 甲午 3月 18日, 5月 29日, 8月 6日(赤島), 乙未 2月 29日, 4月 22日, 6月 2日, 丙申 1月 10, 30日, 2月 3, 6日, 7月 10日(赤島), 丁酉 10月 23日
고응명 高應明 : 丁酉 5月 24日
고종후 高從厚 : 고종후(계사년 전사)의 아들(?)을 지칭하는 듯함. 丁酉 12月 5日
공대원 孔大元 : 甲午 5月 4日
공돌 孔石 : 丙申 1月 23日
공생 貢生 : 丁酉 5月 20日
공수복 孔守卜 : 乙未 9月 3日
공연수 孔漣水 : 甲午 1月 19日
공태원 孔太元 : 乙未 7月 14日, 10月 21日, 丙申 1月 7日
곽언수 郭彦壽 : 癸巳 7月 6日, 丙申 4月 15日(郭彦守), 5月 30日, (7月 24日, 8月 1, 9日 : 郭彦水)
곽영 郭嶸 : 丁酉 4月 1日
곽재우 郭再祐 : 甲午 9月 26, 27日(郭僉知), 10月 4, 7日
곽 첨지 郭 僉知 : 첨지 곽재우(郭再祐). '곽재우' 참조.
광해군 光海君 : 癸巳 6月 12日, 甲午 1月 15日, 2月 2, 4, 9日, 4月 22日
구덕령 具德齡 : 丁酉 8月 8日

9, 12, 13, 16, 19, 22日, 2月 3, 9, 12, 14, 19, 26, 29日, 3月 1, 4, 8, 12, 15, 22, 26日, 4月 2, 7, 16, 20, 21, 26, 28日, 5月 1, 5, 8, 18, 26日, 6月 9, 13, 16, 21, 23, 24日, 7月 4, 7, 9, 10, 11, 15, 20, 24, 26, 29日, 8月 4, 6, 15, 17, 22, 23, 25日, 閏8月 1, 2, 6, 9, 10日, 丁酉 (5月 22日?), 6月 24日, '권 조방장' 참조.

권진경 權晋慶 : 丁酉 6月 21日

권치중 權致中 : 丁酉 5月 20日

권협 權悏 : 甲午 1月 28日

권황 權滉 : 丙申 7月 9, 10, 11, 13, 21, 25日

귀인 貴仁 : 丁酉 7月 14日

금 今 : 丙申 3月 22, 23日

금 金 : 또는 금이(金伊). 丙申 1月 12, 17, 23日, 3月 23日

금산 金山 : 甲午 6月 5日

금선 金善 : 甲午 11月 21日

금수 今守 : 丁酉 4月 18日

금이 金伊 : 癸巳 9月 13日, 乙未 3月 27日, 丙申 4月 4日, 6月 9日, 丁酉 9月 20日

금화 今花 : 丙申 4月 19日

기경충 奇景忠 : 乙未 6月 24日

기성백 奇誠伯 : 乙未 6月 24日

기숙흠 奇叔欽 : 기효근(奇孝謹)의 자(字). '기효근' 참조.

기업 基業 : 丁酉 12月 4日

기직남 奇直男 : 甲午 2月 9日, 8月 16, 17日, 10月 9, 13日, 乙未 1月 14日, 丙申 1月 18, 21日, 2月 19日, 7月 16, 17日

기징헌 奇澄憲 : 乙未 6月 24, (27日?)

기효근 奇孝謹 : 壬辰 5月 2日, 癸巳 2月 7, 19日, 3月 18日(奇南海), 5月 11, 19, 30日, 7月 9, 20日, 9月 2日, 甲午 2月 3日, 3月 6, 18日, 10月 9日, 乙未 3月 14日, 4月 20, 22日, 6月 3, 13日, 11月 5, 7日, 12月 14日, 丙申 1月 4日

김개 金介 : 乙未 6月 2日

김경로 金敬老 : 甲午 4月 19, 21(金惺叔), 22日(金僉知), 9月 6, (8, 9, 25日 : 金僉知), 10月 9日, 丁酉 5月 20日(金僉知)

김경록 金景祿 : 丙申 4月 23, 30日, 閏8月 25日
김경숙 金敬叔 : 甲午 9月 10日
김경희 金景禧 : 乙未 6月 2日
김광엽 金光燁 : 丁酉 5月 22日
김굉 金轟 : 乙未 4月 1日, 丙申 6月 24, 25日
김교성 金敎誠 : 甲午 11月 21日
김국 金國 : 丙申 2月 18日, 丁酉 9月 27日
김기실 金己實 : 丙申 2月 5日
김대복 金大福 : 癸巳 2月 16日, 7月 15日, 乙未 7月 16, 19日, 10月 24日, 丙申 1月 14, 29日, 3月 21日, 5月 6日, 6月 13日, 閏8月 9日
김대인 金大仁 : 丙申 7月 30日
김덕령 金德齡 : 甲午 1月 28日(虎翼將), 9月 26日, 27日(金忠勇), 10月 4, 7日, 乙未 10月 3日, 丁酉 5月 26日
김덕록 金德祿 : 丙申 6月 1日
김덕린 金德獜 : 丙申 2月 14, 15日, 丁酉 5月 12, 26日
김덕수 金德秀 : 丁酉 11月 28日
김덕유 金德酉 : 戊戌 9月 24日
김덕인 金德仁 : 癸巳 8月 8日
김덕장 金德章 : 丁酉 4月 20日
김돌손 金乭孫 : 丁酉 9月 16日, 12月 5日
김두검 金斗劍 : 乙未 5月 15日
김득광 金得光 : 壬辰 5月 4日, 癸巳 2月 3, 5日, 5月 2, 17日, 6月 6日
김득남 金得男 : 丁酉 10月 22日
김득룡 金得龍 : 癸巳 7月 2, 9日
김륵 金玏 : 乙未 8月 24, 25, 26, 28日
김만수 金萬壽 : 癸巳 6月 11日, 甲午 4月 1日, 5月 29日, 8月 28日, 9月 13日
김명원 金命元 : 癸巳 5月 11, 29日, 甲午 1月 26日, 丙申 4月 15日, 5月 30日, 丁酉 4月 1日
김방제 金邦濟 : 甲午 2月 6日
김붕만 金鵬萬 : 癸巳 6月 26日, 7月 8, 10日, 丙申 6月 16日, 丁酉 8月 16日, 戊戌 1月 2日

김상용 金尙容 : 甲午 10月 26日

김상준 金尙雋 : 丙申 9月 7, 8, 11日

김서신 金書信 : 甲午 10月 14日

김선명 金善鳴 : 乙未 6月 4日

김성 金惺 : 丙申 1月 11, 21日, 丁酉 5月 11日

김성숙 金惺叔 : 김경로의 자(字). '김경로' 참조.

김성업 金成業 : 乙未 10月 17, 19日

김성옥 金聲玉 : 丙申 7月 10日, 戊戌 10月 2日

김성일 金誠一 : 壬辰 3月 25日, 4月 7, 17日

김성헌 金聲憲 : 甲午 2月 16日

김수 金睟 : 壬辰 3月 24日, 4月 7, 15, 20日, 癸巳 5月 29日

김수남 金水男 : 癸巳 2月 3日

김숙 金俶 : 丙申 1月 14日

김숙 金橚 : 丙申 1月 17日

김숙현 金叔賢 : 甲午 11月 13日

김승룡 金勝龍 : 壬辰 5月 2日, 甲午 1月 27, 29, 30日, 2月 11, 13日, 3月 15日, 5月 18日, 6月 4, 8日

김시중 金始仲 : 甲午 7月 15日

김신웅 金信雄 : 丁酉 10月 19, 30日

김안도 金安道 : 丁酉 8月 9, 10日

김암 金岩 : 甲午 9月 12日

김애 金愛 : 丁酉 11月 22日

김애남 金愛南 : 丁酉 10月 30日

김양간 金良幹 : 癸巳 6月 12日, 甲午 6月 26日, 8月 30日, (丙申 4月 26日, 6月 3日 : 金良看)

김억 金億 : 丁酉 7月 14日

김억창 金億昌 : 丙申 9月 9日, 丁酉 12月 5日

김억추 金億秋 : 丁酉 8月 26日, 9月 8, 16日, 10月 11, 12, 13, 16, 17, 18, 22日, 11月 2, 9日

김언경 金彦京 : 丁酉 10月 22, 23日

김언공 金彦恭 : 丁酉 7月 25日

김인복 金仁福 : 丙申 1月 23日, 5月 2日

김인수 金仁守 : 丁酉 11月 14日, 12月 29日(金仁秀)

김인영 金仁英 : 癸巳 2月 1, 18日, 7月 15日, 8月 11日, 9月 12日, 甲午 1月 17, 25日, 2月 5, 9, 15, 16日, 3月 21日, 5月 6, 27, 28日, 6月 5, 6, 14, 26日, 7月 5, 16日, 9月 4日, 11月 7, 16, 27日, 乙未 1月 4, 14, 19日, 4月 26日, 6月 3, 4日, 7月 15日, 10月 14, 20日, 11月 5, 9日, 丙申 1月 19, 21, 30日, 2月 4, 6, 22, 26日, 3月 3, 7, 8, 12, 13, 24日, 6月 9, 23日, 丁酉 6月 12日, 10月 20日

김자헌 金自獻 : 丁酉 6月 12, 13日

김전 金銓 : 丁酉 7月 7日

김정현 金鼎鉉 : 戊戌 9月 24, 25日

김정휘 金廷輝 : 甲午 11月 13日

김제남 金悌男 : 甲午 4月 13, 14日

김 조방장 金 助防將 : 김완(金浣). 丙申 3月 23, 26日, 4月 18, 22日, 5月 2日, 6月 15, 23, 25, 27, 29日, 7月 12, 30日, 8月 3, 6, 10, 15, 21日, 丁酉 6月 12日

김종려 金宗麗 : 丁酉 5月 18日, 10月 9, 20, 23, 26日, 12月 2日

김준계 金遵繼 : 癸巳 5月 22日, 甲午 2月 7日, 3月 18, 30日, 5月 6, 11, 14日, 7月 8, 9, 10, 29日, 8月 1, 22日, 9月 2日, 乙未 1月 19日, 2月 22日, 3月 8日

김준민 金俊民 : 癸巳 6月 29日, 乙未 8月 23日

김중걸 金仲傑 : 또는 김중걸(金仲乞). 丁酉 9月 14日

김천석 金天碩 : 甲午 11月 3日

김천일 金千鎰 : 癸巳 6月 29日, 乙未 8月 23日

김축 金軸 : 壬辰 5月 2日, 8月 25日, 癸巳 6月 3日, 乙未 2月 19, 21日, 6月 2, 21日, 12月 7日, 丙申 1月 4日, 3月 8, 24日, 6月 20日, 8月 15日

김충남 金忠男 : 甲午 9月 27日

註) 이 날짜의 친필초를 판독하면 '金忠男'에 가까우나, 문맥상 '忠勇將 김덕령'을 지칭함이 분명하므로 '金忠勇'을 흘려 쓴 형태로서 수정 판독하고 기존 문헌상의 '金忠男'은 판독상의 애매함으로부터 기인한 인명으로 판단함.

김충용 金忠勇 : 충용장(忠勇將) 김덕령(金德齡). '김덕령' 참조.

김충민 金忠敏 : 丙申 (2月 22, 23日?), 5月 20日, 7月 6, 21日, 丁酉 10月 19日
김충의 金忠義 : 乙未 4月 12日
김탁 金卓 : 乙未 11月 26日, 丁酉 9月 18日
김태정 金太丁 : 戊戌 10月 7日
김필동 金弼同 : 丙申 5月 12日
김함 金瑊 : 甲午 3月 29日
김호걸 金浩乞 : 癸巳 2月 3日
김혼 金渾 : 丙申 3月 5, 19日
김홍 金軦 : 이은상 번역본에서 김굉의 한자음 착오. '김굉' 참조.
김홍원 金弘遠 : 丁酉 9月 24日
김효성 金孝誠 : 壬辰 1月 17日, 丙申 5月 8日, 丁酉 5月 11日
김희방 金希邦 : 乙未 12月 4日, 丁酉 8月 16日(또는 金希方)
김희번 金希番 : 乙未 9月 17日, 11月 1日
김희수 金希壽 : 乙未 9月 23日
김희온 金希溫 : 丁酉 8月 8日

(ㄴ)

나굉 羅宏 : 丙申 7月 1日(羅浤), 丁酉 6月 23日
나대용 羅大用 : 壬辰 4月 18日, 5月 29日, 癸巳 3月 12日, 5月 22, 24日, 6月 1, 8日, 甲午 2月 13, 14日
나덕명 羅德明 : 丁酉 12月 5, 24日
나덕준 羅德駿 : 丙申 9月 6, 7, 8日, 丁酉 12月 6日(羅德峻)
나재흥 羅再興 : 丁酉 6月 23日
나정언 羅廷彦 : 丙申 8月 27, 28日
난여문 亂汝文 : 丙申 2月 19日, 4月 16日, 6月 26日
남간 南僩 : 이은상 번역본의 주석에서 남한(南僩)의 착오. '남한(南僩)' 참조.
남간 南侃 : 丁酉 4月 25日
남언상 南彦祥 : 丙申 9月 7日, 丁酉 10月 21, 22, 24日, 11月 29日, 12月 4日, 戊戌 1月 4日
남여문 南汝文 : 丙申 4月 19, 29日, 7月 18, 19日

남의길 南宜吉 : 甲午 1月 7, 8, 9, 10, 11, 15, 16日
남이공 南以恭 : 丙申 4月 15日, 5月 30日, 丁酉 5月 20日, 7月 5日
남치온 南致溫 : 丙申 7月 12, 17日
남한 南僩 : 壬辰 4月 11, 12日
남홍점 南鴻漸 : 甲午 1月 4日
내산월 萊山月 : 丙申 9月 11日. 노승석 저 《이순신의 난중일기 완역본》(동아일보사, 2005년)의 원문 판독에 따름.
노경임 盧景任 : 乙未 8月 24, 25, 28日, 9月 1日
노대해 盧大海 : 乙未 3月 5日
노순일 盧錞鎰 : 丁酉 6月 2日
노윤발 盧潤發 : 甲午 2月 1, 14日(盧閏發), 5月 13日, 7月 2, 26日, 8月 13日, 乙未 4月 29日, 7月 4日, 丙申 2月 30日
노직 盧稷 : 丁酉 4月 1日
노천기 盧天紀 : 丙申 4月 22日
뇌 蕾 : 이순신의 조카. '이뇌' 참조.

(ㄷ)

담종인 譚宗仁 : 甲午 3月 6, 22(譚指揮), 25日(天將)
담화 曇花 : 甲午 9月 18日
당언국 唐彦國 : 丁酉 11月 7日
당언량 唐彦良 : 丁酉 11月 2日
대 臺 : 丁酉 6月 21日
대남 大男 : 丁酉 8月 16日
대방 大邦 : 癸巳 2月 13日
대진 大進 : 癸巳 5月 16日
덕 德 : 甲午 5月 1日, 丙申 1月 1, 2日, 3月 15日, 丁酉 4月 11日, 6月 21日
덕금 德今 : 丙申 3月 5日
덕민 德敏 : 癸巳 3月 12日
덕수 德修 : 丁酉 5月 7日
도언량 都彦良 : 癸巳 5月 13日

도진의홍 島津義弘 : 乙未 3月 17日, 丙申 1月 8日

독동 禿同 : 丁酉 12月 5日

독수 禿水 : 乙未 8月 13日

돌세 石世 : 乙未 12月 13日

돌쇠 乭世 : 癸巳 9月 13日

동궁 東宮 : '광해군(光海君)' 참조.

두우 杜宇 : 丁酉 5月 8日, 12月 29日

득복 得福 : 乙未 4月 25日

(ㅁ)

마귀 麻貴 : 丁酉 11月 29日

마다시 馬多時 : 丁酉 9月 16日

마 유격 麻 遊擊 : 명 제독(提督) '마귀' 참조, '遊擊'은 遊擊將.

막동 莫同 : 甲午 8月 26日

말석 㖤石 : 丁酉 5月 2日

망기시로 望己時老 : 乙未 4月 24日

면 葂 : 이순신의 셋째 아들. '이면' 참조

명종 明宗 : 癸巳 6月 28日, 丙申 6月 28日

명 황제 明皇帝 : 癸巳 5月 24日, 8月 26日

목광흠 睦光欽 : 癸巳 5月 22, 24, 25日

목년 木年 : 癸巳 5月 18日, 甲午 7月 23日, 乙未 7月 6, 8日, 丙申 4月 19日, 丁酉 12月 9日

몽생 夢生 : 丁酉 5月 6日

무재 武才 : 乙未 5月 21日, 7月 11日, 丙申 5月 24, 25日, 6月 5日, 7月 30日

무학 武鶴 : 丙申 7月 28日

무화 武花 : 丙申 7月 28日

문보 文珤 : 丁酉 6月 4, 9, 20, 22日, 7月 9日

문어공 文於公 : 乙未 6月 30日(文語恭), 丙申 5월 4일.

문익신 文益新 : 丁酉 6月 6, 9, 20, 22日

문인수 文獜壽 : 丁酉 7月 14日

문임수 文林守 : 丁酉 6月 24, 29日

민정붕 閔廷鵬 : 甲午 6月 8日, 8月 21日, 11月 16, 22日, 乙未 2月 13, 19日, 10月 25日, 11月 5, 11日, 丙申 2月 23日, 3月 18日, 5月 5日, 6月 25日, 丁酉 8月 19日, 戊戌 9月 23日

민종각 閔宗慤 : 甲午 11月 8日

민종의 閔宗義 : 癸巳 5月 10日

(ㅂ)

박근 朴勤 : 丁酉 4月 22日

박 남해 朴 南海 : 남해현령 박대남. '박대남' 참조.

박녹수 朴祿守 : 乙未 9月 23日

박담동 朴淡同 : 丙申 8月 8日, 丁酉 10月 11日

박대남 朴大男 : 丙申 3月 6日, 6月 1, 12, 20, 21, 22, 23, 24, 29日, 8月 8日, 10月 4, 5, 7日, 丁酉 5月 12日, 6月 12日, 7月 3, 13, 14, 22, 25, 29日, 8月 3, 4日

박돌이 朴乭伊 : 甲午 8月 29日

박명현 朴名賢 : 丁酉 7月 12日

박몽삼 朴夢參 : 丁酉 6月 26, 27日

박몽세 朴夢世 : 壬辰 1月 16日

박사명 朴士明 : 丁酉 8月 16日

박산취 朴山就 : 丁酉 4月 25日, 5月 14日

박성 朴惺 : 丁酉 6月 8日

박수매 朴守每 : 丁酉 5月 6日

박수매 朴壽每 : 丙申 7月 28日

박수환 朴守還 : 丁酉 10月 11日, 13日(朴壽還)

박신 朴信 : 丁酉 10月 15日

박안의 朴安義 : 丁酉 7月 3日

박언춘 朴彦春 : 甲午 8月 24日, 10月 19日

박영 朴永 : 乙未 7月 11日

박영남 朴永男 : 甲午 2月 13日, 丁酉 7月 7, 8日, 9月 18日

박옥 朴玉 : 甲午 8月 4日, 丙申 5月 24日, 6月 5日

박윤 朴崙 : 丙申 4月 14, 23日, 5月 16, 22日, 6月 1, 4日, 7月 10, 18, 21, 23日

박윤 朴潤 : 甲午 5月 2, 6日, 7月 9, 12, 21日

박응사 朴應泗 : 丁酉 6月 7日, 7月 7日

박의영 朴義英 : 甲午 4月 4日

박인룡 朴仁龍 : 乙未 2月 13, 14, 15日, 3月 7日

박인영 朴仁英 : 乙未 3月 17日

박자 朴仔 : 丁酉 12月 5日

박자방 朴自邦 : 丙申 1月 19(朴自方), 23日(朴自芳), 3月 17, 22日, 7月 9日

박자윤 朴子胤 : 박종남의 자(字). '박종남' 참조.

박 조방장 朴 助防將 : 박종남(朴宗男). 乙未 3月 4, 7, 8, 10, 12, 21, 22, 23, 24, 26, 27, 29日, 4月 3, 4, 9, 13, 17, 19, 29日, 5月 13, 17, 18, 19, 23, 24, 26, 28日, 6月 1, 4, 8, 10, 16, 17, 18, 23, 25日, 7月 5, 7, 8, 10, 15, 18, 19, 20, 21, 23, 28日, 8月 6, 7, 8, 12, 16, 17, 18, 19日, 9月 2, 6, 8, 10, 12, 21日

박종남 朴宗男 : 甲午 8月 17日, 9月 25日, 10月 9, 10日, 乙未 3月 13日, 6月 5日, 8月 21日, 9月 22日, '박 조방장' 참조.

박종백 朴宗伯 : 丙申 2月 11日

박주사리 朴注沙里 : 甲午 7月 15日

박주생 朴注生 : 丁酉 11月 7日

박주하 朴注河 : 甲午 5月 22日

박줄생 朴注叱生 : 丁酉 5月 10日

박진 朴晋 : 甲午 4月 4日, 乙未 1月 10, 11, 12, 19日, (丙申 5月 14日?)

박진국 朴振國 : 丙申 7月 17日

박진남 朴振男 : 甲午 9月 27日

박진종 朴振宗 : 癸巳 5月 14日

박창령 朴昌齡 : 甲午 4月 4日

박천봉 朴天鳳 : 丁酉 8月 15, 16日

박춘양 朴春陽 : 甲午 7月 6日, 9月 26日, 10月 15日, 丙申 1月 6日, 2月 10, 17日

박충간 朴忠侃 : 癸巳 6月 14日
박취 朴就 : 丙申 2月 26日
박치공 朴致公 : 癸巳 8月 7(朴致召), 18日
박치공 朴致恭 : 甲午 6月 20日, 乙未 1月 13日
박태수 朴台壽 : 乙未 10月 22, 24日
박호원 朴好元 : 丁酉 6月 1日
박홍 朴泓 : 壬辰 4月 15, 18日, (癸巳 6月 14日?)
박홍로 朴弘老 : 甲午 2月 15日, 乙未 12月 10日, 丁酉 4月 30日, 5月 1, 2日, 9月 21日
박홍장 朴弘章 : 甲午 4月 24日, 乙未 1月 27日, 2月 14日, 丙申 2月 13日
박희무 朴希茂 : 丁酉 10月 25日
반관해 潘觀海 : 丙申 3月 3日
방덕수 方德壽 : 丁酉 7月 1日
방수경 方守慶 : 丙申 3月 1, 24日, 6月 4, 25日, 8月 1日, 丁酉 10月 24日
방승경 方承慶 : 乙未 2月 29日
방언순 方彦淳 : 乙未 1月 7日
방업 方業 : 丁酉 4月 2日
방응원 方應元 : 壬辰 4月 9日, 癸巳 6月 1日, 乙未 2月 14日, 丁酉 7月 12, 14, 18, 24日
방익순 方益淳 : 甲午 9月 6日, 乙未 9月 24日(方益純)
방진 方震 : 甲午 10月 26日(氷), 丁酉 4月 5日(聘父)
방충서 方忠恕 : 甲午 3月 29日
방필순 方必淳 : 甲午 9月 6日
배경남 裵慶男 : 甲午 1月 2, 4, 8, 16日, 2月 14, 18, 20日, 3月 5, 14日, 6月 1, 2, 3, 7日, 7月 2日, 丁酉 8月 8日, '배 조방장' 참조.
배문길 裵門吉 : 배경남의 자(字)
배백기 裵伯起 : 배흥립의 자(字)
배설 裵楔 : 甲午 10月 9日, 乙未 2月 27, 29日, 3月 8, 20, 26, 29日, 4月 4, 8, 12, 17, 18, 28日, 5月 5, 25日, 6月 10, 13, 14, 15日, 丁酉 5月 22日, 6月 12, 19日, 7月 21, 22日, 8月 12, 13, 17, 18, 19, 25, 27, 28, 30日, 9月 2日, 11月 3日

배세춘 裵世春 : 丁酉 9月 27日

배수립 裵樹立 : 丁酉 7月 25日

배수립 裵秀立 : 壬辰 2月 21日

배승련 裵承鍊 : 乙未 4月 12日, 丙申 6月 16日

배영수 裵永壽 : 甲午 6月 9日(永壽), 乙未 5月 13日, 6月 23日, 7月 8日, 8月 11, 12日, 丁酉 10月 13日

배응경 裵應褧 : 丁酉 8月 16日, 9月 22日

배응록 裵應祿 : 壬辰 4月 22日, 甲午 6月 19日, 7月 1, 10日(裵應)

배 조방장 裵 助防將 : 배경남(裵慶男). 丁酉 7月 24日, 10月 13, 14, 19, 21, 23日, 11月 11, 19日, 12月 11, 21, 25, 26, 28, 30日

배 조방장 裵 助防將 : 배흥립(裵興立). 丙申 8月 6, 10, 11, 14, 15, 21日, 閏8月 10日

배춘복 裵春福 : 甲午 2月 14日

배흥립 裵興立 : 壬辰 1月 26日, 2月 19, 21(主人), 22, 24日, 3月 20日, 5月 1, 3日, 癸巳 2月 2, 20, 24日, 5月 10日, 6月 27日, 7月 6, 13, 21, 24, 29日, 8月 8, 15, 20, 26日, 9月 5, 11日, 甲午 1月 23, 24日, 2月 6, 14, 15, 16日, 3月 2, 3, 23, 25日, 4月 21, 22, 23日, 5月 2, 3日, 7月 21日, 8月 25, 27日, 9月 3, 4, 8, 14, 18, 19, 20日, 10月 10日, 11月 23日, 乙未 1月 7, 10, 11, 23, 25, 26日, 2月 1, 2日, 4月 14, 25, 26日, 5月 14日, 6月 6日, 7月 26日, 丙申 1月 27日, 2月 3, 4, 5, 7, 11, 12, 16, 19, 22, 25, 28, 29, 30日, 3月 12日, 丁酉 (5月 22(裵伯起), 23日, 6月 12日 : 裵同知), 7月 23, 25, (27, 29日, 8月 10日?), '배 조방장' 참조.

백사림 白士霖 : 甲午 10月 9日, 丙申 5月 12, 14日

백시 白是 : 丙申 閏8月 7日

백유항 白惟恒 : 甲午 2月 16日

백진남 白振南 : 丁酉 10月 9, 19, 20(白振男), 22, 26日, 12月 2日

백 진사 白 進士 : 진사(進士) 백진남(白振南). 丁酉 10月 19日, '進士'는 小科 科擧의 初場에 급제한 자의 호칭.

변경남 卞敬男 : 丁酉 6月 19日

변경완 卞慶琬 : 丁酉 6月 19日

변광조 卞光祖 : 丁酉 6月 16日

변대성 卞大成 : 丁酉 7月 4日

변대헌 卞大獻 : 丁酉 7月 17日

변덕기 卞德基 : 丁酉 6月 19日

변덕수 卞德壽 : 丁酉 7月 2, 5, 8日

변덕장 卞德章 : 丁酉 6月 19日

변사안 卞師顔 : 甲午 5月 21日

변사증 卞師曾 : 丁酉 7月 4日

변여량 卞汝良 : 丁酉 7月 4日

변유 卞瑜 : 丁酉 6月 20日

변유헌 卞有憲 : 이순신의 외조카(外姪). 癸巳 5月 29, 30日, 6月 19日(兩姪), 甲午 1月 27日, 2月 14日, 3月 17日, 10月 10日(有憲), 乙未 9月 3日, 丁酉 5月 2日

변응각 邊應慤 : 甲午 5月 8, 10日

변의정 卞義禎 : 丁酉 7月 16日

변익성 邊翼星 : 乙未 11月 24, 25日, 12月 2日, 丙申 1月 10, 17, 21日, 7月 12日, 丁酉 5月 26, 27, 28日

변존서 卞存緖 : 壬辰 2月 8日, 癸巳 5月 17日, 6月 12日, 7月 5日, 8月 29日, 9月 1日, 甲午 2月 8, 14, 19日, 3月 25日, 6月 19日, 10月 10日, 乙未 2月 11日, 4月 11日, 11月 4, 11(卞主簿), 22日, 丙申 1月 17日, 丁酉 4月 19日(卞主簿), 6月 17, 21(卞主簿), 29日(卞主夫, 卞主簿), 7月 5, 6, 9(卞主簿), 10日

변홍달 卞弘達 : 甲午 4月 4日, 丁酉 6月 26日, 7月 11, 18日

변회보 卞懷寶 : 丁酉 7月 4日

변흥백 卞興伯 : 丁酉 4月 7, 8, 10, 13日, 6月 11日, 7月 6日

복 유격 福 遊擊 : '복일승(福日升)' 참조. 戊戌 9月 30日

복일승 福日升 : 戊戌 9月 30日

복춘 福春 : 甲午 9月 6, 18, 23日(復春), (10月 9日, 丙申 2月 25日 : 春福)

봉 菶 : 이순신의 조카, 이요신의 맏아들. '이봉' 참조.

봉 奉 : 甲午 7月 23日

봉손 奉孫 : 癸巳 6月 28, 29日

봉좌 逢佐 : 丁酉 10月 13日

봉학 奉鶴 : 甲午 7月 11日, 丁酉 9月 18日, 12月 5日

분 芬 : 이순신의 조카. '이분' 참조.

(ㅅ)

사고여음 沙古汝音 : 丙申 4月 29日

사이여문 沙耳汝文 : 丙申 7月 18, 19日

사택정성 寺澤正成 : 丙申 1月 19日

사행 士行 : 丁酉 4月 1日

사화 士花 : 丙申 2月 25日

사화 士化 : 丁酉 10月 20日

산소 山素 : 乙未 5月 21日

삼혜 三惠 : 癸巳 2月 22日

서몽남 徐夢男 : 癸巳 9月 11日

서성 徐渻 : 甲午 4月 10, 11, 12, 13, 14日, 7月 11日, 9月 1日, 10月 16, 17, 18, 19, 20日, 丙申 1月 19, 27, 28, 29日, 2月 29日, 6月 28日, 7月 1, 2, 3, 4日, 8月 8日

서예원 徐禮元 : 癸巳 6月 29日, 乙未 8月 23日

서철 徐徹 : 丁酉 6月 10, 20日, 7月 1, 10日

석세 石世 : '돌세' 참조.

선거이 宣居怡 : 癸巳 5月 23, 27, 29, 30日, 6月 3日, 7月 19, 20日, 9月 2日, 甲午 9月 27日, 10月 7日, 乙未 5月 18, 19, 20, 24, 25, 26, 27, 28日, 6月 1, 10, 17, 20, 25日, 7月 3, 7, 19, 21, 23, 24, 25, 26, 28日, 8月 2, 5, 7, 8日, 9月 2, 5, 6, 8, 10, 12, 14, 15日, 丙申 9月 24日(宣兵使)

선기룡 宣起龍 : 丁酉 10月 22日

선의 先衣 : 丁酉 8月 16日

선의문 宣義問 : 丙申 1月 12, 15, 20日, 2月 6, 7, 11, 14, 19, 20, 22, 24, 26日, 丁酉 11月 4, 7日, 戊戌 1月 2日, 10月 2日

선조 宣祖 : 癸巳 5月 10, 12, 14日, 7月 1日, 8月 1, 10日, 甲午 2月 1, 12日, 5月 8日, 6月 4日, 9月 20日, 10月 4日, 乙未 2月 11日, 5月 29日, 7月 7日, 11月 11, 22日, 丙申 1月 12日, 2月 17日, 丁酉 5月 20日, 8月 2, 7, 15日, 11月 22日

선중립 宣仲立 : 丙申 9月 25日
성문개 成文漑 : 癸巳 5月 12日
성복 成卜 : 丙申 4月 22, 23日
성언길 成彦吉 : 癸巳 2月 17, 22, 24日
성윤문 成允文 : 甲午 10月 27日, 11月 2日, 乙未 1月 17日, 3月 29日, 4月 10, 12, 18, 22, 27, 29日, 6月 16日, 7月 4, 9, 16日, 10月 15, 17, 22日, 11月 7日, 12月 14日, 丙申 1月 5, 17, 21日, 2月 17日
성응지 成應祉 : 癸巳 2月 22日(成義兵), 5月 28日(龍虎將), 6月 9日, 7月 5日, 甲午 8月 29日
성천유 成天裕 : 甲午 2月 9日, 3月 29日, 10月 9日, 乙未 4月 28, 29日, 丙申 6月 3日
세공 世功 : 丁酉 6月 24日
세남 世男 : 丁酉 7月 16, 17日
세산월 歲山月 : '내산월(萊山月)'의 판독 착오 인명. 내산월(萊山月) 참조.
세충 世忠 : 丁酉 5月 8日
소계남 蘇季男 : 丁酉 8月 12, 13日, 戊戌 11月 17日
소국진 蘇國進 : 壬辰 3月 23日, 丙申 3月 12日(蘇國秦), 9月 1日
소서비 小西飛 : 丙申 1月 19日
소서행장 小西行長 : 甲午 4月 18日, 乙未 6月 25日, 11月 18日, 丙申 1月 18, 19日, 4月 30日, 丁酉 6月 18日
소희익 蘇希益 : 乙未 5月 18日, (戊戌 9月 23日?)
손걸 孫乞 : 癸巳 6月 22日
손경례 孫景禮 : 丁酉 7月 27日
손경지 孫景祉 : 丙申 3月 6日, 9月 9日, 丁酉 12月 22日
손광 孫鑛 : 甲午 7月 17日
손만세 孫萬世 : 丙申 2月 20日
손사랑 孫四郎 : '망기시로' 참조.
손수약 孫守約 : 甲午 1月 11日
손안국 孫安國 : 乙未 5月 18日, 7月 15日, 8月 10日, 丙申 3月 24, 27日, 4月 23日, 5月 14日
손응남 孫應男 : 丁酉 7月 16日, 8月 3日

손의갑 孫義甲 : 甲午 3月 7日

손인갑 孫仁甲 : 丙申 2月 5, 8日

손인필 孫仁弼 : 丁酉 4月 26日, 5月 14, 15, 22日, 8月 3日

손충갑 孫忠甲 : 甲午 2月 19日

손풍련 孫風連 : 丙申 2月 20日

손현평 孫絃平 : 丙申 2月 22日

송 경략 宋 經略 : 경략군무(經略軍務) 송응창. '송응창' 참조.

송경령 宋慶笭 : 甲午 2月 12, 13日

송구 宋逑 : 丙申 6月 27日

송대기 宋大器 : 丁酉 5月 7日

송대립 宋大立 : 丁酉 7月 1, 8, 13, 17, 18, 23日, 8月 6, 7日, 戊戌 1月 2日

송덕일 宋德馹 : 甲午 1月 24日, 2月 13日, 6月 7日, 乙未 4月 28日(宋德一), 9月 6, 8日

송두남 宋斗男 : 癸巳 6月 2日, 7月 12日, 8月 13日, 甲午 1月 25日, 3月 13日(宋斗南), 4月 16日(宋斗南), 乙未 10月 19日

송득운 宋得運 : 丁酉 5月 6日, 7月 1, 25日, 戊戌 1月 2日

송상문 宋象文 : 丙申 2月 14, 15日

송상보 宋尙甫 : 丁酉 11月 9日, 戊戌 10月 2日

송성 宋晟 : 壬辰 4月 22日. '송일성' 참조.

송세응 宋世應 : 丙申 3月 24, 27日, 4月 23日, 5月 16日, 6月 25日, 8月 1日

송언봉 宋彦逢 : 丁酉 10月 13, 16日(宋彦鳳)

송여종 宋汝悰 : (癸巳 8月 15日?) 甲午 1月 20, 21, 22日, 2月 9, 16日, 4月 1日, 5月 27日, 6月 5, 14日, 7月 7, 26日, 8月 23日, 11月 16, 21日, 乙未 1月 19日, 2月 22日, 3月 8, 27日, 6月 3, 4, 30日, 7月 14, 15, 16日, 10月 14, 25日, 11月 16日, 丙申 2月 8, 14, 20, 22, 27日, 3月 3, 7, 14, 15, 24, 26日, 4月 3日, 6月 9, 25日, 7月 27日, 8月 1日, 丁酉 5月 10日, 6月 12日, 9月 9, 16日, 10月 19日, 11月 3日

송응기 宋應璣 : 丁酉 11月 21日, 戊戌 1月 3日

송응창 宋應昌 : 癸巳 5月 12, 22, 25, 27, 30日

송의련 宋義連 : 乙未 4月 12日, 10月 25日, 丙申 8月 19日

송일성 宋日成 : 송성 宋晟의 판독 착오 인명. '송일성 宋日成'은《이충무공전서》에 수록된 《난중일기》 임진 4월 22일조에서 근거한 것이데, 같은 책의 <임진장초> '당포파왜병장 唐浦破倭兵狀'에서는 '송성 宋晟'으로 편집함으로써 이 동일 인명의 판독 혼동을 초래하고 있다. 한자 판독에 따라 '송일성 宋日成' 혹은 '송성 宋晟'이 되기도 하는데 이 날짜의 친필초는 유실되었으므로 직접 확인할 방법은 없다. 그 대신 《친필일기초》 <병신일기>의 맨 끝 비망록에 동일 인명이 친필로 기록되어 있으므로 이를 판독하여 '송성 宋晟'으로 정하였다. 졸저 《이순신의 일기초》 320쪽, <병신일기> 비망록(八) 참조.

송전 宋詮 : 甲午 2月 16日, 3月 5, 14日, 5月 28, 30日, 6月 18日, 7月 8(宋銓), (10, 13日 : 宋筌), 乙未 1月 8, 10, 19日, 2月 28日, 3月 8日, 5月 15日

송정립 宋廷立 : 丁酉 5月 6日

송한 宋漢 : 丙申 1月 4日, 5月 16日, 丁酉 9月 27, 28, 29日, 11月 15日

송한련 宋漢連 : 壬辰 4月 22日, 5月 2日, 癸巳 5月 26日, 8月 6日, 甲午 11月 5日, 乙未 2月 19日, 丙申 1月 4日, 2月 6日, 5月 16日, 8月 10日, 戊戌 10月 7日

송홍득 宋弘得 : 甲午 4月 4日, 乙未 10月 12, 13, 26日

송희립 宋希立 : 壬辰 3月 24, 26日, 癸巳 6月 16日, 7月 9日, 8月 20日, 9月 8日, 甲午 2月 14日, 5月 19日, 6月 5日, 8月 2日, 11月 6日, 乙未 6月 6日, 7月 16日, 10月 22, 26日, 11月 6, 21日, 丙申 2月 30日, 3月 3, 21日, 8月 3, 20日, 丁酉 8月 11日

수 壽 : 丙申 7月 21日

수경 水卿 : 丙申 9月 8日

수석 水石 : 甲午 11月 21日

수원 壽元 : 乙未 3月 18, 21日, 丙申 3月 5, 11日, 6月 14, 28日

수인 守仁 : 丙申 8月 9日, 丁酉 5月 8日

순생 順生 : 丁酉 11月 21日

순화 順花 : 丁酉 4月 13日, 5月 6日, 10月 25日(順化)

신경덕 辛慶德 : 丙申 9月 11日

신경징 申景澄 : 丙申 5月 8, 11, 16日, 6月 1, 2日

신경황 申景潢 : 癸巳 3月 17日, 7月 18日, 甲午 3月 25日, 6月 15日, (7月 5, 10日 : 審藥), 8月 24日, 11月 21日, 乙未 5月 5日

신덕수 申德壽 : 乙未 2月 3日

신복룡 愼伏龍 : 丁酉 4月 3日

신 사과 愼 司果 : 司果는 정6품 군직 벼슬. 甲午 1月 1, 2, 4, 5日, 丙申 1月 1日, 3月 27日, 4月 1, 2日, 10月 1日, 丁酉 4月 29, 30日(愼果), 5月 1, 3日

신시노 信是老 : 乙未 11月 30日, 丙申 6月 24日

신식 申湜 : 乙未 7月 27, 28, 29日, 8月 1, 3, 4, 5日, 丙申 2月 4日, 4月 15日, 5月 30日

신여길 申汝吉 : 丁酉 7月 17日

신여량 申汝樑 : 丁酉 6月 30日, 11月 5日

신여윤 申汝潤 : 丙申 1月 23日

신용 愼容 : 丁酉 10月 13, 16日

신인 神人 : 丁酉 9月 15日

신정 愼定 : 癸巳 5月 6日

신제운 申霽雲 : 甲午 7月 26, 28日, 丁酉 6月 30日, 7月 2, 11日

신 조방장 申 助防將 : 신호(申浩). 乙未 2月 16, 17, 20, 23, 29日, 3月 7, 8, 22, 23, 24, 26, 29日, 4月 3, 13, 17, 18, 22, 26, 29日, 5月 12, 13, 18, 19, 23, 26, 28日, 6月 1, 3, 4, 8, 9, 10, 15, 16, 17, 23, 27, 30日, 7月 5, 7, 15, 18, 19, 20, 21, 23, 25, 28日, 8月 6, 7, 8, 12, 16, 17, 18, 19, 9月 2, 5, 6, 8, 10, 12, 21日, 10月 1日, 丙申 4月 21日

신진 申蓁 : 丙申 2月 23日, 3月 6日, 6月 23日, 7月 16日, 8月 9日, 丁酉 5月 28, 29日, 6月 1, 5, 12日, 8月 13日, 11月 11日

신천기 申天機 : 甲午 7月 26日

신천기 申天紀 : 甲午 8月 25日

신탁 申拆 : 丙申 9月 30日

신호 申浩 : 壬辰 5月 2日, 癸巳 2月 2, 3日, 3月 8, 16日, 5月 5, 15日, 6月 14, 15, 16, 25日, 7月 12, 29日, 8月 15, 26日, 9月 11日, 甲午 1月 20, 23日, 2月 2, 7, 16日, 10月 25, 26日, 11月 6, 7, 12, 13日, (乙未 8月 21日:彦深)? '신 조방장' 참조.

신호의 愼好義 : 戊戌 9月 27日

신홍수 申弘壽 : 丙申 1月 13日, 丁酉 5月 2, 12日

신홍언 申弘彦 : 乙未 6月 2日

신홍헌 申弘憲 : 壬辰 2月 21日, 甲午 7月 10日, 乙未 6月 19, 21日

신환 愼環 : 癸巳 2月 16日

신효업 申孝業 : 丁酉 6月 2, 4日

신훤 申萱 : 丁酉 11月 11日, 12月 30日

심사립 沈士立 : 壬辰 1月 11日

심안돈 沈安頓 : '도진의홍(島津義弘)'. 乙未 3月 17日, 丙申 1月 8日(沈安屯)

심안돈오 沈安頓吾 : '심안돈(沈安頓)' 참조.

심안은기 沈安隱己 : 이은상 번역본에서 '已'의 한자 착오. '심안은이' 참조.

심안은이 沈安隱已 : 乙未 3月 17日

심유 沈愉 : 丙申 9月 17日

심유경 沈惟敬 : 甲午 2月 5日, 丙申 1月 18, 19日, 丁酉 6月 29日

심준 沈俊 : 甲午 8月 12, 13日, 丁酉 6月 5, 8, 26, 29日, 7月 7日

심충겸 沈忠謙 : 甲午 7月 24日, 8月 30日

심충항 沈忠恒 : 乙未 3月 17日

심희수 沈喜壽 : 癸巳 7月 6日, 9月 4日, 丁酉 4月 1日(沈禧壽)

(ㅇ)

안각 安珏 : 丁酉 7月 1, 6, 7日

안괄 安适 : 丁酉 5月 7日

안극가 安克可 : 丁酉 6月 24日, 7月 4日

안득 安得 : 乙未 6月 4日

안세걸 安世傑 : 癸巳 3月 17日

안세희 安世熙 : 丙申 9月 12日

안수지 安守智 : 甲午 8月 4日

안습지 安習之 : 癸巳 9月 4日

안위 安衛 : 甲午 4月 17, 18日, 5月 29日, 8月 18, 22, 23, 30日, 9月 20日, 10月 25日, 11月 27日, 乙未 1月 4, 10, 17, 25日, 2月 19日, 3月 26日, 4月 13日, 5月 2, 18日, 6月 1, 5, 21, 27, 30日, 7月 9, 17, 18, 20日, 11月 20, 22日, 12月 2, 7, 9日, 丙申 1月 5, 11日, 2月 4, 15, 23, 28日, 4月 17日, 5月 11, 15, 29日, 7月 6, 21, 24日, 8月 11, 17, 19日, 丁酉 6月 12, 25日, 7月 21日, 8月 12, 13日, 9月 16日, 10月 11, 19日, 11月 7, 16日, 12月 4, 29日

안이명 安以命 : 丙申 2月 4, 15日, 6月 25日, 8月 6日, 丁酉 10月 13, 19日

안홍국 安弘國 : 乙未 1月 30日, 2月 1, 7, 21日, 3月 8, 10日, 丙申 3月 2, 4, 19日, 丁酉 6月 25日

안홍제 安弘濟 : 丁酉 5月 21日

애수 愛守 : 癸巳 6月 28日

애수 愛壽 : 丙申 1月 23日, 丁酉 4月 13日

애환 愛還 : 甲午 10月 23日

야시로 也時老 : 乙未 11月 16日

야여문 也汝文 : 甲午 11月 3日, 乙未 1月 7, 9日, 11月 30日, 丙申 6月 24, 29日

양간 梁諫 : 丁酉 6月 29日

양 경리 楊 經理 : 명나라 장수 양호(楊鎬), '양호' 참조.

양기 梁紀 : 丁酉 7月 4日

양동립 梁東立 : 丁酉 8月 6日

양문 楊文 : 甲午 7月 17日

양밀 梁蜜 : 甲午 1月 27日

양밀 梁謐 : 丁酉 10月 30日

양방형 楊方亨 : 乙未 10月 6日, 丙申 4月 22日, 5月 12, 13, 24日

양보 楊甫 : 癸巳 5月 22, 23, 24, 25日, 6月 1日

양산원 梁山沅 : 丁酉 8月 11日

양수개 楊水漑 : 乙未 10月 25日

양원 楊元 : 丁酉 5月 17日, 6月 29日

양응원 梁應元 : 癸巳 8月 3日, 乙未 4月 12日

양점 梁霑 : 丁酉 7月 4日

양정언 梁廷彦 : 癸巳 9月 13日, 甲午 8月 21日, 乙未 7月 4日, 10月 22日, 丙申 2月 26日, 丁酉 5月 11, 12, 14日

양찬 梁纘 : 丁酉 7月 4日

양 총병 楊 摠兵 : 명나라 장수 양문(楊文). '양문' 참조.

양 총병 楊 摠兵 : 명나라 장수 양원(楊元). '양원' 참조.

양호 楊鎬 : 丁酉 11月 16, 17日

양호 梁護 : 丁酉 8月 3日

양희우 梁希雨 : 丁酉 10月 25日

어영담 魚泳潭 : 壬辰 1月 22日, 4月 9日, 5月 3, 4日(中衛將), 癸巳 2月 3, 13, 15, 21, 23, 29日, 3月 8, 12日, 5月 5, 11, 13, 15, 16, 17, 25, 26, 27, 28日, 6月 1, 4, 7, 8, 9, 14, 16, 20, 27, 29日, 7月 5, 7, 8, 9, 17, 19, 20, 24, 26, 28, 29日, 8月 2, 4, 6, 8, 10, 15, 16, 18, 20, 26日, 9月 5, 9日, 甲午 1月 21日, (이하 '우조방장' 참조).

어운급 魚雲伋 : 丙申 3月 11, 12, 17, 19, 24日, 6月 15, 29日, 7月 21日

어응린 魚應獜 : (乙未 1月 6日, 11月 18日 : 魚應麟), 丁酉 6月 26, 27日

억만 億萬 : 丙申 9月 3日

억지 億只 : 甲午 10月 19, 23日(億)

언복 彦福 : 乙未 7月 21日

언심 彦深 : 乙未 8月 21日

엇복 於叱卜 : 丙申 7月 16日

여문연기 汝文戀己 : 乙未 11月 16日

여여충 呂汝忠 : 癸巳 8月 6日

여필 汝弼 : 公의 아우 이우신(李禹臣)의 자(字). '이우신' 참조.

연은기 戀隱己 : 丙申 7月 18, 19日(戀己)

열 莅 : 울(蔚)의 나중 이름. '이열' 참조.

염 苒 : 公의 막내아들, 나중 이름 면(葂). '이면' 참조.

엽위 葉威 : 丁酉 6月 18日

영 英 : 丙申 閏8月 18日

영수 永壽 : 甲午 6月 9日, '배영수 裴永壽' 참조.

영인 永人 : 丙申 4月 21, 23日

예윤 禮胤 : 癸巳 5月 14日

예손 禮孫 : 丁酉 7月 24日

오계성 吳繼成 : 乙未 8月 21日

오수 吳水 : 癸巳 7月 10, 21, 22, 24日, 甲午 5月 22日, 乙未 4月 25日, 12月 4日, 丙申 1月 6(吳壽), 9日, 2月 17日, 丁酉 10月 13日(吳守)

오수성 吳壽成 : 癸巳 7月 11, 12日

오운 吳澐 : 丁酉 6月 24日, 7月 3, 12日

오종수 吳終壽 : 乙未 2月 4日(吳從壽), 丁酉 4月 15日

오철 吳轍 : 丙申 2月 8日, 3月 21日, 4月 4日

옥 玉 : 丙申 1月 14日

옥이 玉伊 : 乙未 5月 21日

옥지 玉只 : 癸巳 2月 13日, 丙申 2月 15日, 5月 24日, 6月 5, 9日, 8月 19日

온개 溫介 : 乙未 9月 24日

완 莞 : 이순신의 조카 이완(李莞), '이완' 참조.

왕경 王敬 : 癸巳 6月 13日

왕경득 王敬得 : 癸巳 5月 25, 26日

왕원주 王元周 : 戊戌 9月 30日

왕 유격 王 遊擊 : 유격장 왕원주(王元周). '왕원주' 참조.

왕작덕 王爵德 : 乙未 5月 4日

왕재 王才 : 丁酉 11月 29日

요신 堯臣 : 이순신의 둘째 형님. '이요신' 참조.

용산 龍山 : 丁酉 7月 25日

우 禹 : 丙申 8月 13日

우년 禹年 : 甲午 11月 21日

우로 于老 : 丙申 7月 28日

우로음금 禹老音金 : 丁酉 5月 6日

우수 禹壽 : 乙未 9月 3, 27日, 11月 22日, 12月 9日, 丙申 1月 5, 7日, 3月 8日, 6月 27日, 丁酉 9月 9日, 10月 11, 19, 20日, 戊戌 10月 3日

우조방장 右助防將 : 어영담(魚泳潭), '어영담' 참조. 甲午 2月 3, 4, 5, 7, 8, 9, 11, 15, 16, 17, 19, 20(또는 右令公), 21日(또는 魚令公), 3月 2, 3, 4, 5, 23, 26日, 4月 9日(또는 魚助防將)

우치적 禹致績 : 癸巳 2月 15, 23日, 5月 29日, 甲午 2月 13日, 3月 26日, 丙申 9月 25, 26日, 10月 5, 6, 8日, 丁酉 4月 27, 28日, 5月 2, 5, 9, 13, 14日, 6月 12, 26日, 8月 9日, 10月 11, 13, 16日

울 蔚 : 이순신의 둘째 아들. '이열' 참조.

원견 元埍 : '원현 元埍'의 오역. 이은상 역주해 《난중일기》에서 '현 埍(계집가 두는 옥 현 또는 하인청 현)'의 음을 '견'으로 정한 것으로부터 유래된 인명. 이와 유사한 글자로서 '琄'은 '옥모양 현' 또는 고음(古音)으로는 '견'으로 불린 것으로 되어 있으므로 혼동된 것으로 추측됨. 《친필일기초》에는 '현 埍'의 우측 수부(首部)에 '입구 口' 대신 '마늘모 厶'로 작성되어 있으나 이는 공용되는 용법-용례로서 '埍'으로 판독되며 좌부 또한 명확히 '土'이며 '王'이 아님. 조선사편수회편 《난중일기초·임진장초》에서도 '元埍'으로 판독되어 있음.

원경 遠卿 : 丁酉 4月 1日

원균 元均 : 壬辰 4月 15, 16, 18日, 5月 2, 3, 29日, 8月 25, 27日, 癸巳 2月 7, 8, 14, 15, 17, 21, 22, 23, 28, 29日, 3月 2, 4, 11, 16日, 5月 8, 9, 12, 13, 14, 15, 17, 21, 22, 23, 26, 27, 30日, 6月 5, 10, 11, 12, 14, 16, 17, 18, 25, 28日, 7月 9, 10, 11, 21, 25, 28日, 8月 2, 6, 7, 8, 9, 19, 26, 28, 30日, 9月 1, 6日, 甲午 1月 18, 19, 21, 24, 27日, 2月 11, 13, 18日, 3月 3, 4, 5, 7, 13日, 4月 12, 16, 24日, 5月 4, 6, 8, 13日, 6月 2, 4, 14, 18日, 7月 11, 16, 19, 21日, 8月 4, 5, 15, 17, 18, 19, 30日, 9月 4, 9, 11, 23日, 10月 1, 12, 16, 17, 18, 21日, 11月 20日, 乙未 1月 10日, 2月 20, 27日, 丙申 3月 12日, 閏8月 22, 24日, 丁酉 4月 27, 30日, 5月 2, 5, 6(兇人), 7(兇公), 8(元兇), 11(兇人), 12, 20(兇人), 23, 28日, 6月 12, 17, 19日, 7月 7, 18, 21, 22日

원사진 元士震 : 甲午 3月 13日

원사표 元士彪 : 甲午 4月 13, 15日

원식 元埴 : 癸巳 3月 9日, 7月 2日, 甲午 1月 28日, 2月 3日

원연 元埏 : 癸巳 6月 21日, 7月 2, 10, 11, 21日, 8月 19日

원유남 元裕男 : 甲午 7月 8, 9, 12, 22日, 8月 20, 26, 27, 30日, 9月 6, 13, 15日, 乙未 3月 17日, 丙申 4月 14, 18, 23, 30日, 5月 16, 22, 23, 26, 27日, 6月 1, 4, 7, 9, 12, 15, 20, 23, 24, 25, 27, 29日, 7月 5, 8, 10, 12, 18, 19, 28, 29日, 8月 1, 3, 6, 10, 13, 14, 15, 17, 21, 26日, 丁酉 5月 5日, 10月 25日

원인남 元仁男 : 丁酉 4月 19日

원전 元㙉 : 甲午 2月 3日, 乙未 1月 1日, 2月 24日

원종의 元宗義 : 乙未 3月 21, 25日, 7月 4日, 丙申 2月 25日, 9月 3日, 丁酉 8月 8日

원집 元潗 : 丁酉 8月 7日

원현 元埍 : 癸巳 6월 2일. 앞의 '원견 元埍' 참조.

위대기 魏大器 : 癸巳 6月 11日, 8月 10日, 甲午 2月 18日, 3月 17日

위덕의 魏德毅 : 丁酉 8月 19日
유경남 柳景男 : 癸巳 6月 22日
유공진 柳拱辰 : 乙未 5月 2, 5, 6, 7, 8, 9, 10日
유기룡 柳起龍 : 乙未 6月 18日, 10月 17, 19日, 丁酉 5月 27日
유몽길 柳夢吉 : 丁酉 5月 7日
유몽인 柳夢寅 : 甲午 1月 16, 24日, 2月 16日
유 박천 柳 博川 : 박천군수(博川郡守) 유해. '유해(柳海)' 참조.
유섭 兪攝 : 壬辰 3月 20日(順天代將), 丙申 2月 6日(順天別監)?
유성룡 柳成龍 : 壬辰 3月 5日, 癸巳 5月 11日, 6月 12日, 8月 1日, 9月 4日, 甲午 2月 12, 13日, 3月 12日, 6月 15日, 7月 12, 13, 24日, 8月 30日, 9月 13日, 11月 8, 15日, 乙未 2月 25日, 4月 12日, 5月 27日, 9月 17日, 11月 1日, 丙申 1月 12日, 2月 4日, 4月 15日, 5月 30日, 7月 30日, 9月 18日, 丁酉 4月 1, 2日, 8月 15日, 11月 16日
유영건 柳永健 : 丁酉 4月 3日
유 원외 劉 員外 : '유황상' 참조. 계사 5月 19日
유장춘 柳長春 : 丁酉 12月 2日
유정 劉綎 : 甲午 1月 28日, 7月 20日, 戊戌 9月 20, 25日, 10月 1, 3, 6日
유정 惟政 : 甲午 5月 16日(惟精)
유척 柳滌 : 乙未 11月 26, 28日
유충서 柳忠恕 : 癸巳 6月 8日
유충신 柳忠信 : 癸巳 9月 12日, 甲午 1月 23日
유해 柳海 : 丁酉 5月 21, 22日, 8月 3日
유해 柳瀣 : 甲午 1月 30日, 2月 9, 15, 16日, 3月 14日, 6月 2日
유헌 有憲 : '변유헌(卞有憲)' 참조. 甲午 10月 10日(有□), 丁酉 5月 2日
유형 柳珩 : 癸巳 7月 1, 2日, 丙申 3月 1, 6日, 丁酉 10月 16, 20, 22, 30日, 11月 14日, 戊戌 1月 2日, 10月 2日
유홍 兪弘 : 甲午 7月 26日
유홍 柳泓 : 丁酉 6月 3, 7日(柳洪), 7月 8(柳洪), 17日(柳弘)
유홍근 柳洪根 : 乙未 7月 16日
유황 柳滉 : 甲午 1月 23, 24日, 2月 14日, 丙申 2月 8日, 丁酉 7月 4, 17, 18日
유황상 劉黃裳 : 癸巳 5月 19日

유희선 柳希先 : 癸巳 7月 13, 14日
윤간 尹侃 : 癸巳 8月 23日, 9月 4日, 丙申 9月 19日, 丁酉 4月 1日(尹生侃), 12月 10, 20日
윤감 尹鑑 : 丁酉 6月 6, 9, 18, 20, 22日, 7月 9日
윤건 尹健 : 丁酉 10月 19日
윤경립 尹敬立 : 甲午 9月 13日
윤근수 尹根壽 : 甲午 7月 24, 26日, 乙未 10月 3日
윤금 允金 : 丁酉 9月 20日
윤기헌 尹耆獻 : 癸巳 7月 6日, 9月 4日, 丁酉 4月 1日
윤단중 尹端中 : 丁酉 11月 14日
윤담 尹潭 : 甲午 8月 17日
윤덕종 尹德種 : 乙未 6月 19日, 丙申 8月 20日
윤돈 尹墩 : 甲午 7月 26日, 10月 13, 17, 18, 19, 21日
윤동구 尹東耈 : 癸巳 5月 12, 15日, 甲午 6月 29日, 8月 5日
윤두수 尹斗壽 : 癸巳 7月 6日, 甲午 9月 7, 20, 27日, 10月 25, 26日, 乙未 6月 3日
윤백년 尹百年 : 甲午 2月 1日
윤복 允福 : 丁酉 6月 26日
윤붕 尹鵬 : 甲午 3月 5日
윤사공 尹思恭 : 甲午 6月 19日
윤사행 尹士行 : 甲午 1月 11日, 丁酉 4月 1日
윤삼빙 尹三聘 : 丁酉 7月 6日
윤선각 尹先覺 : 癸巳 6月 29日, 丁酉 6月 17, 21日, 7月 14, 15, 18日, 8月 14日
윤소인 尹素仁 : 癸巳 7月 20日
윤승남 尹承男 : 丙申 3月 6日, 7月 19, 24, 26, 27日, 丁酉 10月 24日
윤언심 尹彦諶 : 乙未 1月 1日
윤언침 尹彦忱 : 甲午 7月 11日
윤연 尹連 : 甲午 11月 13日, 丙申 6月 1日, 丁酉 10月 25日
윤엽 尹曄 : 甲午 11月 15日, 乙未 2月 12日, 7月 26日
윤영현 尹英賢 : 丙申 7月 17日, 丁酉 11月 7, 15, 18日, 12月 2, 21日

윤우신 尹又新 : 癸巳 6月 12日, 9月 4日, 甲午 6月 15日
윤운로 尹雲輅 : 乙未 6月 19, 27日(奇雲輅)
윤자신 尹自新 : 癸巳 7月 6日, 9月 4日, 丙申 4月 15日, 5月 30日, 丁酉 4月 1日
윤제현 尹齊賢 : 癸巳 5月 10, 15, 16, 19, 30日
윤지눌 尹志訥 : 丁酉 10月 20日
윤해 尹海 : 丁酉 10月 22, 23日
윤홍년 尹弘年 : 乙未 2月 5日, 6月 2日, 10月 29日, 12月 7日, 丙申 1月 30日, 3月 11日
윤효원 尹孝元 : 丁酉 4月 7, 10日
율온 栗溫 : 丁酉 6月 21日
음금 音金 : 丙申 7月 28日
응원 應元 : 丁酉 4月 29日, 5月 3日
의능 宜能 : 癸巳 2月 22日, 6月 26日, 甲午 1月 14日, 7月 28日(義能), 10月 22日, 丙申 8月 8日
이각 李珏 : 壬辰 4月 18日
이감 李瑊 : 甲午 1月 17日, 11月 14日
이경로 李景老 : 甲午 2月 16日
이경록 李景祿 : 丙申 2月 11, 13, 18日, 6月 20日
이경명 李景明 : 乙未 1月 21日
이경복 李景福 : 壬辰 4月 22日, 癸巳 7月 19日, 8月 3, 13日, 9月 4日, 甲午 1月 27日, 2月 1, 7日, 11月 23日
이경사 李景思 : 甲午 4月 15日
이경수 李景受 : 이억기(李億祺)의 자(字). '이억기' 참조.
이경신 李敬信 : 壬辰 1月 1日, 丁酉 5月 8日
이경조 李景祚 : 癸巳 6月 2日
이계 李繼 : 乙未 6月 2日, 丙申 1月 2日
이계명 李繼命 : 甲午 10月 4日, 丙申 9月 19, 21日, 丁酉 5月 6日
이계훈 李繼勛 : 乙未 3月 16, 17日
이곤변 李坤忭 : 乙未 3月 9日
이곤변 李鯤變 : 丙申 7月 6日, 8月 29日, 閏8月 1日

이공헌 李公獻 : 丙申 9月 8日

이광 李洸 : 壬辰 1月 17, 24日, 2月 6, 10, 25, 29日, 3月 13, 14, 17, 23, 24日, 4月 11, 15, 16(三道), 18日, 癸巳 2月 5, 15日, 8月 20日

이광보 李光輔 : 丙申 9月 12日, 丁酉 9月 20日

이광악 李光岳 : 甲午 4月 21, 23, 26日, 5月 16日, 8月 16, 17, 18, 21, 22, 23, 25, 30日, 10月 6, 10日, 乙未 6月 8日

이광축 李光軸 : 丙申 9月 13日, 丁酉 9月 20日

이광후 李光後 : 乙未 8月 7, 8日

이군거 李君擧 : 이천의 자(字). '이천' 참조.

이귀 李貴 : 甲午 2月 16日

이극신 李克新 : 乙未 1月 27日, 2月 21日, 丙申 2月 13, 14, 23日, 3月 6, 8, 9日, 丁酉 9月 18日, 10月 20日

이극일 李克一 : 丙申 6月 23日

이극함 李克諴 : 甲午 1月 19日

이기남 李奇男 : 乙未 8月 13日, 丁酉 5月 3, 7, 12日, 8月 5, 6日

이기윤 李奇胤 : 丁酉 5月 6, 12日

이길원 李吉元 : 丁酉 11月 3, 4日

이내절손 李內卩孫 : 丁酉 4月 4日

註) 《이충무공전서》(1795)와 조선사편수회편 《난중일기초·임진장초》(1935)에서는 '이내은손 李內隱孫'으로 판독 제시하고 있으며, 이후 국역판 난중일기의 대부분이 이를 따르고 있다. 《再造藩邦志》에 수록된 난중일기의 발췌 필사본인 <日記抄>(숙종19년 1693년 전후 작성 추정)에는 이 날짜의 일기가 필사되지 않고 있다. 저자들이 발간한 《李舜臣의 日記草》(2007)에서는 친필일기의 재검독 작업을 통하여, '허내절만 許內卩萬'의 경우와 유사하게 '이내절손 李內卩孫'으로 확정하였다. 아래 '허내절만 許內卩萬' 참조.

이뇌 李蕾 : 癸巳 2月 22日, 8月 23日, 9月 1日, 甲午 1月 14日, 11月 10, 17, 21日, 乙未 4月 24日, 丁酉 4月 5, 19日

이담 李曇 : 乙未 3月 9日, 5月 2日, 11月 22日, 丙申 1月 5日, 2月 4, 15日, 3月 18日, 4月 23日, 7月 10, 21日, (戊戌 9月 22日?)

이대백 李大伯 : 丁酉 5月 23日, 6月 6日

이대진 李大振 : 丁酉 11月 7日

이덕룡 李德龍 : 丁酉 5月 21日

이덕필 李德弼 : 丁酉 6月 5, 8, 12, 26, 29日, 7月 15, 16, 18日

이득종 李得宗 : 丙申 2月 26日, 丁酉 4月 27日

이람 李覽 : 丁酉 9月 22日

이량 李良 : 丁酉 7月 3日

이면 李葂 : (癸巳 2月 28日, 3月 12日, 7月 22, 29日, 8月 2, 3, 9日 : 苒), 甲午 5月 1, 19, 22日, 6月 15, 17日, 7月 10, 11, 12, 13, 15, 26日, 8月 6, 30日, 乙未 3月 17日, 6月 19日, 9月 24日, 10月 19日, 丙申 1月 22(兒輩), 23日(三子), 2月 17, 19日, 3月 5日, 4月 17日, 7月 30日, 8月 4, 20, 21日(豚輩), 閏8月 5(兒輩), 10, 15日(豚輩), 丁酉 4月 19日, 10月 14, 16(末子), 19日(亡子), 11月 7, 23日(子)

이몽구 李夢龜 : 壬辰 2月 1, 3, 8, 27日, 3月 3, 22, 24, 26日, 6月 7日, 癸巳 2月 12, 14日, 5月 13, 22日, 8月 1, 5日, 9月 5日, 甲午 1月 17, 27, 28日, 2月 9日, 3月 3日, 6月 23日, 8月 27日, 9月 17日, 10月 21日, 乙未 1月 23, 25日, 2月 22日, 3月 7, 8, 12, 21, 23, 25, 26日, 5月 7, 8, 9日, 7月 21日, 8月 7, 13日, 9月 1, 12日, 10月 22, 25日, 11月 16日, 12月 12日, 丙申 1月 4, 5, 7, 17, 19, 24日, 2月 2, 7, 9日, 3月 23, 24, 27日, 5月 4, 19, 21, 22, 26, 27日, 6月 1, 2日, 丁酉 8月 13, 14日, 10月 21, 24日, (12月 20日?)

이몽상 李夢祥 : 甲午 2月 16日

이몽상 李夢象 : 丙申 1月 5日

이몽서 李夢瑞 : 丁酉 6月 23日

이몽학 李夢鶴 : 丙申 7月 17, 18, 20, 22日

이문향 李文鄕 : 丁酉 6月 11日

이방 李昉 : 丁酉 6月 26, 27, 29日

이방 李芳 : 丁酉 6月 23日, 7月 4, 6, 8, 13日

이 별좌 李 別坐 : 丁酉 4月 7, 9, 10, 14日, '別坐'는 각 관아 소속의 정5품 또는 종5품의 벼슬.

이복남 李福男 : 癸巳 5月 29日, 6月 3日, 丙申 9月 4日, 丁酉 4月 29, 30日, 5月 1, 2日, 8月 5, 7, 8, 9, 13日

이봉 李菶 : 이순신의 조카. 둘째형 이요신의 맏아들. 壬辰 1月 1, 7日, 癸巳 5月 6日, 6月 1, 19日, 9月 3, 4日, 甲午 2月 4, 7, 8日, 3月 27, 28, 29日, 乙

未 1月 5日, 2月 4, 14日, 3月 18, 21日, 8月 19日, 11月 4, 19, 22日, 丙申 8月 20, 21日(豚輩), 閏8月 5(兒輩), 9, 10, 15日(豚輩), 9月 19日, 丁酉 4月 1, 2, 19日

이봉 李逢 : 甲午 2月 21日

이봉수 李鳳壽 : 壬辰 1月 11日, 2月 4日, 癸巳 2月 3日

이분 李芬 : 이순신의 조카. 癸巳 2月 22日, 甲午 1月 11, 17日, 2月 7, 8, 12日, 7月 15日, 乙未 1月 20日, 2月 11, 14日, 11月 19, 25, 28日, 12月 4, 11日, 丙申 1月 17日, 丁酉 4月 1, 2, 19日

이빈 李濱 : 癸巳 5月 26, 29日, 6月 3日

이사빈 李士贇 : 丁酉 4月 3, 7, 8, 9, 10, 11, 20, 23, 25, 26日

이사순 李士順 : 丁酉 5月 23日

이산겸 李山謙 : 甲午 1月 28日

이상 李祥 : 甲午 2月 1日

이상록 李尙祿 : 癸巳 7月 11日(李詳祿), 甲午 1月 25日, 2月 4日, 5月 4日, (乙未 6月 30日, 7月 14日, 10月 25日 : 李祥祿)

이선손 李先孫 : 丁酉 6月 22日

이설 李渫 : 癸巳 5月 24日, 7月 9日, 甲午 2月 4日, 5月 4日, 11月 21日, 乙未 10月 21日, 11月 12日, 丙申 6月 19日

이섬 李暹 : 乙未 9月 3日

이수 李銖 : 癸巳 5月 29日

이수영 李壽永 : 丁酉 4月 3, 17日(李秀榮)

이수원 李壽元 : 甲午 9月 18日, 乙未 3月 18, 21日, 5月 22, 24日, 7月 26日, 11月 11日, 丙申 3月 5, 11日, 6月 14, 28日, 丁酉 5月 4, 9日

이수일 李守一 : 乙未 11月 2日, 丙申 1月 18, 19, 21日

이숙도 李叔道 : 甲午 2月 7日

이순 李順 : 丁酉 10月 11日

이순생 李順生 : 丁酉 11月 7日

이순신 李純信 : 壬辰 1月 10日, 2月 8, 26, 27日, 5月 1, 2, 3日, 癸巳 2月 13, 16, 20, 23日, 3月 1, 8日, 5月 13, 15, 18, 19, 22, 29日, 6月 3, 6, 15, 20, 22日, 7月 6, 20, 24, 26, 29日, 8月 2, 8, 10, 12, 14, 15, 16, 20日, 9月 7, 10, 11日, 甲午 1月 16日, 2月 7, 14日, 3月 2, 3, 5, 23, 26, 29日, 4月 14,

18, 20, 21日, 5月 8, 10, 14, 23, 24, 25, 27, 28, 30日, 6月 1, 2, 3, 4, 5, 6, 7, 8, 9, 11, 14, 16, 17, 19, 20, 21, 23, 24, 25, 26, 29日, 7月 1, 2, 3, 4, 5, 7, 8, 11, 12, 14, 15(其三寸), 16, 19, 20, 22, 23, 25, 26, 27, 29日, 8月 2, 3, 4, 5, 6, 9, 10, 12, 20日, 9月 5, 6, 11, 12, 14, 15, 16, 17, 18, 20, 21, 23, 24日, 10月 1, 11, 12, 13日, 乙未 2月 5日, 3月 16日(李立夫), 丁酉 4月 1日, 12月 1(李立夫), 3, 11, 21, 25, 26, 28日, 戊戌 1月 1日

이순일 李純一 : 癸巳 5月 3, 5日

이순지 李純智 : 丁酉 4月 1日

이숭고 李崇古 : 壬辰 1月 24日

이승서 李承緖 : 癸巳 7月 5日, 丁酉 6月 5日

이시경 李蓍慶 : 丁酉 7月 28, 29日, 8月 1日

이시발 李時發 : 丙申 7月 20日

이시언 李時言 : 丁酉 12月 11日, 戊戌 9月 24日

이신길 李信吉 : 丁酉 6月 19日

이심 李深 : 甲午 7月 2日

이안겸 李安謙 : 甲午 9月 27日

이안인 李安仁 : 丁酉 7月 24日

이어해 李漁海 : 丁酉 7月 8日

이억기 李億祺 : 壬辰 2月 13日, 4月 15, 16日(三道), 5月 3, 29日, 6月 4, 8, 9, 8月 24, 26日, 癸巳 2月 8, 16, 17, 23, 24, 27, 29日, 3月 4, 7, 8, 11, 12, 13, 15, 17, 18, 19, 20日, 5月 3, 4, 5, 7, 8, 9, 10, 11, 14, 18, 21, 23, 25, 26日, 6月 2, 5, 7, 10, 11, 15, 16, 17, 21, 25, 28日, 7月 2, 7, 9, 10, 11, 13, 18, 21, 25, 26, 28日, 8月 2, 5, 6, 8, 9, 10, 12, 14, 15, 16, 17, 18, 19, 26日, 9月 1, 6, 8, 9, 10, 11日, 甲午 2月 16, 17, 18, 20, 28日, 3月 5, 6, 16, 27日, 4月 3, 6, 12, 14, 15, 17, 20日, 5月 2, 6, 8, 12, 24, 28日, 6月 2, 9, 14, 17, 29日, 7月 5, 7, 16, 19, 20(景修), 21, 23, 25日, 8月 5, 9, 20, 27, 30日, 9月 10, 12, 14, 15, 22日, 10月 1, 12, 13, 16, 17, 19, 20日, 乙未 2月 13, 15, 20日, 3月 8, 17, 18, 20, 22, 27日, 4月 3, 4, 8, 11, 18, 20, 26, 27, 28日, 5月 5, 15, 25日, 6月 5, 14, 29日, 7月 8, 10, 13, 19, 25, 26(丁水使), 28日, 8月 6, 12, 15, 20, 21日(景受), 9月 2, 6, 9, 10, 14, 20, 24, 28日, 10月 2, 6, 10, 14, 15, 16日, 丙申 1月 27日, 2

月 5, 24, 25, 29, 30日, 3月 3, 5, 8, 15, 22日, 4月 3, 4, 6, 7, 16, 21, 25, 30日, 5月 2, 4, 15, 16, 30日, 6月 4, 15, 17日, 7月 4, 7, 15, 19, 26日, 8月 6, 12, 15, 19, 25日, 閏8月 1, 2, 6, 9, 10日, 丁酉 5月 6, 22日, 6月 12, 19日, 7月 18日

이언길 李彦吉 : 丁酉 4月 10日

이언량 李彦良 : 甲午 2月 4日, 乙未 9月 26日, 丙申 3月 21日, 丁酉 12月 10日, 戊戌 1月 3日

이언준 李彦俊 : 乙未 7月 15日

이언함 李彦諴 : 壬辰 4月 18日

이언형 李彦亨 : 癸巳 2月 5日

이여념 李汝恬 : 癸巳 2月 7, 15, 21, 23日(臥梁?), 3月 2日, 5月 8日, 6月 12日, 7月 15日, 8月 7日, 9月 2日, 甲午 1月 18日, 2月 13日, 3月 26日, 6月 25日, 7月 22日, 乙未 4月 25日, 6月 3日, 丙申 1月 4日

이여송 李如松 : 癸巳 3月 4日(李汝松), 5月 17日, 6月 9, 13日

이열 李莅 : (癸巳 5月 15日, 7月 12, 22, 23, 24日, 8月 23, 29日, 甲午 1月 17日, 2月 20日, 4月 28日, 6月 11, 15(豚), 29日, 7月 10, 11日, 8月 27, 30日(三子), 10月 10日, 11月 15, 17日, 乙未 1月 5, 20日, 2月 25日, 4月 24日, 6月 12, 15日, 7月 21日, 8月 7, 19日, 9月 3, 4, 24, 28日, 12月 6日, 丙申 2月 2, 3日(子), 3月 5日, 4月 17日, 5月 6, 7日, 8月 19日, 丁酉 4月 1, 11, 12, 13日, 5月 3 : 蔚), 12, 26日, 6月 11, 16日, 7月 9, 10, 11, 12, 16日, 10月 14日(汝兄), 12月 10, 25日

이염 李琰 : 丙申 9月 8日

이염 李苒 : 이순신의 셋째 아들. 나중에 '면(葂)'으로 고침. '이면' 참조.

이엽 李曄 : 丁酉 7月 16日

이엽 李爗 : 丁酉 5月 18日

이영 李瑛 : 癸巳 6月 1日

이영남 李英男 : 癸巳 2月 7, 15, 17, 21, 23日, 3月 2, 18日, 5月 8, 10, 12, 20, 21日, 6月 3, 8, 22, 29日, 7月 6, 19, 29日, 8月 2, 5, 7日, 9月 2, 12日, 甲午 1月 19, 20, 27日, 2月 7, 9, 13日, 3月 18, 21, 26, 29日, 5月 10, 20, 21, 23, 24, 25, 27日, 7月 4, 6, 7, 16, 21, 22日, 8月 5, 12, 14, 18, 21, 22, 23, 24, 25, 29, 30日, 9月 2, 4, 11日, 11月 4, 6日, 乙未 1月 4, 17

日, 2月 21日, 4月 20日, 丙申 1月 7日, 5月 7, 8, 9, 11, 12日

이예 李禮 : 癸巳 8月 5日

이완 李莞 : 이순신의 조카. 乙未 4月 24日, 10月 8日, 11月 8日, 丙申 1月 22(兒輩), 23日, 3月 11日, 5月 8日, 8月 4, 20, 21日(豚輩), 閏8月 5(兒輩), 10, 15日(豚輩), 丁酉 4月 19日

이완 李緩 : 癸巳 8月 4, 5, 6日,

이요 李堯 : 癸巳 6月 13日

이요신 李堯臣 : 壬辰 1月 23日(仲兄), (丙申 1月 23日, 丁酉 4月 5日 : 季兄), 5月 6日(亡兄)

이용순 李用淳 : 甲午 2月 16日

이용제 李用濟 : 丙申 8月 27日

이우신 李禹臣 : 이순신의 동생. 자는 汝弼. 壬辰 1月 1日, 2月 27日, 4月 6, 8日, 癸巳 8月 29日, 9月 1日, 甲午 1月 17, 27日, 3月 25, 29日, 乙未 1月 20日, 3月 18, 21日, 9月 3, 4日, 丙申 1月 3日, 3月 27日, 4月 16, 17日, 丁酉 6月 9日

이운룡 李雲龍 : 甲午 1月 20日, 2月 6日, 3月 29日, 4月 6日, 5月 20, 21, 23, 24, 29日, 6月 4日, 7月 3日, 8月 5, 12, 14, 23, 30日, 9月 2日, 乙未 1月 10, 11日, 2月 21日, 3月 26, 29日, 4月 18, 22日, 5月 2日, 6月 1, 5日, 7月 4, 9日, 10月 6, 19, 29日, 11月 16, 18, 22, 25日, 12月 7日, 丙申 1月 5, 10, 12, 16日, 2月 5, 9, 10, 12, 15, 17, 19, 22, 23日, 3月 4, 8, 9, 10日

이울 李蔚 : 이순신의 둘째 아들. '이열' 참조.

이원룡 李元龍 : 壬辰 2月 9日, 乙未 11月 11日, 丙申 2月 30日, 3月 3日, 丁酉 5月 7, 12日, 6月 16, 24日, 7月 18日

이원익 李元翼 : 乙未 8月 19, 20, 22, 23, 24, 25, 28, 29日, 9月 5日, 12月 8, 15, 17, 18, 19日, 丙申 1月 10, 13, 21日, 2月 11, 18, 28, 30日, 3月 12, 14, 26日, 4月 4, 18, 27日, 5月 18日, 6月 19日, 7月 3, 8, 9, 10, 11, 21, 26, 29日, 8月 10, 11, 16, 17, 27, 28日, 閏8月 5, 11, 14, 15, 19, 20, 27日, 9月 4, 6, 15, 16, 17, 19日, 丁酉 5月 16, 19, 20, 23, 24, 26日, 6月 26, 29, 30日, 7月 14, 27, 29日

이원진 李元軫 : 乙未 1月 19, 24日

이원춘 李元春 : 丙申 8月 18, 19日, 丁酉 4月 26, 27日, 5月 14, 15, 16, 19日,

8月 3日

이유함 李惟諴 : 甲午 2月 8, 9日, 4月 28日

이응복 李應福 : 乙未 1月 20日

이응원 李應元 : 甲午 3月 13日

이응춘 李應春 : 癸巳 3月 12日

이응표 李應彪 : 甲午 2月 18日, 3月 3日, 6月 23日, 7月 7, 9, 23日, 8月 20, 27日, 乙未 2月 15日, 3月 8日, 4月 10(中衛將), 12, 18日, 6月 3日, 7月 12, 13日, 8月 15日, 10月 17, 20, 22, 25, 27, 29日, 丙申 2月 13, 16, 22日, 3月 7, 8, 15, 19日, 4月 16日, 6月 4, 15, 27日, 8月 5, 15日, 丁酉 5月 22日, 6月 12日, 10月 12, 21, 22日

이응화 李應華 : 癸巳 3月 2日, 5月 16, 17日, 7月 24日, 8月 6, 15, 16, 20日

이의득 李義得 : 癸巳 5月 10日, 6月 8日, 9月 2日, 甲午 1月 28日(慶虞候), 3月 3, 26日, 5月 30日, 6月 6日, 8月 22日, 9月 22日, 10月 28日(慶虞候), 乙未 1月 12日, 4月 18, 25日, 10月 28日, 11月 11, 22, 25日, 丙申 (1月 22日, 2月 15日, 3月 8日 : 慶虞候), 4月 18日, 5月 3日, 7月 10, 12, 19, 29日, 8月 6, 15日, 丁酉 7月 16(前兵虞候), 21日, 10月 13(慶虞候), 14, 19(慶虞候), 23日 (虞候)

이의신 李義臣 : 丁酉 4月 22日

이인세 李仁世 : 丁酉 10月 19日

이인원 李仁元 : 甲午 5月 26日, 6月 20日

이일 李鎰 : 壬辰 5月 2日, 癸巳 5月 12日, 9月 4日, 甲午 2月 21日, 3月 5日, 7月 12日, 10月 26日, 11月 5, 23, 25日, 乙未 1月 21日

이일장 李日章 : 丁酉 6月 19日

이입부 李立夫 : 경상수사 이순신(李純信)의 자(字). '이순신(李純信)' 참조.

이적 李迪 : 甲午 10月 22日

이전 李荃 : 乙未 2月 25日, 7月 4日, 丙申 7月 9(李田), 26日

이정 李正 : 丙申 5月 11日

이정란 李廷鸞 : 丁酉 5月 26日

이정암 李廷馣 : 癸巳 9月 3, 7日, 甲午 2月 4, 15日

이정충 李廷忠 : 癸巳 6月 7日, 7月 27日, 甲午 1月 20, 25, 30日, 2月 1, 3, 5, 9, 15, 16日, 3月 3日, 4月 14, 18日, 5月 10日, 6月 8, 9, 23日, 10月 24, 28

이충성 李忠誠 : 乙未 2月 29日

이충일 李忠一 : 乙未 5月 5日, 7月 22日

이태수 李台壽 : 乙未 1月 22日, 丁酉 7月 13日

이 파총 李 把總 : 파총(把總) 이천상(李天常). '이천상' 참조.

이함 李瑊 : 甲午 1月 17日, 11月 14日

이함림 李咸臨 : 丙申 閏8月 8, 9日

이해 李荄 : 癸巳 5月 15, 16日, 7月 20日, 8月 23, 24日, 甲午 4月 2日, 5月 24, 25日, 7月 15, 23日, 乙未 1月 20日, 2月 14日, 4月 25日, 5月 15, 16日, 6月 24, 27日, 10月 8日, 11月 4, 19, 28日(姪), 12月 4, 11日, 丙申 3月 5, 11日, 8月 20, 21日(豚輩), 閏8月 5(兒輩), 10, 15日(豚輩), 9月 19日, 丁酉 4月 19日, 12月 10, 17, 18日

이향 離鄕 : 甲午 11月 21日

이헌 李憲 : 甲午 4月 15日

이형립 李亨立 : 丁酉 5月 9日, 8月 8日

이형복 李亨復 : 丁酉 5月 2日

이호 李琥 : 癸巳 5月 22日

이호문 李好問 : 丙申 閏8月 17日

이홍명 李弘明 : 癸巳 3月 10, 13日, 5月 11, 19, 21, 23, 25, 28, 30日, 6月 4, 5, 6, 7日, 8月 2, 5, 15日, 甲午 2月 17, 19日

이홍사 李弘嗣 : 甲午 9月 27日

이홍훈 李弘勛 : 丁酉 7月 24, 25日

이회 李薈 : 이순신의 장남. 壬辰 1月 1日, 癸巳 5月 16, 23, 24日, 6月 1(豚), 21日, 8月 9, 15日, 甲午 3月 13, 25日, 5月 2, 10, 19, 22日, 8月 27, 28, 30日(三子), 10月 30日, 11月 13日, 乙未 2月 4, 25日, 4月 25日, 7月 21日, 8月 19日, 9月 8, 28日, 10月 19日, 11月 19日, 丙申 1月 17日, 3月 5, 11日, 6月 14日, 7月 21日, 8月 4, 20, 21日(豚輩), 閏8月 5(兒輩), 9, 10, 15日(豚輩), 丁酉 4月 19日, 9月 11日, 10月 1, 2, 14日(汝兄)

이효가 李孝可 : 癸巳 2月 19日, 5月 16日, 6月 22日, 8月 7日

이흥종 李興宗 : 甲午 7月 15日

이희 李禧 : 乙未 1月 26日

이희경 李喜慶 : 丁酉 4月 24日

이희급 李希伋 : 丁酉 10月 10, 11日

이희남 李喜男 : 甲午 11月 10, 13日, 乙未 12月 7日, 丙申 1月 30日, 丁酉 6月 13, 14, 16, 17, 22, 24, 26, 27, 29日, 7月 12, 16, 17, 18日

이희량 李希良 : 丁酉 7月 28日

이희만 李希萬 : 丁酉 7月 20日

이희삼 李希參 : 乙未 6月 9, 11日

이희신 李羲臣 : 이순신의 맏형. 壬辰 1月 24日(伯兄), 丁酉 5月 6日(亡兄)

인 仁 : 丁酉 6月 12日

인종 仁宗 : 癸巳 7月 1日, 丙申 7月 1日

일추 一秋 : 丙申 9月 4日

임계형 林季亨 : 丙申 5月 5日, 7月 22日, 丁酉 10月 13, 18, 19日

임달영 任達英 : 乙未 10月 26日, 丙申 2月 11, 13日, 6月 20日, 丁酉 4月 21日

임득의 林得義 : 甲午 9月 27日

임몽정 任夢正 : 丁酉 8月 14, 16日

임발영 任發英 : 癸巳 5月 28日

임선 林愃 : 丁酉 9月 17日, 10月 4日

임업 林業 : 丁酉 9月 17日, 10月 4日(林愯)

임영 林英 : 乙未 2月 17日(林榮), 6月 6日, 7月 4, 5日, 11月 26, 28日

임영립 林英立 : 丁酉 7月 12, 18日

임정로 林廷老 : 丙申 閏8月 8日

임준영 任俊英 : 丁酉 8月 26日, 9月 14日, 10月 13, 18日, 11月 20日

임중형 林仲亨 : 丁酉 7月 11日, 9月 7日, 10月 15日

임찬 林瓚 : 丙申 2月 11日

임춘경 任春景 : 丁酉 5月 10, 11日

임홍 林葒 : 丁酉 10月 15日

임환 林懽 : 丁酉 9月 17日, 11月 15日

임희진 任希璡 : 甲午 2月 17日

(ㅈ)

자모종 自慕終 : 癸巳 9月 13日

장담년 張聃年 : 丙申 2月 3日

장득홍 張得洪 : 丁酉 7月 13, 17日(張得弘)

장린 張鱗 : (甲午 9月 14日?), 乙未 3月 9日, 5月 8, 19日, 6月 3, 4, 9, 30日, 7月 5, 7, 15日, 8月 19日, 10月 26日, 11月 1, 5, 16, 25日, 12月 13日, 丙申 1月 5, 7, 8, 17日, 2月 23, 24日, 3月 3, 7, 8, 11, 14, 15, 18, 24, 26, 27日, 4月 16, 18日, 5月 19日, 閏8月 6日

장세호 張世豪 : 丁酉 5月 19日, 23日(張世輝)

장손 張孫 : 甲午 8月 29日

장언춘 張彦春 : 甲午 2月 14日

장위 張渭 : 丁酉 5月 11日

장응진 張應軫 : 丙申 2月 6日

장의현 張義賢 : 丙申 5月 23日

장일 張溢 : 乙未 6月 16日

장준완 蔣俊琬 : 丁酉 7月 3日

장홍유 張鴻儒 : 甲午 6月 15, 21日, 7月 15, 16, 17, 18, 19, 20, 21日, 8月 4日

장후완 蔣後琓 : 丙申 6月 20日

전경복 全慶福 : 丁酉 4月 15日

전득우 田得雨 : 丁酉 10月 27日

전봉 田鳳 : 丁酉 10月 12, 13, 21, 22日, 11月 11, 16, 19, 27日

전윤 田允 : 甲午 1月 18日

전응린 田應獜 : 癸巳 2月 14, 23, 28日, 乙未 6月 2日

전협 田浹 : 丁酉 10月 27日

전희광 田希光 : 甲午 5月 14日, 7月 22日, 乙未 2月 28日, 10月 16日, 丁酉 11月 29日, 12月 4日

절 節 : 丙申 2月 18日

점세 占世 : 丁酉 9月 1, 2日, 12月 5日

정걸 丁傑 : 壬辰 2月 21日(丁助防將), 8月 24日, 癸巳 6月 1, 2, 4, 6, 7, 11, 15, 16, 17, 27日, 7月 20, 21, 23, 28日, 8月 2, 6, 8, 9, 14, 15, 16, 17, 18, 19, 26日(丁令), 9月 1, 5, 8, 9, 11日

정경달 丁景達 : 甲午 2月 28, 29日, 3月 1日, 6月 25日, 丙申 閏8月 21日

註) 1998년 초판과 이후 개정판에서는 갑오 10월 13, 17, 18, 19, 21일자의 '종사관'을 '정경달'로 간주하였으나, 정경달의 전직 일자에 관한 구체적인 증거가 찾아짐에 따라 이 날짜의 종사관은 '윤돈'에 해당됨. 보다 상세한 사항은 拙稿 〈李舜臣의 壬辰日記에 첨부된 書簡文草에 대한 推論的 小考〉, 이순신연구논총 제7호, 순천향대학교 이순신연구소 발행 (2006) 참조.

정공청 鄭公淸 : 丁酉 10月 13, 19日

정광좌 鄭光佐 : 乙未 7月 8日, 丙申 1月 18日

정구종 鄭仇從 : 丁酉 7月 17日

정담수 鄭聃壽 : 癸巳 2月 13, 14, 17日, 3月 8日, 6月 29日, 9月 6日, 甲午 11月 11, 16, 22日, 乙未 11月 5日

정대청 鄭大淸 : 丙申 9月 7, 10日, 丁酉 12月 6日.

정득룡 鄭得龍 : 丁酉 7月 17日

정량 丁良 : 甲午 1月 23日, 丙申 3月 19日

정립 廷立 : 송정립(宋廷立)을 이르는 듯함. 甲午 10月 10日

정말동 丁㖠同 : 甲午 10月 23日

정사겸 鄭思謙 : 丁酉 6月 22日

정사룡 鄭思龍 : 丁酉 5月 23日

정사립 鄭思立 : 癸巳 2月 3日, 6月 2日, 7月 9, 18日, 甲午 3月 7, 24日, 5月 29日, 7月 10日, 乙未 9月 1日(思立), 丙申 1月 14日, 2月 30日, 3月 3, 23日, 8月 4日, 丁酉 5月 11, 12, 14日, 8月 5, 6日

정사준 鄭思竣 : 乙未 4月 22日, 丙申 閏8月 15日, 丁酉 4月 27日, 5月 1, 4, 13, 14日, 8月 5, 6日

정상명 鄭翔溟 : 丁酉 5月 8(鄭詳溟), 16日, 6月 8, 9, 15, 16, 18(鄭司僕), 24, 30日, 7月 10, 14日, 10月 13, 21日

정석주 鄭石柱 : 乙未 7月 16日

정선 鄭愃 : 丙申 8月 4, 20日, 丁酉 4月 27日(鄭瑄)

정수 鄭遂 : 丁酉 10月 20, 23, 26日, 12月 2日

정순신 鄭舜信 : 丁酉 6月 22日

정승서 鄭承緖 : 甲午 11月 12日

정억부 鄭億夫 : 丁酉 10月 19日, '정은부(鄭銀夫)' 참조.

정여흥 鄭汝興 : 癸巳 7月 28日, 乙未 2月 26日, 4月 11日

정연 丁淵 : 乙未 3月 25, 26日

정영동 鄭永同 : 乙未 7月 26日

정운 鄭運 : 壬辰 2月 22日, 5月 1, 3, 4日(後部將), 6月 7日

정운룡 鄭雲龍 : 丁酉 7月 17日

정원명 鄭元明 : 癸巳 2月 16日, 甲午 8月 25日

정원명 鄭元溟 : 甲午 7月 6日, 丁酉 4月 27日, 5月 6, 7, 10(主人), 11日

정은부 鄭銀夫 : 丁酉 10月 30日

정응남 鄭應男 : 丁酉 12月 5日

정응두 丁應斗 : 丁酉 9月 16日, 12月 30日

정응룡 鄭應龍 : 戊戌 9月 26日

정응운 丁鷹運 : (甲午 8月 8, 9, 20, 24日, 9月 12日, 乙未 2月 17日, 3月 1, 22, 23, 24日, 7月 25, 28日, 8月 5日, 9月 18, 19日 : 丁助防將)

정응청 鄭應淸 : 丁酉 12月 6日

정인서 鄭仁恕 : 丁酉 7月 2, 4, 14日

정제 鄭霽 : 乙未 8月 10日, 丁酉 7月 27日, 9月 27, 28, 29日

정조 鄭詔 : 丁酉 10月 9日

정존극 鄭存極 : 丙申 7月 12日

정종 鄭宗 : 癸巳 8月 2日, 甲午 2月 14日

정창연 鄭昌衍 : 甲午 1月 26日

정철 丁哲 : 乙未 5月 27日, 丁酉 4月 24日

정철 鄭澈 : 癸巳 2月 16日

정탁 鄭琢 : 甲午 2月 4日(鄭二相), 乙未 4月 12日(右台), 丙申 4月 15日(鄭領府事), 5月 30日(鄭判府事), 丁酉 4月 1日

정한기 鄭漢起 : 丁酉 11月 18日(鄭漢己)

정항 鄭沆 : 甲午 1月 20, 22日, 乙未 6月 6日, 7月 6, 15, 17, 20日, 8月 14日, 9月 3, 12日, 10月 17, 25日

정홍수 鄭弘壽 : 甲午 2月 17日

정황수 鄭凰壽 : 丁酉 11月 29日

정희열 丁希悅 : 丁酉 9月 23日

제만춘 諸萬春 : 癸巳 8月 16, 17(齊萬春), 20日, 9月 4日, 甲午 2月 7, 8日

제한국 諸漢國 : 甲午 2月 21, 29日, 3月 1, 3日(碧方望)

제홍록 諸弘祿 : 甲午 2月 13, 21, 22日

조계종 趙繼宗 : 甲午 6月 20, 26日, 7月 22日, 8月 5, 21, 22, 23日, 10月 21, 22, 25日, 11月 7, 16日, 乙未 1月 11, 14, 25日, 3月 29日, 4月 22, 27日, 5月 2日, 6月 30日, 7月 6, 8日, 8月 14日, 10月 20日, 11月 20日, 丙申 2月 11, 18, 20日, 3月 23日, 4月 19日, 5月 2, 11, 17日, 丁酉 6月 12日, 7月 21日, 9月 9日, 10月 11, 23日

조공근 趙公瑾 : 甲午 2月 16日

조기 趙琦 : 丙申 1月 14日, 2月 2日

조대항 曹大恒 : 甲午 6月 18日

조덕수 趙德秀 : 丁酉 5月 8日

조명 趙銘 : 丙申 5月 11日

조발 趙撥 : 乙未 2月 13, 14, 16日, 丁酉 4月 4日

조붕 趙鵬 : 癸巳 5月 25, 30日, 6月 17, 20日, 7月 8, 25日, 8月 5, 18日, 甲午 9月 25日, 丙申 4月 10日

조사겸 趙士謙 : 丁酉 5月 7日

조사척 趙士惕 : 丙申 4月 15日, 5月 30日

조서방 趙西房 : 甲午 3月 29日

조신옥 趙信玉 : 丁酉 6月 28日, 7月 13, 15日, 8月 1日(起信玉)

조언형 曹彦亨 : 丁酉 6月 24日

조연 趙瑌 : '조종(趙琮)' 참조. 丁酉 5月 8日

조영규 趙英珪 : 壬辰 4月 18日

조응도 趙凝道 : 癸巳 5月 12(趙應道), 17日, 6月 20日(趙應道), 甲午 2月 7, 9日, 4月 6日, 6月 26日, 7月 9日, 8月 6日, 10月 9日, 乙未 1月 6, 10, 11日, 4月 13日, 8月 24日, 丙申 2月 23日, 3月 6日, 5月 29日, 6月 28日, 7月 14, 17日, 8月 29日, 閏8月 8日

조응복 曹應福 : 甲午 7月 4日, 乙未 7月 4日, 丁酉 8月 6日

조이립 趙而立 : 壬辰 2月 8, 12, 27日(而立), 3月 3, 4日

조정 趙玎 : 丙申 5月 4日

조종 趙琮 : 조연(趙瑌)으로 개명. 丙申 5月 4日, 丁酉 5月 8日

조추년 趙秋年 : 甲午 6月 18, 19日

조춘종 趙春種 : 乙未 6月 2日

조택 趙澤 : 丁酉 5月 6日

조 파총 曹 把摠 : 甲午 3月 22日

조팽년 趙彭年 : 丙申 9月 1日

조형도 趙亨道 : 乙未 3月 11, 13, 15日, 6月 9日

조효남 趙孝南 : 丁酉 10月 11日

조효열 趙孝悅 : 丙申 4月 14, 23日, 6月 9, 27日, 7月 21日, 戊戌 11月 17日

종의지 宗義智 : 평의지(平義智). 壬辰 3月 24日(島主), (甲午 1月 24日, 4月 18日, 丙申 6月 10日 : 平義智)

종이 終伊 : 丁酉 7月 11日

주몽룡 朱夢龍 : 甲午 9月 27日

주문상 朱文祥 : 乙未 7月 16日

주선 周旋 : 또는 번역에 따라서는 주선수(周旋受). 丙申 6月 29日

주언룡 朱彦龍 : 丁酉 6月 18日

주의수 朱義壽 : 丁酉 10月 13, 16, 19日, 戊戌 9月 23日, 10月 2日

준복 俊福 : 丙申 1月 30日

준사 俊沙 : 丁酉 9月 16日

준시 俊時 : 乙未 11月 16日

지이 智伊 : 丙申 7月 7, 30日, 8月 2, 3日, 丁酉 8月 16日

진 辰 : 甲午 1月 15日, 丁酉 10月 19日

진대강 陳大綱 : 戊戌 9月 24, 25日

진 도독 陳 都督 : 도독(都督) 진린. '진린(陳璘)' 참조.

진린 陳璘 : 戊戌 9月 15, 16, 17, 21, 23, 27日, 10月 1, 3, 9日, 11月 8, 9, 13, 14, 15, 16日

진무성 陳武晟 : 甲午 6月 28日, 丙申 2月 4日, 閏8月 10日

진문동 陳文同 : 戊戌 11月 16日

진원 珍原 : 진원현감 또는 지명(地名) 진원(珍原)? 乙未 10月 8日, 丙申 9月 17, 19日, 丁酉 12月 10, 20日

진찬순 陳贊順 : 丁酉 6月 19日

진흥국 陳興國 : 丁酉 5月 2, 3日

(ㅊ)

채진 蔡津 : 癸巳 3月 17日
처영 處英 : 丁酉 6月 12日
철매 哲每 : 癸巳 6月 12日
청생 靑生 : 丙申 8月 28日
최경회 崔慶會 : 癸巳 5月 23, 27日, 6月 29日, 乙未 8月 23日
최귀석 崔貴石 : 甲午 7月 6日
최귀지 崔貴之 : 丙申 9月 19日
최기준 崔琦準 : 乙未 11月 7日, 12月 14日
최대성 崔大晟 : 乙未 5月 5日, 丙申 1月 23日, 8月 20日, 丁酉 8月 11日
최벽 崔璧 : 乙未 5月 14日
최숙남 崔淑男 : 丙申 9月 1日
최언환 崔彦還 : 丁酉 7月 3日
최여해 崔汝諧 : 甲午 9月 27日
최원 崔遠 : 丁酉 4月 1日
최위지 崔緯地 : 乙未 4月 29日, 5月 3, 4日
최이 崔已 : 癸巳 2月 1日
최진강 崔鎭剛 : 丁酉 8月 4日
최집 崔潗 : 丁酉 11月 7日
최천보 崔天寶 : 癸巳 2月 23日, 5月 25日, 甲午 1月 23日, 4月 5日
최철견 崔鐵堅 : 壬辰 3月 24日(都事), 丙申 9月 18(主倅), 19(光牧), 20日(牧伯)
최춘룡 崔春龍 : 丁酉 5月 27日
최태보 崔台輔 : 丁酉 7月 8日
최호 崔湖 : 丁酉 6月 12, 19日(三水使), 7月 18日, 9月 27日
최희량 崔希亮 : 丙申 1月 14, 15, 21, 27日, 2月 4, 6, 7, 11, 12, 17, 19, 22, 24(興), 26, 27日, 7月 22日, 10月 3, 6日
춘 春 : 丁酉 6月 11日
춘복 春卜 : 丙申 7月 7日
춘세 春世 : 乙未 5月 8日
춘절 春節 : 丙申 2月 25日, 5月 18, 23日
춘화 春花 : 丙申 7月 30日

(ㅌ)

태구련 太九連 : 乙未 7月 14, 21日

태구생 太仇生 : 丙申 2月 10日

태귀생 太貴生 : 丁酉 8月 16日, 10月 11, 13日

태문 太文 : 丁酉 4月 12日, 7月 11日

태수 太守 : 癸巳 7月 13日

태종 太宗 : 丁酉 5月 10日

(ㅍ)

팽수 彭壽 : 甲午 1月 13日, 丙申 7月 22日

평세 平世 : 甲午 1月 13日, 丁酉 6月 26日, 7月 12, 14, 22日

평의지 平義智 : '종의지(宗義智)' 참조, 대마도주(對馬島主)

평행장 平行長 : '소서행장(小西行長)' 참조

표헌 表憲 : 癸巳 5月 24, 25日

풍신수길 豊臣秀吉 : 癸巳 8月 26日, 乙未 3月 11日, 丙申 4月 19日, 5月 12日

풍진 風振 : 丙申 4月 19日

피은세 皮銀世 : 丁酉 10月 28日

(ㅎ)

하응귀 河應龜 : 乙未 10月 17, 24日, 12月 9日

하응문 河應文 : 乙未 6月 18日, 10月 19日, 11月 18, 19日

하응서 河應瑞 : 丁酉 10月 24日

하종해 河宗海 : 癸巳 8月 7日, 乙未 7月 19日, 11月 25日, 12月 2日

하천수 河千壽 : 甲午 6月 19日, 7月 25日(河千守), 9月 13日, 乙未 10月 25日 (河天壽), 丙申 1月 6(河天壽), 9日, 2月 23日(河天水), 閏8月 5, 8日

한경 漢京 : 癸巳 9月 13日, 甲午 6月 8日, 10月 26日, 11月 13日, 乙未 8月 11日, 丁酉 5月 8日

한대 漢代 : 丙申 3月 5, 6日

한덕비 韓德備 : 甲午 9月 27日

한명련 韓命連 : 甲午 9月 27日(韓別將), 10月 9日

註) 조선사편수회편 《난중일기초·임진장초》에는 주석에 '明璉'으로 되어 있으나 《친필일기초》에는 甲午 9월 27일(韓別將), 10월 9일(韓命連)으로만 나오므로 '命連'으로 정하였다.

한비 韓棐 : 乙未 6月 2日

한성 漢城 : 丙申 1月 23日

한술 韓述 : 丁酉 4月 19日

한언향 韓彦香 : 丁酉 4月 3日

한여경 韓汝璟 : 丙申 9月 9, 12日

한치겸 韓致謙 : 丁酉 7月 18, 24日

한효순 韓孝純 : 甲午 2月 1日, 丙申 3月 29日, 4月 2, 5, 6, 7, 8, 9日, 閏8月 14, 15, 20, 24日, 9月 16. 17日, 丁酉 5月 6, 10, 11, 12, 13, 14日

해 海 : 甲午 6月 9日, 8月 13日

해 荄 : 이순신의 조카. '이해' 참조.

해당 海棠 : 癸巳 6月 12日

해돌 年石 : 癸巳 9月 13日

행보 行寶 : 甲午 11月 21日

행적 行迪 : 丙申 9月 19日

허내절만 許內卩萬 : 丙申 4月 22, 30日, 5月 13, 14, 24日, 6月 15日

註) 《이충무공전서》에서는 위의 해당 언급 일자의 일기 기사 전체를 통하여 '절 卩'자를 판독 생략하고 '허내만 許內萬'으로만 수록하고 있다. 《再造藩邦志抄》에 수록된 <日記抄>에는 丙申 4月 22日과 5月 13日조의 일기가 전하는데 '허내절만 許內卩萬'으로 필사하고 있다. 조선사편수회편 《난중일기초·임진장초》에서는 위의 해당 언급 일자의 일기 기사 전체를 통하여 '허내은만 許內隱萬'으로 판독 제시하고 있으며, 이후 국역판 난중일기의 대부분이 이를 따르고 있다. 拙著 《李舜臣의 日記草》에서는 친필일기의 재검독 작업을 통하여 '허내절만 許內卩萬'으로 확정하였다.

허막동 許莫同 : 丁酉 10月 23日

허사인 許思仁 : 戊戌 9月 21日

허산 許山 : 甲午 1月 25日

허씨댁 許室 : 甲午 7月 26日

허정은 許廷誾 : 癸巳 2月 17日, 甲午 8月 30日, 乙未 2月 19日

허제 許霽 : 丁酉 4月 10日

허주 許宙 : 乙未 2月 11日, 3月 17日, 6月 24, 27日, 8月 7日

현덕린 玄德獜 : 甲午 8月 25日, (乙未 5月 26日, 6月 3日, 8月 7日 : 玄德麟)

현덕왕후 顯德王后 : 丙申 7月 24日

현소 玄蘇 : 丙申 1月 19日

현응원 玄應元 : 丙申 2月 8日

현응진 玄應辰 : 丁酉 7月 12, 14, 18日

현집 玄楫 : 甲午 (3月 17日, 5月 23, 24日)? 8月 29, 30日, 9月 19日

형개 邢玠 : 戊戌 9月 27日

혜희 惠熙 : 丁酉 8月 8日

홍견 洪堅 : 甲午 4月 23日, 5月 14日, 7月 9, 22日, 8月 27日, 乙未 8月 15日, 10月 7, 16日, 丙申 3月 1, 27日, 6月 4, 25日, 9月 9日, 丁酉 6月 10日, 9月 17, 18日

홍군우 洪君遇 : 甲午 2月 7日, 丁酉 4月 9日

홍대방 洪大邦 : 丁酉 6月 28日, 7月 13, 14, 15日, 8月 1日

홍석견 洪石堅 : 丁酉 4月 8日

홍세공 洪世恭 : 甲午 9月 7日, 乙未 8月 21, 23日, 丙申 5月 22, 28日

홍순각 洪純慤 : 丁酉 4月 23日

홍연해 洪漣海 : 丁酉 6月 10日

홍요좌 洪堯佐 : 丁酉 8月 5日

홍우 洪祐 : 丙申 5月 22日

홍우공 洪禹功 : 丁酉 7月 12, 14, 18日

홍윤관 洪允寬 : 壬辰 4月 18日(助防將)

홍이상 洪履祥 : 丁酉 4月 3日, 12月 30日

홍지수 洪之壽 : 丁酉 10月 24日

홍 찰방 洪 察訪 : 丁酉 4月 7, 10, 13, 14日, '察訪'은 각 道의 驛站일을 담당한 종6품 외직 문관 벼슬.

황득중 黃得中 : 甲午 1月 16日, 3月 17日, 5月 22日, 乙未 11月 3日, 12月 4日, 丙申 1月 6日, 2月 18, 19日, 8月 3日, 丁酉 9月 20日, 10月 13, 14, 30日

황명보 黃明甫 : 황진(黃進)의 자(字). '황진' 참조.

황 생원 黃 生員 : 丁酉 5月 29日, '生員'은 生員科 과거 합격자의 호칭.

황세득 黃世得 : 甲午 2月 28, 29日, 3月 1, 2, 29日, 4月 1, 4, 6, 20, 22, 23日, 5月 3日, 8月 6, 20, 23, 27, 30日, 9月 8, 12, 21, 22日, 10月 10日, 乙未 1月 19, 21, 23, 25日, 2月 4, 6, 12, 17, 20, 23, 28日, 丙申 5月 20日, 6月 23日, 8月 1日, 丁酉 6月 12日, 戊戌 10月 2日

황숙도 黃叔度 : 壬辰 2月 21, 22日, 乙未 2月 10, 11日

황승헌 黃承憲 : 乙未 1月 28日

황신 黃愼 : 丙申 7月 9(通信), 10, (11, 13 : 跟隨), 21(通信使), 25日(通信), 8月 1日(信使), (丁酉 12月 23, 24, 25, 26, 27日 : 巡察使, 方伯)

황언기 黃彦己 : 丁酉 7月 4日

황언실 黃彦實 : 丙申 2月 17日

황여일 黃汝一 : 丁酉 6月 7, 8, 9, 10, 11, 15, 17, 18, 19, 21, 25, 26, 27日, 7月 1, 2, 3, 4, 10, 14, 17, 24, 25, 26日

황옥천 黃玉千 : 壬辰 2月 19, 26日, 5月 3日

황인수 黃仁壽 : 丙申 4月 22日

황정록 黃廷祿 : 癸巳 2月 1, 22日, 5月 2, 7, 13, 17, 26日, 7月 20日, 8月 6, 9月 12日, 甲午 2月 5, 15, 16日, 3月 23, 26日, 5月 3, 5, 27日, 7月 7, 12, 13, 20, 21日, 8月 4日, 10月 21日, 乙未 1月 19日, 3月 27日, 4月 18日, 8月 20日, 丙申 6月 19日

황정욱 黃廷彧 : 癸巳 6月 1日

황진 黃進 : 癸巳 6月 29日, 乙未 8月 23日

황천상 黃天祥 : 丁酉 4月 4, 13日, 6月 29日

황천석 黃千錫 : 甲午 9月 23日

회 薈 : 이순신의 장남. '이회' 참조.

효대 孝代 : 甲午 9月 6, 17日, 丙申 3月 5日, 7月 22日

흔전자 欣田子 : 丙申 3월 11일. 노승석 저 《이순신의 난중일기 완역본》(동아일보사, 2005년)의 원문 판독에 따름.

흥백 興伯 : '변흥백' 참조.

희순 希順 : 甲午 3月 25日(被擄兒人)

희신 羲臣 : 이순신의 맏형. '이희신' 참조.

(추가 색인) 이순신의 인척 관계로 언급된 인물

남양 아저씨 南陽叔 : 丙申 1月 1日, 9月 28日, 10月 5日, 丁酉 4月 5, 8日
딸 女 : 이순신의 딸. 甲午 8月 30日
부안댁 扶安人 : 癸巳 6月 18日, 甲午 8月 2日, (11月 13日?), 丙申 2月 19日
빙모 聘母 : 이순신의 빙모. 甲午 5月 22(妻母), 29日, 丙申 5月 29日, 丁酉 4月 5日
빙부 氷父, 聘父 : 이순신의 빙부. 甲午 10月 26日(氷), 丁酉 4月 5日(聘父)
사촌누이 四寸妹 : 甲午 11月 15日
서숙 庶叔 : 乙未 6月 2日
아내 夫人 : 이순신의 부인. 甲午 6月 15日, 8月 27, 30日, 9月 1, 2日, 乙未 5月 16日, 丙申 8月 4日, 丁酉 10月 1, 14日(汝母), 12月 25日
아들 豚, 子 : 이순신의 아들. '이회', '이열', '이면' 각각 참조.
아버지 先君, 親 : 이순신의 부친. 甲午 11月 13, 15日, 乙未 7月 2日, 11月 15日, 丁酉 7月 2日
아주머니 叔母 : 서울 관동(館洞) 아주머니. 癸巳 5月 16日
어머님 天只 : 이순신의 모친. 壬辰 1月 1日, 2月 14日, 3月 4, 29日, 4月 8日, 癸巳 2月 22, 24日, 5月 4, 18日, 6月 1, 6, 12(老堂), 19, 21日, 7月 22日, 8月 9, 12, 23日, 9月 3日, 甲午 1月 1, 11(覲, 天只), 12, 27日, 2月 4, 7日, 3月 25, 29日, 4月 21日, 5月 2, 5日, 6月 8, 17, 29日, 7月 5, 6, 12, 15, 26日, 8月 6日, 9月 6日, 11月 15日, 乙未 1月 1(病親), 5, 20日, 2月 25日, 3月 18, 27日, 4月 24, 25日, 5月 2, 4, 8, 13, 15, 16, 21, 22日, 6月 2, 4, 5, 9, 12, 13, 19日, 7月 3, 6, 11, 14日, 11月 11, 19日, 12月 6日, 丙申 1月 1, 23日, 2月 5日, 3月 23, 27日, 4月 30日, 5月 4, 18日, 6月 14日, 7月 20, 30日, 8月 12, 19日, 閏8月 12, 13日, 9月 27日(覲), 10月 1(覲), 3, 7, 8, 9, 10日, 丁酉 4月 11(病親), 12, 13, 19日(靈筵), 5月 2(靈筵), 4, 5日, (6月 11, 14, 26日 : 靈筵), 7月 9日(親), 9月 11日
외조모 外祖母 : 이순신의 외할머니. 丙申 8月 22日
작은형 仲兄, 季兄 : 이순신의 둘째형. '이요신' 참조.
제수 汝弼嫂, 弟嫂 : 이순신의 동생 이우신의 부인. 丁酉 4月 5日
조카 姪 : 이순신의 조카. '이뇌', '이분', '이완', '이봉', '이해' 및 외조카

'변유헌' 각각 참조.

조카딸 姪女 : 이순신의 조카딸. 丙申 9月 17日

증조부 曾祖父 : 이순신의 증조부. 癸巳 2月 14日

큰형 伯兄 : 이순신의 맏형. '이희신' 참조.

할머니 祖母 : 甲午 6月 22日, 乙未 6月 22日, 丙申 6月 22日

부 록 : '거북선〔龜船〕' 해설

부록 : '거북선[龜船]' 해설

거 북 선 [龜船]

기 원

거북선[龜船]에 관한 기록이 문헌상에 보이기 시작한 것은 조선 초기의 《태종실록 太宗實錄》으로서, 1413년(태종 13)에 "왕이 임진강 나루를 지나다가 귀선과 왜선으로 꾸민 배가 해전연습을 하는 모양을 보았다."(《太宗實錄》 13年 2月 甲寅)라는 구절이다. 또 1415년(태종 15)에는 좌대언(左代言) 탁신(卓愼)이 "귀선의 전법은 많은 적과 충돌하더라도 적이 해칠 수가 없으니 결승의 양책이라 할 수 있으며, 더욱 견고하고 정교하게 만들게 하여 전승의 도구로 갖추어야 한다."(《太宗實錄》 15年 7月 辛亥)는 뜻을 상소하고 있다. 위의 두 기록내용으로 보아 귀선은 왜구의 격퇴를 위하여 돌격선으로 특수하게 제작된 장갑선(裝甲船)의 일종임을 짐작할 수 있다. 따라서, 거북선의 기원을 왜구의 침해가 가장 심했던 고려말기로 보는 견해도 있다. 이와 같이 이미 고려말 또는 조선초부터 거북선이 제조, 사용되었으나, 1592년(선조 25)에 발발한 임진왜란 때 이순신(李舜臣)에 의하여 철갑선으로서의 거북선이 창제, 실용화되었다. 철갑선으로서의 세계적 선구인 이순신의 '창제귀선(創制龜船)'은 임진왜란 초반의 잇따른 해전에서 함대의 선봉이 되어 돌격선의 위력을 남김없이 과시하였다. 그러나 이순신의 투옥과 더불어, 또는 그가 전사한 뒤에는 거북선의 실용이 저하되고 만다. 임진왜란 후의 거북선은, '창제귀선'의 제원(諸元)에 대한 기술적인 전승을 이루지 못한 채, 시대에 따라 변모하며 조선말기까지 각 수영에 존재하였다. 따라서, 오늘날 가장 큰 관심의 대상이 되고 있는 것은 임진왜란 당시 이순신에 의하여 창작, 구사된 바로 그 거북선인 것이다.

한편, 비록 실현은 보지 못하였으나 거북선의 유형에 속하는 배가 따로 구상된 예가 있다. 이미 이순신의 귀선이 용맹을 떨치고 있던 1592년 태자를 호종한 간재(艮齋) 이덕홍(李德弘 : 1541-1596. 퇴계 문하의 선비로서 이학에 조예가 깊었다.)은 왕세자에게 올린 상소문에서 귀갑거(龜甲車)의 전법과 귀갑선의 체제를 "등에 창검을 붙이고, 뱃머리에는 쇠뇌[弩]를 매복시키고, 허리에는 판옥(板屋)을 지어 사수를 그 속에 두고 …"라 하고, 또 "듣건대 호남의 장수들이 이것을 써서 적선을 크게 무찌르고 있다."고 언급한 뒤 이듬해 왕에게 올린 상소에서 귀갑선의 구상도(부록도판 1)를 첨부하여 그것의 제작을 건의하고 있다(金萬烋 編著《艮齋先生文集 卷之二》). 이와 같은 귀갑선의 구상은 그 발상에 있어서 이순신의 창제귀선과 비슷한 데가 있으나, 구조상의 개념은 판이하게 다른 것 같다. 이 귀갑선의 발상과는 별도로 지금도 거북선에 대하여 귀갑선이라는 명칭이 가끔 혼용되고 있다.

이순신의 창제귀선(創制龜船)

임진왜란이 일어나기 바로 전해인 1591년(선조 24) 2월 13일 전라좌도 수군절도사(全羅左道水軍節度使)로 임명된 이순신은 전라좌수영(全羅左水營 : 지금의 麗水)으로 취임하였다. 왜구의 내침을 미리 염려한 이순신은 본영을 비롯하여 각 진(鎭)의 전쟁준비를 급속히 강화하는 한편, 특수전투함인 거북선의 건조에 착수하였다. 특히 조선(造船) 기술에 뛰어난 막하의 군관 나대용(羅大用)의 도움이 컸던 것으로 보인다. 이순신은 임진년(1592)《난중일기》에서 "거북선에 쓸 돛베 29필을 받았다(2월 8일).", "거북선에서 대포 쏘는 것도 시험하였다(3월 27일).", "비로소 베돛[布帆]을 만들었다(4월 11일).", 그리고 "식후에 배를 타고 거북선[龜船]에서 지자(地字)·현자(玄字)포를 쏘아 보았다(4월 12일)."고 하여, 거북선은 임진왜란 발발(4월 13일) 직전에 그 첫 모습을 바다 위에 드러낸 것이다. 그러나 유감스럽게도 이 '창제귀선'의 설계나 체제에 관한 기술적 자료가 임진왜란 종식 후에 전승되지 못하였으므로, 그 원래의 모습을 복원하는 것은 당시의 설계 자료나 유물이 발견되지 않는 한 기대할 수 없다. 따라서, 지금 남아 있는 단편적인 사료를 재삼 평가하여, 그 모습과 특징을 종합해 볼 수밖에 없는 것이다.

【당시 기록에 나타난 창제귀선의 모습과 체제】 당시 기록 중에서 거북선을 직접 체험 또는 목격한 사람이 남긴 기록자료에서 거북선에 관련된 내용과 거북선의 실전상을 간추려 보면 다음과 같다.

(1) 임진년의 이순신의 장계 거북선은 이순신이 옥포해전(玉浦海戰)에 이어 두 번째로 출동한 당포해전에 처음으로 참전하여 혁혁한 전공으로 서막을 장식하였다. 이순신은 임진년 6월 14일 써 올린 〈당포파왜병장 唐浦破倭兵狀〉에서 자기 자신이 창제한 귀선의 구조와 기능에 대하여 간략하게 설명하고, 귀선의 실전상황을 역력히 기술하고 있다. 즉, 사천선창의 전황을 보고하는 대목에서 "신이 일찍부터 섬 오랑캐가 침노할 것을 염려하고 특별히 귀선을 만들었사옵니다[別制龜船]. 앞에 용두를 설치하여[前設龍頭] 아가리로 대포를 쏘게 하고[口放大炮], 등에는 쇠꼬챙이를 심었으며, 안에서는 밖을 내다볼 수 있으나 밖에서는 안을 엿볼 수 없게 되어, 비록 적선 수백척이 있다 하더라도 그 속으로 돌입하여 대포를 쏠 수 있게 된 것입니다. 이번 싸움에 돌격장(突擊將)으로 하여금 이 귀선을 타고 적선 속으로 먼저 달려들어 가 천자포(天字砲)·지자포(地字砲)·현자포(玄字砲)·황자포(黃字砲) 등 각종 총통(銃筒)을 먼저 쏘게 한즉, 산 위와 언덕 아래와 배를 지키는 세 군데의 왜적도 또한 비오듯이 철환을 함부로 쏘아 ···" 하고, 또 당포선창의 해전실황에서는 "왜선은 판옥선(板屋船)만큼 큰 배 9척과 아울러 중소선 12척이 선창에 나누어 묵고 있는데, 그 가운데 한 큰 배 위에는 층루가 우뚝 솟고 높이는 서너길이나 되며 밖에는 붉은 비단휘장을 쳤고, 사면에 '黃'자를 크게 썼으며 그 속에는 왜장이 있는데 앞에는 붉은 일산(日傘)을 세우고 조금도 겁내지 아니하였습니다. 먼저 거북선으로 곧장 층루선(層樓船) 밑으로 치고 들어가 용아가리로 현자철환을 치쏘고[仰放], 또 천자·지자철환과 대장군전(大將軍箭)을 쏘아 그 배를 쳐 깨뜨리고[撞破其船] ···"라고 쓰고 있다.

(2) 정랑(正郎) 이분(李芬)의 〈행록 行錄〉 이순신의 조카인 이분(李芬)

이 원균(元均)의 패전으로 귀선이 상실된 정유년(1597)에 본영에 와서 행정적인 업무에 종사하였으나, 귀선이 건재하였던 정유년 이전에도 작은아버지 이순신을 방문하고 있음을 《난중일기》에서 볼 수 있다. 그의 〈행록行錄〉 속에는 창제귀선의 모습을 후세에 전하는 귀중한 내용이 담겨 있다. 즉 "공(公)이 수영에 있을 때 왜구가 반드시 들어올 것을 알고, 본영 및 소속 포구의 무기와 기계들을 수리, 정비하고 또 쇠사슬을 만들어 앞바다를 가로 막았다. 그리고 또 전선을 창작하니[創作戰船] 크기는 판옥선만한 데[大如板屋], 위에는 판자로 덮고[上覆以板], 판자 위에 십자(十字) 모양의 좁은 길을 내어 사람이 다닐 수 있게 하고, 나머지 부분은 모두 칼송곳[刀錐]을 꽂아 사방으로 발붙일 곳이 없도록 했으며, 앞에는 용머리를 만들어 입은 총혈(銃穴)이 되게 하고, 뒤는 거북꼬리처럼 되었는데 그 밑에도 총혈이 있으며, 좌우에 각각 6개의 총혈이 있다. 대개 그 모양이 거북의 형상과 같아 이름을 '귀선'이라 하였다. 뒷날 싸울 때에는 거적[編茅]으로 송곳[錐刀] 위를 덮고 선봉이 되어 나가는데, 적이 배에 올라와 덤비려 들다가는 칼송곳 끝에 찔려 죽고, 또 적선이 포위하려 하면 좌우 앞뒤에서 일제히 총을 쏘아 적선이 아무리 바다를 덮어 구름같이 모여들어도 이 배는 그 속을 마음대로 드나들어 가는 곳마다 쓰러지지 않는 자가 없기 때문에 전후 크고 작은 싸움에서 이것으로 항상 승리한 것이었다."

(3) 임진년의 왜측 기록 《고려선전기 高麗船戰記》는 왜함대에 종군한 69세의 소토오카 진자에몬(外岡甚左衛門)이 임진년 7월 28일 부산포에서 기록한 문서이다. 임진왜란을 일으키게 된 자국내의 사정과 부산포 침공 이후 왜수군(倭水軍)이 겪은 연패의 참상을 기록한 것으로, "어리석은 노인의 붓끝이 후일의 비웃음을 무릅쓰고 써놓고자 하는 것이다."라고 맺고 있다. 이순신의 세 번째 출동에서 한산대첩에 이어 7월 10일에 있었던 안골포해전(安骨浦海戰)의 실전상황이 목격한 대로 충실하게 기술되어 있다. 즉, "구키(九鬼嘉隆)와 카또오(加藤嘉明)는 와키자카(脇坂安治 : 한산해전의 패장)가 전공을 세운 것을 듣고, 같이 6일에 부산포로부터 나와 바로

해협 입구에 이르러, 8일에는 안골포의 오도(烏島)라는 항(港)에 들어갔다. 그리 하였더니 9일(朝鮮曆 10일)의 진시(辰時 : 오전 8시경)부터 적의 대선 58척과 소선 50척 가량이 공격해 왔다. 대선 중의 3척은 맹선(盲船 : 장님배. 귀선에 대한 왜측의 별명)이며, 철(鐵)로 요해(要害)하여(적의 공격을 막기 위해 철판을 입혀 방비하였다는 뜻.) 석화시(石火矢)·봉화시(棒火矢)·오가리마따(大狩俣) 등을 쏘면서 유시(酉時 : 오후 6시경)까지 번갈아 달려들어 쏘아대어 다락에서 복도, 테두리 밑의 방패에 이르기까지 모두 격파되고 말았다. 석화시라고 하는 것은 길이가 5척6촌의 견목(堅木)이며(玄字砲가 쏜 次大箭 정도의 것에 해당된다.), … 또 봉화시의 끝은 철로 둥글게 든든히 붙인 것이다. 이와 같은 화살[大箭]로 다섯칸(間), 또는 세칸 이내까지 다가와 쏘아대는 것이다. …"(鍋島家에 소장된 《고려선전기 高麗船戰記》筆寫原本, 부록도판 2 참조).

(4) 임진왜란 후의 나대용(羅大用)의 상소 이순신의 전사 후 8년이 지난 1606년(선조 39) 나대용이 창선(鎗船)의 효용을 상소하는 가운데, "… 거북선이 비록 싸움에 이로우나 사부(射夫)와 격군(格軍)의 수가 판옥선의 125인보다 적지 아니하고 …"라고 기록되어 있어, 창제귀선의 승무원이 125~130인 정도임을 알 수 있다.

(5) 명(明)나라 화옥(華鈺)의 기록 《이충무공전서》의 거북선 안설(按說)에 "명나라 화옥(華鈺 : 명나라 神宗 때의 학자)의 《해방의 海防議》(해양 방비에 관한 것을 기록한 책)에서 '조선의 거북선은 돛대를 세우고 눕히기를 임의로 하고 역풍이 불건 퇴조 때이건 마음대로 간다.' 하였는데, 그것이 바로 충무공이 창제한 거북선을 가르킴이다."라는 구절이 있다. 이것은 임진왜란 당시 거북선을 직접 보고 간 명나라 사람들의 설명 내용으로 간주된다.

이와 같은 당시 기록 등에서 창제귀선의 체제와 주요 기능에 관계되는 것을 종합해 보면, 대략 다음과 같다. ① 거북선의 크기 : 판옥선(板屋船)의 크기와 같다. ② 용두(龍頭) : 뱃머리에 용두를 설치하여 용의 아가리를 통하여 대포를 쏘았다. 또 사각(射角)의 조정이 가능하였다[仰放玄字

…]. ③ 철첨(鐵尖) : 거북의 등처럼 만든 귀배판(龜背板)에는 철첨(쇠송곳)을 꽂아 적병의 등선을 막았다. ④ 포(砲)의 수 : 포혈(砲穴)은 좌우 각 현(舷)에 6개, 용두에 1개, 선미(船尾)에 1개가 있어 모두 14문이 사용되고 있다. ⑤ 포의 종류 : 천자포·지자포·현자포·황자포 등의 각종 총통을 장비하여, 실전에서는 탄환 이외에도 대전(大箭 : 길이가 2m 내외 되는 봉화살. 쇠날개[鐵羽] 셋이 붙어 있고 끝에는 쇠 활촉이 고정되어 있다.)을 많이 발사한 것 같다. ⑥ 철갑(鐵甲) : 철로 덮어 많은 적선 속으로 뚫고 들어가도 적의 공격을 막아낼 수 있었다. ⑦ 척수(隻數) : 《고려선전기》에 의하면 임진년(1592)의 거북선은 3척이었다. 《나주목지 羅州牧志》의 "나대용(羅大用)이 임진년 난리를 당하자 이충무공을 좇아 거북선 세 척을 꾸몄다."라는 사실과 상통된다. 그러나 을미년(1595)에는 명나라에 "수군통제사 이순신은 … 전선 60척, 귀선 5척, 초탐선(哨探船) 65척을 거느리고 …"(《事大文軌》 卷之十二)라고 통지하고 있으므로 을미년의 거북선은 모두 5척인 것으로 보인다. ⑧ 정원(定員) : 창제귀선의 승무원의 수는 당시의 판옥선에 준하여 125~130인 정도로 생각된다. ⑨ 돛대 : 돛대는 세우고 눕히기를 임의로 하였다. 전투에 임할 때는 돛대의 장비를 보호하고 기동성을 높이기 위하여 돛대를 눕히고, 노(櫓)만으로 추진한 것 같다.

【거북선의 철장갑(鐵裝甲)에 관하여】 창제귀선에 대한 원전이 계승되지 못하였음에도 불구하고, 거북선이 철갑을 입힌 배라고 하는 이른바 철갑전설(鐵甲傳說)은 임진왜란 이후 꾸준히 전승되어 왔다. 그리고 거북선은 세계 최초의 철갑선으로 국내외에 널리 인식되기에 이르렀다. 전설 그 자체도 구승적(口承的) 사료(史料)로서 중요하지만, 거북선의 철갑은 당시의 실전상을 신중히 살펴본다면 과학적으로 수긍되고도 남음이 있는 것이다. 당시의 기록에서와 같이 거북선은 적선들의 집중공격을 능히 이겨 낼 수 있는 배였다. 특히, 가공할 왜적의 화공(火攻)과 화술(火術)을 극복할 수 있는 것은 철갑을 이용하는 방법 외에는 없는 것이다. 철장갑(鐵裝甲)이 쇠송곳만을 귀배판(龜背板)에 꽂았다면 화공(火攻)에는 더없이 불리한 것이다. 물론, 거북선이 다소의 사상자를 기록한 것은 사실이나, 배가 가

진 원래의 기능과 활동력을 상실한 일은 없었다.

한편 철갑에 대한 당시의 기술(技術)을 보여 주는 유물이 우리 주변에 적지 않게 남아 있다. 조선시대에 건축된 남대문이나 남한산성의 성문 등 여러 도성과 산성에 현존하는 성문의 철갑비(鐵甲扉)는 그 옛 모습을 그대로 간직하고 있다. 이들 유물은 2~3mm 두께의 장방형 철엽(鐵葉 : 南大門의 경우 21cm×57cm)을 목판 위에 비늘 모양으로 입힌 성문의 철갑 문짝이다. 이는 고려말과 조선초에 실용화된 공격화기의 성능에 따라 창[矛]·방패[盾]의 대비에서 관례화된 철갑방패의 기본양식으로 간주되는 것이다. 단조공법(鍛造工法)으로 제작된 철엽을 비늘모양으로 장착한 조선철갑의 전형적인 시공양식은 거북선에도 그대로 적용되었을 것으로 보인다. 철갑전설을 비롯하여 귀선철갑에 관계되는 현존 사료의 내용을 살펴보면 다음과 같다.

(1) 구전적 전승으로서의 철갑전설 전설은 과거의 복원을 위한 유익한 사료인 것이다. 철갑귀선을 비롯하여 명량해전(鳴梁海戰)에서의 '강강술래', 행주산성싸움에서의 '행주치마', 곽재우(郭再祐)의 '홍의장군' 등, 임진왜란이 낳은 이야기들은 앞으로도 끊임없이 전승될 것이다. 철갑전설은 필경 철갑을 직접 만든 대장간의 철공들과 해전에 나갔던 병사들의 난 후의 회고담으로 비롯되어 구전으로 전승된 대중의 전설이며, 동시에 대중의 정설(定說)이었음을 특기해야 할 것이다. 그러나 전설의 성립에 대한 이와 같은 확신은 이 '전설'이 임진왜란 이후 오늘에 이르기까지 4백년의 전승 경력을 지닌 원천성있는 전설로서, 결코 최근 한말 이후의 외래문헌의 영향에 의하여 유발된 것이 아님을 전제로 하고 있다.

철갑전설 자체의 발단과 유래에 깊이 유의한 바 있는 H.H. 언더우드(Underwood, Horace H., 한국 이름은 元漢慶)는 1934년에 발표한 그의 논문 〈Korean Boats and Ships〉에서 다음과 같은 흥미있는 내용을 보고하고 있다. "… 그러한 철갑전설을 창작해 낸다는 것은 철갑 그 자체를 발명하는 것만큼이나 비범한 재주라고 말할 수 있겠다. 또 이 전설은 아주 최근의 것이 아니다. 대원군(大院君) 시절, 프랑스의 원정이 예상되었을 때 한 불운한 관리가 그 독재 군주로부터 '거북선과 같은 철갑선을 건조하라.'는 명령을 받게 되었다. 그는 절망적인 불안 속에서 명실상부한 철갑선을 만들기 위한 시도에 그의 모든 재물을 소비하였으나, 그 철갑선은 비정하게도 뜨기를 거부하였다. …" 또한, 저자는 이 관리가 이 이야기를 직접 들려준 연희전문대학 교수의 친척이었음을 밝히고 있어, 위의 내용의 신빙성을 더욱 높여 주고 있다. 즉, 1860년대 천주교도들의 처형에 이어 서양 선박들이 근해에 출몰할 무렵, 대원군은 '거북선과 같은 철갑선'을 생각하게 되었던 것이다. 이 불운한 관리가 겪은 '철갑선 건조의 하명사건'은 철갑전설의 유래를 적어도 120년 이전으로 소급하기에 충분한 것이다. 한편, 구전내용이 후일의 기록으로 옮겨질 수도 있으나, 그것은 문필을 향유한 상층사회의 관심 여하에 달린 것이다. 따라서 구전(口傳)에 대한 기록적인 흔적이 남아 있지 않는 경우는, 그 구전 자체의 구승(口承) 경력조차도 쉽게 추적할 도리가 없다. 철갑 전설 성립에 대한 논의는, 그 발단이 한말 개화기보다도 훨씬 선행된다는 사실의 확인만으로 충분한 것이다. 이상의 구승적 철갑전설의 보이지 않는 전승경력에 연관하여 다음에 제시될 회화적 전승으로서의 〈귀선문도 龜船紋圖〉가 전설의 끊임없는 명맥을 입증해 주고 있다.

(2) 회화적 전승으로서의 귀선문도(龜船紋圖) 구전적 철갑전설의 성립과 그 명맥을 같이하는 회화적 사료 한점이 현재 해군사관학교 박물관에 소장되어 있다. 입지름 10.8cm, 몸지름 20.3cm, 밑지름 9.5cm, 높이 16.7cm의 작은 조선중기(17세기 초반) 청백항아리에 북화풍의 강한 필치로 철갑귀선 한척이 그려져 있다(부록도판 3 참조). 그런데 이 청백철화귀선문항아리[靑白鐵畵龜船紋壺]는 1910년경 경상남도 고성에서 발굴된 것으로, 부봉미술관(富峰美術館)의 관장 김형태(金炯泰)가 소장하다가 해군사관학교에 기증한 것이다. 유황불연기를 토하고 있는 용머리의 묘사가 특이하나, 그 해학적 표현이 회상적인 감회를 전해주는 듯 흥겹다. 이 귀선도는 심미적 관점에서뿐만이 아니라, 귀선 구조의 각 부분을 놀라우리만치 사실적으로 잘 보여 주고 있다. 특히, 이 철갑귀선은 철갑을 제외하

고도 《이충무공전서》의 거북선과는 그 면모를 판이하게 달리하고 있다. 따라서, 철갑 자체는 물론이려니와, 이 귀선도에 대한 사료성의 평가를 겸하여 우선 선체구조의 주요 부분을 살펴보는 것이 바람직하다. ① 돛대 : 앞뒤 2개가 가지런히 눕혀져 있는데, 이는 임전태세를 갖춘 모습이다. 앞에서 당시 기록으로 인용한 명나라 화옥의 《해방의》에 "조선의 거북선은 돛대를 세우고 눕히기를 임의로 하고 …"라고 한 기록과 부합되는 광경이다. ② 귀배판(龜背板) : 철갑 위에 철첨이 꽂혀 있다. 장방형 철엽이 사용된 것 같이 보이나, 실제로는 거북무늬의 육각형 철엽을 붙인 경우도 빛에 따라 같은 인상을 줄 수 있으므로 철엽의 형상을 판정하기는 어렵다. 또, 장방형으로 뚫린 통용구(通用口) 2개가 명확하게 표시되어 있다. 귀배판 좌우에 각각 2개로 보아 모두 4개인 셈이다. 이는 돛대의 조작 및 정비·관측·채광·통풍 등 다목적인 용도로 추리된다. ③ 노(櫓) : 현판(舷板)에 노공(櫓孔)이 10개 있으므로 노의 수도 좌우 각각 10개가 될 것이다. 그러나 좌현의 1·2번 및 마지막 10번째 노는 그려져 있지 않다. 전투중에 파손되어 상실된 것일까. 노형(櫓型)은 오어식(oar 式) 노의 하장노역(下粧櫓役)인 것으로 보인다. 그러나 보기에 따라서는 1·2번 및 10번 노공을 노공으로 해석하지 않을 수도 있어, 소묘상(素描上)의 불확실성을 감안한다면 좌우에 각각 7개의 상장노역으로 간주될 가능성도 있다. ④ 포혈(砲穴) : 현(舷)의 패판(牌板)에는 선미 쪽의 한 칸을 제외하고 6문의 포혈이 있어, 이분의 〈행록〉에 "좌우에 각각 6개의 포혈이 있다."고 한 것과 일치한다. 또한, 뱃머리에는 횡량(橫梁) 위의 좌우 패판에 포혈 1개씩이 명확하게 표시되어 있다. ⑤ 용두(龍頭) : 패란(牌欄)에 이어 깐 판자 위에 우뚝 세워진 용두는 방포(放砲)하는 포문으로서의 기능이 아니라, 유황불 연기를 토하는 목적으로 사용되고 있다. 즉, 이것은 이순신의 장계(唐浦破倭兵狀, 壬辰年 6월 14일)에 나타난 포문으로서의 '방포형용두(放砲型龍頭)'가 아니라, 연기를 토하는 소위 '토연형용두(吐煙型龍頭)'인 것이다. 임진왜란 전반기에 활약한 5척의 자매함(姉妹艦) 사이에는 이미 실전경험에 따라 국부적으로 개조되었을 가능성도 있으며, 또한 그 중에는 판옥선에서 개작된 것도 있지 않았을까 추측된다. 따라서 이 〈귀선문도〉에 나타난 '토연형용두'도 싸움이 없던 후대라기보다는 이미 임진왜란 당시에 추가된 유형일 가능성이 있다. 이 〈귀선문도〉의 거북선 묘사가 〈행록〉 등의 기록에 의존한 것이 아님은, 이 용두의 표현이 잘 입증하고 있다. ⑥ 노판(艫板) : 노판은 6(7)쪽의 곡목(曲木)을 이어 붙였는데, 위쪽이 또다시 6쪽을 이중으로 이어 붙여 횡량 밑부분을 견고하게 보강하고 있다. ⑦ 선미형(船尾形) : 항아리 자체의 연대는 고사하고 이와 같이 선미의 만곡형쌍미엽(彎曲型雙尾葉)이 절미(截尾)된 거북선 또는 판옥선이 정조 때(이충무공전서 출판) 이후의 그림에 나타난 예는 거의 없을 것이다. 이와 같은 특징으로도 이 〈귀선문도〉의 시기는 정조시대 이전, 즉 숙종대 이전의 연대로 소급되어야 할 것이다. 이상의 관찰에서 각 항의 특징을 종합하여 볼 때 이 '철갑귀선도'는 임진왜란 당시의 귀선상(龜船像)을 은연중에 암시해 주고 있으며, 철갑전설의 성립 진의를 묵묵히 대변하고 있는 것이다.

(3) 《고려선전기 高麗船戰記》의 거북선 현존 사료로서 거북선의 철갑에 관련되는 기록으로는 소토오카가 남긴 이 《고려선전기》가 가장 오래된 것이다. 저자는 왜수군에 종군하여 이순신함대의 날카로운 공격에 연전연패하는 왜수군의 참상을 직접 목격하고 체험한 사람이다. 그는 임진년 7월 10일(倭曆 7월 9일)에 있었던 안골포해전(安骨浦海戰)에서 번갈아 달려드는 3척의 거북선을 지척에서 목격하고, "··· 큰 배중의 3척은 장님배이며, 철로 요해(要害)하여 ···"라고 쓴 것이다. 여기서 신중히 음미해야 할 문구가 바로 "철로 요해하여(鐵ニテ要害シ)"인 것이다. 이것을 해당 구절에 대한 구어 문체인 "鐵でおおわれており"(桑田忠親, 山岡莊八監修, 《日本の戰史》 : 5, 1965)에 준하여서 "철로 덮여 있고"라고 옮기면 적합할 것이다. 더구나, 원문의 뜻을 따라 "철판을 입혀 방비하였다."는 뜻으로 새겨 마땅한 것이다. 이로부터 240년 뒤인 1831년 일본의 《정한위략 征韓偉略》은 거북선에 관하여 《고려선전기》를 인용, "··· 적선 중에는 온통 철로 장비한 배가 있어, 우리의 포로써는 상하게 할 수가 없었다. ···"(川口長孺, 《征韓偉略》 卷之二, 水藩彰考館, 天保二年(1831))라는 해설을 가미하고

있다. 그런데 《정한위략》은 1차 사료, 즉 원천 사료가 아니다.

(4) 경상좌수사(慶尙左水使)의 〈인갑기록 鱗甲記錄〉 〈인갑기록 鱗甲記錄〉은 1748년(영조 24)에 작성된 경상좌도수군절도사의 장계 초본에 나오는 내용으로, 거북선의 철갑을 뜻하는 내용이 국내의 기록에서 나타난 것은 이것이 처음이다(부록도판 4 참조). 이 문서는 문장에 정정한 곳이 없어 장계초본이라기보다 보관용으로 정서한 필사본이라 함이 더 적합할 것이다. 아뢰는 사람이 '慶尙左道水軍節度使臣李○○謹'으로 되어 있는데, 이는 바로 당시의 경상좌수사인 이언섭(李彦燮)으로 밝혀져 있다. 한편, 이 귀중한 사료가 240년간 보존되어 온 내력에 대해서는 아직까지 별로 알려진 것이 없다.

이 경상좌수사의 장계는 거북선에 대한 건의문인데, 거북선과 누선(樓船 : 판옥선과 같은 말이나, 특히 갑판 위에 누각을 설치한 전선을 지칭한 것.)을 비교하여 거북선이 전술적으로 뛰어남을 거듭 지적하고, 또한 임진왜란 때 이순신의 공적을 높이 칭송하면서 누선을 거북선으로 대치할 것을 극구 주청하고 있다. 거북선에 관계되는 주요부분은 대략 다음과 같은 내용이다. ① "인갑으로 덮개를 하고[鱗甲爲蓋] 그 안을 넓혔으며, 굽은 나무로 가슴을 꾸미고, 가파르고 뾰족하여 가볍고 날래니, 외양은 신령한 거북이 물 위를 달려가는 것과 비슷합니다. 이것을 누선과 비교한다면 그 빠르고 둔함이 하늘과 땅의 판이함으로나 비할 수 있겠습니다. 위에 인갑이 있어서 시석(矢石)을 두려워하지 않고 그 속에 군사와 기계(무기)를 감추어서 재주를 떨치며 부딪쳐 나아감에 빠르기가 육군의 갑마(甲馬 : 갑주를 입힌 軍馬)와 같으니, 그것으로 선봉을 삼아 파도가 도도한 가운데로 달리어 공격하며 나는 듯이 쳐들어간다면 실로 막강한 이기(利器)이온 바, 수군이 믿는 바는 오로지 이 전함(戰艦)인데 …", ② "이른바 거북선은 누각을 만들지 않고, 판으로써 덮개를 하고 그 위에 거듭 인갑을 하였고[所謂龜船 則不以爲樓以板爲蓋仍作鱗甲], … 노젓는 군사가 노(櫓)를 젓는 데 편하여 나가고 물러가는 것을 뜻 대로 할 수 있어 바람을 맞아 물을 가름에 빠르기가 날랜 말과 같사온 바 …", ③ "오호라! 저 전란(임진왜란)의 때에 충무공께서 왜구를 맞아 순식간에 충성으로 분발하여 상담의 고통으로 진력하매, 거북선을 처음 만들어 용감하게 승리하였으니, 후세의 변란을 다스리는 방법이 되었습니다. (충무공은) 처음부터 끝까지가 참으로 병법을 아는 뛰어난 장수였는데, 혹시 사변이 일어나면 걱정없이 나아가 진(陣)에 임하여 흉포한 적을 다스림에 있어, 빠르게 나아가 부딪쳐 쳐들어 감에 충무공이 만든 거북선의 전략에 부합되어야 할 것인즉, 진에 임하여 적을 무찌르는 용기가 비록 충무공의 싸우면 반드시 승리하는 지혜로움과는 같지 못하다 하더라도, 외방의 진을 굳게 지키는 도리에 있어서는 결코 빠름을 버리고 둔함을 취할 수는 없는 것이옵니다.” 장계는 위의 구절 외에도 같은 취지의 뜻을 거듭 강조하고, 끝으로 누선과 귀선의 제도를 별지에 도면으로 그려 비변사에 올린다고 쓰고, 거북선 건조에 대한 승인이 조속히 내려질 것을 강력하게 주청하고 있다. 위의 문장 속에는 그 때부터 150년 전의 이순신과, 또 이순신의 창제귀선의 얼이 생생하게 부활되어 있다. 이 경상좌수사의 장계는 철갑에 대한 언급이 없는 《이충무공전서》의 출판(1795)보다 47년 전에 작성된 것이다. 책임감이 왕성한 후대의 한 수사(水使)가 자신이 비록 이순신의 지혜로움에 미치지 못한다 하더라도 그 방법만은 반드시 계승되어야 할 것임을 아뢰는 대목은 심금을 울리듯 감동적이다. 이 기록에서 귀선철갑의 가장 핵심이 되는 부분은 ②항의 첫 구절이다. 여기서 ‘이른바 거북선’의 ‘이른바’는 바로 이순신의 ‘창제귀선’으로부터 그 특징이 유래된 바로 그러한 거북선을 지칭하는 것이며, 그것은 누각을 만들지 않고, 목판으로 덮개[龜背板]를 하고, 그 위에 거듭 “인갑을 입혔다.”라는 것이다. 그러면 과연 이 ‘인갑’은 무엇인가? 그것은 쇠비늘 또는 놋쇠비늘을 비늘모양으로 연결하여 만든 갑옷을 지칭하는데 쓰이는 말이다. ‘철갑’은 쇠로 만든 갑옷을 통칭하므로 ‘인갑’은 철갑 중에서도 그 구조가 비늘 모양으로 만들어진 철갑의 일종이다. 따라서 거북선에 입혀진 철갑의 종류는 바로 ‘인갑’인 것이다. 즉 쇠비늘을 비늘모양으로 장착한 것이다. 쇠비늘은 대장간에서 단조(鍛造)된 철엽이며, 두께는 조선철갑의 전형에 따라 2~3mm 정도로 생각된다(부록도판

5 참조).

【철갑귀선(鐵甲龜船)에 대한 역사적 평가】 1862년 3월 9일 미국의 남북전쟁 당시 북군의 철갑선 모니터(Monitor : 砲塔의 철장갑은 두께가 20cm에 달했으나, 대포는 구경 28cm 포 2문을 장비하였을 뿐이다.)와 남군의 철갑선 메리맥(Merrimack : 10.5cm 두께의 경사된 철장갑에 대포는 구경 23cm 포 6문을 비롯하여 모두 12문을 장비하였다.)은 서로 결정적인 전세를 걸고 용감무쌍하게 싸웠다. 이 전투는 장갑(裝甲)의 싸움으로써, 그 결과 에릭슨(Ericsson, J.)에 의해 창제된 모니터가 승리하여 북군의 전세가 크게 회복되었다. 1866년 병인양요(丙寅洋擾) 때 흥선대원군이 "거북선과 같은 철갑선을 만들라."고 명령한 것은, 시대에는 부합되었으나 기술의 공백으로 실패를 면하지 못하였다. 모니터에 3년 앞서서, 1859년 진수된 프랑스의 글루아르(Gloire)는 현(舷)의 흘수(吃水) 부위에 12.2cm, 상부 현판에는 11cm 두께의 철판을 장착함으로써 근대 철갑선의 전조를 이루었으나, 이듬해인 1860년에 진수된 영국 최초의 철장(鐵裝) 주력선 워리어(Warrior)는 46cm 두께의 티크판에 11.4cm 철판을 입힘으로써 프랑스를 능가하였다. 미국의 모니터(1862)에 270년이나 앞선 소위 장갑전법의 비조(鼻祖)가 이미 우리나라에 존재하였다. 목조전선시대(木造戰船時代)에 세계 최초로 시도된, 즉 이순신에 의하여 창제 구사된 철장 장갑선이 바로 그것이다. 해전사상 화포가 실용화된 이후 함대운동과 포격전을 주전법으로 한 근대식 해전의 특색을 가장 성공적으로 보여 준 것은 이순신의 수군이었다. 또한, 접전 때마다 선봉이 되어 전세 확립에 크게 이바지한 거북선은 장갑전법의 선구로서, 그 기동성이 주력전선인 판옥선보다 앞서는 이른바 장갑돌격선(裝甲突擊船)이었다.

한편, 일반 전선도 관심 여하에 따라 주요 부위에 대한 철판의 장착이 수시로 가능하였을 것으로 생각된다. 이분(李芬)의 〈행록 行錄〉에 "적(賊)은 배를 쇠로 싸고 젖은 솜으로 가리었는데"라 하였듯이 이미 임진왜란 초기의 해전에서 왜선 중에 철로 방어한 배가 있었음을 알 수 있다. 그러나 이러한 부분적인 방어의 보강은 장갑선으로서의 철갑은 아니며, 당초 거북 모양을 본떠서 갑각형(甲殼型) 장갑선으로 고안된 거북선과는 본질적으로 다른 것이었다. 거북선의 철장은 귀배판의 철갑과 철첨뿐만이 아니라, 포혈 주변의 패판도 적절히 보강되었을 것으로 짐작된다. 소요된 철의 양은 척당 9t 정도로, 특히 선고(船高)가 낮은 거북선의 경우, 배의 안정성에는 무리가 없는 것이다. 거북선의 체제와 위력이 왕왕 몽충(蒙衝)의 이름으로 상징되어 온 것은 흥미있는 비유라 하겠다. 몽충은 소의 생가죽을 등에 덮어 보강하고, 양편에 노젓는 구멍을 내었으며, 전후좌우에는 활과 창을 사용할 구멍을 내어서 적이 가까이 올 수 없게 한 고대 중국의 맹렬한 돌격선의 이름인 것이다(《通典》).

완벽한 장갑선인 이순신의 거북선은 세계 역사에서 최초의 시도였으나, 국부적으로 철판을 이용하여 방비를 보강한 사례는 임진왜란 이전에도 적지 않았다. 예컨대, 1585년 네덜란드 안트워프(Antwerp)의 공략 당시 부분적으로 철판을 붙여 놓았으나 좌초되어 노획된 피니스 벨리스(Finis Bellis), 1578년 갑판 위의 망루 부분을 철로써 방비한 구키(九鬼嘉隆)의 아다케형(安宅型) 군선, 1370년 원나라에서 뱃머리를 철로 싼 료영충(廖永忠)의 군선, 그리고 1203년 남송 때 현측(舷側)을 철로 보강한 진세보(秦世輔)의 수소차륜식(水搔車輪式) 해골선(海鶻船) 등이 그것이다(J. 니덤, 《중국의 과학과 문명》, 1971). 진세보의 해골선만 하더라도, 석궁(石弓)·투석기(投石機) 및 투탄기(投彈機), 그리고 화창(火槍)을 장비한 배이므로 개방된 발사 공간의 확보가 불가피하였다. 장갑선의 역사를 일괄한다면, 시석시대(矢石時代)에 탄생한 몽충, 화포의 실용화시대에 고안된 이순신의 거북선, 그리고 근대적 장갑선으로 성공을 거둔 미국의 모니터를 같은 계보에 특기하는데 이의가 없을 것이다. 그러나 거북선의 역사적 의의는 어디까지나 이순신의 승리에 밑받침됨을 잊어서는 아니 된다.

임진왜란 후의 거북선

7년간의 임진왜란이 끝나자 거북선은 이미 별로 중요한 존재가 아니었으며, 실질적 운영도 난 후 한때 도외시된다. 국방의 증강과 수군의 정비가 이루어짐에 따라 전선과 거북선에 대한 규격상의 복구책이 강구되었으나, 전선의 변천에 따라 거북선의 크기도 증대추세를 면하지 못하였다. 1795년(정조 19)에 간행된 《이충무공전서》 속에는 거북선의 제도를 기술한 내용이 있어, 비록 후대의 거북선에 관한 기록이지만, 거북선의 제원(諸元)를 아는 데 귀중한 사료로 되어 있다.

【거북선의 변천상】 1606년(선조 39) 조선차관(造船差官) 나대용(羅大用)은 난 후에 봉착한 수군의 운영난을 통감하여 자신이 고안한 창선(鎗船)의 사용을 상소하고 있다. 즉, "거북선이 비록 싸움에 쓰기에 이로우나 사격(射格)의 수가 판옥선의 125인보다 적지 아니하고, 사부(射夫) 또한 불편한 연고로 각 영에 한척씩만 두고 더 만들지 않습니다. 신이 항상 격군(格軍)을 줄이는 방책을 생각해 왔는데, … 판옥선도 아니고 거북선도 아닌 다른 모양으로 만들어 검과 창을 숲처럼 꽂아 이름지어 창선이라 하였고, 격군 42인을 나누어 실어 바다에서 노젓는 것을 시험하니 빠르기가 나는 듯하였고 …"(《宣祖實錄》 39年 12月 戊子). 난 후에 병력의 충원이 뒤따르지 않아 거북선의 운영이 곤란한 상태에 처하여, 각 영에 한척씩만 배치된 채 제도의 형식만이 유지되고 있는 형편이었다. 척수도 모두 5척으로 임진왜란 당시나 다름없었다. 봄·가을에 훈련할 때면 사수와 격군은 임시로 충용하는 경우도 있었다. 1615년(광해군 7)에 비로소 순검사(巡檢使) 권반(權昐)이 수군을 검열하고 이순신이 정한 바의 전선의 옛 제도를 감정하여 구제도로의 복귀를 시도하니, 이 때 작성된 것이 〈감정절목 勘定節目〉이다. 이 무렵의 사정은 전선과 거북선의 고대화현상(高大化現象)을 심각하게 거론했던 숙종 때의 기록에 잘 나타나 있다(《備邊司謄錄》 第41冊, 肅宗 13年 丁卯 正月 初1日 2, 3면 참조). 국방의 증강과 수군의 정비 등이 논의되던 무렵인 1686년(숙종 12) 12월 영의정 김수항(金壽恒) 등 중신들이 전선의 체제가 전에 비해 커졌으니 이순신의 옛 제도에 따라 개선되어야 한다는 의견을 놓고 토의하게 된다. 모두가 권반의 〈감정절목〉을 가리켜, "당초 절목을 꾸밀 때, 난이 지난 지 오래지 않아 이순신의 휘

하 장교나 늙은 병사가 아직 살아 있어 … 모든 장수와 함께 묘당에 모아 감정한 것으로, 그 정한 바 치수는 반드시 이순신 때의 옛 제도에서 나온 것이고 …" 하니 왕도 그 절목을 준수하라는 뜻을 내린 것으로 되어 있다. 그러나 영의정의 말에 따르면, 거북선의 제도와 치수에 대해서는 이 〈감정절목〉에도 기재되어 있지 않음으로써, 거북선도 다른 전선과 같이 점차 고대해졌다는 설은 근거가 있다 하겠다. 결국 창제귀선에 대한 규격상의 체제는 복원되지 못하고 말았다.

전선의 크기의 증대 추세에 대한 비판이 많았으나, 특히 거북선의 비대화는 곧 퇴화를 의미하는 것이기도 했다. 1751년(영조 27) 영남균세사(嶺南均稅使) 박문수(朴文秀)는 "신이 전선과 귀선의 제도를 소상히 살펴보매 전선은 개조시에 선체가 점차 길어져 반드시 운영이 어렵사옵니다. 귀선에 미쳐서는 당초의 체제 몽충과 같사옵고, 위에 두꺼운 판자를 덮어 시석을 피하오니, 신이 이순신의 소기를 살펴보매 귀선의 좌우 각 6총혈이 열리매 지금은 8혈을 열었사오니, 귀선은 전에 비하여 과대하나이다. 또 아뢰올지니, 개조 아니치 못할 바를 …"(《英祖實錄》 27年 2月 己丑)이라고 하여 전선과 귀선의 퇴화상을 지적하고 있다. 이것은 경상좌수사 이언섭(李彦燮)의 소위 '인갑귀선'의 상소가 있은 뒤 3년 이내에 왕에게 보고된 내용이다. 장소도 같은 영남인데, 박문수는 경상좌수사가 주청한 바의 '누선에 비하여 판이하게 예리하고 날랜' 이른바 이순신의 창제귀선의 정신을 계승한 예외적인 거북선은 볼 기회가 없었던 모양이다. 또, 정조 때에는 같은 선체에 조립식으로 상체부분[上粧部分]만 바꾸면 판옥선도 되고 또 거북선도 될 수 있는 소위 병용전선(竝用戰船)도 있었지만(《正祖實錄》 22年 正月 丙戌), 이와 같은 운영방식은 전투를 위한 목적이 아니라 물건을 실어 나를 때 편리하도록 한 방책이었다. 임진왜란 후의 거북선은 수영(水營)에 따라, 혹은 수사(水使)의 관심과 재량에 따라 그 변천의 양상에 적지않은 차이가 있는 것으로 보아 마땅하나, 퇴화설이 자주 거론되었던 것은 사실이다. 순조 때의 영의정 김재찬(金載瓚)은 "근일 들은 바에 따르면 각 수영에 있는 거북선은, 이름은 거북선이라 하되 화호불성(畵虎

不成)이라, 다른 배와 다를 바 없다"(《日省錄》 純祖 9年 4月 17日 丙午) 하여 당시의 소문을 전하고 있다.

【《이충무공전서 李忠武公全書》의 거북선】 《이충무공전서》는 이순신이 전사한 뒤 2백년이 지난 1795년(정조 19) 어명에 의해 출판된 책이며, 이순신의 일기·장계·행적과 그를 예찬하는 시문, 비명 등 여러 가지 관계 기록을 집대성한 전문 30여 만 자에 달하는 책이다. 편집은 당시의 규장각 문신 윤행임(尹行恁)이 담당하였다. 이 책의 권수도설(卷首圖說)에는 '통제영귀선(統制營龜船)'(부록도판 6 참조)과 '전라좌수영귀선(全羅左水營龜船)'(부록도판 7 참조)의 판화귀선도(版畵龜船圖), 그리고 7백자 정도의 '안설(按說)'(부록도판 8 참조)이 실려 있다. 거북선의 제도에 관계되는 사료 중에서 가장 체계적으로 기술된 자료이다. 이것은 물론 정조 때의 거북선을 나타낸 것이나, 숙종~영조시대의 거북선도 체제에 있어서 대략 이와 비슷하였을 것으로 추리되고 있다.

'안설' 전문의 내용은 다음과 같다. "거북선의 제도 : 저판(底版 : 밑판. 속명은 本版)은 열 쪽을 이어 붙였는데, 길이는 64척 8촌이고, 머리쪽 너비 12척, 허리 너비 14척 5촌, 꼬리쪽 너비는 10척 6촌이다. 좌우 현판(舷版 : 속명은 杉版)은 각각 일곱 쪽을 이어 붙였는데, 높이는 7척 5촌이고, 맨 아래 첫째 판자의 길이는 68척이며, 차츰 길어져서 맨 위 일곱 번째 판자에 이르러서는 길이가 113척이 되고, 두께는 다같이 4촌씩이다. 노판(艫版 : 짐판. 속명은 荷版)은 네 쪽을 이어 붙였는데, 높이는 4척이고 두 번째 판자 좌우에 현자포 구멍 1개씩을 뚫었다. 축판(舳版 : 짐판. 속명은 荷版)은 일곱 쪽을 이어서 붙였는데, 높이는 7척 5촌, 윗 너비는 14척 5촌, 아랫 너비는 10척 6촌이다. 여섯 번째 판자 한가운데 지름 1척 2촌의 구멍을 뚫어 키[舵 : 속명은 鴟]를 꽂게 하였다. 좌우 현(舷)에는 난간[舷欄 : 속명은 信防]을 설치하고 난간 머리에 횡량(橫梁 : 속명은 駕龍)을 건너질렀는데, 바로 뱃머리 앞에 닿게 되어 마치 소나 말의 가슴에 멍에를 메인 것과 같다. 난간을 따라 판자를 깔고 그 둘레에 패(牌)를 둘러 꽂았으며, 패 위에 또 난간[牌欄 : 속명은 偃防]을 만들었는데, 현란에서 패란에 이르는 높이는 4척 3촌이며, 패란 좌우에 각각 열한 쪽의 판자(덮개 : 속명은 蓋版 또는 龜背版)를 비늘처럼 서로 마주 덮고 뱃등에는 1척 5촌의 틈을 내어, 돛대를 세웠다 뉘었다 하는 데 편하도록 하였다. 뱃머리에는 거북머리를 설치하였는데 그 길이는 4척 3촌, 너비는 3척이다. 그 속에서 유황·염초를 태워 벌어진 입으로 연기를 안개같이 토하여 적을 혼미하게 한다. 좌우의 노는 각각 10개이고, 좌우 패에는 각각 22개의 포혈을 뚫었으며, 12개의 문을 만들었다. 거북 머리 위에도 2개의 포혈을 뚫었고, 그 아래에 2개의 문을 냈으며, 문 옆에는 각각 포혈 1개씩이 있다. 좌우 복판(覆版)에도 각각 12개의 포혈을 뚫었으며 '龜'자 기를 꽂았다. 좌우 포판(鋪版) 아래 방이 각각 열두 칸인데, 두 칸에는 철물을 넣어 두고 세 칸에는 화포·활·화살·창·칼 등을 넣어 두고, 열아홉 칸은 군사들의 휴식처로 하였다. 왼쪽 포판 위의 방 한 칸은 선장이, 오른쪽 포판 위의 방 한 칸은 장교들이 거처하는데, 군사들은 쉴 때는 포판 아래에 있고 싸울 때는 포판 위로 올라와 모든 포혈에 대포를 대어 놓고 쉴새없이 쟁여 쏜다.

상고하건대 충무공의 행장에 이르기를 '공이 전라좌수사가 되어 왜적이 장차 쳐들어 올 것을 알고 지혜를 써서 큰 배를 만들어, 위는 판자를 덮고, 판자 위에는 십자(十字)로 좁은 길을 내어 사람이 겨우 다닐 만하게 하고 그 밖에는 다 칼송곳을 깔았는데, 앞은 용머리로, 뒤는 거북꼬리로 되었으며, 총구멍은 전후좌우에 각각 6개씩으로 큰 탄환을 쏘는데, 적을 만나면 거적으로 위를 덮어 칼송곳을 가리고 선봉이 되어 적이 배에 오르려 하면 이 칼송곳 끝에 부딪치며, 와서 덮치려 하면 한꺼번에 총을 쏘아 가는 곳마다 휩쓸지 못하는 일이 없어, 크고 작은 싸움에서 이것으로 거둔 공적이 심히 많으며, 형상이 엎드리고 있는 거북과 같으므로 거북선이라고 이름을 붙였다.'라고 하였다. 명(明)나라 화옥(華鈺)의 《해방의 海防議》에 이르되 '조선의 거북선은 돛대를 세우고 눕히기를 임의로 하고 역풍이 불건 퇴조 때이건 마음대로 간다.' 하였는데, 그것이 바로 충무공이 창제한 배를 가르킴이다. 그런데 모두 아울러, 그 치수에 대해서는 자세히 말한 것이 없다. 지금의 통제영귀선이 대개 충무공의 옛 제도에서 유래된 것이나 역시 약간의 치수의 가감은 없지 않다. 충무공이 이 배를 창제한 곳은 실로 전라좌수영이었는데, 이제 좌수영귀선은 통제영 배의 제도와 약간 서로 다른 것이 있기 때문에 그 제도를 아래에 붙여 써 둔다.

전라좌수영귀선의 치수·길이·너비 등은 통제영귀선과 거의 같으나, 다만 거북머리 아래에 또 귀신의 머리를 새겼으며, 복판 위에는 거북무늬를 그렸고, 좌우에 각각 문이 2개 있으며, 거북머리 아래에 포혈이 2개, 현판 좌우에 포혈이 각각 1개씩, 현란(舷欄) 좌우에 포혈이 각각 10개씩, 복판 좌우에 포혈이 각각 6개씩이며, 노(櫓)는 좌우에 각각 8개씩이다."

안설의 뱃머리 부분 설명에서 "노판은 네 쪽을 이어 붙였는데[艫版聯四]"라고 하였으나, 거북선의 그림을 보면 일곱 쪽의 곡목(曲木)을 이어 붙인 것으로 되어 있다. 따라서, 노판의 제원 설명이 누락되고, "네 쪽을 이어 붙였는데 …"는 상장(上粧)의 앞쪽 패란에 대한 설명이 아닌가 한다. 또 그림을 보면 거북의 머리는 용의 머리로 되어 있다. 이순신의 '창제귀선'에 대해서는 이분(李芬)의 〈행록〉을 인용하고 있을 뿐 새로운 것은 없다. 그러나 이 《이충무공전서》의 권수도설은 정조 때만이 아니라 포괄적으로 후대의 귀선상(龜船像)을 보여 주는 본보기로 그 의의가 큰 것이다. 포혈의 수는 통제영귀선이 모두 74개, 전라좌수영귀선이 모두 36개로, 이순신 귀선의 14개에 비한다면 그 변천상이 현저한 것이다. 같은 시기로 보여지는 전라우수영 소속의 장자제3·4호귀선(張字第三·四號龜船)에서 정원의 배치 내용을 보면, 선장 1인, 사부·좌우포도(左右捕盜)에 16인, 화포수 10인, 포수 24인, 타공(舵工)·무공(舞工)·요정수(繚碇手)·선직(船直)에 10인, 능로(能櫓) 90인, 기라졸(旗羅卒) 10인 등 정원은 모두 161인에 이르고 있다(《全羅右水營誌》). 또, 거북선의 척수를 연대별로 알아보면, 임진왜란 당시 을미년(1595)에 5척, 난후 8년이 지난 1606년(선조 39)에도 5척, 그리고 1716년(숙종 42)에도 그대로 5척이나, 1746년(영조 22)에는 14척(《續大典》), 1808년(순조 8)에는 30척(《萬機要覽》) 등으로 점차 증가되었다.

현재 우리 주변에서 볼 수 있는 고증성있는 거북선모형이나 1979년 진해 해군기지에서 최초로 진수된 실물크기의 복원 거북선(부록도판 9)은

《이충무공전서》의 도설 중 주로 전라좌수영귀선을 본떠서 만든 것으로, 철갑과 철첨을 더함으로써 이순신의 거북선을 상징적으로 기념하고 있다. 안설에 의한 복원연구에 따르면, 선체길이(雙葉尾를 제외한 상장부분) 26~28m, 선체너비 9~10m, 선체높이 6~6.5m 정도로 추정되고 있다.

거북선의 제원 비교

<table>
<tr><th rowspan="2">유 형
구 분</th><th>임진왜란
(1592~1597)</th><th colspan="2">정조 19년(1795)</th></tr>
<tr><th>창제귀선</th><th>통제영귀선</th><th>전라좌수영귀선</th></tr>
<tr><td>저판 길이</td><td>(~55척)</td><td colspan="2">64척 8촌</td></tr>
<tr><td>용머리의 기능</td><td>용아가리로 포를 쏨. (추가된 거북선 중에는 연기를 토하는 형도 있었을 가능성 있음.)</td><td>용아가리로 연기를 토함. (용의 목이 눕혀져 있어, 사격도 가능한 형태의 용머리.)</td><td>용아가리로 연기를 토함. (용의 목이 세워져 있어, 아가리로 사격하는 것은 불가능.)</td></tr>
<tr><td>포혈의 총수</td><td>14 개</td><td>74 개</td><td>36 개</td></tr>
<tr><td>좌우 각현의 포혈수</td><td>6 개</td><td>22 개</td><td>10 개
좌우현판에도 각1개</td></tr>
<tr><td>귀배판의 특징</td><td>판자를 덮고, 그 위에 비늘모양의 철갑과 쇠송곳을 장착.</td><td>판자를 덮고, 개판 좌우에 각 12개의 포혈.</td><td>판자를 덮고, 육각형의 거북무늬를 그림. 개판 좌우에 각 6개의 포혈.</td></tr>
<tr><td>배꼬리의 특징</td><td>거북꼬리가 있고, 그 밑에 1개의 포혈이 있음.</td><td>현판 끝이 짧게 마무리되어 있음.</td><td>만곡된 쌍엽미가 현저함.</td></tr>
<tr><td>좌우 각현의 노의 수</td><td>(8~10 개)</td><td>10 개</td><td>8 개</td></tr>
<tr><td>돛 대</td><td>2 개</td><td>2 개</td><td>(2 개)</td></tr>
<tr><td>정 원</td><td>125~130 명</td><td colspan="2">(160~180 명)</td></tr>
</table>

참 고 문 헌

太宗·宣祖·肅宗·英祖·正祖實錄.

備邊司謄錄.

高麗船戰記(外岡甚左衛門, 1592).

李忠武公全書(尹行恁, 1795).

朝鮮科學史(洪以燮, 正音社, 1946).

李忠武公全書(李殷相 譯註, 1960).

Horace H. Underwood : 〈Korean Boats and Ships〉, Transactions of the Korea Branch of the Royal Asiatic Society, XXIII, Seoul, Korea, 1934.

崔永禧 : 〈龜船考〉, 高麗大學校史學會, 史叢 第3輯, 1958.

趙成都 : 〈龜船考〉, 海軍士官學校 硏究報告, 第2輯, 1963.

金龍國 : 〈壬辰倭亂後 龜船의 變遷過程〉, 學術院論文集, 人文社會科學 編, 第7輯, 1968.

金在瑾 : 〈龜船의 造船學的 考察〉, 學術院論文集, 1974.

浪元植 : 〈龜船의 科學的 硏究〉, 國防史學會 論文集, 1976.

南天祐 : 〈龜船構造에 대한 再檢討〉, 歷史學報, 第71輯, 1976.

Bak, Hae-iLL : 〈A Short Note on the Iron-clad Turtle-boats of Admiral Yi Sun-Sin〉, KOREA JOURNAL, Vol.17, No.1, 1977.

朴惠一 : 〈李舜臣龜船의 鐵裝甲과 李朝鐵甲의 現存原型과의 對比〉, 한국과학사학회지, 제1권 제1호, 1979.

〈李舜臣龜船의 鐵裝甲에 對한 補遺的 註釋〉, 한국과학사학회지, 제4권 제1호, 1982.

〈李舜臣龜船(1592)의 鐵裝甲과 慶尙左水使의 鱗甲記錄(1748)에 대한 註釋〉, 한국과학사학회지, 제7권 제1호, 1985.

추기 : 본 해설은 한국민족문화대백과사전(한국정신문화연구원, 1987)의 '거북선[龜船]' 항목 집필 원고를 교정, 보완한 것임(박혜일).

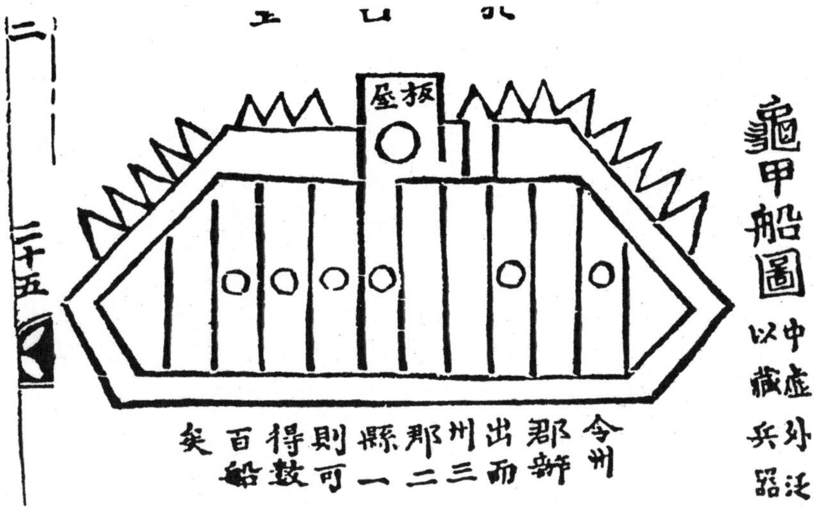

부록도판 1. 이덕홍(李德弘)의 상소문(癸巳年 正月)에 첨부된 것으로 보이는 귀갑선 구상도(《艮齋先生文集 卷之二》에서 전재).

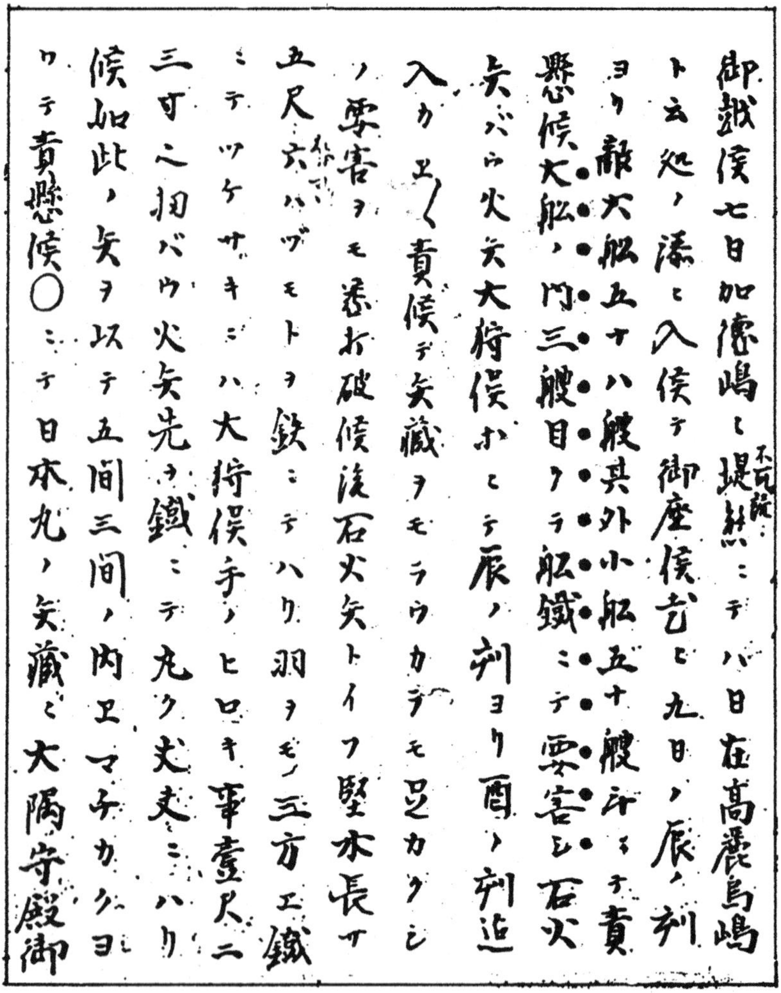
御越候七日加徳嶋ニ提燃ニテ八日在高麗島嶋
トニ云処ノ添ニ入候テ御座候之ニ九日ノ辰ノ刻
ヨリ敵大船五十八艘其外小船五十艘計ニテ責
懸候大船ノ内三艘目クラ船鐵ニテ要害シ石火
矢ババウ火矢大将侯ホニテ辰ノ刻ヨリ酉ノ刻迄
入カエく責候デ矢蔵ヲモラウカデモ足カクシ
ノ要害ヲモ悉ホ破候後石火矢トイフ堅木長サ
五尺六ハヅモトヲ鉄ニテハリ羽ヲモノ三方エ鐵
ニテツケサキニハ大将侯手ノヒロキ事壹尺二
三寸之钼バウ火矢先ヲ鐵ニテ丸ク丈夫ニハリ
候加此ノ矢ヲ以テ五間三間ノ内エマチカクヨ
リテ責懸候○ニテ日本丸ノ矢蔵ヲ大隅守殿御

부록도판 2. 소토오카 진자에몬(外岡甚左衛門)이 그의 종군기록 《고려선전기 高麗船戰記》에서 안골포(安骨浦)해전 때 목격한 조선 함대의 3척의 철갑귀선에 대하여 언급한 구절(점찍은 부분).

부록도판 3. 朝鮮中期 靑白磁鐵畵龜船紋항아리의 龜船圖(해군사관학교 박물관 소장).

論其舡形則有樓舡龜船焉軍兵器械之藏容體樣
異同而所謂樓船則板上作樓頭面廣濶攢板作
下體制儼若巨屋而軍兵旗幟列立其上無異陸
陣之制是白遣平時繫泊則覆之細椽草苫為
而已所謂龜船則不以為樓以板為蓋仍作鱗甲頭
有狀如龜伏而軍兵戎器皆藏其中外不見內內避
隱身用藝能櫓之軍便於搖櫓欲進欲退唯意
疾如快馬是白齊所臣於水操時營與谷鎮戰船之
其疾鈍之狀留意於進退之際則樓船之鈍後於
先於樓船者太相天淵[illegible][illegible]所頭濶之樓船從祥

부록도판 4. 경상좌수사 이언섭(李彦燮)의 장계초본에 보이는 '인갑(鱗甲)' 구절(점 찍은 부분).

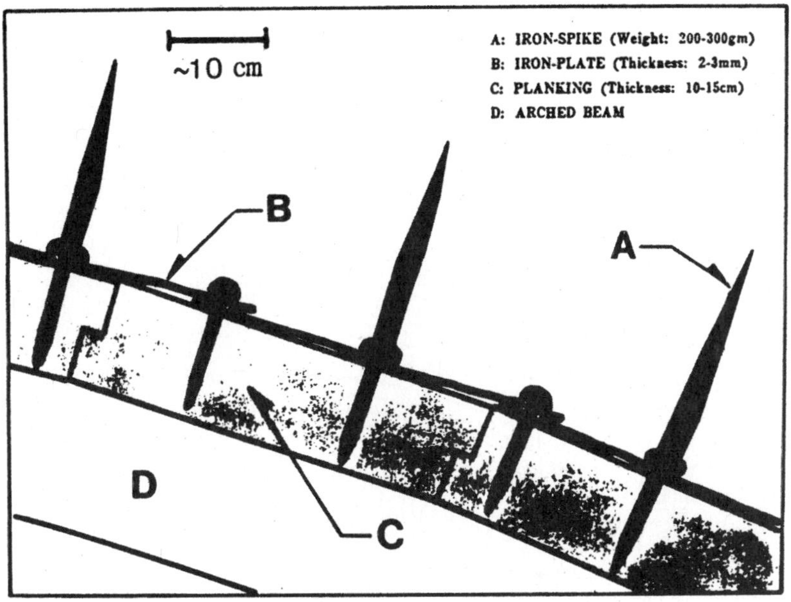

부록도판 5. 귀배판(龜背板) 철장갑에 대한 복원개념도. A : 철첨(鐵鉄) B : 철엽(鐵葉) C : 판자 D : 개판량(蓋版梁).

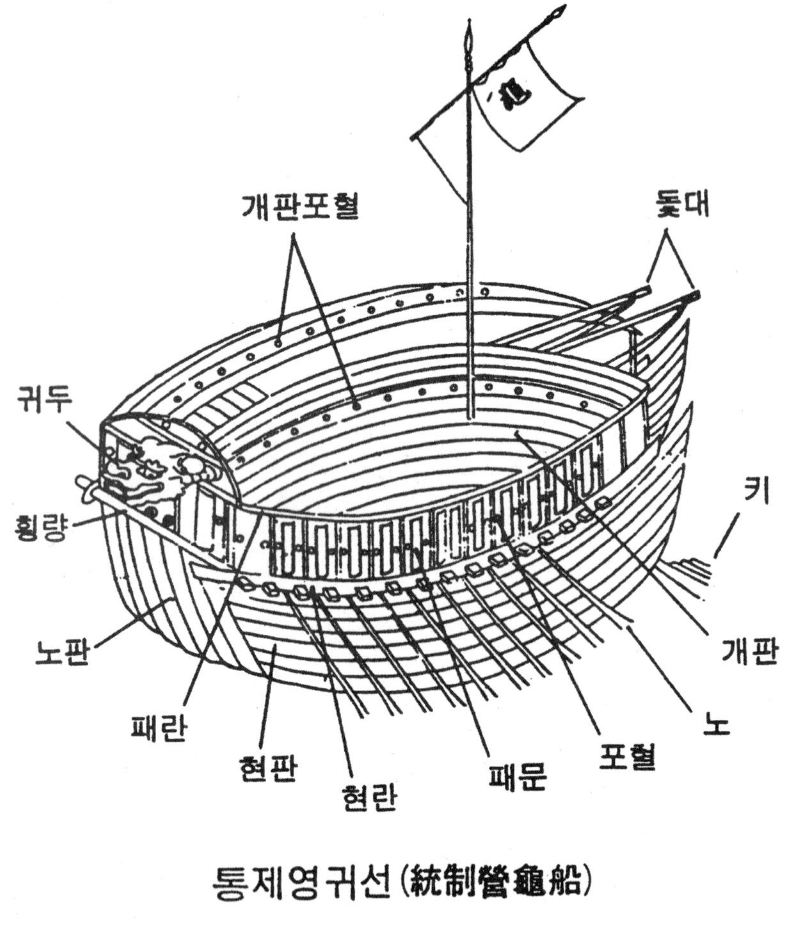

부록도판 6.《이충무공전서》 권수 도설의 통제영귀선(統制營龜船).

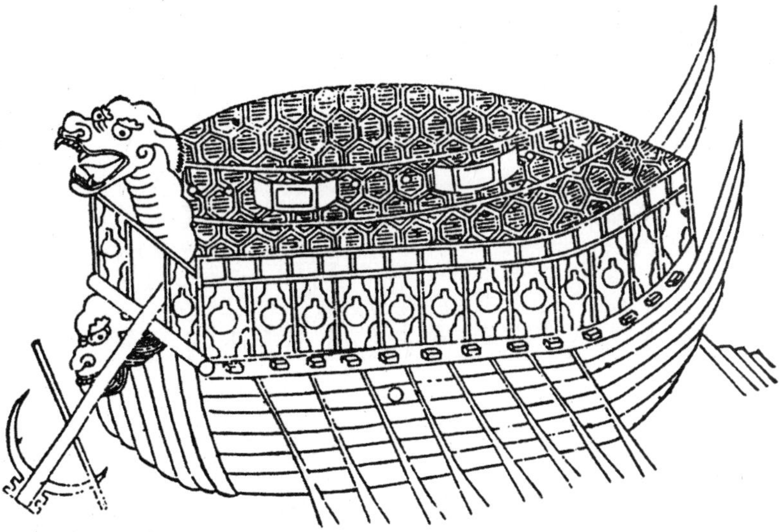

전라좌수영귀선 (全羅左水營龜船)

부록도판 7. 《이충무공전서》 권수 도설의 전라좌수영귀선(全羅左水營龜船).

龜船之制底版(俗名本版)聯十長六十四尺八寸頭廣十二尺腰廣十四尺五寸尾廣十尺六寸左右舷版(俗名杉版)各聯七高七尺五寸最下第一版長六十八尺以次加長至最上第七版長一百十三尺並厚四寸艫版(俗名荷板)聯四高四尺第二版左右穿玄字礮穴各一舳版(俗名荷板)聯七高七尺五寸上廣十四尺五寸下廣十尺六寸第六版正中穿穴經一尺二寸揷舵(俗名鴟)左右舷設欄(俗名信防)欄頭架橫梁(俗名駕龍)正當艫前若駕牛馬之臆沿欄鋪版周遭植牌牌上又設欄(俗名牌防)

自舷欄至牌欄高四尺三寸牌欄左右各用十一版(俗名蓋板又名龜背版)鱗次相向而覆鱗其脊一尺五寸以便竪桅偃桅艫設龜頭長四尺三寸廣三尺裏爇硫黃焰硝張口吐煙如霧以迷敵左右櫓各十左右牌各穿二十二礮穴設十二門龜頭上穿二礮穴下設二門門傍各有一礮穴左右覆版又各穿十二礮穴揷龜字旗左右鋪版下屋各十二間二間藏鐵物三間分藏火礮弓矢槍劍十九間為軍兵休息之所左鋪版上屋一間船將居之右鋪版上屋一間將校居之軍

兵休則處鋪版下戰則登鋪版上納礮于衆穴粧放不絶按忠武公行狀云公為全羅左水使知倭將搆亂創智作大船船上覆以版版上置十字細路以容人行悉以錐刀布之前龍頭後龜尾銃穴前後左右各六以放大丸遇賊則編茅覆上以掩錐刀而為先鋒賊欲登船則離錐刀欲來掩則一時銃發所向莫不披靡大小戰以此收績者甚夥狀如伏龜故名龜船 皇明華鈺海防議云朝鮮龜船布帆竪眠惟意風逆潮落亦可行即指公所創之船也然而並未詳言其尺度今統制營龜船蓋出於忠武舊制而亦不無從而損益者公之創智制船寔在於全羅左水營而今左水營龜船與統制營船制略有異同故付見其式于下

全羅左水營龜船尺度長廣與統制營龜船略同而但龜頭下又刻鬼頭覆板上畫龜紋左右各有二門龜頭下礮穴二舷板左右礮穴各一舷欄左右礮穴各十覆板左右礮穴各六左右櫓各八

부록도판 8. 《이충무공전서》의 거북선 안설(按說) 전문.

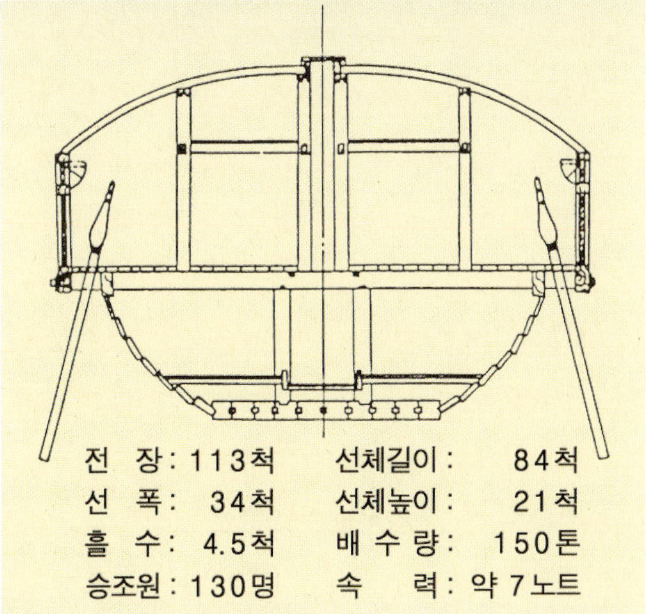

부록도판 9. 복원 거북선(해군사관학교, 1979)의 선체 사진(위)과 선체의 단면도(아래).

박혜일 外, <이순신> 관련 연구 저술 및 논문 목록

1. A Short Note on the Iron-clad Turtle-boats of Admiral Yi Sun-Sin, Korean Journal, Published by the Korean National Commission for UNESCO, 17-1 (1977) 34.
2. 李舜臣龜船의 鐵裝甲과 李朝鐵甲의 現存原型과의 對比, 한국과학사학회지, 1-1 (1979) 27.
3. 李舜臣龜船의 鐵裝甲에 對한 補遺的 註釋, 한국과학사학회지, 4-1 (1982) 26.
4. 李舜臣龜船(1592)의 鐵裝甲과 慶尙左水使의 鱗甲記錄(1748)에 대한 註釋, 한국과학사학회지, 7-1 (1985) 33.
5. 한국민족문화대백과사전 (한국정신문화연구원, 1988), "거북선[龜船]" 항목 집필.
6. 天字銃筒에서 쏜 大將軍箭의 彈道와 龜船에 있어서의 有效射距離의 推定, 한국과학사학회지, 11-1 (1989) 3.
7. 李舜臣-龜船(創制龜船)-거북선 鐵甲 : 史料批判 및 復元양식, 해군사관학교 발표자료, 1990. 11. 2.
8. 李舜臣의 戰死와 自殺說에 대하여, 창작과 비평 (1993, 가을호) 324.
9. 한국브리태니커백과사전 (한국 BRITANNICA사, 1994), "거북선[龜船]" 항목 집필.
10. 한국브리태니커백과사전 (한국 BRITANNICA사, 1994), "이순신(李舜臣)" 항목 집필.
11. '統營 古屋에서 수집된 水軍 古文書(1979년 발견)'에 대한 몇 가지 추론적 소견, 한국과학사학회지, 21-1 (1999) 92.
12. "李舜臣의 日記", 서울대학교출판부 (1998, 초판; 2002, 개정판; 2005, 개정판)
13. '李舜臣의 日記' 「日記抄」의 내용 평가와 친필초본 결손 부분에 대한 복원, 정신문화연구, 봄호 23권 제1호 (2000) 95.

14. '李舜臣의 鳴梁海戰', 정신문화연구, 가을호 25권 제3호 (2002) 115.
15. 史實에서 괴리된 근간의 '李舜臣' 실명소설, 순천향대학교 이순신연구소, 「이순신연구논총」 제3호 (2004) 183.
16. 李舜臣의 「壬辰日記」에 첨부된 書簡文草에 대한 推論的 小考, 순천향대학교 이순신연구소, 「이순신연구논총」 제7호 (2006) 63.
17. "李舜臣의 日記草", 조광출판인쇄 (2007, 초판)
18. 무술년(1598년) 이순신의 최후 結陣處 - '猫島'에 관한 고찰, 순천향대학교 이순신연구소, 「이순신연구논총」 제20호 (2013) 269.

집필자 약력

朴惠一[*]: 서울대학교 문리대 물리학과 졸. 1964년 Wien 대학에서 핵물리학 전공으로 이학박사. 한국원자력연구소 연구관. IAEA NDS 연구원. 서울대학교 원자핵공학과 교수. 1995년 서울대학교 명예교수. 작고.

崔熙東 : 1978년 서울대학교 원자핵공학과 졸. 1984년 한국원자력연구소 연구원. 1990년 Birmingham 대학에서 핵물리학 전공으로 이학박사. 현재 서울대학교 원자핵공학과 교수.

裵永德 : 1985년 서울대학교 원자핵공학과 졸. 1994년 동대학 대학원에서 핵공학 전공으로 공학박사. 한국원자력연구원 연구원. 작고.

金明燮 : 1988년 서울대학교 원자핵공학과 졸. 1996년 동대학 대학원에서 핵공학 전공으로 공학박사. 현재 한국원자력연구원 연구원.

* 〈A Short Note on the Iron-clad Turtle-boats of Admiral Yi Sun-Sin〉, 〈李舜臣·龜船의 鐵裝甲에 對한 補遺的 註釋〉, · · · 〈李舜臣의 戰死와 自殺說에 대하여〉 등 여러 편의 논고 외에 《한국민족문화대백과사전》의 〈거북선〉 항목과 《한국브리태니커백과사전》의 〈거북선〉 및 〈이순신〉 항목을 집필.

이순신의 일기-난중일기

친필 초본부터 국역본까지

초판 1쇄 2016년 8월 30일
초판 2쇄 2016년 9월 30일

지은이 박혜일 · 최희동 · 배영덕 · 김명섭
펴낸이 최두환

펴낸곳 시와진실
출판등록 1997년 6월 11일 제2-2389
주소 06912 서울 동작구 강남초등4길 14번 601호
전화 02-813-8388
팩스 02-813-8377
이메일 ambros2013@naver.com
블로그 httn://blog.naver.com/ambros2013

Copyright ⓒ 도서출판 시와진실, 2016

ISBN 978-89-90890-52-8 98990
*책값은 뒤표지에 있습니다.
*잘못 만든 책은 사신 곳에서 바꿔드립니다.

이 도서의 국립중앙도서관 출판예정도서목록(CIP)은 서지정보유통지원시스템 홈페이지(http://seoji.nl.go.kr)와 국가자료공동목록시스템(http://www.nl.go.kr/kolisnet)에서 이용하실 수 있습니다.(CIP제어번호: CIP2016018829)